国家社科基金项目"当代中原作家群资料整理与研究"成果
河南省哲学社会科学基础研究重大项目"中原作家群资料库建设"成果
本成果出版得到淮河文明研究中心资助

中原作家群研究资料丛刊（第二辑）

吴圣刚　沈文慧　主编

ZONG PU YANJIU
宗璞研究

徐洪军　编著

河南大学出版社
HENAN UNIVERSITY PRESS

·郑州·

图书在版编目(CIP)数据

宗璞研究 / 徐洪军编著. — 郑州：河南大学出版社，2017.3
ISBN 978-7-5649-2792-9

Ⅰ.①宗⋯　Ⅱ.①徐⋯　Ⅲ.①宗璞－文学研究
Ⅳ.①I206.7

中国版本图书馆 CIP 数据核字(2017)第 068599 号

出 版 人	张云鹏
出版统筹	侯若愚
责任编辑	甘慧君
责任校对	郭永君
封面设计	侯一言

出　　版	河南大学出版社
地　　址	郑州市郑东新区商务外环中华大厦 2401 室
电　　话	0371—60993151（人文社科出版分社） 0371—86059753
网　　址	www.hupress.com
印　　刷	河南瑞之光印刷股份有限公司
版　　次	2017 年 7 月第 1 版
印　　次	2017 年 7 月第 1 次印刷
开　　本	710mm×1000mm　1/16
印　　张	22.5
字　　数	416 千字
定　　价	80.00 元

本书如有印装质量问题，请与河南大学出版社营销部联系调换。

编选说明

"中原作家群研究资料丛刊"第二辑的编选是在第一辑的基础上进行的,其体例和编著方式也是相同的。第二辑的编著花费时间将近一年,编著者投入的精力也是较为可观的,因为丛书绝不仅仅是已有研究成果的简单整合。首先,编著者必须通读该作家的所有作品,包括文学作品、演讲报告、论文等,形成对作家作品的感性认识及理性判断,这是编著作家研究资料的基础和前提。其次是收集研究资料,编著者通过期刊、报纸、著作、网络、访谈作家本人及其亲友故交等各种途径获取材料,尽可能做到细针密缕的程度。最耗时、最费力的工作是资料的甄别、遴选和整理,它体现了编著者的眼光和学养,决定了研究资料的学术品质。典型性、历史性、多元性是编著者选文的基本原则,每册研究资料的编著都力求能够展现作家的全部创作活动状况,研究论文选辑则兼顾专家批评和新锐批评,呈现不同时期的文学生态和文化场域。总之,整个编著过程没有捷径可走,编著者花费的多是笨功夫、苦功夫。尽管如此,丛书中的疏漏之处也肯定不少,恳请专家学者不吝指正。

每册研究资料主要分为四个部分,即"自述·访谈·印象记""研究论文选辑""作品年表""研究资料索引"。"研究论文选辑"以时间为线索,以"问题"为中心,先总论、后分论,同一"问题"相对集中,体现逻辑性和层次感,并努力体现作家作品研究的历史进程。对入选的文章,为了出版上的便利,做统一技术处理,删减了摘要、关键词,注释一律改为脚注;出于保存历史氛围的考虑,编著整理中除对一些明显的文字和标点符号的疏误做订正外,其他方面包括注释的不完整、不规范,词语使用的不当等,一律保持原貌。"作品年表"部分按时间顺序排列整理收录,截止时间为2015年12月。作家的作品只列出作品的首发、首印时间,其再版、转载情况不再列入年表,海外翻译版本尽可能列入年表。期刊、著作均按年、月排序,报纸具体到日期。重要散文、发表的重要演讲等列入作品年表,但作家编辑的书目、研究资料等均不列入。"研究资料索引"包括单篇学术论文索引、学位论文索引、研究专著索引三部分,截止时间同样为 2015 年 12 月,均按刊发或出版的时间先后顺序编排。

需要说明的是,由于各种原因,编委会没能与被选用论文的作者一一取得联系,丛书出版后,将赠送样书,以示歉意和谢意!且本丛书仅用于学术研究而非商业目的,想学界同人亦能理解支持,在此真诚致谢!如需稿费,请与编委会联系。

编委会

2017.3.31

总　序

程光炜　吴圣刚

　　新时期以来,中国当代文学呈现为多样、多态发展的趋势。在当代文学的版图中,"文学豫军"或"中原作家群"早已成为中国当代文学的重要现象和重要构成。之所以称之为"文学豫军"或"中原作家群",是因为它呈现出群体性,是一个集合的概念。但是,这绝不意味着这个群体中的个体是羸弱的,没有独立呈现的分量。相反,正是一个个有分量的个体组成了一个有广泛影响的作家群体:姚雪垠、魏巍、李准、叶楠、白桦、苏金伞、宗璞、张一弓、南丁、田中禾、张宇、郑彦英、李佩甫、二月河、周同宾、刘震云、阎连科、周大新、刘庆邦、李洱、柳建伟、孙方友、墨白、邵丽、乔叶、计文君等,每位作家都有不凡的创作业绩,每个人都有自己的独特之处,都是文学中的"这一个"。

　　地处中原的河南,在当代中国政治、经济版图上不是核心地带,但在历史、文化地理图上却是积淀深厚的重镇。这里也在接受全球化的荡涤,也在搭载现代化的快车,但这里与中国当下的经济前沿存在着距离,呈现着现代化的滞后性。因此,河南在时代的节奏中存在着"时间差"。这使得中州大地在现代化的浪潮中还氤氲着农业文明、历史文化的气息,也使得中原儿女在这种相对的"慢节奏"中对历史、现实和文化进行思考,精神和灵魂回归这片土地,并以中原文化的思维方式进行着多种表达。走进历史、走进中原文化是豫籍作家的共同选择。无论是身居河南的作家,还是移居他乡的作家,他们的灵魂仍然栖居在家乡故土,并用他们敏感的触角细腻地联系和感受着中原文化,中原文化是他们精神发生的原点,河南历史和家乡生活是他们创作的源泉。对于这些河南作家来说,似乎只有这片故土和其中的点点滴滴才能够激活创作的灵性。正如阎连科所说:"我家住在一个镇子上,那是一个很大的村庄。那个村庄是我写作取之不尽的生活源泉、情感源泉、想象的源泉。一句话,是我写作的一切的灵感之源。那个镇子奇妙无比,任何现实中的一件事情都可能是荒诞的、合理的。"正是在这种表达中,作家们完成了自己的一个个皇皇巨篇,成就了当代河南文学的气象大观。

　　"中原作家群"不仅是河南的文学现象,也是全国的文学现象;产生于中原大地的河南文学,早已超越了这一区域空间。姚雪垠、魏巍、李准的作品在中国当代文学史上占有重要分量,二月河的作品红遍全国,阎连科、李洱的作品传播域外,在九届茅盾文学奖四十余位获奖作家中,豫籍作家有八位,都说明豫籍作家的作品是全国性的,也具有世界性的分量。这足以构成河南自己的文学史。关于河南文学和"中原作家群"研究,近十年来,随着作家作品的动态性呈现,更多表现为个案化的文学研究,而当代河南文学的整体性、系统性研究则不够。这一方面与河南的经济实力及其对文化提升、带动能力的不足有关,另一方面也与学界、文学界对河南文学在当下中国文化地理学上的地位认识不足有关,特别是与本土学界的研究、推介的成绩有关。弥补这一不足,是一项浩繁的工作。但起步必须从基础开始。

资料整理无疑是学术研究中最基础性的工作。学术界目前关于河南作家的研究资料,主要是20世纪80年代出版的《李准研究资料》《姚雪垠研究资料》等有限的几种。相关研究主要体现在三个方面:一是关于"文学豫军""中原作家群"正当性和合理性的阐述,这方面的研究成果主要有孙荪的《文学豫军论》等,该文系统性地评述了"文学豫军"的由来、构成及文化特征;二是"中原作家群"形成的历史文化原因以及具体作家作品的研究。刘增杰主编的《精神中原》以论文集的形式综合了学界对于中原作家群整体把握和作家研究的成果;张鸿声主编的《河南文学史·当代卷》则是系统描述当代河南文学发展的第一部史著;梁鸿的《外省笔记:20世纪河南文学》以"外省"的视角考察河南文学,从文化的角度寻觅和审视河南文学;何弘的《超越还是重复——中原文学论稿》试图对"中原作家群"或中原文学做出一个整体性的描述。这些研究对于解说一种文学现象的发生、发展是必要的,但都是初步的,特别是对"中原作家群"形成的历史文化原因和整体性特征的研究,远未形成对"中原作家群"完整的、核心的解说,更没有评估、揭示出"中原作家群"的应有价值。因此,就需要有人真正深入下去,沉入到纷繁的资料中去,耐心、细密地梳理,把那些能够反映和体现作家创作实绩、作品价值和当代河南文学整体面貌的资料整理出来,形成完整、系统的当代河南文学的资料体系,为文学史的生成奠定坚实的基础。

信阳师范学院文学院的一些老师近年来致力于河南文学研究,逐渐形成了自己的方向和领域,引起了学界的关注。作为一所本土的有长期人文积淀的高校,研究河南文学、推动河南文学发展是应有的责任。2013年起,文学院整合文艺学、现当代文学和写作学等学科的十几位教授、博士组成研究团队,集中开展当代河南文学研究,并在此基础上,建立了"当代河南文学发展与中原文化建设"协同创新中心,把当代河南文学研究与中原文化建设纳入统一视野,研究的空间更加广阔。这个团队以博士为主,中青年结合,队伍整齐,潜力很大。他们首先从资料整理开始,扎扎实实开展研究工作。第一批选取"中原作家群"中影响最大、创作力仍然旺盛的十五位作家,经过近一年的努力,整理出《白桦研究》(陶广学讲师)、《张一弓研究》(吕东亮副教授)、《田中禾研究》(徐洪军讲师)、《张宇研究》(杨文臣讲师)、《李佩甫研究》(樊会芹讲师)、《二月河研究》(吴圣刚教授)、《刘震云研究》(禹权恒讲师)、《阎连科研究》(方志红副教授)、《周大新研究》(沈文慧教授)、《刘庆邦研究》(杜昆讲师)、《李洱研究》(王雨海教授)、《墨白研究》(杨文臣讲师)、《邵丽、乔叶、计文君研究》(李群副教授)十三卷,2015年5月,已由河南大学出版社出版。资料选编力求翔实、准确、有代表性,中国现代文学馆将其作为当代文学研究的重要著作,永久性收藏入馆。《人民日报》、《光明日报》、《中国青年报》、《中华读书报》、新华网、搜狐网、新浪网等国内主流媒体相继进行了介绍和报道,在文学界和学术界产生了广泛的影响。

第一辑告罄之后,团队立即启动第二辑的编著工作,又经过一年的努力,整理出了《姚雪垠研究》(禹权恒讲师)、《李准研究》(王雨海教授)、《魏巍研究》(刘家民博士)、《叶楠研究》(陶广学博士)、《苏金伞研究》(樊会芹讲师)、《宗璞研究》(徐洪军讲师)、《周同宾研究》(吕东亮副教授)、《柳建伟研究》(王丹副教授)、《孙方友研究》(杨文臣讲师)、《乔典运研究》(王海涛教授)十卷,目标是把"中原作家群"主要作家的资料完整、系统地拓展出来,真正为当代河南文学的深化研究做些基础性的工作。

由于编选者的眼界、学识、水平有限,疏漏、不足,甚至差错定然存在,敬请学界批评指正。

目 录

自述·访谈·印象记

3	宗 璞	小说和我
6	宗 璞	传统与外来影响
9	宗 璞	独创性作家的魅力
11	宗 璞	虚构,实在很难
14	金 梅 宗 璞	一腔浩气吁苍穹
22	贺桂梅	历史沧桑和作家本色
33	施叔青	又古典又现代
43	宗 璞 夏 榆	痴心肠要在葫芦里装宇宙
50	李 扬 宗 璞	希望写的历史向真实靠近
61	徐兆淮	问候·祝福·回忆

研究论文选辑

67	冯友兰	《宗璞小说散文选》佚序
69	李子云	净化人的心灵
75	李又宁	从宗璞看中国当代年轻的女作家
78	陈素琰	论宗璞
89	何西来	宗璞优雅风格论
97	唐晓丹	宗璞小说论
115	侯宇燕	这方园地中的冯家山水
126	王小平	涵泳大雅
132	孙先科	话语"夹缝"中造就的叙事
143	赵慧平	说宗璞小说的"本色"创作
154	张志忠	士林心史 儿女风姿
168	孙先科	从"玻璃瓶"到"野葫芦"
180	侯宇燕	论宗璞的中短篇小说创作
185	孙 犁	人的呼喊

187　卞之琳　读宗璞《野葫芦引》第一卷《南渡记》
193　陈乐民　资中筠　细哉文心
198　马　风　论宗璞的"史诗情结"
207　曾镇南　《南渡记》的评价与现实主义问题
226　徐　岱　史与诗的张力：论宗璞和她的《野葫芦引》
236　王春林　一部感人肺腑、荡气回肠的精神史诗
247　晋海学　荒诞境遇中的人学话语与主体建构
256　潘向黎　《野葫芦引》如何还原历史？
263　曹书文　《红豆》：革命与爱情叙事的另类书写
271　潘　延　超越后的困惑
277　范昌灼　新时期宗璞散文的艺术特色
281　陈素琰　论宗璞的散文
292　李咏吟　存在的勇气：杨绛与宗璞的散文精神
302　石　杰　禅意与化境
309　陈素琰　《宗璞散文选》序

作品年表

315　宗璞作品年表

研究资料索引

331　宗璞研究资料索引

347　编后记

自述・访谈・印象记

小说和我

宗 璞

在《三生石》正文前,我写了这样一句话:"小说只不过是小说。"这话对小说本身并无贬义,只是希望读者把我的小书只当作小说,而不是当作历史,或个人档案来读。前年香港晚报上有一篇评论《三生石》的文章,开头引了这句话:"'小说只不过是小说'——但透过小说可以反映现实社会的种种现象,也可以塑造各色各样的人物。"这自然是对的。英国女小说家奥斯丁曾为小说抱不平,说甚至在小说里,小说自己也受到歧视。她为了反驳这歧视,有一段关于小说,尤指长篇小说的名言:"Only some work in which the greatest powers of the mind are displayed, in which the most thorough knowledge of human nature, the happiest delineation of the varities, the liveliest effusions of wit and humour are conveyed to the world in the best chosen language."(按,此段引文杨绛译为:"小说家在作品里展现了最高的智慧;他用最恰当的语言,向世人表达他对人类最彻底的了解。把人性各式各样不同的方面,最巧妙地加以描绘,笔下闪耀着机智与幽默。"——《文学评论》1983年第3期第135页。)我们写小说的人,实应力争做到她对小说的要求,那是很不容易的。

小说常常没有做到那样完美,却也有很大影响。有时的影响大到不可思议。近人梁启超很看重小说的作用。他说,欲新一国之民,不可不先新一国之小说,欲新人心,欲新人格,必新小说。因为小说可以在不知不觉间改变人的精神面貌。他甚至把中国过去群治腐败的总根源归结于陈腐小说的影响,那些旧小说的主人公后来都当了状元宰相,宣扬升官发财思想,主人公无不得娇妻美妾,使人做无聊的才子佳人梦。他的看法当然是本末倒置的,所持的根本观点不是存在决定意识,而是意识决定存在。但是他对小说的重视,对小说影响的估计是有道理的。比起历史、哲学或任何文字著作,小说更接近人的生活,也更能从根本处反映人生,因之能熏浸刺提,潜移默化。这是哲学家有时也会遗憾的。

有如此功能之小说,总应该写得好一点。窃以为小说若要有好影响,应具有社会性、可读性和启示性。

一九四九年新中国成立后,尤其是五七年以后有一个流行说法,即文艺是社会动向的晴雨表。因为有这样的看法,当时的批判大都是文艺界首当其冲。其实这本是一句实话,说明文学艺术对社会生活的感受是最敏锐的。我想文学的价值也在此。如果它不是从生活里来,不反映生活中的晴雨,而只是图解政策,就没有任何力量。新时期以来我们文学出现了繁荣局面,也是因为我们写了人民大众切身的经历和感受。人们在作品里倾吐自己多年压抑着的悲痛,抚一抚伤痕,这是必要的。文学作品应该反映社会的真实情况。

我的有些作品不注重情节,也不用白描叙述的手法,有些费解,遂贻"曲高和寡"之讥。其实我以为小说之为小说的一个重要条件是:能够引人入胜,使人不能释手。也就是说小说应该是让人看得下去,有其可读性。不过这里说的可读性不是躺在花园里或坐在火车上随便翻翻,而是要认真地读,小说要经得起认真地读,也要吸引人去认真读。五十年代时我曾听我们的前辈作家老舍说,写东西要使人能感觉到。你描写冷,读者也打哆嗦,你描写热,能让人脱掉大衣棉袄。他去世后发表的《正红旗下》有一段文字写北京的风,读的时候真想擦擦桌子,真觉得到处都是黄土。Elizabeth Bowen 的小说《Death of the Heart》(伊丽莎白·鲍恩的《心之死》)里描写伦敦的雾,读时使人窒息。这段描写可算是一个历史记载,因为伦敦已经没有雾了。总之,小说应该能感染读者,使读者共鸣。

小说还要经得起思索,也就是要对读者有所启示。我们新时期的好小说在社会性、可读性上大体做到,但还少真正有启示的作品。鲁迅的《阿Q正传》、《狂人日记》给我们多少启示,简直是当头棒喝,让人不能不思索我们国民性中的弱点、我们历史传统中封建礼教的危害。中国古典小说《金瓶梅》和《红楼梦》一比较,便可以看出优劣。前者只是描写人情世态栩栩如生,反映当时社会情况;后者除也做到这些,还有理想的光辉,有一种诗意贯穿全书,因为它的作者对社会人生有他的看法,有他的向往、遗憾和悲痛。伟大作品总有巨大的思想内容,对人有所启示。但这思想内容绝非作者在说教,而是通过作品本身给予读者。

我自己在写作时遵循两个字,一曰"诚",一曰"雅"。这是我国金代诗人元遗山的诗歌理论。郭绍虞先生将遗山论诗总结为诚乃诗之本,雅为诗之品。我以为很简约恰当。没有真性情,写不出好文章。如果有真情,则普通人的一点感慨常常很动人,如果心口不一,纵然洋洒千言,对人也如春风过耳,哪里谈得到感天地、泣鬼神!文学必须真实地反映人生才能获得自己的生命,这一点是新时期作家们普遍的认识。鲁迅所说的"瞒和骗"的文学是没有市场的。只是要做到"诚",不瞒不骗,并不容易。要正视生活需要很多条件,如本身的理论水平、处世能力、勇气和毅力等等。能够认真地看清楚,并认真地写出来,谈何容易!

"雅"可以说是文章的艺术性。要做到这点,只有一个苦拙方法,就是改,不厌其烦地改。"文章是改出来的。"这是一句尽人皆知的话,但这句话包含多大的耐心,恐怕也只有作者自己知道。

我的作品简单地说,可分为两大类。一类是现实主义的,照现实的样子写。有一位前辈曾谆谆教诲我这样写。我以为有道理。有一天忽然悟到《红楼梦》里写了几百个年纪差不多的女孩儿,而能各有个性,并不重复,可能因为作家在现实生活中便接触了这样多、也许更多的女孩,把她们写下来,自然便不同,因为世界上没有哪两个人是一样的。我的这类作品有《红豆》、《弦上的梦》、《三生石》等,窃称之为外观手法。另一类我称之为内观手法。即透过现实的外壳去写本质,虽然荒诞不经,却求神似。中国画讲究"似与不似之间",讲究神似,对我很有启发。中国画论以山水画为最高,并主张不做自然皮相之模仿,而为诗人理想之实现。有的名画看去似乎不成比例,却能创造意境,传达精神,给人许多画外的东西。绘画和文学是两种艺术,所凭借的手段不同,但也总有相通之处。我是在尝试这样写。

Kafka(卡夫卡)是文学上的一个怪杰。他的《变形记》、《城堡》写的是现实中不可能发生的事,可是在精神上是那样准确。他使人惊异原来小说竟然能这样写!把表面现象剥去有时是很必要的,这点给我以启发。写作手法是为内容服务的,怎样写要依内容要求而定。

有的评论说我的两种写法有汇合趋势。我主观上不打算汇合;而想使之各自发挥,使各自特点更突出。我的外观写法有不少浪漫色彩,而用内观写法时我主张在细节上要注意符合现实。就是说前者也有不似处,后者要特别注意其似。长远以后也许会汇合,以后的事,现在难说。

读小说是件乐事,写小说可是件苦事。不过苦乐也难截然分开。没有人写,读什么呢?下辈子选择职业,我还是要干这一行。下辈子再下辈子,那时可能争夺读者的不只是电影电视,还有新发明的想象不出的什么新奇物品。不过我相信总还是有人爱读小说,也总还是需要有人写小说。

1984年2月底
按:此为作者出访英国发言稿之一
原载《文学评论》1984年第3期

传统与外来影响

宗 璞

传统与外来影响是文学创作中的重要问题。文学的唯一来源是生活。然而这源泉怎样能变成绚烂多彩的艺术世界，是离不开传统和外来影响的。就传统而言，有深厚的文化传统才能产生深刻的作品，作品是被文化抬举着的，就像船在水上，水涨船高。就外来影响而言，其影响可分间接直接两方面。外来影响撞击本土文化，使得本来的文化传统因外来刺激而发展，作者间接受到发展了的传统的影响，也可直接受到外来影响，如阅读书籍，互相访问等，这在现代社会中是容易做到的。

中国文化在几次大撞击中产生飞跃。黄河流域的中原文化（史文化）和长江流域的楚文化（巫文化）撞击汇合，产生了灿烂的汉文化。隋唐时期佛教的传入，产生辉煌的唐宋文化。近代史上，随着和西方的接触，有了五四新文化运动，提出科学、民主和现代化的口号。应该说，这一运动，现在正在延续。

任何民族的文化，都只有不割断历史，同时很好地汲取外来影响，互相补充，互相渗透，才能活泼地、充满生机地向前发展。

小说的发展也不例外。

纵观中国小说的历史，主要是现实主义的脉络，写人情世态惟妙惟肖。古典小说作者很善用白描手法，朴素地几笔勾勒，便使人物跃然纸上。如《红楼梦》中的凤姐受到妖法陷害，拿着刀见鸡杀鸡，见狗杀狗，见了人"瞪着眼就要杀人"，这几个字就写出凤姐神态，尤其是中了妖法的凤姐神态。古典小说家不做大篇心理描写，只用一两句话，写来却意味无穷。如宝黛口角以后，只写他们心里想着同一句话，即贾母说的"不是冤家不聚头"，极有感染力地表现了他们相知相爱之深。

中国传统小说大都从人物的行动来写性格，选择最典型的事例，绝不浪费一点笔墨。如《红楼梦》写迎春惜春的篇幅不多。对迎春只写了一件事：她管不了跋扈嚣张的仆人，丢了首饰也不查问，只管捧着一本道家的书看。这样一个场景，充分显出了迎春的懦弱性格。写惜春也从未写她想什么，只写她的一段言谈以及和尼姑下棋，个性一下子就出来了。

《红楼梦》和别的小说有很大不同，即在现实描写中加入了木石前缘的故事,使得全书稍带有浪漫色彩。有人说这样就减弱了全书的力量,本来很真实,变得虚幻了。其实有这段虚无缥缈的描写,使得全书更耐人寻味。因为木石前缘不是庸俗的因果报应,而是冥冥中的一种力量。

我向美国朋友竭诚推荐《红楼梦》,这确实是一本奇书,非常值得一读。

我们也有《聊斋志异》这样的写鬼怪的非常美妙的小说,但是总的说来,我们的小说中浪漫主义较弱。鲁迅分析是因为生活太苦和容易忘却的缘故。

我喜欢浪漫主义。我在美国作家中,找到了霍桑。

霍桑的作品在我少年时已有中译本,我曾读过《红字》和《海德格医生的实验》,留下深刻的印象。后来我们长期与外界隔绝,接触外国作品很少。1979年,我国专门介绍外国文学的刊物《世界文学》(那时我是一名编辑)复刊时,我提出介绍霍桑,于是和朋友们一起选了《教长的黑纱》和《拉帕其尼的女儿》两篇,我自己翻译了后者。这次阅读使我更为霍桑的气魄所感动,总想编译一本霍桑短篇小说集,但因为我忙于创作,这一工作已经由别人完成了。

文学是需要想象力的。霍桑的一个重要的、使我倾慕的特点,便是想象力的丰富。批评家们说,他的创作一半是寓言,一半是现实。他自己说他一生致力于寻找"一个现实和想象的汇合点"。我想,这一汇合点,是富有浪漫主义气质的作家都在寻找的。

霍桑的代表作《Young Goodman Brown》(《年轻的古德曼·布朗》)写一个小伙子去参加魔鬼的集会,一路受到良心的谴责,到了以后竟发现许多名声很好的高贵人士和那些无耻无行的人都在集会中,连他自己纯洁的新婚妻子也在那里。这个短篇小说突出地表现了作者几方面的特点:他的原罪意识,他对人的内心世界的剖析和使用超乎人类经验的想象力,这一切,在那魔鬼集会的燃烧的岩石上,巧妙地汇合在一起。那强烈又神秘的气氛、深刻的思想打动了每一个读者。

1979年,我写了我的第一篇内观手法的小说《我是谁?》。评论家称它为象征的或表现主义的,有人说它开了中国现代派之先河,也有人说它根本算不上。现代派是一个不清楚的词,这里不去说它。我称自己的这一类小说为内观手法,以区别于我另一类小说,偏重于现实描写的外观手法。内观手法挖掘人物内心。《我是谁?》中,人被践踏到非人的地位,从心里觉得自己只能是一条虫,外表上便也改变了。这种变化有卡夫卡的《变形记》在先,但我写的这条虫是只有在中国"文化大革命"之中才能变出来的中国虫。后来又写了《蜗居》,这是一篇寓言小说,我自己很喜欢。后来又写了《谁是我?》和《泥沼中的头颅》,后者的译文即将发表在美国的一个文学杂志《Article Review》(《文学评论》)上。

《蜗居》写一个人在幻觉中到了地狱,遇见中国汉代名臣——惨遭杀戮的范溱,在罗马鲜花广场看见正受火刑的布鲁诺。最后看见一个长长的队伍,手持着自己金光闪闪的头颅照亮黑暗。但他舍不得离开保护自己的"蜗居",在壳中腐烂了。写这篇东西时,我自觉想象从现实出发,却又是自由的,不受束缚的。我努力寻找那现实和想象的汇合点。

作品一写出来,就有它自己的灵性,读者可以得到许多作者未想到的东西。如经作者解释,就太实在了、僵硬了。似乎也是霍桑说过,重要的是那块饼,而不是烘饼的过程。

我不再饶舌。只再说一句,在我写作过程中,搅拌着生活的泉水时,我感到中国伟大深厚的文化传统的支持,也感到远方光辉的照射。常觉得十分幸运。

原载《当代文坛》1988 年第 4 期

独创性作家的魅力

宗 璞

身为外国文学研究所的工作人员,若不为自己单位办的刊物写点什么,似是大逆不道。为避这嫌疑,虽然我总没有想好我和外国文学的关系究竟如何,也只好搜索枯肠,找出几句话来,交代一下。

就记忆所及,我读的第一本外国小说是林琴南译的《块肉余生述》,即《大卫·科波菲尔》,时年8岁。那文字当然是不大懂的,但现在还记得"大野沉沉如墨","落英缤纷"等句子。后来在高中英语课本上读到大卫在去学校途中吃饭的一段,知道一点原文是什么样子。记得因为我们倒英文老师的台,那一课是我们的校长黄钰生先生亲自教的。后来又读全书,很喜欢书中的艾尼司,那善良的、总是为别人着想的女孩。再后来知道评论家认为这个人物很虚假,便为她抱不平。细想来,艾尼司有点中国妇女的味道,恬静、安详,内心却有坚韧的力量,把温柔的光辉洒向人间。这样的女性绝非虚假,只是太少了。

狄更斯在这书的序中说,大卫·科波菲尔是他心灵深处得宠的孩子。这本书也是我的一个特殊的朋友。8岁时看不懂的,如书中描写的童工生活,负债而进监狱的情况,后来则深为其人道主义精神所感。人道主义精神是西方优秀文学中最根本的东西,源于普遍的同情心,大悲大悯,若无这同情心,只斤斤于一部分人的利益,当然也感动不了广大读者。

狄更斯以极大的同情心真实地写出了他所处的社会,有幻想,却没有粉饰。这样的书总有点讨人嫌。曾听到一位英国朋友说,60年代初他听一位中国青年说,伦敦街上躺着无家可归的人,说是狄更斯小说这样描写的。这位朋友很不悦,说现在的英国已不是狄更斯笔下的英国了,一提起英国文学,应该有另一个代表人物来代替狄更斯,但是想了半天也没有想出来。

青年时代我最爱两位作家:陀思妥耶夫斯基和哈代。关于哈代,我在《他的心在荒原》这篇散文里说了许多。关于陀思妥耶夫斯基只写过一篇极简单的小文,还是50年代在文委宗教事务处工作时,似乎是国际上纪念陀氏,不知怎么写了一点,发表在《工人日报》上。我从初中到大学期间,不断读陀氏作品,《罪与罚》、《被侮辱与被损害的》、《白痴》、《卡拉马佐夫兄弟》,真是令人肝肠寸断!有很长时间,我们的评论认为陀氏是反动的,喜欢他的作品的人至少是在感情的细流里有某种不健康因素,在一次次的思想改造中应该挖挖思想根源。记得起先把一些"不健康"的思想感情归于小资产阶级,后来的说法是小资产阶级就是资产阶级,何必要那"小"字!应该统统打倒。我们的十字架造得那样多,发给读者和作者一同背负。鲁迅有一句话论及陀氏,原文记不清了,大意是陀氏在拷问人生的罪孽,一直拷问出罪孽底下灵魂深处的洁白来。真是深刻极了。现在的专家们仍可指出陀氏的短处,但那拷问的精神是何等伟大,他把自己的灵魂和人生的罪孽一起放在炼狱中经受拷问。他书中的人物忍受侮辱和损害,忍受无穷的苦难,但他们的精神是丰富的,内心仍是倔强的。他们无法抵抗,但他们不是顺民!

据说贝娄同时也是陀氏专家,在大学讲授这一课,讲得十分精彩,我一直想看他的讲演文集,但像许多事想做却总做不成一样,不知何时能看到。

60年代中期,"文革"以前,批判经典著作风行一时,卡夫卡批判是一课题。当时以卞之琳先生为首成立一小组,我是其中一员。卞先生指导我们读作品,并讨论过几次。提纲尚未拟出,"文化大革命"开始了,一切付诸东流。但是卡夫卡的作品在我面前打开文学的另一世界,使我大吃一惊!

有人说,卡夫卡始终是一个谜,一个禅宗的公案。其作品本身给予文学创作如后来的某些派别的具体影响且不必说,我从他那里得到的是一种抽象的,或说是原则性的影响。我吃惊于小说原来可以这样写,更明白文学是创造。何谓创造?即造出前所未有的世界,文字从你笔下开始。而其荒唐变幻,又是绝对的真实。在"文革"中,许多人不是一觉醒来,就变成牛鬼蛇神了吗?

卡夫卡在一篇日记中说,他本想写狄更斯式的长篇小说,"只是用我取自时代的更强的烛照和我自身的微光来丰富它"。幸亏他"缺乏魄力和由于模仿所受到的教训"才避免了。他说:"每个人都是独特的。""我从不知道常规是什么样的。"他尊重独特,强调独特,由此而常陷于绝望。

如果我们不能尊重强调独特,至少应该承认它吧。尤其是文学作品,如果不是独特的,又有什么存在的必要?

小说以外,我还喜欢泰戈尔、济慈、狄金森的诗,莎士比亚的《麦克白》,易卜生的《培尔·金特》,还喜欢潘彼得和快乐王子,我还热爱安徒生童话。

奇怪的是,今年7月间我在洛杉矶迪士尼乐园的童话世界中,没有见到一个安徒生笔下的人物。是否没有像中文这样的英文译本之故?我很难想象。曾到处扬言要致函迪士尼乐园,建议为海的女儿辟一块地方,布置起来一定比白雪公主、睡美人和艾丽思的领地更吸引人,他们还可以多赚些钱。

可我总没有写这封信。

1989年11月29日
原载《外国文学评论》1990年第1期

虚构,实在很难

宗 璞

一九四八年,我写第一篇小说,刊登在天津《大公报》上。内容是编造的爱情故事。现在这篇小说找不到了,它的价值不大,并不让人太遗憾。有趣的是这篇小说的题目,可以提一提。这题目用的是法文,"A.K.C."。当时我正在上大学,法文是我的第二外国语。

"A.K.C."是 àcasser 的谐音,意思是打碎它。小说中男主角送给女主角一件瓷器,上面刻着"A.K.C.",但是女主角舍不得打碎它,就没有得到藏在其中吐露真情的信。两人错过了,成为终身之恨。

如果我编短篇小说集,列出目录,第一行出现的会是法文。

小说给读者带来的艺术世界是无可比拟的,不可替代的。电影电视的艺术世界是由视觉、听觉固定了的,不像文学作品,通过文字,为读者鼓起想象的翅膀。譬如中国最伟大的小说《红楼梦》中的人物,每个读者心中都有一个版本,若固定在一个演员身上,是很难让人觉得像自己心中那一个的。小说永远会有人读,写小说的人永远会有事干,不至于失业。

不过似乎存在这样的现实:小说愈来愈难写了,读者的要求愈来愈高。许多人觉得与其看那些胡编乱造的小说,不如看纪实的文学,还可以多得些东西。小说得有虚构,创造出不同于现实世界的艺术世界。便是这虚构,实在很难。

一位英国评论家说小说是蒸馏过的人生,形象地说明了小说从生活里来,而又不是原样照搬,是经过艺术加工得出的人生的精髓。我们大概都有这样的经验,即写纪实的文学比写小说容易(当然写纪实文学需要的本事我很佩服,如采访)。虚构不是凭空地乱编,而是很难很难的创造。写五千字的纪实文学,可能要五万字的材料,经过取舍剪裁得出。写五千字的小说,就不只需要五万字,便是五十万字也不行的。它需要用一个人毕生的经验、知识、见解把要写的一点东西搅拌、熬煎、锤炼,再团再炼再调和,然后虚构出五千字来。虚构需要基础,有生活的源泉,有这源泉,才能蒸馏。《红楼梦》里贾宝玉看见一间屋子里挂着这样的对联:"世事洞明皆学问,人情练达即文章",连说这屋子住不得,以为世事洞明人情练达是俗不可耐的事。我一直以为若写小说,倒是很需要这两句话。这是对社会对人生的了解,对社会对人生有深刻的了解,才有生活的源泉。

虚构的第一要义,其来源,恰恰不是虚构,而是现实人生。

无论哪个国家的小说,都是从简单的形式逐渐发展的。中国小说最初离不开神话。汉代有神仙传之类的作品。六朝有志怪小说,记叙鬼神奇闻逸事,都很简短,不过把听到的事记下来罢了。唐代兴起传奇,则开始有意识地作小说,也就是不只记录,而有作者的虚构。宋元话本,深入街巷,影响很大。在这基础上,明清人情世态小说发展起来,蔚为大观,创造出虚构的艺术世界。如果没有以前小说的变迁和发展,就不会有后来小说的世界。曾有一个笑话,说一个人吃馒头,吃了一个不饱,又吃了一个还不饱;吃了第三个,觉得饱了,就后悔说,早知道吃第三个能饱,前两个就不吃了。文化是一条源远流长的河,是不能割断的。我们现在写小说,也必须从世界文化——特别是自己祖国的文化取得滋养,只有生活是不够的。现实生活是无字天书,文化修养是有字人书,缺一不可。

虚构从有字人书中得到什么?我想所得可分为实和虚两方面。就实的方面说,读书得到知识。人不可能有那么多的直接经验,从书本可得间接经验。书本知识不可能成为创作的材料(我信奉生活是创作的唯一源泉这句话),却能够激发联想。唐人李公佐著小说《季汤》,写淮涡水神无支祈是一猴状怪兽,鲁迅认为孙悟空是从无支祈而来。可以想象《西游记》作者知道有这一猿猴形象,受到启发,然后赋予它唐僧大徒弟这一人的性格、齐天大圣这一神的本领。无支祈就是那前面的两个馒头。就虚的方面说,读书能帮助作者提高蒸馏人生的技术。各种写法可以借鉴,这和从零开始是不一样的。

五十年代始我们很害怕前面的馒头,总是拿了放大镜要找出它们的毒素。到后来就把世界文化统统批倒,特别是和我们自己的文化分了家,使我们的文学受害最大。我们本有几千年文明,思想宝库,人物画廊,取之不尽,用之不竭,可是硬使自己变得两手空空,成为一无所有、缺少根基的流浪汉。想只吃第三个馒头就饱是不可能的。于是只好处于饥饿状态。

现在年轻的作者们大概没有人再拒绝文化的滋养了。有字人书和无字天书这两本大书,应该两手抓,两手都要硬!

这些关于虚构的要求,也是文学创作的一般条件,老生常谈。虚构需要的另一条件,那是一只打火匣。安徒生有一个童话,说一个兵得到一只打火匣,一擦火,可以得到想要的一切。每一个作者都天生带着这打火匣,其中最主要的是丰富的想象力。有想象力,才能虚构,才能创造。如果作者本人没有想象力,无支祈也引发不出孙悟空。小说的世界是虚构的世界,也可以说是想象的世界。在想象活动中,需要能够设身处地。作者愈是能设身处地,悲书中人之悲,喜书中人之喜,则其描绘愈能动人。小说通过人物活动、事件发生等给出的世界看上去是已知,实际更重要的是未知,是用作者自己那个独特的打火匣照亮人生未知中的可知。过去写小说有人提出八个字的要求:"情理之中,意料之外。"意料之外说的是不落俗套,情理之中说的是依照生活的规律。从已知到未知而揭示可知,必然落实到生活的基础上。

小说的虚构可以写一本书,不过我觉得说怎样虚构比做更难。我情愿具体地蒸馏人生,而把论说怎样蒸馏留给更聪明的人。

1994 年 4 月中旬
原载《读书》1994 年第 10 期

一腔浩气吁苍穹

金 梅 宗 璞

宗璞同志：

您好！恕我打扰了。

前次为孙犁同志评论大作《鲁鲁》，曾接读过您的来信。此事虽还恍如昨日，可屈指一算，已过去整整十年了。这真应上了"光阴似箭"的老话。

十年来，中国文学界的变化，可以说是既令人欣喜，又令人担忧。尤其是八十年代中期以后，某些创作现象和理论主张，常常使人感到惘然和失措。其间的现象之一是，在"寻根热"的过程中，一些作家将自己的笔触，主要集中于探究和揭露我们这个民族的缺点与弱点上面。与以往一味地歌功颂德比较起来，这是创作思想上的一大变化。如何看待这种变化，当然需作具体分析。但由此而产生的另一种偏颇，也是值得注意的。在一些人看来，我们这个民族，从"根"上说，好像只有缺点与弱点似的。依着这种思路写下来，一个问题产生了：在我们的大量文学新作中，鼓舞人心者少而泄气者多。那个时候，我在留意您的创作时，曾经有过这样的纳闷：自从1985年10月，在我参与编辑的刊物《小说导报》上，发表大作《泥沼中的头颅》之后，不知道为什么，您的创作不像以往那样多了。最近拜读了《南渡记》才明白，原来，您正在埋头创作多卷本的鸿篇巨制《野葫芦引》呢。我不想任意地猜测说，引发您创作《南渡记》的动因之一，便是由于对上述那类创作现象有所感触的缘故；但我确实感到，您在《南渡记》中所表现出来的创作观念与美学理想，与那时创作界的某些偏颇是截然不同的。——您的《南渡记》，以深沉的笔触，赞颂了中华民族的觉醒，围绕着这种觉醒，写出了我们民族的自尊与自重，写出了炎黄子孙不畏强暴、视死如归的斗争意志（像小说中凌京尧那样的人毕竟是少数），和"枪口上挂头颅，刀丛里争性命"、"就死辞生"的一腔浩气。这些，《南渡记》是通过一个特殊的题材——知识分子在民族危难期中所经受的考验来表现的。如此，也就不单纯是历史地和具体地探究着，我们这个民族虽饱经忧患，却依然生生不已的内在的和深长的原因，更对长时期以来，被弄得斯文扫地、尊严荡然的中国多数知识分子的真实灵魂，作了确切的与深入的描绘，还他们以历史的真面目。小说描写的确切与深入，在我看来，主要得力于独特的构思，即：作者将一个宏大的时代题材，化解于几个家庭的日常生活(当然不是通常意义上的日常生活,而是包含着特定历史内容的日常家庭生活)之中;再进一步,又以其中一个家族的成员在时代变迁中的种种表现为主,使众多的家庭及其成员或亲或疏,或近或远地向它辐辏聚拢。——这是对《红楼梦》等中国古典小说艺术的成功借鉴。

对重大时代题材的处理,既有从正面切入之一途,也能从侧面迂回地加以描写。前者,固然可以造成波澜壮阔、惊天动地的声势,但由于采用此类构思者已多,又容易失之于雷同一般;而后者,大都从特定的时代风云变幻对人们正常生活的冲击,这样一个角度去选材和描写,虽无紧锣密鼓、电闪雷鸣之势,却由于集中地和细微地解剖着,人物在历史转折关头和生命抉择途上的灵魂的震颤,与那些以紧张曲折的故事情节取胜的小说相比,它就自有其"楚楚动人"和"回肠荡气"的艺术魅力了。《南渡记》便属于这一类作品。

当然,这部小说艺术魅力之形成,还直接与您将自己的以及您家庭成员的经历、感受无间地贯串于和融汇于所有的情节与细节之中有关。我读过令尊的《三松堂自序》一书,由此得知,您的《南渡记》中包含着自己的家庭及其周围人物的经历。我这样说,绝不是以为《南渡记》是一部自叙传式的小说。我只是想说,一般小说中的"我"并非都是作者自己,《南渡记》采取的又是第三人称的描写叙事方式(只是在个别地方如第六章第二节中,有几段文字让"嵋"用第一人称的口吻去叙述),其间却充满了作者亲身的经历和悲欢、忧愤的情绪,处处可以读出作者的那个"我"来。字里行间虽没有出现作为作者的"我",但"她"确实无时不在、无处不在,且自始至终与小说中人物生活在一起,与他们一起煎熬、一起欢悦、一起悲愤。正是这一点,才使您的小说蕴含了真正能够激动读者心灵的艺术力量。我们有时遇到一些小说,不要说是以第三人称出之的作品了,便是那些包含着作者自身因素在内的第一人称写法的作品,由于从中看不到作者或喜或悲,或首肯或斥责的心理、情绪、态度,因而在阅读时常常不能激起相应的情感,总觉得与作者及其作品之间隔着一定的距离。何以故?我从《南渡记》中领悟到,那是由于在那些作品中,作者没有将"我"真正地融汇进去。(赘言一句:这并不是说,在作品中一定要直接出现"我"的形象。)

《南渡记》从"七七"卢沟桥事变那天晚上写起,从大的范围上说,它也可以列入抗日题材一类小说。但正如前面所说,这部小说没有壮阔的场面、紧张曲折的情节,抗日战争在小说中只是一种背景;它着重描写的,是从这个背景上所发生的,几个高级知识分子或高级职员(孟樾、澹台勉、庄卣辰、凌京尧等)家庭的变迁及其有关人物的灵魂呈现。除了写到吕清非老人和凌京尧时,小说将其安排在直接面对生死荣辱的场面之中,关于其他人物,只是写了他们被入侵者打乱了正常生活秩序之后的心理情绪反应,情节与笔触都是淡淡的,在人物的心理情绪反应中,也没有更多的慷慨激昂之状。孟樾、澹台勉、庄卣辰,作为高级知识分子,日常对政治是没有多大兴趣的,他们走的是以学术、教育、实业振兴国家的道路。但在他们,对民族的生存、国家的前途的关心,是自然而然的事。孟樾等以为,"我辈书生,为先觉者",因此一遇到"腥风血雨"袭来,自"不该躲避","毁家纾难"、"忍受一切"是自己分内的事儿。方壶是温馨的、舒适的,北平作为文化古城是最适宜于做学问的,但头戴一顶"亡国奴"的帽子,绝不是孟樾这样典型的中国知识分子所能承受和甘于承受的。在他,虽不能佩剑请缨、奔走沙场,但仍有自己那份为国家、为民族出力的事情要做,而且自觉到应该做好。"抛了文书,洒了香墨,别了琴馆,碎了玉筝",是令人惆怅与悲愤的,但他宁愿在颠沛流离、坐卧无定中去完成其皇皇巨著,而决不会在敌人的刺刀下苟且偷生。小说中写到孟樾等人在强敌压境中的心态时,直写他们义无反顾地离开北平,并一再点出其"我们会回来"的坚定信念,而无其他多余的笔墨。这正准确地写出了,像孟樾这样的典型的传统中国知识分子深明大义、看重名节的品格。在这里,如果作者对人物的心态描写故作曲折状,是会歪曲了孟樾的。

《南渡记》是以孟樾的出场开篇的,在情节结构上,也以孟樾一家的活动为中心,但在整部小说中,对孟樾的描写所占的分量并不多。他在全部七章小说的第三章开始时——从时序上说是卢沟桥事变后一个多月,便离开了北平;等到他再次直接与读者见面时,已经是一年以后,小说也将近尾声了。其间,小说用主要篇幅,写了孟樾离开北平后,吕清非老人和他的两个女儿即孟夫人碧初和澹台夫人绛初及其孩子们,暂留北平期间难以煎熬的日日夜夜。在这些笔墨中,对每个人物的描写,从塑造不同的典型形象上说,各自有其独立的意义。但我在阅读这部小说时,有这样两点突出的感觉:一是,最先出现的孟樾,虽然很快地暂时退出了小说的情节,但在没有他直接出场的、写他家人活动的所有情节与细节中,都有他的身影在晃动、他的品格在闪光。小说在描写其他人物时,极成功地烘托了孟樾的思想风貌。贤淑宽厚、高洁拔俗的吕碧初,她与孟樾灵犀相通,相濡以沫;她甘担风险,帮助地下工作者销毁文件;她敢于在日本人面前,说出"难道日本孩子的命更值钱"一类话,等等,所有这些,固然因为她是吕清非的女儿,却也是孟樾所形成的方壶生活环境濡染的结果。至于孟家第二代在民族危难关头自然流露出来的品性与素质,更是由孟樾的言行潜移默化而来。只有极为省简的笔墨和高明的描写技巧,才能收到这种一笔多能的艺术效果。二是,小说的所有文字,都在完成着同一个题旨:在以吕清非、孟樾翁婿为核心的那个诗礼簪缨的大家族中,深藏着我们传统的民族心性的根基和民族的浩然正气。正是有了这种根基与浩然之气,我们的民族才能从千百年来的苦难中走了过来,并将继续生存、奋斗和发展下去。

以我读后的印象说,《南渡记》写得最激动人心和感人肺腑的,是吕清非老人和那群孩子们的表现。出身于名门望族的吕清非,中举之后,本可以按照当时的人生公式,顺利地在仕途上升迁发达,但他在进步思潮的影响下,逐步看清了清政府及其后的蒋家王朝的腐败,终于抛却了仕途,投身于革命的行列。小说是将他作为至死都是一个时代弄潮儿的形象去描写、去赞颂的。乃中,尤其突出了他一生恪守和奉行的民族自尊心和民族责任感。用吕清非自己的话来说:他"一辈子奔走革命,推翻清朝,参加辛亥革命,又主张联共,不容于蒋,愿望只有一个,想亲眼看见中国独立富强"。在晚年,他又遇上了日寇的步步进逼,国家民族的命运危在旦夕。他为此而忧心如焚,闷闷不乐。卢沟桥抗战救亡的炮声,振奋了他的精神,使他看到了民族的希望。他时刻关注着时局的发展变化,毫不含糊地申明着自己的态度。他不止于为自己年老体衰,不能直接为国家民族出力悲愤自责,还用自己的言行激励着儿孙和周围其他人抵抗敌人的决心。他明明知道自己留在北平,敌人为了利用其名声会对他施以威逼,但为了家人的平安转移(在他看来,他们对国家民族的未来更加有用),还是毅然地留了下来。当敌人果真用软硬兼施的手段请他出任伪职维持局面时,他先是以嘲讽的口吻,奚落走了前来说项的汉奸,接着又怒斥赶走了威逼者,最后服毒身亡,以其一死,既表明了自身的志节品性,也揭露了敌人的卑劣,并使之阴谋破产。吕清非死得坦然,死得从容,也死得价值"无穷"。在这里,与吕清非就死辞生的情景相副,小说采用的也是从容而平静的笔墨。我觉得,正是这种相副的笔墨,更加深刻而准确地写出了吕清非所继承与发扬的,我们民族固有的"无求生以害仁,有杀身以成仁"的最高的道德准则和生命意义。既是固有的,它自身的呈现过程就会是自然而从容的,那么文学作品在对它加以描写的时候,副之以相应的笔墨,不是更加准确而深刻吗?

在孟宅方壶和香粟斜街三号府第中,活跃着一群在花团锦簇中长大的孩子。他们原来天真烂漫,无忧无虑,在联翩的幻想中生活着、嬉戏着。敌人的入侵,改变了他们的生活轨道,也使他们的民族自尊心觉醒起来。这些孩子们,由于年龄与性格上的差异,对时局变化的反应方式是很不同的。小说以多彩的笔墨,写出了这种差异与不同,在这种差异与不同中,又都贯之以他们对故土一草一木的恋念,对打乱了他们正常生活的入侵者的痛恨。峨和小娃站在窗前观看园中的景色,峨说:"这就是打仗。"见小娃不懂,她又说:"打了仗,这些花都没有了。所以得多看两眼。"小娃听后沉思地说:"我不喜欢打仗。"峨在说了"我也不喜欢"之后,把手中的洋囡囡放在窗台上,让它帮着多看两眼。参加完珣哥的婚礼,由于城门关闭,峨和小娃住进了城内香粟斜街外公的家里。他们一心想着要回到城外的方壶去,那里有活泼逗人的小狮子,宅旁小溪上游动着迷幻的萤火虫。澹台玮画的一张中国地图,有好些虫子爬在上边,那是他为之深恶痛绝的入侵者的部队据点。嵋和小娃住过来了,他又带着大家玩打仗的游戏。在他这个香粟集团军总司令的指挥下,一举歼灭了日寇三千余人,为此还专门发了战报。以这样的方式表达特定情感,是孩子们才有的。从那中间,我们感受到了他们与生俱来的对民族、对国家的爱,以及随之而来的对入侵者的天然的反感与忌恨。峨与玹子的年龄较大一些。峨的生性怪僻,对周围的人和事,她好像都不屑一顾,也不喜欢弟妹们插嘴非分之事。但就是这位看似冷酷无情的少女,在柳夫人的独唱会上,听了她的一番陈辞和一曲《松花江上》,也摘下手表作为捐款。过了几天,又主动提出,要随荺哥去郊区劳军。玹子是很超脱逍遥的,便是塌了天,该玩还是得去玩儿。但她同样是非判然,就是因她的关系,作为地下工作者的卫荺,才顺利地脱离了虎口。她还把手袋里所有的钱塞给了卫荺,答应把卫荺出走的情景,转达给他新婚的妻子。《南渡记》写孩子们民族意识的觉醒,是很有层次的。如果说,先前的那些描写,只是反映了他们与生俱来的直觉的民族感情,那么,当他们亲身经历了一系列遭遇之后,小说着意表现的,则是他们自觉的民族意识与民族情感了。还是说那个怪僻的峨吧,她是一向不屑与人言语,也百事不管的。而那次遭到敌人刺刀挟持之后,回到家里,她就情不自禁地、主动地,颤抖着倾诉了自己的遭遇和悲愤。从那以后,她也知道在这民族危难之际,自己应该承担一点力所能及的责任。南下途中,在香港碰到了从长沙畏难而来的掌心雷,他原是峨的同窗好友,这时,峨却不客气地对他说:"不能共赴国难也不能逃之夭夭!"这些地方显示出,此时的峨,与小说开篇时已自不同。——她开始成熟起来了。

《南渡记》写孩子们的遭际之苦和眷恋故土的深情,最令人撕肺裂胆的,是李之芹途中病死的情节。她热爱北平,喜欢那里的花草蝴蝶,敌人的入侵却使她离开了故土,离开了那里的一草一木、美丽的蝴蝶。她心脏病突发时,唯一想念的是:"不知道什么时候能够回到北平?"她对玮玮说:"我很怕回不去了。"玮玮坚定地劝慰她:"怎么回不去? 就是打上几年几十年,也会回去! ……李姐姐身体会好起来的。"临终前,当她听到玮玮说:"到了昆明,我们捉顶好的蝴蝶给你。"她脸上似乎掠过一丝笑影,用力地说:"你们很好——很美——"一个年轻的生命,终于没能回到自由的国土,没能继续生活在好友们中间,没能继续看到她一心向往的美的蝴蝶泉! 是敌人的侵略,剥夺了她的这一切权利! 小说对李之芹病死前后的描写,是铭心刻骨、动人魂魄的。

我在拜读《南渡记》时,特别留意到其中关于自然界的那部分描写。在这些描写中,您用诗一般的语言,寄托了您和您的小说人物,在彼时彼地对祖国美好的一景一物的挚爱,倾诉了由于入侵者造成的阻隔而不能享受其美的悲愤。从总体上说,这类描写,都是小说烘托其主题的有机部分。但它们的作用与价值是否仅止于这种烘托的层次呢?我想,在作者的总体构思和小说题旨的升发上,它们可能还有更深、更远的作用与意义吧!是怎样一种作用与意义呢?这里,我想说一点猜测之辞。如果不符合您的本意,那就请姑妄听之吧。

令尊友兰先生,是哲学大家,他有关中国哲学史的著作与论说,有巨大的影响。您长期生活在他身旁,想必会受其熏陶了。前面说到,我曾读过他的《三松堂自序》。就在这部著作里,友兰先生讲到自然、社会与人的关系时,解释了他心目中的四种精神境界。一种叫自然境界,一种叫功利境界,一种叫道德境界,一种叫天地境界。以他的说法,人在生活中如何看待他所遇到的各种事物的意义,构成他的精神境界,或者叫世界观。而唯有从一个比社会更高的角度,即哲学的角度去看待社会和人生,方能获得最高的精神境界。这种境界只能存在于人与宇宙(特别是自然)的关系之中,所以称之为天地境界。冯先生将天地境界视为最高的精神境界,我体会,是就哲学上的提纯和逻辑上的层次而言。也就是在观察世间事物的意义时,不能仅仅局限于一事一物,而要站在既能将万事万物都包蕴在内、又超越于任何一事一物之上,那样一个更高的立足点去观察它们。从这样的理解出发,当我们观察和评价人类所做的道德的或不道德的行为时,那行为就与自然界即天地间的万事万物都有关了。反言之,人类某些行为的道德与不道德,都可以从自然——天地间的万事万物上找到相应的反应。

如果上述对冯先生关于"天地境界"的界定的理解没有错的话,我以为他的这一哲学思想,对如何提高我们文学创作的主题层次、思想境界,是很有启发性的。而在我看来,您在创作《南渡记》时,好像就有意无意地贯串了令尊的这一哲学思想。日寇的入侵,既是对中国人民的蹂躏,同时也破坏了中国的大好河山、自然景观;中国人民对入侵者的愤怒,不只是因为其改变了我们的正常生活,也是由于他们践踏了我们的大好河山或阻隔了我们去享受那自然景观的美,因此,其罪行,不单会遭到被侵略者的怨恨和谴责,天地也要为之动容、为之变色的。小说第六章开头写道:"尽管扫阴儿的小人从早到晚拿着扫帚,孟吕碧初带着一行人离开北平那天,还是下起了小雨。天色阴暗,绿树梢头雾蒙蒙的。巍峨的天安门、正阳门变矮了,湿漉漉的没有精神。前门车站满地泥泞,熙攘而又沉默的人群显得很奇怪。人们都害怕随时会有横祸飞来,尽可能不引起注意……雨水在车窗上慢慢地流着,小娃扒在窗上,想看清楚外面,伸手去擦,玻璃外侧仍有雨水,他就耐心地看车窗。看着看着,他忽然大声说:'北平哭了。'母亲碧初坐在另一边,慌忙站起来叫他到这边来。他不肯,又指着窗说:'北平哭了。'"——写碧初一行离开北平时正值下雨天,并让小娃两次提到"北平哭了",这既是小说作者有意的安排与联想,也是自然界本身此时此地出现的一种独特现象,是其对人间事物的一种反应。文天祥的《正气歌》中说(这也是冯先生在阐述其"天地境界"说时引用过的):"天地有正气,杂然赋流形。下则为河岳,上则为日星。于人曰浩然,沛乎塞苍冥。"在文天祥看来,浩然之气,不只存在于人间,也充塞于苍冥之间、自然界的万物之中。自然物也是有情感的。《南渡记》中写"北平哭了",那便是彼时彼地,与人间相应的自然界的一种情感表现。(但愿不会有人从科学的角度来挑剔这种说法。)在这类描写中,自然界已从陪衬、烘托的层次,上升到了独立的地位。唯其带有了独立的品格,它才和人间的变故一起,组成了也拓展了小说的内涵。这是作者站在人与自然的关系——天地境界上观察世间事物时才有的结果。而正是这类观察与描写,使《南渡记》中写到的自然物的变幻所包含的意义提高了,也因此将整部小说的题旨进一步升华了。《南渡记》中将人间的变故与自然界的反应融为一体的这种写法,在如何处理作品中人与自然的关系问题上,是提供了新意的。

  拉杂写来,不当之处,请多指教。

  谨祝您及令尊

笔体双健!

金梅
1990年10月20日于天津

金梅同志:

  近两个月,我很少有时间坐在书桌旁,更不要说提笔,案上书纸,满布灰尘。接读来信——实际是一篇评论文章——觉得有话要说,不得不"挣扎"着写几句。

  写一部反映抗日战争时学校生活的长篇小说,这想法在五十年代就有了。所以并非受到哪一种观点的负面启发,你不作此猜测,是聪明的。也不像有些人说的,我立志要写一部史诗,那未免太伟大,不是我追求的。史,倒是有些。因为我要纪念那一段可歌可泣的生活,写的就是那段"史",不过写出来的是小说。"诗"则未必了。我很庆幸五十年代有的想法,贮存了三十多年才动笔。确实,我这个人活到现在,才会写出现在的《南渡记》,若是五十年代写,肯定是另外的样子。

  我也曾考虑自己是否驾驭得了这样大的题材,想到是否以系列中篇出之。后来我还是决定这样写,因为我以为这是我要表现的内容所需要的最好形式。形式服从内容,这是我一贯的原则。写不好,也只好认了。

  不知你属于哪代人,大概不一定经过抗日战争吧?可你似乎很理解那种感情,那种席卷一切的感情:上下一心,同仇敌忾。那是全民族的灾难,也是全民族的觉醒(一定限度)和动员。那种巨大的力量,影响着不分年龄不分阶层的每一个人。原先只让想象和萤火虫一起飘舞的孩子们,受到现实的教育,热衷于打日本,甚至游戏中也忘不了打日本。这不是矫揉造作(有文章这样说),恰是一种以儿童方式出之的至情。又据说这未免太"抗战化"。没有经过战争的人可能永远想不出战争怎样"化"进每个"凡俗"家庭,而影响着"凡俗"的一切一切,坦白地说,我自己便做过那样的游戏。

有些真事,在有些人看来很假,这种情况并不少见。对吕清非,你是肯定的。也有人认为他太单一平面,所以不美。我并不认为这个人物写得怎样成功,但他表现了一种民族精神。他生存的主要目的在于他的理想,而不在于他的"凡俗"。如果连吕清非这样平凡的人都觉得太拔高,又怎样理解舍生取义的文天祥、愿割去自己好头颅的谭嗣同?在生死关头,"就死辞生"的中华儿女大有人在。

民族感情只要不囿于狭隘,实在是很神圣的。它浸透了我们的祖、父辈的灵魂。所以在新中国成立初期,共产党一声"中国人民从此站起来了",赢得了亿万人的拥护,多少学贯中西的老知识分子自愿走上艰苦的改造道路。爱自己的祖国、民族,和爱自己的家乡、居所,爱自己的亲人、邻舍一样,又都是十分美好和平凡的。便是到了世界大同,那时不还是有别的星球吗?

关于人和自然的关系,你对家父的"境界说"有所体会。张载《西铭》开头说:"乾为父,坤为母。予兹藐焉,乃浑然中处。故天地之塞,吾其体,天地之帅,吾其性。民吾同胞,物吾与也。"有一次我侍家父往某处演讲,他一开始便讲天、地、人三个字。人不过是整个自然的一部分,不过这一部分是"万物之灵"。

我本还想讨论一下所谓平面、立体人物,写一个人物的突出一面是否可以并非平面。但实在没有时间了,现在得去厨房,然后去医院。

只再说一句。这样通信的方式好处是亲切自然,但因时刻想到要给作者看,是否会有拘束?这书显然有很多大大小小的缺点,譬如峨的叙述、几段标题的插入,诚如有人指出,打断了文气的贯穿。你未便写吧?

谢谢你对《南渡记》的理解。还要谢谢你屡次引用那几首曲子,那是我的得意之作。

宗璞
1990 年 11 月 8 日

原载《文学自由谈》1991 年第 1 期

历史沧桑和作家本色
——宗璞访谈

贺桂梅

主持人的话：陈骏涛

"五七"作家（又称"右派"作家、"归来"作家）是中国文坛的一个特殊产物，这是指1957年或稍后被错划为"右派"或受到错误批判的作家。这些作家在1966年之后的"文革"中又重新接受了一次"洗礼"，一直到"文革"之后才得以平反。平反之后，这些作家以前所未有的激情，投身于二十世纪七八十年代的文学复兴和建设之中，成为七八十年代中国文坛的一支主力军。当我们今天回顾"文革"之后文学的发展历程时，自然不会也不应该忘记这些作家。由于这些作家有比较丰富的生活经历和思想经历，他们的作品大多深深地镌刻着中国近几十年的历史烙印，表现出比较深沉冷峻的批判色彩和"反思"色彩，其创作倾向总体上是现实主义的，但比起旧现实主义来，又具有开放性的特点，因此可以称其为"开放的现实主义"。如今，这些作家除了少数已离开人世，大部分都还健在，虽然年事已高，但创造力依然健旺，有些还是相当活跃的文学活动家和社会活动家。

作为"五七"作家群中的一位少有的女作家，宗璞在七八十年代曾经发表过使人耳目一新的《弦上的梦》、《鲁鲁》、《我是谁？》、《三生石》等，后来又出版了引人瞩目的"野葫芦引"第一、二部——《南渡记》、《东藏记》。她的创作除了在总体倾向上与"五七"作家有某些相同之外，更有着自己独特的风格，正是这种独特的风格，使她成了"这一个"，赢得了文坛内外关注的目光。这在本期发表的"宗璞访谈"中，宗璞本人和访谈者贺桂梅都有很好的表述。

一代人有一代人的价值观和文学观。由于教育承传、历史负载和生活阅历等方面的原因，"五七"作家大都有一种"启蒙"情结，相信文学是作用于人的精神的，不说是"启迪民智"，至少是可以陶冶人的心性。从骨子里说，他们还是承接了（不管是自觉的或非自觉的）中国知识分子"士志于道"的传统，以"道"自任,以文学来促成"道"的实现。虽然经历了几十年的曲折坎坷,对某些问题的认识可能有所改变,但对文学可以作用于人的精神这一点,却是依然信奉的。在"访谈"中,宗璞引用了她父亲(冯友兰)常常提到的宋代理学家张载的那段话并表示认同:"为天地立心,为生民立命,为往圣继绝学,为万世开太平。"宗璞说,她父亲那一代知识分子常常以此自许,她自己虽然离它很远,但也向往那样的精神和境界。——这就是宗璞那一代知识分子的一种负载、一种胸怀,也就是一种责任感或使命感吧!我想,这也许正是宗璞在古稀之年,而且有病缠身,还依然孜孜于"野葫芦引"第三、四部——《西征记》、《北归记》——创作的缘故。这是值得令人敬重的,也是我们可以从这一代老作家身上所得到的一种精神启示!

50—60 年代"铸心"与信仰

贺桂梅(以下简称"贺"):您曾在《自传》中把自己的人生经历分为四个阶段,您的创作也表现出较为明显的阶段性。我觉得大致可以 20 世纪 50 至 60 年代的《红豆》、《不沉的湖》等为一段,70 年代末到 80 年代中的《弦上的梦》、《我是谁?》、《三生石》、《米家山水》等为一段,从 1985 年开始写作《南渡记》到 2000 年出版《东藏记》,又与前期的创作风格有所不同。您认为这样为您的创作经历分阶段是否合适?

冯宗璞(以下简称"冯"):你这个分期分得挺好。就是这样,根据社会的发展,我的创作也随之变化。我在《自传》中说四个时期,第一段是童年,那时候不可能写东西,所以没有什么关系。

贺:我是把后来您写《南渡记》、《东藏记》算作一个阶段的。

冯:这也是可以的。就长篇小说来讲,以前我没有写过,从这个时候才开始进入长篇小说的创作。50—70 年代以《红豆》为代表。要说一部作品代表一个时期,可是在《红豆》那个时期,这篇作品和别的作品显然不一样。所以只是在时间上相近。

贺:这篇小说所关注的题材,对人物内心世界的细腻刻画,以及整体风格上的优雅,都和我们所接触的社会主义现实主义文学有很大区别。它固然写革命和爱情之间的矛盾,但表达方式却游离了当时已经逐步规范化的语词和观念。您处理的是大学校园的知识分子题材,阶级矛盾的现实并不明显,而主要侧重于信念和情感冲突。当时是什么具体契机使您写出这篇作品?

冯:戴锦华说我是"本色"作家,我觉得挺对。从我开始写这篇作品,就不是自己给自己规定一个什么原则,只是很自然的,我要写我自己想写的东西,不写授命或勉强图解的作品。在 20 世纪 50 年代,本来已经不太可能写这样的作品,正好碰到"百花齐放",有那样一种气氛,希望写一些各种各样的作品。我写小说有一种"虚构"的爱好,自己常常虚构一些东西。在我和施叔青的对话中,我说:"从小有一个王国在我心上。"那个时期年轻人经过抗日战争、解放战争,进入社会主义社会,所经历的事情印象最深的就是"抉择",选择走什么样的道路,因为十字路口不断出现。用这样一个题材来表现,我觉得是很合适的。照我所想的,我就那样写了。也就是在那个时候凑巧可以发表,如果不是"百花齐放",就可能不能发表这样写爱情的作品。

贺:您说写《红豆》主要是出于虚构,有没有一点经验性的东西在里面?

冯:小说总是从现实生活里头来,有虚有实。关于这篇小说,我在《〈红豆〉忆谈》里都说到了。至于这个时期的别的小说,比如说晚一点写的《桃园女儿嫁窝谷》,我在去年出版《风庐短篇小说集》的时候,曾经考虑要不要收。一方面,它当时要表现的是社会主义改造,觉得这种思想和现在不大对头,另外一方面觉得它和我大部分创作好像是两回事:我忽然写起农村来了。可是后来我觉得,别人也这么看,说是你去农村的时间不久,可是笔下的农村还写得挺像,而且穷队富队之间这种关系,富队支援穷队的精神也还是好的。写《桃园女儿嫁窝谷》,当时当然主要是思想改造的产物,好像改造得还不错吧!

贺:就同期的《后门》这篇作品的风格来看,虽然内容是那时期的女作家所擅长的"家务事,儿女情",但却表现出了少有的介入社会现实的批判精神。您曾说过有一位长辈提醒您注意"投鼠忌器"。当时您为什么会写这样的批评性作品而不是当时流行的"颂歌体"?

冯:我当时看到一些不合理的现象。当然我这个人并不是那种非常关注社会问题的人,可是我觉得作为一个写作的人,她总有一种眼光是看着周围的事情,总是有自己肯定或否定的东西。对"走后门"现象,当时并没有人公开提出来,可是我就写了。可是小说里面又特别委婉地说这种走后门的现象马上可以制止,而且说明是"受了资产阶级思想的腐蚀"所以才走后门。所以这篇作品还是受当时的思想视野的限制的。

贺:当时像您这样的作品好像很少,即使要批判一些现象也说得很隐晦。

冯:是啊,如果您提得很明确就要受批判喽。我觉得《后门》这篇作品也算是一个风气之先的东西吧。《知音》和《不沉的湖》有些概念化。

《红豆》受批判以后,我又写了一些东西,可是我觉得写得越来越不自由了。如果你不写这种颂扬、奉命的作品,就很难。我曾经想不再写作。我当时在《世界文学》做评论组的工作,我对理论很感兴趣。那个时候翻译一些古典文论,读得很投入。我就觉得不写作我也可以生活。如果自己愿意写的话,就写给自己看看算了,并不打算当作家。

贺:能不能谈谈您那时候的散文?

冯:那时候我主要写了《西湖漫笔》,是 20 世纪 60 年代初写的。那完全是对西湖的一种感受。这篇作品后来被人问,说你是不是真的觉得社会主义好。我当然是写我真的认识的东西,至于那个"认识"是不是对的,那又是一回事。

贺:刚才谈《红豆》的时候提到"抉择",在做出这些抉择的时候,肯定有一种"信仰"在其中。

冯:那一代人,我觉得像我这样的人,还有我的同学,那个时候对社会主义的信仰是挺真诚的。我的一个同学,也是我的好朋友叫资中筠,现在写一些历史人文方面的文章,她是研究美国问题的,原来的社科院美国研究所所长。我们在清华读书,快毕业的时候,到体育馆上面的平台,在朝阳下,大家宣誓,服从分配,去祖国最需要的地方。这完全是自发的,并不是有老师劝导。那时候信仰是很真诚的,尤其在年轻人的心目中。不只是年轻人,像我父亲、我的父兄辈,他们在思想改造的过程当中,都是很真诚的。我一直觉得自己有一个未了的心愿,不知道以后做得了做不了,因为我还有《西征记》、《北归记》没写完,如果能完成,我还要写一部《铸心记》。把你的心重新铸造了,这就是改造思想。没有经过这段历史的人是不太理解的。

贺:像我们这个年龄的人是比较难理解那段历史。这种信仰后来是不是经历了一个变化的过程?

冯:我觉得我们这种年龄的人的信仰,和工农兵出身的那些人还是不一样。那时候老是要自我改造,要清算自己思想里的"小资产阶级王国",可是这个"小资产阶级王国"我看是永远清算不了啦。因为首先,"小资产阶级王国"这种说法是不是对的就很成问题。那时候就把,比如说看看月亮啊,看看花啊,这些一律都归之为"小资产阶级王国"的东西,但这些东西有一些是人的天性,比如爱美,是一种好的东西,如果真的对大自然一点都不能欣赏,恐怕生活就太枯燥了。所以就我来讲,改造也不彻底。可是在写文章的时候,我说西湖好,那当然是这么认识的,这和自己的思想改造没有太大关系。在《红豆》里面,我写了江玫,她留下来,是为了祖国,为了建设社会主义,我觉得那时候一大批人都是这样的;而现在看来,齐虹要走,也没有什么不对。

70—90年代的短篇：
知识分子与"文革"记忆

贺：可否谈谈您在停笔15年后重新拿起笔写作《弦上的梦》时的一些情况？这篇作品和大约同时的《醒来吧，弟弟》等相比，似乎显得更为丰满，今天读起来仍觉得它并没有流于单纯的义愤和说教。我的一些与梁遐同一年龄层的老师和朋友曾跟我说起，梁遐的行为方式、语言和思想，在当时是相当"真实"的。您曾在和施叔青的对话中说这部作品写的是"'文革'中成长的孩子"，您为什么会选择这样一个年龄层次的人作为写作对象？

冯：这倒是有一个模特儿，有一个亲戚，就是梁遐这样的人。写这个孩子还是比较真实的。有人批评这篇小说的结尾好像有点概念化，作者介入发议论，尤其外国人读起来觉得不太能接受。这个亲戚当时并没有参加"四五"运动，是我给提高了。当时觉得这些孩子挺值得同情，她们在最需要父母教育和关心的时候，一定要和父母划清界限，把父母认成敌人。这简直是不可思议。可是她们都经受过来了，而且这些孩子没有变坏，都从逆境中挣扎出来了。在那个年代，这样的事情是很荒诞的，但却非常多。

贺：我挺喜欢《米家山水》，您能不能说说这篇小说？

冯：《米家山水》我也很喜欢。当时是怎么写起来的，现在想不起来了。我还是希望大家都和平共处吧，主张"和为贵"，两派打来打去，没有什么意思。小说写到米莲予和刘咸的矛盾，刘咸也是很有才的，米莲予放弃了出国的机会让刘咸去。这还是从全局考虑。可是实际上刘咸也去不了，是那个不知道"八大山人"是谁的院长去了。这就是我们社会的问题。现在社会上一些人你批评我，我批评你，可是皇帝倒是好的。雍正现在都成了好皇帝，历史又乱作一团了。《米家山水》还是希望大家能互相理解。

贺：在阅读您20世纪70—80年代与"文革"记忆有关的作品时，我注意到您作品中似乎一直存在两种类型的知识分子：一种是用自己的头颅去换取"人"的尊严的勇士，一种是虽清醒但却有着犹豫、矛盾或怯懦的普通人。比如《弦上的梦》中的梁遐和慕容乐珺，表达得更清晰的是《蜗居》，其中的叙述人"我"虽然清晰地洞察了世界的荒诞，但却做不了用自己的头颅照亮他人道路的勇士。这两类知识分子似乎暗含了一种分裂的人格：一边意识到需要做一个勇士，同时又有一种做不了勇士的矛盾。您为什么会写到这样的矛盾？是不是可以说，这也在一定程度上暗示了您在浩劫中的某种矛盾和焦虑？

冯：我觉得"普通人"是比较多的，而真正的英雄人物比较少。这种人当然是值得敬仰、值得歌颂的，就像我在小说中写的那个举着自己的头颅的队伍，这是人类当中的精华。我觉得普通人应该尊重那些人、理解那些人，可是普通人还常常骂那些人、批评那些人。我发现真是有很大一部分"芸芸众生"，他们不怎么想事情。当然他们也很可爱，人毕竟是不同的，不能要求都一样。

贺：《蜗居》写作的时候是什么情形？在这篇小说中，我觉得有很强的自我反省。

冯：当时的情形我都不太记得了，倒是记得有人跟我说这是现代《神曲》。封建的专制势力给人带来危害，人应该起来反抗，可并不是所有的人都能反抗。这篇小说只是稍微启发（不是号召）人起来反抗。

贺：这篇小说我感受最深的是那里面"我"的矛盾、崇敬和自我怀疑。写到所有的脸都变成面具——这样一种好像很虚的写法，其实最能让人意识到"文革"的氛围。

冯：那时候离"文革"还很近，那些印象很清楚。

贺：我觉得您在 20 世纪 70 年代末 80 年代初的一段时间都在咀嚼"文革"记忆，在写完《三生石》之后，您可能会感觉关于那段历史要说的都说得差不多了？

冯：在《三生石》中我得到了"心硬化"，那是我感觉特别深刻的。从"铸心"——思想改造到"文革"，大家已经没有"心"了，后来才慢慢醒过来一点。现在我也觉得很多人并不是完全能够认识到怎么样做一个人，人怎么是万物之灵。

贺：《三生石》中的爱情感动了许多人，到今天仍是如此。那份浩劫中相濡以沫的温情，确实写得深入骨髓。这份感情不仅是三生石结盟的异性之间的情感，还有菩提和陶慧韵之间相互扶持的姐妹情谊。这在当时的作品中相当少见。您当时为什么安排了这样一种关系？

冯：我觉得友情是人伦中很重要的构成部分。中国传统是很注意友情和朋友的。友情和爱情差不多是并重的。我写《孟庄小记》，讲我和蔡仲德去找三生石，其中就讲到朋友和友谊。

贺：如果现在让您重写《三生石》，您还会把梅菩提和方知的关系处理成他们很小的时候就见过吗？这是不是一种太巧合的情节？

冯：我还是要照原来的写，我觉得他们"应该"原来就认识，好像是冥冥中注定的事情。我很喜欢中国文化当中的神秘主义，虽然没有什么研究，可是觉得很有意思。郑振铎曾经批评《红楼梦》说前面不应该有木石前缘，可是我觉得有这种前世因缘、衔石而生的现实中不可能的情节,这恰好使得它更光辉(笑)。这就是小说的虚和实,实里面夹着虚的东西,使人的想象力有所发展,不只是作者的想象力,读者的想象力也有发展:哦,原来以前还有这样的事情!

贺:刚才您说到"心硬化",您在《三生石》中写到爱如何能救治这种疾病:假如说这个社会是一个大的有机体,只要有一些细胞活着,还有爱,这个社会就能变好。

冯:希望能活过来。不过现在我有点悲观,好像人都很实际。我觉得文化里面有很多很好的东西,比如我们的古典诗词和一些外国诗歌,以前上大学时候念的,我觉得那真是非常好的东西。现在大学生我接触得也不是很多,不过我觉得现在很少有人像我们当时那么喜欢这些东西,现在缺乏读诗的风气。比如说《南渡记》、《东藏记》,当然写得很深,确实不是很容易看,所以我很怀疑像你这样耐心看第二遍的人恐怕不是很多。小说是要静下心来读的,现在能静下来的人不多。

贺:我在网上收集到很多评论《东藏记》的文章。一般认为这部小说很厚重,是"史诗性"的作品,一边当小说读,一边也是在读历史。一些文章还特别强调小说深厚的传统文化素养、优雅的文化品格。我觉得有品位的读者还是很多的。顺便问一个问题:您开始写《野葫芦引》的时候,怎么会考虑到使用曲词这样的传统形式?《南渡记》前面不是有6段曲词吗?我记得卞之琳先生特别在文章里夸奖您写曲子的功力。《南渡记》和《东藏记》给人的整体感觉,也有很浓厚的传统文化氛围。

冯:是因为写这部小说用这种形式比较合适,写什么东西用什么形式,主要看自己是不是能更好地表现所要表现的内容。说到传统的影响比较大,我觉得这很自然。我这个人虽然一直在搞外国文学,可是外国文学还是没有压过我原本所受的中国文学的影响。我很喜欢元曲。我想每一本书前面好像应该有提要(当然可以换一种方式,不一定非用散文的方式),先来把内容大致勾勒一下,这样可能看的人会觉得有趣味。潜意识里不知道是不是受到《红楼梦》里给每个人一段判词的影响?不过我写的倒不是对每个人的判词,而是对每一卷书的判词。

贺:您在20世纪90年代初期,尤其是1993—1994年,发表了三篇有些关联的短篇小说《朱颜长好》、《勿念我》、《长相思》,都写到中年人的爱情。怎么会想到写这样的小说?

冯:1990年我父亲(按,即冯友兰)去世,1991年我生了一场大病,在慢慢恢复的时候决定先写一点短的,那就到了1993、1994年。也是碰到周围人的一些事情,就把它点点滴滴地串起来。我很喜欢我的短篇小说,短篇小说和长篇小说是完全不同的东西。最近两年我还写过几篇关于"鬼"的小说,这是出于对神秘主义的喜欢。只是觉得精力不足,不然还有很多东西要写,比如说童话,但没有时间。

"女性文学"

贺:我想问一点关于"女性文学"方面的问题。从 20 世纪 80 年代中期开始,对女作家的讨论总被放到"女性文学"这个范畴里面,而且很多讨论都把您纳入其中。您自己对这些有什么看法?我记得在戴锦华课上曾经特别提到一点:您的作品表现出性别关系当中很和谐的一面,很少表现出矛盾,我想这同样和您深厚的传统文化素养有关。

冯:她说得很对,我觉得两性之间就应该是和谐。实际上并不是那样的,是吧?

贺:实际上可能存在着一种上/下的等级关系。您是否感觉不到这些,或者您觉得讨论这个问题没有必要,是吗?

冯:这方面我感受不深,所以觉得没有必要,但不是说真的没必要,只是我写的时候没那么写就是了。从前讲女性的"三从四德",那完全是男尊女卑,这点我感受不深。我老是不懂什么叫"女权主义",后来就去问别人,别人给我一个回答,也不知道对不对,说:女权主义就是反对男性的压迫。

贺:您对性别问题的表述不多,在《找回你自己》中,您一面批判传统社会中女性丧失了独立地位,同时也批判毛泽东时代"男女都一样"的思想,而提出"天生有阴阳","人本该照自己本来面目过活","认真地、自由地做一个人,也认真地、自由地做一个女人"。在你这里,"做人"和"做女人"似乎不存在矛盾?您没有觉得因为是女性,会有一些东西让您觉得不舒服?

冯:我倒觉得因为是女性,好像受到特别优待似的。但整个来讲,我们的社会以至于世界肯定是一个男权社会,你整天看电视,扮演重要角色的绝对是男子。男女要完全平等的话,可能需要很长很长的一段时间。而且我觉得在性格、智力、身体、体力等各方面,男女就是有分别的,所以我比较强调要找回你自己,能把自己女性的特长发挥得更好,而不要勉强男的那么做,女的也要那么做,比如男的背 100 斤,女的就不一定要去背 100 斤。这也是一种本色,各人去发挥各人最擅长的地方。我怎么说因为是女性就受到优待呢?比如说因为是女作家,女作家比较少嘛,所以出来的机会就比男作家多。这有点类似于少数民族有了成绩,比较容易引人注意。

贺：从一个角度看，这是一种优待；从另一个角度看，这又是挺不正常的。

冯：那当然就不好了。我看我们现在优秀的女作家写的作品，一点也不比男作家逊色。如果因为是女作家，就去炒作，那就有点色相的意思。我对现在的作品，这是老人的话了，我非常不喜欢其中关于性的描写，太多了。我觉得，如果创作的自由就自由在这上面，很不好（笑）。我记得有一个英国批评家，在批评当时英国的一些写作现象的时候，说这些描写（指性描写）让人非常不可思议，他说他去过欧洲所有的妓院，不过那都是关着门的！

《野葫芦引》：历史与小说

贺：您在《致金梅书》中说道，写一部反映抗日战争时代学校生活的长篇小说，这种想法在 20 世纪 50 年代就有了。为什么从 80 年代中期才开始写作您构思了 30 多年的《野葫芦引》？是否可以说，此时选择书写历史，包含了一定的对现实问题的规避？

冯：不存在"规避"的问题，这还是和我的"本色"有关系，也就是说我要写我自己要写的东西。抗战这段历史对我在童年和少年时候的印象太深了。另外，我想写父兄辈的历史。在《野葫芦引》后面还有四记，也就是有《野葫芦引》"前四记"和"后四记"，现在看来"后四记"大概是做不了啦，我这个身体不行。最想做的就是《铸心记》。那段经历也成了历史，可能小说总是和"历史"有关的。所以在《宗璞文集》前头我写了几句话，我说："写小说，不然对不起沸腾过随即凝聚在身边的历史。"过去的事情要把它用小说的形式记录下来。

贺：您似乎颇为强调小说作为"史"的一面。在这样的层面上，您格外看重小说的写实功能。但您同时强调，"小说只不过是小说"，也就是它终究是一种虚构。您如何理解这部小说的"虚"和"实"？

冯：说小说写的是历史，不是说写的就是"史实"。小说如果太"实"了，就像《金瓶梅》，可能不太好；如果太"虚"了，又站不住，缺乏厚重的生活内容。要写"虚"就得完全用虚的形式，比如索性去写童话。"虚"和"实"怎么能掺杂、调和得好，这是个功夫。

贺：我提虚和实的关系这个问题，是因为在读《南渡记》和《东藏记》的时候，感觉您对具体情境的描写能够很真切地浮现那个时代的生活和氛围，但好像又很难在里面读到一个比较有戏剧性冲突的故事。您整个结构是以家庭关系来结构，没有一个特别核心的人物或情节一直串下来，所以读的时候需要很细心。但我觉得这又是很耐读的小说，读得越深入就越体会出小说的好来。

冯：没有很强的故事性，比较散，是吧？关于《野葫芦引》，我曾经讲过"雅俗共赏"，一个是"好看"，一个是"耐看"，最好两者都能做到。

贺：您对"好看"怎么理解？

冯：那当然是能吸引人看下去。

贺：我觉得《南渡记》在这方面比较用力，《东藏记》好像不如《南渡记》。

冯：你这么看？在《东藏记》研讨会上，吴福辉就觉得它比《南渡记》好看。我自己也觉得应该是《东藏记》比《南渡记》好看，因为《东藏记》里面的事情多，有学校里的事情，有严亮祖等人家里的事情。《南渡记》嘛，就是吕清非这个家的事。当然，我希望能都好看一点。《西征记》，我就很想多用一些"虚"的方法，怎么样把战争写得浪漫一点。当然，只是这么想，不知道写的时候会怎么样。

贺：《野葫芦引》因为以家族关系作为主要结构，很多人都会联想到《红楼梦》。

冯：还有人想到《战争与和平》呢，说我写的峨很像娜塔莎！我说一点也不像，因为峨是中国人。大概写长篇，我觉得用家族关系来写比较方便，在一个家族里自然就有很多关系，然后在这里头就发生了一些事。至于说是不是像《红楼梦》，如果能够像一点，我当然很高兴。我这个小说比《红楼梦》差得远呢！写小说不受《红楼梦》的影响，我觉得是很少见的，你说是不是？很多人受《红楼梦》的影响。

贺：您为什么把这部小说的总题叫"野葫芦引"？

冯：最早就想到这个题目，后来改成《双城鸿雪记》，再后来又改回来。这涉及我对历史的看法。胡适说，历史是一个任人打扮的小姑娘。我父亲说，人只能知道写的历史，而真正的历史是永远不知道的。我就说历史是个"哑巴"，靠别人来说话。我写的这些东西是有"史"的性质，但里面还是有很多错综复杂的我不知道的东西，那就真是"葫芦里不知卖的什么药"了。要照我的体会呢，我觉得还是能表现那个时代的精神的。我父亲常常说张载的那句话："为天地立心，为生民立命，为往圣继绝学，为万世开太平。"他们那一代人常常以这个自许，我自己也想要做到这一点，但离得太远了，只能说知道有这样的精神和境界。最近我看到报上有篇文章专门讲这四句话，不知内容如何，我觉得只要讲就好。说"雾里迷踪"，就因为历史是个哑巴，人本来就不知道历史是怎么回事，只知道写的历史。但是写的历史，要尽可能是那么回事。把人生还是看作一个"野葫芦"好，太清楚了不行，也做不到。那么为什么要这个"引"呢？因为不能说这是个野葫芦，只能说它是个引子，"引"你去看到人生的世态。这个名字我还是挺喜欢的。我就要出一本散文集，收了从1951年到2001年的全部散文，北京出版社出的，起的题目叫《野葫芦须》。全用"野葫芦"了（笑）。

贺：在《南渡记》中您还专门写到一个野葫芦的故事！

冯：那部分叫"野葫芦的心"。对于知识分子的看法，我觉得还可以说几句。最近出了一本小说叫《桃李》，听说是一部当代的"儒林外史"。我觉得知识分子当然也存在很多缺点，但我是从比较正面的角度去写的，像我写《南渡记》与《东藏记》，还是把知识分子看作"中华民族的脊梁"，必须有这样的知识分子，这个民族才有希望。那些读书人不可能都是骨子里很不好的人，不然怎么来支持和创造这个民族的文化？我一直在琢磨"清高"和"自私"的问题，这两者的界限怎么划分？比如庄子，看上去好像也很自私、很无情的，其实他是最有情、最真情的。比如说鲁迅，讽刺、揭露，骂人很厉害，可是他底下是一种真情。如果写东西到了完全无情的地步，那就是"刻薄"。以后我也许要写我所见的"儒林外史"。当然我的时间有限，可能写不了。

原载《小说评论》2003 年第 5 期

又古典又现代
——与大陆女作家宗璞对话

施叔青

北京作家宗璞（冯宗璞）从小受中国文学熏陶，清华大学外国语文系毕业，擅长以知识分子、爱情为题材，1957年《红豆》受批判，"文革"后《弦上的梦》、《三生石》获奖，以文笔婉约细腻见长。《我是谁？》、《蜗居》等短篇现代主义意识流技法运用纯熟，对大陆现代派文学影响颇大。

一、书斋毕竟太狭窄了

施叔青（以下简称"施"）：你出身书香之家，父亲冯友兰先生为一代哲学权威，似乎注定你走文学的路？

宗璞：很奇怪，南阳冯氏家族大部分人都有艺术气质，女性尤甚，父亲说是有出女作家的传统。父亲的姑姑是位女诗人，写有《梅花窗诗稿》，很有诗意，可惜她十八岁便去世，才华未得发挥。我的姑姑冯沅君，五四运动时的女作家，勇敢歌颂人性的解放、爱情的自由，鲁迅对她有所评价。我那美国生长的侄女冯嵘，用英文写作也很有文采。父亲说："吾家代代生才女，又出梅花四世新。"

我从小背唐诗，第一首是白居易的《百炼镜》。小学时，每天早上要先到母亲床前背了诗词才去上学。八九岁就读《红楼梦》，抗战到昆明乡下，住处和北大文科研究所很近，十一二岁便到那里看书，浏览了很多书。除文学外，哲学、自然科学的书无所不看，父亲从不加限制，但很多书只是翻翻，看不懂的。记得有一本很冷僻的旧书《幽梦影》，主要讲人世无常，当时倒觉得很懂。小时候喜欢和哥哥、弟弟轮流讲故事。从乡下进城二十几里路，一边走一边编。我们三人各有一个国家，弟弟的在海中间，我的在火星上。上高中时曾在滇池的海埂露营，把对滇池的感受写了篇散文，登在杂志上，这是发表的第一篇作品。当时是十六岁。

施：你开始写小说，姑姑冯沅君是你的启蒙者吧？

宗璞：我很崇敬我的姑母。但因为一直没有住在一起，她对我影响不大。

倒是父亲虽然是哲学家,他在文学方面很有天赋,能写旧诗,并且常谈一些文学见解,对我起了启蒙作用。

上大学时在天津《大公报》发表了第一篇小说,笔名绿繁。那时我在学法文,小说名叫《A.K.C.》,法文"打碎"的意思。故事是一个小女孩把信装在瓶里要男孩打碎,男孩不懂,错过了,后来他一直在遗憾中度日。这是一个瞎编的故事,没有什么时代意义。那是1948年,学生运动风起云涌,我也注意到人世间的不平,曾写了一首诗《一个年轻的三轮车夫》,也发表在天津《大公报》。

施:1950年,你在清华大学念外文,曾经到工厂宣传抗美援朝,写了短篇小说《诉》,借用一个女工的口述控诉1949年以前的社会。

宗璞:《诉》是到玻璃工厂接触了女工写的,也是我真实的感受。后来文学的范围愈来愈窄,只能写工农,而且有模式。写那些太公式化的东西,不如不写。1956年大鸣大放,提倡文艺百花齐放,我觉得可以写一点我要写的了,遂写了小说《红豆》,发表在《人民文学》上。

施:《红豆》是你的成名作,描写1949年北京教会大学一对男女学生,女的江玫要留下来革命,与一心想飞离大陆的男主角决裂,突出表现了"爱情诚可贵,甘为革命抛"的主题。发表以后,紧接掌声而来的,却是严厉的批评,迫使你多次自我检查。

宗璞:五十年代作品清一色地写工农兵,我在《红豆》中写爱情,写知识分子,在题材和写法上都比较新鲜,才会引起那么大注意。受批判的原因是"爱情被革命迫害"、"挖社会主义墙脚"、"在感情的细流里不健康"等等。正如你所说,我写的其实是为了革命而舍弃爱情,通过女主角江玫的经历,表现了一个小资产阶级的知识分子怎样在革命中成长。那个时代确实有很多这样的爱情,我写得比较真实。1978年上海文艺出版社出版了《重放的鲜花》,把1957年发表的"毒草"收在一起,包括《红豆》,所有的作者只有我一人没被打成右派。

施:放你一马,是你父亲的缘故?

宗璞:(笑)才不是呢。他那时老受批判,我只会因为他而更受批判的。可以说,我父亲是世界范围内受到批判最多的学者。冯友兰的女儿是一顶山一样重的帽子。没给我戴另一顶帽子可能因我不聪明,没有多少自己的见解,又是愿意听话,总想学"好"的。

施:《红豆》让你多次自我检查,造成的创伤有多深,从来未见你提及。但1960年你走出书斋,下放到农村,题材起了变化,是真的觉得自己以前的文艺思想有问题,感情不健康?

宗璞:我1959年才下乡改造,算是比较晚的,下去的地方就是丁玲写《太阳照在桑干河上》的地方,桑干河畔的一个村庄。我写了一篇反映农村的小说《桃园女儿嫁窝谷》,描写山区人民决心改变贫穷面貌,富队女青年愿嫁到穷队。小说以农村公社化运动为背景,发表以后,引起注意,觉得我改造得很好,感情还是很真实。那时的政策不对头,但我写的农村气氛、农民心理,到过农村的人都认为可以。

施:你是书香熏大的,几乎足不出燕园,下放那么点时间,就真给改造过来了?

宗璞:1949年以后提出知识分子改造,与工农相结合,要到劳苦大众当中去,我都衷心拥护。当时许多人都是真心改造的,但恐怕没有几个人改造过来。我认为,下去劳动锻炼与工农兵接触,对我帮助很大,使我扩大了眼界,更了解知识分子,因为有了比较。书斋毕竟太过狭窄了些。

施:你赞成为了写作而下去体验生活吗?连丁玲都不以为然的。

宗璞:从根本上说,我不主张为了写作而去体验,尤其是带有强迫性地深入生活,勉强体验自己不熟悉的东西,因为那是外在的,那样是写不出好作品的。而在一定程度内使生活更丰富,为了补充而去收集材料还是可以的。劳动人民有很多优点,他们有质朴纯真的一面,也有愚昧落后的一面。五十年代写工农兵,是太公式化、太概念化了,现在写知识分子也有点美化,也有一定程度的公式化。

施:也许就是你父亲为你的书写序时说的:世界只有两种书,一种是"无字天书",一种是"有字人书"。你下放劳动,去读"无字天书",接触农村生活,改变你写知识分子、写爱情的创作基调。不过你似乎不喜欢像《桃园女儿嫁窝谷》这类反映农村的小说,选集(指将在台湾出版的选集)中并没选入。连1962、1963年陆续发表的几篇小说:《不沉的湖》、《后门》、《知音》,都不在选集内,这些作品写的是自我改造的过程,太直接、单调了些。

宗璞:《桃园女儿嫁窝谷》对于我来说,没有什么代表性,不过是一个过程而已。《不沉的湖》和《后门》都不是写知识分子改造的。《后门》可能是较早地提出我们社会中走后门现象的作品,当时编辑还不敢用这一题目,改为《林回翠和她的母亲》,1981年出集子时才恢复这题目。

二、诚与雅,讲究小说的气氛和意境

施:搁笔十五年之后,《弦上的梦》获1978年短篇小说奖,以后你开始写一系列的"伤痕文学",但你的笔下并非像其他作家声嘶力竭的控诉,而是以你蕴藉、幽婉的抒情风韵,表达你心中的怨气。

宗璞：《弦上的梦》是我以"文革"为题材的第一篇小说。三中全会后，我感到轻松许多，多年来套在知识分子身上的枷锁在渐渐移去，虽然不够理想，不断反复，但知识分子至少不是改造的对象了。"文革"中成长的孩子很惨，像小说中的梁遐，要和父母划清界限，她的心灵受到严重的伤害，后来在"四五"运动中献身牺牲。其实有许多人在成长时受到残害，成为我们社会中严重的后遗症。

施：你描写梁遐对着书橱，想到爸爸的冤死，这女孩已经流不出眼泪，她"冲进她的床，只在书橱上留下两个指甲印"。这种写法比呼天抢地还要令人惊心动魄，感到深重无比的惨痛。

宗璞：《弦上的梦》写得还不够，"文革"是写不尽的，到目前为止还没有很深刻地把它写出来，需要时间反思。

施：中篇《三生石》似乎自传性很强。女主角在大学教书，也写小说，1956年因写赞成爱情的小说遭到批判，后来强使自己脱胎换骨，把自己"硬化"起来，"文革"时孑然一身又患癌症，终于得到三生相知的恋人。

宗璞：其实小说中人物职业只不过是外在的属性。《三生石》中通过写人物的经历主要描写"心硬化"。这是那一时代普遍而深刻存在着的，是一种时代的痛疾，强调阶级斗争，批判人性论、人道主义的结果。我自己很喜欢我的这一发明："心硬化"。更准确一点应是"心灵硬化"或"灵魂硬化"，这是比任何生理器官上的硬化更可怕的。

有朋友以为梅菩提和方知不必曾经相识，说这样太巧合不可信。我曾想改掉这一情节，但是改过后自己很不安，直到又改回来才觉安心。我想作品中应该多一些浪漫色彩，在某一阶段我们的文学创作很不习惯浪漫色彩，后来慢慢习惯了。

施：爱可以起死回生，我觉得《三生石》应该是个短篇。虽然以"文革"为背景，强调人的尊严不应损害，然而主线集中在两人的相爱，结构似乎平淡了些，有些拖拉，不够紧凑，张力不足的感觉。

宗璞：因为人物有发展有变化，真正的短篇是容纳不下的。现在也可能应该压缩一些。现在的样子气氛不够浓。

施：你的作品一向讲究气氛，为其他作家所不及，这方面你得天独厚。

宗璞：气氛有很大部分是语言的功夫，文学究竟是语言的艺术。我也不能说是得天独厚，不过可以说是吃过点小灶，对中国文学有一些底子，光有这有时候就容易觉得不新鲜，后来又加入西洋的。大学念的是英国文学，一直在外国文学所《世界文学》杂志当编辑，当了二十年，稍有一些古今中外文学知识。

语言是心之声，不是形式，不是刻意追求能得到的，而是内在的修养，比起老一辈的作家，我还是很不够。现在一些较年轻的作家读书很多，加上丰富的生活体验很不可轻看。我的学识只是皮毛。

施：你在写作时遵循两个字："诚"和"雅",可否谈谈？

宗璞：这是金代诗人元好问的诗歌理论,郭绍虞先生总结为"诚乃诗之本,雅为诗之品"。文艺之本是真诚,我常说,没有真性情,写不出好文章。只是要做到"诚",并不容易,需要有勇气正视生活,有见识认识生活,要有自己的人格力量来驾驭生活,需要很多条件。"雅"便是文章的艺术性,作品要能耐读,反复咀嚼,愈看愈有味道。要做到这一点,除了基本修养外,只有一个苦拙的法子,就是改,不厌其烦地改。

施：你认为文章是改出来的,这需要多少耐心和毅力！

宗璞：我小说写得很慢,又要改,像《三生石》一个中篇写了一年,写好几遍,写了又改。我羡慕别人下笔如注,最近写的长篇,有一段写四遍,写了又改,从头来过。

施：你是位文人作家,大陆的女作家,和你同代的,像茹志鹃、刘真,她们打过仗、扛过枪,作品不让须眉,全无女性味道。反而是台湾,延续了古典诗词文学的传统,和你同类的作家为数不少。

宗璞：台湾一些作家的文笔与古典文学更加有联系,这点我很有同感。台湾女作家的作品读起来很觉亲切,我觉得和我国现代文学联系也很深。不过我读得不多。

在研究工作中,我选作题目的都不是伟大的作家,而是具有特色的作家。伟大的作家我力不能及,他们太丰富、太深奥,我不打算花那么大力气。阅读的范围则很广,这两年因为眼睛关系,少多了。英国的哈代对我影响很大,我的大学毕业论文是研究他的。因为不是专业作家,另外有一个生活圈子,加上我父亲的哲学、先生的音乐美学,我们常常讨论。我还要照顾父亲的生活和工作,总是处于忙不过来的状态。

施：你又是位典型的女性作家,擅长以细腻的文笔描写爱情。《红豆》年轻人的爱；《三生石》中年苦涩但又温馨的爱情,写来温婉动人；《心祭》又进一步涉及婚外情,在当时算是很大胆的吧？你是闯入了这禁区的第一个作家。

宗璞：不是第一个,只是较早的一个。小说中的女主角黎倩兮是很克制、守本分的,首先考虑到是不是会伤害别人。我认为这是做人的道理。

施：我也觉得你把这段感情处理得很淡,特别是男主人翁程抗知道妻子被打成右派,立即收回原来离婚的意向,决定与已经没有感情的右派妻子同甘共苦,而黎倩兮也成全了他,很有儒家的道德,然而可看出作者对这一段爱情是极同情的。你认为在生命里,爱情的比重是占那么大分量的吗？

宗璞：爱情可以给人很大的力量,也可以有很大的伤害,要看当事者本身是强还是弱。我觉得生活、生命里爱情不是最重要的,必须给它恰当的位置,感情总应该受理性约束。如果感情满足又不需约束,那就是幸福了。

施:《心祭》的结构比较特殊。小说一开始就是程抗的追悼会,借女主角的倒叙回忆和现定的两条线交叉进行,手法上比前两篇现代,在精神上却又是绝对中国的,有如诗词般的内敛含蓄。

宗璞:我的作品可分为两大类,一类是根据生活反映现实的写实主义手法,我称为"外观手法"。也就是现在说的再现。《红楼梦》里写了几百个年纪差不多的女孩,而能各有个性,并不重复,可能因为作者曹雪芹在现实生活中便接触了这样多的女孩,是有根据的。《红豆》、《弦上的梦》、《三生石》等属于外观手法。另一类"内观手法",就是透过现实的外壳去写本质,虽然荒诞不经,却求神似,相当于现在说的表现。中国画讲究"似与不似之间",对我很有启发。卡夫卡的《变形记》、《城堡》写的是现实中不可能发生的事,可是在精神上是那样准确。他使人惊异,原来小说竟然能这样写,把表面现象剥去有时是很必要的,这点也给我启发。写作方法是为内容服务的,怎样写要依内容要求而定。可以说,每一种方法都是对的。只要对作者说来,它能表现你要表现的;对读者说来它能使你接近作者的意图;它能使我们双方接近生活本身。这是维·吴尔芙的话。

三、《我是谁?》开大陆现代文学先河

施:以现代派意识流手法写小说的,在大陆作家中,你是开风气之先吧?

宗璞:在这一点上,王蒙是有心人。他是向一个新领域走去的,而我只看到我要写的这一篇。由于工作,我在六十年代就接触到西洋现代文学,卡夫卡、乔伊斯的作品都读过。"文革"前夕,我们正研究卡夫卡,当时是作为批判任务的,但只有经过"文革"的惨痛经验才懂得,"文革"的惨痛经验用这种极度夸张极度扭曲的办法最好。这些作品对我有影响,但更重要的是我具有长期培养的中国文化精神,中国艺术讲神韵,有对神韵的认识和体会,也就是说我有这样的艺术观念做基础,才能使这些影响不致导向模仿。

施:你的《我是谁?》被称为现代派的力作,发表的时间也早,运用意识流技法纯熟,对大陆的现代主义潮流与创作影响很大。

宗璞:《我是谁?》想表现的,是强调要把人当成人,这是西方启蒙运动的核心,我们需要这种启蒙。中国讲究名教,人在社会中的位置甚于一切。所谓名教就是一切都要符合它的名,也就是它的位置,而忽略了人性、人权、人的本身,

后来索性发展成把人当成工具。全追随一个人,必然走向愚昧残暴,以至于发生了史无前例的"文革"。《我是谁?》的直接触发是看到中国物理学的泰斗叶企荪先生在校园食堂打饭,他的成就都写到我们的教科书里了。他的身体不好,又单身没人照顾。他走路时弯着背,弯到差不多九十度,可能是在批斗会上炼出来的。一个人被折磨成那样,简直像一条虫,我见了心里难受万分,"文革"的残忍把人变成虫!生活中人已变形了,怎能不用变形手法呢?于是我写了《我是谁?》,抗议把人变成虫,呼吁人是人而不是虫,不是牛鬼蛇神!我是很用感情来写的,写完当时(1979年春天)不能发表,说它很怪、很阴暗,后来1979年12月才在《长春》这个刊物登了头条。

施:一个精神、肉体被摧残殆尽,濒临疯狂的人,自杀之前的心理活动,似乎只有用意识流手法才能表现。

宗璞:是的。维·吴尔芙曾说:"生活不是一连串安排好了的旋转的灯,而是围绕我们的耀眼的光圈,从意识的开始到终了。小说家的责任是表现出这种多样的无界限的精神,不管它多么复杂错乱。""文革"对人精神肉体的摧残可谓到了极端。那时社科院的先生们常常排成队受批判,我排在尾巴上,比起来还不算怎样厉害。"文革"是历史大倒退,摧残文化,割断传统,轻易地否定过去,其实对过去毫不了解,对将来的认识只是纸的虚幻词句,一旦撕破了这纸,便处于茫然状态。现在许多人不知从哪儿来,也不知往哪儿去,就是眼前这一点实利,人变得很庸俗,"文革"的遗毒非同小可。当然冰冻三尺,非一日之寒。

我写《我是谁?》是站在人道立场,反对"文革"时不把人当人看,后来又写了一篇《谁是我?》,也用同样手法,可能写得太散文化,主题想表现在我们这个社会里,人的自我被淹没。

施:卡夫卡作品中,将人类的困境观念化、抽象化了,变成一种观念的演绎,一种象征,而你的《我是谁?》、《谁是我?》是由"文革"的荒谬、残酷的真实经验出发,有生活的依据。

宗璞:卡夫卡生活在奥匈帝国的统治下,那时政治腐败,他还有一个专横的父亲,对他那样敏感的人来说,生活本身很怪诞。他是在写他心灵的感受。

施:《蜗居》更是一篇寓言小说,人的背上长出一个蜗牛的硬壳,人像蜗牛一样的行动。评论者认为《蜗居》显然是受卡夫卡的启示,但就社会问题的反映,寓意比《变形记》要深广,政治色彩也浓郁一些。

宗璞:《蜗居》比《我是谁?》精致,含意深刻些,没有仅仅把眼光停留在"文革",而是企图探索人类历史,追溯根本原因。1986年写的《泥沼中的头颅》你未读过,那完全不是现实中的情况,但和现实血肉相关。

施:《蜗居》以第一人称借用梦幻来反映现实、夸张荒诞,是篇现代主义的好小说。它和《我是谁？》、《谁是我》属于超现实内观手法的作品。

宗璞：也有一些作品则把外观、内观糅合在一起。以后要写两者都极端发挥的不同作品，也要写两种结合的作品。现实主义和现代主义，再现和表现相结合，似乎是世界性的趋向。

施：像《核桃树的悲剧》，前面挺写实的，柳清漪被丈夫遗弃，与孩子相依为命，她的命运和那棵核桃树相同，最后连与世无争地活下去都成奢望。柳清漪亲手砍核桃树之时，树轰然倒下，这一段很超现实。以核桃树"有用之才，不能终其天年"的反论，衬出柳清漪的悲剧，情感又老庄、又现代，白描象征糅合在一起，很成功。

《核桃树的悲剧》中树与人在某种程度上合二为一，另一篇写人与动物的《鲁鲁》，寄情一条小狗，也有它的象征意味。

宗璞：1949年以后，国内作家没有人写狗，《鲁鲁》倒真是第一篇。动物、植物和龙一样都是异类，写异类是为了写人，这是当然的道理。不少读者关心鲁鲁；我家真养过这样一条狗，感情很深。它于五十年代在重庆去世。

施：《鲁鲁》的笔法近似散文，你刚才也说《谁是我？》太过散文化，其实近代作家写散文化的小说，从废名、鲁迅、沈从文到汪曾祺都是此中高手，谈谈你的看法？

宗璞：我把小说和散文分开来，两种我都写。我觉得为了气氛，小说可以适当地散文化，但不能过分，还是应该区别，要有限度。小说与散文最根本的不同，是小说作者是全知的。现在一些写法反对全知观点，但实际上还是全知的，因为那一艺术世界是小说作者的创造，无论写得怎样扑朔迷离，他还是全知的。而散文是一知的，多在描述自身的经历感受。所以小说可虚构，而散文不能，或说小说必须虚构而散文不必须。过于散文化，是取消小说了。

你所说的几位大师，都能恰到好处，突出了氛围意境而写的是小说。

汪曾祺兄的小说有气氛有意境确是继承了这一传统。非一般人所能及。

施：读过你的散文《哭小弟》，很感人。

宗璞：最近有本散文集《丁香结》，交稿两年多了，只见到一本样书，大批的始终未见。朋友们要来，我没有，书店也没有，实不可解。散文是中国文学的传统，现在有些散文最大的问题是缺乏己见，要写出自己的见识，不是老花呀月呀写不完。为什么少议论文？因为没有己见，习惯于没有己见。

我也爱诗，以为抒情短诗是诗的前途。若写叙事长诗不如写小说了。狄金森的诗现受到普遍喜爱和这有关。因为诗总该是更本质的。我写过短诗，四行、八行。父亲觉得我的诗有诗意，将来准备编一个诗集，名之谓"四余诗稿"。"四余"者，工作、写作、疾病和家务之余也。后见山东大学袁世硕教授编写的

《冯沅君创作译文集》,发现姑母的诗稿也名为"四余诗稿",多奇怪!真恨不得找到姑母问一问,她的四余是哪四余。

四、关于长篇小说《野葫芦引》

施:(1988年7月某日电话上)前面三个问题,都是去年谈的了。过了快一年,听说你的长篇第一卷《南渡记》已发表,是否可以谈谈?

宗璞:好的,我可以写下来。

《南渡记》第1、2章发表在1987年5、6期《人民文学》上,当时把这长篇的书名拟作《双城鸿雪记》,后来觉得"双城"、"鸿雪"都用得俗了,便改为《野葫芦引》。其实野葫芦引本来是我最初计划写长篇时便拟用的,人说不好懂,改掉了,现又改回来。关于《野葫芦引》,有几句话出书时要写在扉页上:

葫芦里装的什么药

谁也不知道

——更何况是野葫芦。

我曾说短篇小说分三种,分别侧重于情节、人物和气氛。我希望长篇能将这三者熔于一炉,而且最好做到雅俗共赏。长篇可以包容的多,像一个大城市,可以满足各种不同的人的需要。而它本身又有自己的特殊风格,这是短篇做不到的。

《南渡记》已发表在《海内外文学》第二期上。很多人没有看到这刊物,只有等出书了。

因为想到雅俗共赏(当然我不一定做到,可能是雅俗都不赏),这长篇用白描手法,希望它容易读。关于雅俗共赏,近来有很多议论。我想所谓"共赏"实是向俗靠近,不过还有一个雅字在上面管着,便要有限制,做到不伤雅,不媚俗。我写了六段曲文作为引子,每一卷结尾也用一段曲文。传统形式中也融合了现在习惯用的心理活动等写法。现实主义也要发展,任何事物都不可能完全和过去一样。

你说《心祭》手法上是现代的,内容却是完全中国的。《野葫芦引》手法上侧重于传统,内容写的是抗战,但统领一切的思想却是二十世纪八十年代的了。这一内容如果在五十年代写,必然是另一个样。

最近,值我生辰,父亲为撰一寿联:

百岁继风流一脉文心传三世;

四卷写沧桑八年鸿雪记双城。

他自己书写时,特别写上"璞文勉之"几个字。上联仍归到家庭传统,下联说的是这部长篇,其实也不只这部长篇。

"勉之",是我最该记住的。

原载《人民文学》1988 年第 10 期

痴心肠要在葫芦里装宇宙

宗 璞 夏 榆

人道是锦心绣口，怎知我从来病骨难承受。

兵戈沸处同国忧。覆云翻雨，不甘低首，托破钵随缘走。

这首散曲的词句是宗璞晚年对自己的生活状态的写照。

自2000年春，宗璞患眼疾，常年奔走在医院。

母亲任叔明去世后，父亲冯友兰的生活和工作都是由宗璞照料，她说自己身兼数职：既是门房，又是茶房，还是账房。在父亲生前，住医院、上手术台对宗璞都不是新鲜事。

2000年这一次眼疾手术却令宗璞怀着极大的恐怖："我怕变身为盲人。我怎能忍受那黑洞里的生活，怎能忍受那黑暗，那茫然，那隔绝。等待手术的时候，我披衣坐于床上，觉得自己的不幸——我不会死，可是以后再无法写作。"

进入晚年，宗璞的境遇却跟父亲相似。晚年的父亲是准盲人，可是他从未停止过工作。他总是手拈银须，面带微笑，安详地口授巨著《中国哲学史新编》。在宗璞身陷黑暗之时，父亲的形象多次出现在她的记忆中，父亲仿佛在冥冥中给予她精神的援助，砥砺她怎样面对灾祸。

手术之后，宗璞的视力已经很可怜，还能感受光亮，但是不能再阅读。

"因两眼视力不平衡，我看到的世界不很端正。楼房车辆都有些像卡通。作为眼疾患者日子过得糊里糊涂。无论怎样睁大眼睛，眼前还是一片黑暗，无边无涯，没有人帮助我解脱。"

宗璞眼疾加重，她的作品，包括长篇小说就只能通过口述来进行。

每天几百字地口述，由助手记录下来，再念给她听，再作修改润色。

2009年5月，经过多年的冶炼，宗璞的长篇小说《西征记》出版。《西征记》是总题为《野葫芦引》的四卷本长篇小说的第三部，前两部是《南渡记》、《东藏记》，后面还有《北归记》。

《东藏记》获得第六届茅盾文学奖。《西征记》紧接《东藏记》，有评论称："文字细密从容、优美温婉，弥散着书卷气息，却又大气磅礴。"

写作完《西征记》，宗璞住到了医院，一待就是数月。

82岁高龄的宗璞形容自己是"四余居士"。

"四余"者——运动之余,工作之余,家务之余,和病魔做斗争之余。

夏榆:《野葫芦引》多卷本长篇小说,是以抗日战争时期西南联大的生活为背景,您描写了中国知识分子在当时身陷国难时的境况。西南联大,在您的记忆中很重要吗?

宗璞:我写这部小说并没有想着重写西南联大,只因为我生活在那个环境中,自然是离不开的,我也写到当时的社会和别的方面,尤其是《西征记》正面写了军旅生活,纵然不一定能写好,我也要写。我希望人们记住这一段历史,记住我们当年把侵略者打出了中国。

西南联大一直被人称誉,现在有人指出它的优点,诸如思想自由和学术自由等,这也不是凭空冒出来的,这是在民国时期几所大学的优秀传统。"风景不殊晋人之深悲,还我河山宋人之虚愿。"这是我父亲在西南联大纪念碑题写的碑文,那一代知识分子的精神气象和民族气节令我感念至今。

夏榆:20世纪80年代开始,您写《南渡记》、《东藏记》,现在又完成了《西征记》。您付出二十多年的心力写作这部多卷本长篇小说,为什么?

宗璞:完成这部书,也是对历史的一个交代。最初写《南渡记》的时候,我有两年是在挣扎中度过的。一个只能向病余讨生活的人,又从无倚马之才、如椽之笔,立志写这部长篇小说《野葫芦引》,实乃不自量力,只该在挣扎中度日。四部书中,《东藏记》写作时间拖得太久,差不多有七年的时间,实际上是停的时间多,写的时间少。1988年,第一卷《南渡记》问世以后,我全部的精力用于侍奉老父,可是用尽心力也无法阻挡死别。1990年父亲去世,接下来的是我自己的一场重病。直到现在病魔也没有完全放过我。

2001年春,《东藏记》出版后,我开始写《西征记》。到秋天又一场大祸临头,夫君蔡仲德那年九月底患病,我们经过两年多的奋战,还是没能留住他。2004年春,仲德到火星去了。

2005年下半年,我又开始"西征",在天地之间踽踽独行。经过了书里书外的大小事件,我没有后退。《南渡记》脱稿在1987年的严冬,《东藏记》成书在2000年的酷暑,《西征记》也在今年夏天出版。我有时下决心,再不想它了,但很快又冒出新的意思,刹不住手。

夏榆:在计划中还有《北归记》,预计会在什么时间完成?《北归记》会写什么?

宗璞:因为健康的原因,我很难给写作排定时间表。我一直是且战且行,一部作品完成的时间很长,也是不得已。《北归记》那一段历史比较复杂,我只能写人的命运,写他们的抉择,他们的幸与不幸。

夏榆:为什么给这部书取名《野葫芦引》?

宗璞:最初小说《南渡记》的第一、二章在《人民文学》发表,取的名字是《方壶流萤》、《泪洒方壶》。当时为这部书取的名字是《双城鸿雪记》。不少朋友不喜欢这个名字,所以改为《野葫芦引》。这是最初构思这部小说想到的题目。葫芦里不知装的什么药,何况是野葫芦,何况是葫芦引。

夏榆:作家对自己的著作都会有执着的情感,《野葫芦引》令您执着的情感是什么?

宗璞:1988年,我独自到腾冲去,想看看那里的人和自然,没有计划向陌生人采访,只是看看。人说宗璞带书中的角色奔赴滇西。我去了国殇墓园,看到一眼望不到头的墓碑,不禁悲从中来,在那里哭了一场。在滇西大战中英勇抗争的中华儿女,正是这本书的主要创造者,他们的英灵在那里流连。"驱敌寇半壁江山囮囵挑,扫狼烟满地萧瑟春回照,泱泱大国升地表。"这几句词,正是我希望表现的一种整体精神。我似乎在腾冲的山水间看到了。

夏榆:从1948年在《大公报》发表处女作《A.K.C.》算起,您在中国当代文坛耕耘六十年,是文学潮流变迁的见证者。1978年是中国社会和政治解放的时候,也是文学和思想复兴的时刻,是在那个时期您重新开始中断多年的写作吗?

宗璞:1978年,正是改革开放开始的时候,我有一个最深切的感受,好像头上戴了多年的紧箍——孙悟空戴的紧箍摘掉了,我多次说到这个感觉,也不止我一个人有这样的感觉。1979年的时候,已经哑了很多年的文坛又开始活跃了。最先出来的就是刘心武的《班主任》,他写得比较早。我是1978年春天开始写,《弦上的梦》是写"四五"天安门事件的。当时我的小说一般都寄给《人民文学》杂志,编辑看了觉得很好,但是往下看,不敢发表,就放弃了。天安门事件还没有平反,小说不能发,搁在那里了。一直到11月,中央做出决定,给天安门事件平反,我这个小说就在1978年12月的《人民文学》上发表了。

夏榆:为什么会想到写《弦上的梦》?

宗璞:天安门事件,因为那时候大家对这个事情感触太深了,比如我的先生——我的先生已经去世了——我的先生那个时候就经常去天安门,在那儿看见大家哀悼的心情,还有一种急迫感。我想那时候大家都有一种为整个国家着急的心情。整个天安门广场人山人海,有很多花圈。我不是常去,我也去过,很多的花圈,一层一层的。大家不只是悼念周总理,还在为我们国家民族的命运担忧。正好我也接触到一些年轻人,他们也去天安门,他们挨了打,这些年轻人是一些被迫害的人的子弟,看到这些我就写了《弦上的梦》。这篇小说后来获得1978年全国首届优秀短篇小说奖。这一届短篇小说奖第一名,就是刘心武的

《班主任》。

夏榆：现在我们坐在三松堂，不能不说到您的父亲。那时候，您父亲是什么样的状态？

宗璞：我父亲在1979年春天开始决定写《中国哲学史新编》。1979年他已八十四岁了，到真开始写的时候就八十五岁了。他一直想用马克思主义的方法论来写一部新的中国哲学史。以前写过两本，出版社说接着写下去吧，我父亲不愿意接续以前的方法写，他要重头来，用了十年光阴。1990年去世时我父亲是九十五岁，他写成了一百五十万字的巨著。

我觉得这是一个奇迹。他写的并不是凭想象或者自己编著的东西，他写的是需要真知灼见，需要脑子非常好才能写出来的。他到后来眼睛已不能看，就请了助手来记录。那时助手也很不好请，好像一切都没有现在方便。我的生活在那时还有一个目的，我把它摆在第一位的，就是支持我父亲写这部书。

夏榆：冯友兰先生在晚年终于迎来了可以相对自由思想、自由表达的时代。

宗璞：父亲最后的日子，是艰辛的，也是辉煌的。他逃脱了政治漩涡的泥沼，虽然被折磨得体无完肤，却幸而头在颈上。他可以相当自由地思想了。1980年，他开始从头撰写《中国哲学史新编》这部大书。当时他已是八十五岁高龄，除短暂的社会活动，他每天上午都在书房里度过。他的视力很可怜，眼前的人也看不清，他用口授的方式完成一百五十万字的大书，这可以说是学术史上的奇迹。父亲在生命的最后两年中不能行走，不能站立，起居需人帮助，甚至咀嚼困难，进餐需人喂，有时要用一两个小时。不能行走也罢，不能进食也罢，这些都阻挡不了他的哲学思考。一次，因心脏病发作，我们用急救车送他去医院。他躺在病床上，断断续续地说："现在有病要治，是因为书没有写完，等书写完了，有病就不必治了。"

夏榆：冯友兰先生一生争议不断。晚年他跟毛泽东的关系，他在"文革"中参加"大批判"的写作班子，包括"批林批孔运动"中的作为，一直被学界所争议。

宗璞：父亲在"批林批孔"那段时间是最失落的。他参加了批孔运动。批孔时声势浩大，是黑云压城城欲摧的气氛。父亲成了众矢之的，烧在铁板下的火，眼看越来越大，他想脱身，想逃脱烧烤，哪怕是暂时的。他逃脱也不是为了怕受苦，他需要时间，他需要时间写《中国哲学史新编》。那时他已八十岁，我母亲曾对我说：再送进牛棚，就没有出来的日子了。他逃的办法就是顺着说。

20世纪的学者中，受到见诸文字的批判最多的是冯友兰，甚至在课堂上，学生们也先有一个指导思想，学习与批判相结合，把课堂讨论变成批判会。批判胡适的文字也很多，但是他远在海外，大陆这边批得越紧，对他反而可能是一种荣耀。对于冯友兰来说，就是坐在铁板上了。在这样的情况下，当时的哲学工作者,除了极少数例外,几乎无人不在铁板上加一把火。

夏榆:毛泽东对冯友兰先生是欣赏的,他们互相欣赏的友谊保持到"文革"之前吗?

宗璞:他(毛泽东)是曾经对我父亲说,你写的书我都看。他很关心我父亲写的东西。他们见过面,毛泽东请过父亲去中南海吃饭,这在我父亲写的回忆录里都有记录。后来是这样,1966年,我父亲被揪出来,受到批判,后来毛泽东就在一次讲话里说,要讲唯心主义还要去问冯友兰,他还说要讲帝王将相去问翦伯赞。后来北大"工宣队"的人就把我父亲解放了,放他回家。原来他被关在北大的38楼,在学校里那是一个算作牛棚的地方。

说起来,我父亲对毛泽东有一种知己之感。我觉得这个感觉是很自然的,好像毛泽东很了解他,知道他的价值,这是一种知己之感。有人说是"知遇之感",我说这完全不一样。"知遇之感"是他知道你有才华就让你当教育部长或者当什么来使用,这种叫"知遇之感"。"知己之感",是说在"文革"大家都是罪人,他还能理解你的价值,这是"知己之感"。

我父亲还比较信任毛泽东的话。他们有一段时间彼此欣赏。在"文革"以前,毛泽东请他吃饭,开会的时候也总是问到他对一些事情的看法,父亲写的文章他也都看。

还有周恩来,对我父亲也有影响。

夏榆:您小的时候对毛泽东、周恩来有印象吗?

宗璞:对毛泽东我没有印象,对周恩来有点印象。就是刚解放的时候,我表姐孙维世住在我们家,还有我的六姨是从解放区来的,住在我们家,我的外祖父也住在我们家。有一次周总理来我家看我的外祖父,那天只有我一个人在家,我外祖父出门了。我不知道周总理是谁,就请他坐在客厅。那时候我已经上大学了,但我很懵懂,对他们这些人也不是很清楚,对周恩来的印象也没有很特别的,因为家里总是来客人。他带着一些人,他们坐了一会儿,我正好有个同学在我房间里,我就跟我同学说话,过了一会儿他们就说他们要走了。那时我们住在清华乙所。后来有一次周总理带着很多演员要看一下清华园。孙维世在我家,我跟她在家门口等他。

夏榆:您跟孙维世交往多吗?在"文革"中,周恩来也没能保护住她,被红卫兵打死了。

宗璞:小的时候倒是经常在一起……她在我们家住过。她是我的亲表姐,我二姨的女儿。

夏榆:看《三松堂自述》时,看到冯友兰先生对思想改造的思考。他自认是一个旧时代的知识分子,怀着真诚的愿望期待自己能被改造。

宗璞：一个哲学头脑的改造似乎要更艰难一些。他需要思想的依据，就是说假话，也要在自己思想里能自圆其说，而不是不管不顾地照着说。于是便有了父亲连篇累牍地检讨，他被放在烧热的铁板上，只有带着叮当作响的铁铃跳动。

不论遇到什么挫折，遭受多少批判，他仍顽强地思考，不放弃思考。不能创造体系，就自我批判，自我批判也是一种思考。他自我改造的愿望是真诚的，没有经历过20世纪中叶的变迁和六七十年代各种政治运动的人，是很难理解这种自我改造的愿望的。

夏榆：所幸的是冯友兰先生在最后摆脱了政治漩涡，晚年可以专注自己的学术和思想。

宗璞：父亲自1949年后，生活的主要内容就是检讨，但是他并没有完全失落自我。他在无比强大的政治压力下不自杀，不发疯，也不沉默。在这混乱的世界中，在他的头脑里，有一片——哪怕已被挤压得很小——清明的哲学王国，所以他在回归自我时很顺利。

有作家因胡风问题被投入狱，出狱多年后还是低头哈腰，检讨不完；1949年后有画家自巴黎回国，"文革"中遭批判，他认为画画浪费了纸张，每天沿街捡马粪纸，以赎前愆。

从1979年起，父亲基本结束了三十多年的检讨生涯，每天上午在书房两个多小时，口授《中国哲学史新编》。他的最后十五年，一切都围绕着《中国哲学史新编》的写作。

夏榆："修辞立其诚"，是冯友兰先生晚年强调的，它和巴金先生的"讲真话"相似。

宗璞：思想是通向觉解的过程，父亲把人类有思想这一特点发挥到极致，他生活的最大愉快就是思想。在他的生活中，在中国的土地上，恰恰遇见一段历史，这段历史的特点是不准思想。如果只是不准思想也还罢了，只要不说究竟怎么想，别人不会知道。问题是不准想，还必须说，那就只能说别人的话，这就是思想改造。

幸亏有了新时期，人们知道还是自己的头脑最可信。父亲采取了不依傍他人的态度，"修辞立其诚"。需要提倡"说真话"，这是我们这个大时代的大悲哀。

夏榆：那个时代的知识分子，要用自己的头脑思考是艰难的。

宗璞：就像我父亲当年的处境，他是非说不可。我父亲和普通人不一样，我们还可以保持沉默，但对于父亲来说，一有什么事情就会让他来发表意见，要他来表态。从新中国成立以后他就生活在聚光灯下，因为毛主席也特别关心他，一有什么事情就要他表态。所以别人后来责备他说为什么你不沉默，哪里知道他必须说话的苦衷。

巴金老人在他的《随想录》中的"真话集"里说:"表态。说空话。说假话。起初别人说,后来自己跟着别人说,再后是自己同别人一起说。起初自己还怀疑这可能是假话,不肯表态,但是一个会一个会地开下去,我终于感觉到必须甩掉'独立思考'这个'包袱',才能'轻装前进',因为我已在不知不觉中被改造过来了。"每一个亲身经历过那一段历史的人都能体会老人的话是何等真实痛切!

夏榆:您跟巴金有过交往吗?

宗璞:我认识他,我敬佩他,尤其是在他写了《随想录》以后。我有一年到上海去拜访他,记得也没有说什么话,是李子云跟我一起去的,我看到他,内心就非常感动。我跟他说我还没见过您呢。他说哪里,20世纪60年代你到北戴河组稿,你去找郭沫若组稿,住在作家协会的招待所,就在那,我们已经见过面了——我就是这么个人,见过人的面也不记得。

改革开放以后,巴金先生对讲真话的反省深刻而痛切。他说的那么真诚,对自己当时的处境、对自己的行为做了细微的剖析。我看还没有人这么做过。这些年我记忆深刻的,只有两个人在反复强调"说真话",一个是巴金老人,一个是我父亲。他们都是从自己的境遇出发,对自己进行全面的检讨和剖析,我父亲检讨,巴金老人也检讨。

夏榆:这些年来您对知识分子的自由和独立精神"情有独钟",这跟您的经历有关吗?

宗璞:每个人的精神面貌的形成都是由他的经历决定的。我经历过抗战,深感祖国强大之必要。我又经历了"文革",深感如果没有个人的自由和尊严,生不如死。如果亿万人只用一个脑袋思考,真辜负了造化孕育了这么多的万物之灵。知识分子若是没有独立之精神,知识也只是货物而已。而作为一个知识分子,必须首先是一个诚信的人,行为一路歪斜,遑论独立。

原载《上海文学》2010年第8期

宗璞 希望写的历史向真实靠近

李 扬

在燕南园的东南隅,一座门前有绿竹掩映的古朴院落,在夏日里静静伫立。小院有草木相伴,而无车马之喧。偶有两三学子从门前经过,也都放轻放慢了脚步,几片落叶随风幽静地飘落在门前,四周显得愈发静谧。路人指告,那就是燕南园57号。

一株苍郁葳蕤的松树越过院墙映入眼帘,枝干傲骨峥嵘,在风中轻轻摆动时,仿佛时间也停驻了。是了,这就是冯友兰先生生活、写作了近半个世纪的"三松堂",也是宗璞先生深爱的"得自然噫气"(宗璞《风庐童话》后记)的"风庐"。世事变迁,如今三松剩下两株,但它们依然苍劲、挺拔、卓尔不群,与饱经风霜的57号院一起笑对岁月沧桑。

在敲门的那一刻,我忽然有些不安,感到不该来打扰这幢房屋的主人。毕竟,对于83岁高龄仍在潜心思索写作的作家来说,时间弥足珍贵,有更重要的使命待她去完成。

然而,如同一位牵挂着宗璞先生的读者所言:"只要读过宗璞的文字,你就不能不牵挂她。"宗璞先生虽久不废、燃烧生命的写作历程,与她笔下的故事一样打动着无数关心关注她的读者。

去年8月,因为《旧事与新说——我的父亲冯友兰》一书,我有机会与宗璞先生取得联系,先生说很愿意谈一谈。不料,在采访前,她因病两次入院治疗。直至11月,在清华大学举办的纪念冯友兰先生诞辰115周年逝世20周年的纪念会上,才终于见到了抱病出席的宗璞先生。那天,她一直在静静聆听,平静的表情下隐含着无法平静的心情。我上前问候时,先生轻轻地说:"等身体好些了,很愿意和你谈一谈。"这句轻轻的约定给了我登门探访的勇气。

风庐笑谈岁月沧桑

门开了,室内光线柔和,深色木地板,一条窄窄的走廊,家具陈设虽无奢华,却很古雅。空气中飘散着若有若无的草药香味,步入风庐,即刻便有一种心宁神静的感觉。

客厅里，宗璞先生正安静地端坐在沙发上，似乎已等候良久，又像是在独自思索着什么。满头华发愈显慈心睿智，而神情一如散文集的照片上那般端凝而慈爱。可以感觉到，她的身体状态明显地好于去年冬天。

听见我走近，宗璞先生微笑着说："从去年8月到现在，我们约了很久了。"平和而温蔼的语气，使人感到一种甘美的宁静。

我对先生说，看了她年初时写的《新春走笔话创作》，知道她一直在酝酿着四卷本长篇小说《野葫芦引》的最后一部——《北归记》，春天的到来似乎预示着新的出发。宗璞先生听了笑道："是的，不能再分心了，因为总是生病，《西征记》写完之后这两年都只写了一点点。以后主要是《北归记》了，写长篇是一件累人的事，因为放不下，就老压在身上。"

"常听见人打听《北归记》的消息，现在的问题就是我这身体，朋友们都在说'我们为你祈祷'。"说着，她端起茶几上的一碗中药说："你看，又要吃药了，从早到晚地吃药。"语气里却没有丝毫的怨叹。

可能很少有人知道，就在今年春天来临之前，宗璞经历了"一病两年，九次住院"的折磨，因为历经七年、"蚂蚁衔沙"般写就的《西征记》几乎耗尽了她所有的心血。于她而言，写作，是一个燃烧生命的过程，是"把自己搅碎了，给小说以生命"。在《新春走笔话创作》中，她这样写道："打了'西征'这样一场大仗，在尘灰中打捞起湮没的历史真实，让诗意的向往飞翔起来，纵然只能做到一星半点，也要费大精神。人还能剩多少力气，炼丹需要真火，真火是靠生命燃烧的。"

经过两年多的休养生息，宗璞先生似乎已经准备好了再度出发。今年四月的《上海文学》刊登了她的短篇小说新作《琥珀手串》，先生的笔力细腻而灵动，用词雅致，令人读后回味不已。提起这部短篇小说的创作，她不无幽默地说："在写长篇之前写个短篇，可算是'热身活动'吧！"

其实生病这两年于宗璞而言，并非空白。她梳理旧作重新出版了两本小说集《四季流光》与《红豆》，两本散文集《二十四番花信》和《旧事与新说》，并做了一次关于《红楼梦》的长篇访谈，还写了一些短文，比如那篇情趣盎然的《采访史湘云》。另外，散文集《云在青天水在瓶》也已经在韩国出版。

现在，宗璞先生深居简出，生活十分简单而有规律，每天起床要先到院子里散步一小会儿，"精神不好的时候在自家的院子散步，精神好的时候在燕南园，我希望精神再好一些，走出燕南园。"先生微笑着说。上午是工作时间，有助手会来帮助打字；午睡后，听读书报、听音乐，间或会客，很少打乱。她始终未停止对《北归记》的酝酿与思索，耳读和谈话都是收集资料的机会。

谈到近来的心情与感触时，宗璞先生提起了不久前的清华百年校庆。

"我去参加了毕业60年的校友聚会,1951级毕业的约400人,外文系去了8个人。毕业60年,大家头发都白了,年华逝去了,得到了什么?创造了什么?想想很难回答,至少我们是见证人。"

对于清华园,宗璞感情很深。冯友兰先生长期在清华任教,曾任清华文学院院长18年,所以宗璞幼时生长在清华园。她在《那青草覆盖的地方》中写下自己在清华园里的童年记忆,她深知20世纪30年代清华文科的辉煌;她还跟随父亲一起见证了流亡师生在抗战、迁校、复校过程中的艰难历程。1948年,20岁的宗璞由南开大学转到清华大学文学院的外文系读书,在文学院被撤销之前的1951年毕业。

隔着一个甲子的时光回望清华,宗璞先生感触良多:"清华百年里,文科走过一条弯路,1952年撤销,一直到1985年才又建设起来。本来是从1952年到1984年没有文科,但很多人对清华的了解,就好像1952年以前也没有文科。说起文科,就是国学院,然后就是现在的人文社科学院,那么中间一段1929年至1952年的文学院哪里去了?我们这些人从哪儿出来的?我们出来不出来倒不要紧,比如曹禺是从哪儿出来的?穆旦是从哪儿出来的?还有20世纪30年代一些很有成就的人,他们从哪儿出来的?所以现在回头看清华百年的校史,应该弄清楚,清华文科在20世纪30、40年代是一个高峰,清华文科的辉煌就在那个时候。当然以后还可以创造很多个高峰。"

"清华文学院成立于1929年6月12日,下设五个系:中文、历史、哲学、外文、社会学,有许多饱学之士。他们学贯中西,私塾念的是四书五经,都是包本的背诵。过去的文化已经很饱,又出去留学,外面好的东西也能吸收,真是古今贯通、中西融汇。我看现在很少有饱学之士了。现在有人开始说20世纪30、40年代是清华文科的高峰,认为'总体上,清华百年人文社会科学的发展是一个双峰走势。第一个高峰出现于20世纪30、40年代,人文社会科学的基本架构已经形成,人数虽然不多,但是名师云集,历史、哲学、政治学、文学等学科在国内外享有很高的声誉'。这是我在《社会科学学报》上看到的清华一位教授的话。我很高兴,听说新落成的校史馆布置了完整的校史展览,有清华1952年前的组织图,文、法、理、工各学院写得很清楚。当然对于文科的成就还要深入探讨。历史总是越来越明白。"

谈话间,我注意到在宗璞先生身旁的墙上,有一帧放大的黑白照片。照片里是西南联大时期的七位先生合影,下面标注着梅贻琦、冯友兰、施嘉炀、潘光旦、陈序经、叶企孙、吴有训等诸位先生的名字,在他们身后的正上方高悬着一块"百年树人"的匾额。我想,宗璞笔下的《野葫芦引》,不正是对照片中那一代饱学之士的人格、学养以及精神世界的完整文学表现吗?

我对这张照片的兴趣也勾起了宗璞先生的许多回忆:"你看到的是一个展览会上的展板。照片摄于1941年,清华30年校庆,在昆明迤西会馆。那天教师们聚会,大都阖第光临,许多孩子都去了,我也去了。照片中的7位先生是20世纪30、40年代清华的领导成员,也差不多就是西南联大的领导班子,他们当时正在壮年,全力为国家、民族苦撑着教育事业。但可惜,展板上标注的名字有误,写的陈序经其实是陈岱孙,把吴有训写成了叶企孙,把叶企孙写成了吴有训。这块展板展出一个多月,无人注意。感谢他们后来送来给我,我才看到。后来的人不认得以前的人,是很自然的,认得的就会说出来。还有一个小例子,约十年前,在编辑《世纪哲人冯友兰》影集的时候,有一张老照片,拍的是一次郊游。画面上有9个人,有梅贻琦夫妇,冯友兰夫妇,潘光旦和顾毓琇。前面蹲着两个男孩,是梅祖彦和冯钟辽。还有一位女士,编辑误为潘光旦夫人,经潘乃穆指出错误,可大家都不知道她是谁。画面上的人只有冯钟辽还在,他记得那次郊游是去妙峰山,却不记得那位女士。后来还是远在美国的梅三姐祖杉认得,是校医祝大夫的太太,这张照片大概就是祝大夫拍摄的。当时《人民日报》海外版还为我们的考证登了一条小消息。这是一些小事情,但表现了历史是很难弄清楚的。我并不研究历史,我和历史一起长大,虽然懵懂,也知道些边边角角,对弄清事实也许会有一点帮助。这是我的责任,这不是个人的事情,是对历史负责。有些谬误实际上是对中国文化和学术的伤害,令人心疼。我最佩服历史学家杨天石,近年来澄清了许多历史事实,让人们清醒了一些,真是伟大的功绩。另外还有两位也姓杨的历史学家,我也很佩服。至于我,能做的很有限,只想使写的历史向真实靠近,如此而已。"

"父亲冯友兰毕生力量所在,一是学术,一是教育"

虽然此前在电话中宗璞先生说"咱们随便聊聊,讲到哪儿算哪儿",可是在谈话中,我发现去年8月我写信时提出的每一个问题,宗璞先生都记得很清楚。

提起《旧事与新说——我的父亲冯友兰》这本书,宗璞先生告诉我,她不久前才得知这本书被《中国日报》(《China Daily》)评为2010年度十本好书之一(虚构和非虚构类各5本),这让她感到十分欣慰:"我希望'写的历史'向真实靠近,读者、编者、评论家十分理解这个意思,我觉得很感动。"

沉默了片刻,宗璞先生缓缓地说道:"我父亲毕生的力量,就是在两个方面,一个是学术,一个是教育事业。我父亲要做的事情,是希望他的学问、他的事业都对国家民族有利,有用处。黄苗子老先生曾说冯先生考虑事情不是为自己的个人命运思索,而是对整个人类思潮做认真地思索。我觉得,在研究哲学和历史的时候,这样的思索是必然的。20世纪50年代中期,有一次关于哲学系要培养什么人的讨论,所有人都说哲学系要培养普通劳动者,我父亲说这不行,哲学系还是要培养理论工作者。他写了一篇文章叫《树立一个对立面》。我看到那篇文章时很感动——明明知道这是一个不合潮流的意见,可还是要说出来,他图什么?明知会遭到迎头痛击,可他还是要说出来。他为了保护中国文化不被全盘打杀,还提出了抽象继承法,就是为了多继承一些。这些都可以证明他是从公的角度出发,而不是从私的角度。我想我们会越来越明白。当然,我并不认为父亲是完人,他有封建意识,尤其在全民的造神运动中,不能抗拒潮流。"

以后改造越来越升级,人的头脑完全沦陷。在那个没有自由的年代,冯友兰先生走过的道路十分坎坷,宗璞曾在书中写道,父亲既没有"言而当"的自由,也没有"默而当"的自由。直至"文革"结束后,局面宽松了,1980年,冯友兰先生以85岁高龄,在双目几近失明的情况下动笔撰写七卷本《中国哲学史新编》,洋洋洒洒150万字的巨著,历时十载,以惊人的毅力和学养,在告别人世之前完成了这部压轴之作。

十年里,冯友兰先生每天上午在书房写作,从不间断。写作期间冯先生有很多次生病住院,一次住院时,他对守候在身边的女儿说:"我现在是事情没有做完,所以还要治病。等书写完了,再生病就不必治了。"父亲这句话让宗璞大恸不已:"丝未尽,泪未干,最后的著作没有完成,那生命的灵气绝不肯离去。"冯友兰先生在燃尽自己的生命时留下的最后一句话是"中国哲学将来一定会大放光彩",这是他的预言,也是他始终不改的信念。

宗璞先生还特别提到了父亲的教育思想:"可以说,他们那一辈的人既教书、著书又参加学校的管理,用现代的词叫'双肩挑'。我父亲在哲学上有自己学术的著作,此外他也有他的'事功',在教育事业上他也做了很多事。所谓内圣外王之道,并不是说要去当一个王,而是修养自己的内心。这种修养可以外化成著作,同时建一番事业,对外面的社会尽一份责任。我父亲在这两方面都有成绩。去年,他的有关教育的文章,已经编辑成《冯友兰论教育》一书,在人民出版社出版。他的教育思想,照我很粗浅地想,可以概括成三点:一是教育出什么样的人,应该是合格的人,而不是器,是有独立头脑、通晓古今中外事情、能自己做出判断的人,而不是供人使用的工具;第二点是大学的职能,我父亲非常善于把复杂的事情用简单的话说出来,他用四个字概括大学的职能,这四个字是'继往开来'。就是说,大学的职能不仅是传授已有的知识,还要创造新知识。我觉得清华的传统,就是富有创造性,清华校箴'人文日新'就有'开来'的意思;第三点,怎样办大学呢?大学不是教育部的一个司,大学是自行继续的专家集团,就是自己管理自己,懂得这个事情的人有权发言,一般的人不要发言。"

在宗璞看来,父亲一生除晚年受批判、被攻击以外,应该说是比较好的:高寿,家庭幸福,想做的事基本上都做完了。而内心的稳定和丰富,正是父亲长寿的重要原因,唯有这内心的力量,才使他在恶劣环境下没有脆弱得不堪一击,而且始终不懈怠,即便是在目力全坏、听力也很可怜时也总是"胸次悠然",处于一种怡悦之中。"我父亲对烦言基本上是不在意的,当然,也有觉得很'岂有此理'的时候,不过在整个历史潮流里,这些东西都是很小的事情。"

"浴乎沂,风乎舞雩,咏而归",这是冯友兰先生欣赏的境界。20世纪40年代,常有人请冯友兰先生写字,他最喜欢写唐朝李翱的两首诗——"练得身形似鹤形,千株松下两函经。我来问道无余说,云在青天水在瓶。"另一首是"选得幽居惬野情,终年无送亦无迎,有时直上孤峰顶,月下披云啸一声"。宗璞曾说,父亲执着的精神背后有着极飘逸、极空明的另一面,一方面是儒家"知其不可而为之"的担得起,另一方面是佛、道、禅的"云在青天水在瓶"的放得下,也正是秉此二气,父亲得以穿越了在苦难中奋斗的中国的20世纪。

宗璞先生说,父亲去世已经20年,他的著作一直在出版。《中国哲学简史》最受欢迎,两种中译本和中英文对照本都在畅销,英文本和意、西、捷、日、韩及塞尔维亚等文字译本在全世界销行,60年来始终不衰。《中国哲学史》两卷本在台湾出版,不断有读者和大陆的出版家很辛苦地去台湾交涉,以飨内地读者,其英译本仍在美国发行。《中国哲学史新编》当然继续出版。《贞元六书》和《中国哲学史史料学》、《中国哲学小史》以及各种选本如《冯友兰谈人生》、《理想人生》、《哲学人生》等都在出版。

"我这里讲一个小故事:太平洋中有一个岛国叫大溪地,有一位岛民叫伊利亚,他为了证明独木舟能航海,和几位朋友驾驶一只独木舟从大溪地驶往上海,历时数月。航程中,他带了三本书:一本《圣经》,一本工具书,还有一本是冯友兰著《中国哲学简史》。伊利亚说,这本书给了他极大的安慰和力量。他特地到三松堂拜谒,并到冯友兰墓上敬献鲜花。我想,这是中国哲学的力量,也可以看出'中国哲学将来一定会大放光彩'这一预言的必然性。而中国哲学的传承,要靠学者们尽心尽力,'智山慧海传真火,愿随前薪作后薪',这是冯友兰先生的诗句,也是中国学人的精神。"

"父亲曾说,他离开了这个世界,留下了精神遗体,那就是他的著作。我想,如果一个人整天钻营私利,蝇营狗苟,不能潜心下来,在做学问中感到趣味无穷、欲罢不能,是写不出'三史'、'六书'这些著作来的,恐怕连抄也抄不下来。"

谈话不知不觉中已经过去了一个多小时,超过了宗璞先生平常活动的时间,她开始感到头晕不适,这一顽疾跟随她多年,劳累过度时便会昏晕。闭目养神片刻,宗璞让助手拿来丹参滴丸服下。正当我心下在为打扰到她而深深不安时,没想到宗璞先生却说:"真是非常抱歉,如果你有兴趣,我们再另约个时间谈吧。"

兰气息　玉精神

时隔一周,我正在踌躇是否要再打扰宗璞先生时,忽然接到了她让助手发来的短信,约定隔天下午再见面。

这一次,是个艳阳天。走进宁静的风庐,宗璞先生仍然静静地端坐在沙发上等候,明显可以感到她的气色和精神都比前一次好很多,声音也更清朗、明快了,"这次我们争取谈完。"她笑着对我说。

话题依然从对冯友兰先生的回忆开始。冯先生晚年曾打算写一本《余生札记》,把哲学之外的各样趣味杂感写进去,只可惜这本书最终没有写成,只有一篇谈论杜甫《丹青引》的讲绘画的文章。但是,凭女儿对父亲兴趣的了解,宗璞猜想这本书里一定还会有"论文学"、"论诗词"、"论音乐"等等,大概还会有一篇讲《红楼梦》的文字,"父亲曾高度赞扬《红楼梦》的语言,说便是三等仆妇的话也都很有节奏,耐人寻味,而且符合讲话人的身份。"她还记得一次在饭桌上,父亲边吃饭边谈论《儿女英雄传》,说这本书思想不行,但描写有特点。他讲到十三妹的出场,和以往旧小说的出场完全不同,有现代西方小说的手法,不是先自报家门,而是在描写中逐渐交代人物;讲到邓九公洗胡子,认为写得很细,很传神。"那时太没有先见之明,应当录下来,或者记下。"宗璞先生微笑着回忆说,父亲对诗、对词曲、对音乐,都有很好的意见,她记得父亲曾说:"如果一个人对中国哲学和西方哲学都懂,他会喜欢中国哲学;如果一个人对中国古典音乐和西方古典音乐都懂,他会喜欢西方古典音乐。"

父辈的教诲和童年澄净的蓝天注定了宗璞终生的眼界和格调。

在她很小的时候,父母就让她背诵诗词。她还记得白居易的《百炼镜》是父亲让自己背的第一首唐诗,而吟哦古诗也恰恰是晚年的冯友兰先生在忍受病痛时常服的一剂"良药"。在昆明时,十一二岁的宗璞常到文科研究所看书,各种书籍随便看,而父亲从不加以限制。冯先生认为:书读千遍,其义自见。这为宗璞日后的文学创作奠定了扎实而深厚的文化功底。

然而,没有人会想到,宗璞日后的写作之路,始终充满了曲折与艰辛。1957年,她的小说《红豆》被打上"毒草"的标签,无奈搁笔,这一搁就是14年。待到大地春冰已泮,在经过时代动乱而获得人生和艺术的痛苦经验之后,她更坚实地回到写作,回归文学的精神家园,《弦上的梦》、《三生石》、《我是谁?》……人们再度感受到她创作的生命力。

但是,心无旁骛的写作,有时候几乎是奢望。宗璞先生说:"我少年时,读到东坡一首《行香子》,最后一句是'几时归去,作个闲人,对一张琴,一壶酒,一溪云',这是我理想的生活。可是现实生活的纷扰,让我永远也过不上那样的日子。"自 20 世纪 70 年代开始,她又奔忙于照顾双亲,以及自己的病,常常感到"挣扎在创作和现实之间"。

冯友兰先生常年专注在纯粹的精神世界,从不为俗物分心,因为在他生命的不同阶段都有贤淑女性静静地辅佐。他曾感叹自己的一生得力于三个女子:"早岁读书赖慈母,中年事业有贤妻。晚来又得女儿孝,扶我云天万里飞。"1977 年母亲去世后,宗璞便独自担下照顾父亲的重任,这是她的责任。

冯友兰曾对女儿说,当一个作家,要努力读懂自然、社会、人生这三部"无字天书",还要用至精至诚的心劲把"无字天书"酿造为"有字人书"。其实,这"至精至诚的心劲"正是父女二人一脉相承的写作精神。

宗璞自幼多病,经历过名目繁多的手术,她自状"人道是锦心绣口,怎知我从来病骨难承受"。从 20 世纪 90 年代以来,她的作品几乎篇篇是同疾病斗争所得。

虽然饱经家事变故与病痛缠绕,但是从宗璞的文字里却看不到丝毫的哀怨与病气,相反,她的字里行间透露着超拔简洁的淡泊之气,有一种特有的向上力。李子云曾经用"兰气息,玉精神"赞美宗璞的精神气质,她的文字是那么的安宁、隽永,有着生命的光亮与喜悦,散发着寂静的芬芳。而她写人的文字又时常沉重得或亲切得令人想哭,但宗璞有她特殊的平静和质素,她是"也许藏有一个重洋,但流出来,只是两颗泪珠"。

孙犁曾以"肺腑中来"形容宗璞的文章,她那"流淌在胸间的万般感受"打动了无数人的心。提起《紫藤萝瀑布》,宗璞先生说,在写这篇散文的时候她内心正处于极度压抑与悲伤中,"当时我弟弟身患重病,我心里非常压抑,也很痛苦,紫藤萝给了我一种生机,一种在阳光下的生机,所以让我加快了脚步"。

曾经,有一个女读者写信给宗璞,说她看了小说《鲁鲁》后,茶饭不思地整整在床上躺了两天,沉浸在对鲁鲁的心痛中无法自拔。20 世纪 90 年代初散文集《铁箫人语》刚刚出版的时候,有一天来了一位读者,一定要见到宗璞。他告诉宗璞,自己在湖南的一个书店里看了这本书,"站在那读,就觉得自己立刻安静下来了,很奇妙"。这些读者的真情也让宗璞先生至为感动。"作者和读者在精神上联系着,如果没有这种联系,写作将成为一种独白。我非常感谢这些有慧心的读者。不仅是感谢,这还是一种共同的创造。"宗璞先生强调说,"作品因读者而活着。"

"我一直非常喜欢元好问的两句'诚乃诗之本,雅为诗之品','诚'和'雅'是元好问的诗歌理论,后来郭绍虞先生总结的。我想文章要能感动人,首先要自己感动,感自己之所感,言自己之所言。真诚是第一位的。"宗璞先生如是说。

"痴心肠要在葫芦里装宇宙"

早在 20 世纪 50 年代,宗璞就想写一部反映中国读书人在抗日战争时期的生活的长篇小说。但 1957 年《红豆》因被打上"毒草"的标签,此后十多年她和许多作家一样,始终"未能动笔"。直到"文革"结束后,"野葫芦"的种子才慢慢在宗璞心中发了芽,而人物在她心里经过千锤百炼也早已有了灵性。

可以说,宗璞即使不是唯一的,也是所剩不多的亲自见证了那个时代、那些精英的人。

抗日战争爆发时,9 岁的宗璞和全家随父亲冯友兰自北平南渡昆明,在西南联大度过了 8 年时光。虽然经历了流离之苦,但父辈师长们于逆境之中弦歌不辍,坚忍不拔,给少年宗璞留下了不可磨灭的记忆。在这批知识精英身上所体现的民族魂和难以再现的独特风骨,本身便是一部史诗。她决意写一部长篇小说来表现这一切,"只因为有话要说,不然,对不起那个时代,对不起那些人"。小说最终定名为《野葫芦引》,包括《南渡记》、《东藏记》、《西征记》和《北归记》四卷。

"野葫芦"里,是一段源自真实生活的动人故事,是小说,也是历史。"七七事变"后,一大批教授、学者在战火硝烟中跋山涉水,把西南边陲造就成保存中华民族文化命脉的"圣地"。在物质极其艰苦的条件下,他们精神富有,理想不灭。"打不断荒丘绛帐传弦歌,改不了箪食瓢饮颜回乐",这是痛感和美感交织在一起的刻骨铭心的记忆,平和宁静而又骨力铮铮。王蒙曾经说,《野葫芦引》"喷发着一种英武,一种凛然正气,一种与病弱之躯成为对比的强大与开阔"。

"有论者认为我书中的知识分子形象,体现了'漂泊与坚守',很多知识分子的人生似乎都与这个主题相关吧。那时人的精神境界和现在距离很大,以致有人认为我写的人不够真实。他们很难想象,会有人像书中人物那样,毁家纾难,先公后私。其实,对于那一代人的品格,我写得还不够。"宗璞先生说,"我写这部书,是要寻找一种担当的精神,任何事情要有人做,要有人担当,也就是责任感。在担当起责任的时候,是不能只考虑个人得失的,这是很自然而然的事情。"

1988 年写完《南渡记》,在计划写《东藏记》的同时,宗璞也在考虑《西征记》

的规模。她曾经独自到腾冲,想看看那里的人和自然。她去了国殇墓园,当她看见一眼望不到头的墓碑时,不禁悲从中来,痛哭一场,仿佛看到在滇西大战中英勇抗争的中华儿女的英灵在那里流连。在《西征记》结尾的"间曲"中,她写道:"驱敌寇半壁江山囫囵挑,扫狼烟满地萧索春回照,泱泱大国升地表。"宗璞先生说,这正是她希望表现的一种整体形象。她似乎在腾冲的山水间看见了。

"《西征记》刚出版时有媒体约做访谈,我因病不能谈。现在你来谈一谈,很好。人家很奇怪,我怎么会写战争题材。我是必须要写,不得不写。因为第一,西南联大先后毕业学生共 2000 多人,从军者 800 余人。当时别的大学如重庆中央大学,从军的也很多,从军抗日是他们的爱国行动。如果不写上这一笔,就是不完整的。第二,滇西战役是中华民族抗日战争的一次重要战役,十分辉煌,长时间被埋没,被歪曲。抗日老兵被审查,流离失所,翻译官被怀疑是特务,他们徽章上的号码被说成是特务编号。把这段历史从尘封中磨洗出来,是我的责任。第三,从全书人物的发展看,走上战场,也是必然的。玮玮在北平沦陷后,就憋足了劲要去打日本。第四,胞兄冯钟辽于 1943 年志愿参加中国远征军,任翻译官,那年他 19 岁。随着战事的推移,他用双脚从宝山走到畹町,这段历史对我有一种亲切感。现在用各种方式写这段历史的人已经很多了,但《西征记》是独特的,我是尽心而已。我看见一篇评论说,这样一部作品,没有出现在充满豪气的男儿笔下,倒是宗璞写出来了,令人惊叹。谢谢了,我要努力。我现在是'老弱病残'都占全了,可若是只看书,我相信你想不到是我这样一个老人写的。我为此自豪。有一位读者告诉我,我的小说一般都有诗意,《西征记》更有一种侠气。我十分同意这个看法,不知你看出其中的侠气没有?我这是老王卖瓜,不过,我真的很为《西征记》自豪。"

是啊,《野葫芦引》的写作跨越了四分之一世纪。在如此漫长的写作周期内,甚至在丧失了视力以后,宗璞先生仍能控制笔力,炼意炼句,保持着小说的整体气韵,将人心正气、世情百态、生离死别、亲情友爱、诗意侠情一一纳入"野葫芦",纷繁众多的人物和事件在她的笔下精当有致,若非一切早已经内化于心灵之中,这样的境界是不可达到的。"痴心肠要在葫芦里装宇宙,只且将一支秃笔长相守。"她说自己"写得很苦,实在很不潇洒。但即使写得泪流满面,内心总有一种创造的快乐"。

谈起《西征记》中那些真真切切、有血有肉的人物,宗璞先生说:"《西征记》写的人物不只是学生、军人,还写到了普通民众。我要表现的是我们整个民族同仇敌忾的那种精神。除了主要人物以外,我穿插了一些小故事,如本和阿露,两个年轻生命互相爱慕是很美的,苦留和青环之间那似乎没有感情的感情我也很喜欢。小说是虚的,但它从现实中来,如果不从生活中来,它就是无根之木,很快便会枯萎,可能根本就长不起来。小说又不是现实生活,这是老生常谈了。因为小说是作者自己的艺术世界,作者不会满足于照搬现实,必须搅碎了重来,对号入座是无意义的。考据可能很有趣味,是研究小说的一种方法。但读小说要读小说本身,若是照着考据学去读小说,就没有小说了。不过我对适当的考据还是有兴趣的。"

在经历了颠沛流离的南渡、艰辛备尝的东藏、硝烟弥漫的西征后,现在宗璞终于要携故事里的人物踏上充满希望的北归之路。

回顾小说内外的漫漫旅程,宗璞先生自言心态相比"南渡"时有所不同:"《南渡记》写完,我父亲去世了。《东藏记》写完,我先生去世了。对人生,我觉得自己好像懂得越来越多了。一个小说写这么长时间,我觉得对小说是一件好事,因为作者经历的更多了。在最初两年写的时候,情调是较明朗的,后来经历越来越多,对人生的态度也有一些变化。现在我设计的《北归记》的结尾,和我最初想的略有不同,不过总的来说,基本设计改动不大。在经历了'文革'以后,对世界的总的看法已经定了。不过,经历了更多死别,又经历了一些大事件,对人生的看法更沉重了一些,对小说结局的设计也更现实,更富于悲剧色彩。我每在心中酝酿这一段时,心常常在发痛。"

"小说里的人物都慢慢长大,孟灵己出场的时候十岁,回去的时候19岁了,而且经历了西征的战争、李家大女儿的死、凌雪妍的死,尤其是玮玮的死,这都影响她成长的过程。有人说我每本书要死一个人,我想生活就是这样,一面向前走一面就要消逝,旧的消逝然后又有新的。"

讲这番话时,宗璞先生表情十分平静温和,仿佛在用温柔目光注视着自己笔下的一个个燃烧的生命。

而当我再次追问书中人物在《北归记》中的命运时,宗璞先生忽然笑了:"你等着看吧!"温和的语气中透着坚持与笃定,仿佛是一个承诺,又像是一份约定。我想,这约定不只是对于像我一样热切的读者,更是对那"沸腾过随即凝聚在身边的历史"、对那些如绚烂云锦般照耀过又消失的知识精魂所做的约定!

步出三松堂,走在燕南园的小径上,看着夕阳的余晖洒在园子里的草木花石上,洒在匆匆来往的北大学子年轻的脸庞上,我回想起宗璞先生的一句话:"有那一段经历的人有些已谢世,存者也大都老迈,我忽然悟到一个道理,书更多是给后来人看的,希望他们能够看明白,做书中人的朋友。"

是的,绵延不断的历史文脉与精神气韵,正从这里、从宗璞先生的笔下静静地流淌,润物无声地滋养着、影响着越来越多的"后来人"……

原载《文汇报》2011年8月9日

问候·祝福·回忆
——编余琐忆:宗璞印象记

徐兆淮

前些时,不经意地从报刊传媒上连续读到两篇关于宗璞近况的文章(一篇是宗璞所写的《新春走笔话创作》,另一篇是肖鹰所写的《宗璞的文心》。宗璞曾是《钟山》的老作者,我曾是她作品最早的读者与编者。于是,退休多年的我不由自主地便翻检出一些旧日与她有关的期刊与往来书信。阅读这些期刊与书信,我遂情不自禁地勾起对这位老作家的某些片段记忆。我知道,这些记忆虽无多少文学史价值,但对研究宗璞的创作或许不无裨益。故我不揣浅陋,写下这些文字。

无论是作为责任编辑,曾经编发过她的几篇小说和散文,还是在十年"文革"中,曾经亲眼看见过她遭难的瞬间印象,宗璞在我心目中都是一位值得记忆和评论的作家。尽管,作为文学编辑,我已退休多年,与她往日的接触与拜访已经逐渐模糊。但如今翻检旧日书刊影集,仍不免会勾起我对这位年过八旬的女作家的片段记忆,及为人为文的真切印象。

原来,早在四十多年前,我大学毕业刚分配到社科院(前身为哲学社会科学部)文学所时,我即知晓,这位名门才女的名作家就写过题为《红豆》的小说,并曾受到过不公正的批判。而给我印象最为深刻的则是,"文革"初期,她在王府井附近一家剧场内,陪着一大批"走资派"、"反动学术权威"遭批斗时的情景——时年38岁的宗璞也被戴上纸帽子、挂着黑牌子,默然肃立于一大批名人学士队列中,遭受凌辱、呵斥和批斗。置身会场台下,时值26岁的我,当然也弄不清,仅仅大我12岁的她,究竟是因为出身名门,抑或是为了写作《红豆》,而付出如此沉重的代价。

20世纪60年代中期,当我在社科院文学所从事当代文学研究时,我阅读过同在社科院工作的宗璞写于50年代中期的著名短篇《红豆》,以后又在"文革"初期亲眼看见了宗璞被陪绑批斗的情景,那时的我自然想不到日后会找她组约稿件。可是,待到20世纪80年代初期我调回江苏,从事、参与《钟山》编辑工作时,特别是得知宗璞创作的《弦上的梦》与《三生石》荣获全国优秀中短篇小说奖时,我便不由地将关注的目光转向了这位出身于书香门第的女作家。作为一名文学期刊的热心编辑,早在20世纪80年代,我即意识到,要想成为优秀的文学编辑,他不仅要发现、扶持卓有才华的青年作者,自然更需追踪、关注那些创作力旺盛且富于创作特色的中年作家。事实上,创办于20世纪新时期之初的《钟山》杂志,正是首先把主要的组稿方向定位于那批"右派"作家和知青作家的。由于那时节,大多数作家和编辑家中无电话、电脑之类的现代通信工具,于是,主要的组稿方式,便是编辑对作家先写信联系,表达问候约稿之意,然后便是对对刊物感兴趣的作家做家庭拜访、登门求教。为了联络感情,相互沟通,尽快求得作家的支持与赐稿,《钟山》还多次在风景区举办文学笔会活动,邀集、吸引一些优秀作家前来与会。这当是《钟山》办刊者的文学追求,也是20世纪80年代的文学风景。

其实大约早在1980年的春日前后,我即对宗璞做过首次家庭拜访。记得她家居住在北大一个叫作燕南园的院落里,园内树木葱茏,花草扶疏,走进书房,顿时感受到一种书香飘逸、文静安详的气息。那分明是一种适于读书写作的世界,而出现在我眼前的宗璞,则更然是一位执礼甚恭、待人和善的中年女知识分子的形象,言谈举止间分明流露出淡淡的书卷气,和一副大家闺秀的精神气质。当我以一个读者的身份谈及对她写于20世纪50年代的代表作《红豆》的阅读感受,又以《钟山》杂志的编辑身份约请她为刊物写稿,并邀请她参与《钟山》即将举办的太湖笔会,尤其是得知我曾在社科院文学所工作过的经历时,她便欣然应允了。

按照我的理解,新时期文学的一个重要特色本是,作家与刊物之间业已初步打破原先的组约稿件的潜规则:作为一家地方省级刊物的《钟山》,向首都著名作家集中组约稿件,实行期刊与作家之间的双向互利的办刊方针。于是,我们充分利用新时期的文学和四届文代会所开创的民主自由空间,采取各种组稿方式,大胆向京中著名作家组约稿件,力争把《钟山》办成国内有影响的文学刊物。应当说,这是《钟山》办刊者的自觉追求,也是开放的时代为《钟山》及其办刊者提供了便利的条件。

具体说来,为了组约京中著名作家宗璞的优秀作品,作为办刊者的我们先后采取了一些特殊措施。除了对著名作家求贤若渴式的家庭拜访之外,又特地利用大型刊物的版面优势,在刊发作家作品的同时和不久,即以专栏方式组发对作家新作的评论和作家的创作谈。这样既及时向广大读者推荐了作家的新作,增进了作家与读者之间的沟通、理解,又扩大了作家及其新作的影响。

在我的印象中,记忆所及,自《钟山》1979年创办以来,宗璞先后曾向刊物惠赐过三篇短篇小说和一篇散文,又曾先后给我和编辑部写过五封往来书面通信。大约就在我对她做过家庭拜访过后,她即寄来一篇短篇《蜗居》,随即刊发在1981年第1期的刊物上。如果说,按我的理解,宗璞的小说创作原就有现实主义和超现实主义(亦可说,是现代主义)两副笔墨两套创作路数(20世纪80年代初期,超现实主义文学潮流尚不被理论界所认可),那么《蜗居》显然不同于《弦上的梦》,大抵属于后一类小说的尝试之作。

大约正是为了推荐宗璞这类小说的创作尝试,《钟山》在发出《蜗居》之后不久,旋即就在同年第四期上组发了青年学者赵宪章所写的评《蜗居》一文《梦幻·现实·艺术》,对作者在此文创作中借鉴西方现代派艺术的某些特色,作了阐释和肯定。而正是编辑部的这一举措,引来了宗璞先生的一封讨论创作的来信。她在信中,饶有兴趣地写道:"我一直在考虑创作方法多样化的问题。现实主义概括不了文学史,当然概括不了现在和将来。但我们现在连浪漫主义都不提,更不要说现实主义等等。"我以为,这是刊物与作者友好合作的开始,也为我们今后的友谊与合作提供了坚实的基础。当然,这大约也是探讨宗璞小说创作难得的资料。

根据我的办刊理念,我认为,不管是创办一流文学期刊,还是创办一家有个性特色的期刊,都需拥有一流的作家队伍(包括创作与评论),并不断地培养、推出这一批有才华的文学新人。而要想有效地吸引、打造这一作家队伍,就需要不断地推出新的文学专栏,举办能吸引作家目光的文学活动,倡导并推动新的文学潮流。几乎紧接着《蜗居》的发表,《钟山》在1982年第3期上又以"作家之窗"专栏,向读者隆重地推出了宗璞的短篇新作《核桃树的悲剧》,并同期发表了华师大青年学子方克强、费振刚的评论文章,及宗璞给方、费两位青年评论新秀的信件。

在作者的笔下,核桃树连接着一个人的命运,维系着一个家庭的情感。因而,核桃树的命运归根到底,也便牵连着一个社会一个时代的命运和情感。故而从本质上说,核桃树的悲剧,便是一个社会一个时代的悲剧。看似柔弱的清漪、阿岫母女俩,实则坚强高贵得很。宗璞在《核桃树的悲剧》的创作中,就这样以舒缓洗练的笔调,以沉郁悲痛的氛围,不仅充分显示了20世纪80年代的"伤痕"、"反思"文学的某些思想特色,也较早地表明她在艺术创作上,尤其是在传统小说和现代小说的观念与技巧的融汇上,所作出的成功尝试。比起在高行健、李陀等人的倡导下,中国文坛20世纪80年代中期所兴起的先锋小说潮流来,她或许一点也不落后。只是,她不喜欢大轰大嗡,闹出大动静大声响而已,她更喜欢独自默默地走自己的创作之路。

显然,同样是写"文革",同样是伤痕文学,宗璞早期作品却与刘心武的小说,无论是在内容与形式上,还是在思想凝聚点或艺术风格上,均有很大的不同。刘心武的《班主任》、《爱情的位置》显得更为明快简洁,具有思想冲击力度,而宗璞的小说则更显得雅致蕴藉、精美细腻,更具丰厚的学养和艺术感染力。即使把宗璞的小说与同时期其他活跃的女作家相比,宗璞也自有自己独特的风貌。

在新时期涌现的作家群中，宗璞原本就是一个默默创作不事张扬的作家。她的学者型气质与独特个性又让她宁愿独自默默写作，也不愿以团体或流派的面貌出现在文坛之上与读者面前。但她的创作成就和独特风貌，却是不容忽视，甚至是值得推崇的。因而1982年在发表《核桃树的悲剧》的同时，编辑部又特地发表了华师大两位青年学子方克强、费振刚评论宗璞创作的论文《迈在探索和创新的路上》，较早地也较全面地论述了宗璞的早期小说创作，并对宗璞的创作探索作了较充分的肯定和较细致的分析。这篇论文实可视为对宗璞早期创作稍有分量的研究文章。

出于对宗璞谦和淡定个性的尊重，事前我曾将方、费两位的论文推荐给宗璞看看，企盼得到她的支持与指教。未料很快就得到了她的回音——她给方、费两位写了一封言辞恳切的回信。信中写道："收到11月19日信，很为我们77届大学生的水平高兴，也为你们对作品的了解高兴。你们对我作品写的是什么和为何写的理解大体是正确的。……我以为艺术都应给人想象、思索的天地。应该'言有尽而意无穷'。中国诗特别有些长处。我很注意作品的'余味'。你们讲的美学道理很好。……希望指出不足，以资长进。"接到她的这封来信，我们遂知，这次的专栏策划总算成功了。

继《核桃树的悲剧》之后，宗璞还在《钟山》上发表了两篇作品，这就是1992年的短篇《一墙之隔》和1995年的短篇《题未定》。2004年，我从《钟山》正式退休之后，就再也未见过她了，也失去了她的书信联系。但我始终并未忘记这位曾给我给《钟山》很多支持与帮助的女作家。我仍关注着她与她的创作讯息。最近，当我得知，这位年过八十又疾病缠身的老作家仍在为她的《野葫芦引》系列长篇的最后一部《北归记》而继续笔耕不止的情况时，我不禁对她感佩不已。

感佩之余，我不禁又翻检出三十年前，宗璞参加《钟山》太湖笔会时所留下的与汪曾祺、刘心武等人的合影照片，及二十多年前的一个冬天，我趁全国文代会召开前往组稿时，在招待所与她与张洁、李陀等人的合影。那时照片上的宗璞正端坐在前排座椅上，面庞上露出一贯谦和大度的笑容。近日读到她的《新春走笔话创作》，其中说："我的工作像蚂蚁衔沙，一粒又一粒，只希望能使写的历史向真实靠近。若能有一点作用，我便心安。"此刻我不由地对这位文学老人肃然起敬，我愿在此预祝她的新长篇顺利完稿，也祝愿她老人家健康长寿、创作丰收。据我所知，正在呕心沥血写作《野葫芦引》长篇系列最后一部的宗璞，如今已是八十有三的耄耋老人了，我更愿在此以一个老读者、老编辑的身份，向她老人家发出来自远方的问候。

原载《扬子江评论》2012年第1期

研究论文选辑

《宗璞小说散文选》佚序

冯友兰

  抗战前的清华大学,附设了一所职工子弟学校名叫成志小学,小学又附设有幼稚园。宗璞(我们原为她取名锺璞,姓冯,那是当然的。现在知道宗璞的人多,吾从众。)是那个幼稚园的毕业生。毕业时成志小学召开了一个家长会,最后是文艺表演。表演开始时,只见宗璞头戴花纸帽、手拿指挥棒,和好些小朋友一起走上台来。宗璞喊了一声口令,小朋友们整齐地站好队。宗璞的指挥棒一上一下,这个小乐队又奏又唱,表演了好几个曲调。当时台下掌声雷动,家长和来宾们都哈哈大笑。我和我的老伴也跟着哈哈大笑,心中却暗暗惊奇。因为我们还不知道,她是个小音乐家,至少也是个音乐爱好者吧。我们还没有看见她在家里练过什么乐器。那时家里也没有什么乐器。

  到了新中国成立以后,我们也没有看见她在家里写过什么文章,可是报刊上登出了她的作品,人们开始称她为作家。我的老伴对我说,女儿成为一个小作家,当父母的心里倒也觉得舒服。我却担心她聪明或者够用,学力恐怕不足。一个伟大的作家必须既有很高的聪明,又有过人的学力。杜甫说他自己"读书破万卷,下笔如有神"。上一句说的是他的学力,下一句说的是他的聪明,二者都有,才能写出他的惊人的诗篇。

  十年动乱的前夕,曾为宗璞写过一首龚定庵示儿诗。诗句是这样的:"虽然大器晚年成,卓荦全凭弱冠争。多识前言蓄其德,莫抛心力贸才名。"我写这诗的用意,特别在最后一句。

  人在名利途上要知足,在学问途上要知不足。在学问途上,聪明有余的人,认为一切得来容易,易于满足于现状。靠学力的人则能知不足,不停留于现状。学力越高,越能知不足。知不足就要读书。

  有两种书:一种是"无字天书",一种是"有字人书"。

  自然、社会、人生这三部大书是一切知识的根据,一切智慧的泉源。真是浩如烟海,无边无际。一个人如果能够读懂其中的三卷五卷或三页五页,就可以写出"光芒万丈长"的文章。古今中外的真正伟大的作家,都是能读懂一点这样的书的人。这三部大书虽然好,可惜它们都不是用文字写的,故可称为"无字天书"。除了凭借聪明,还要有至精至诚的心劲才能把"无字天书"酿造为文字,让我们肉眼凡胎的人多少也能阅读。

定庵所说的"前言",指的是有字人书。读有字人书当然也非常重要,但作为从事文学创作的人,绝不可只以读有字人书为满足。而要别具慧眼,去读那"无字天书"。

我不曾写过小说。我想,创作一个文学作品,所需要的知识比写在纸上的要多得多。譬如说,反映十年动乱的作品,写在纸上的,可能只是十年中的一件事,但那一件事的确是十年动乱的反映。这就要求作者心中有一个十年动乱的全景,一个全部的十年动乱。佛学中有一句话:"纳须弥于芥子。"好大的一座须弥山,要把它纳入一颗芥子,这是对于一篇短篇小说的要求。怎样纳法,那就要看小说家的能耐。但无论怎样,作者心中必先有一座须弥山。

我教了一辈子书,难免联想到本行。对于一个教师也有类似的要求。一个教师讲一本教科书,最好的教师对这门课的知识,定须比教科书多许多倍,才能讲得头头是道,津津有味,信手拈来,皆成妙趣。如果他的知识只和教科书一样多,讲来就难免结结巴巴,吞吞吐吐,看起来好像是不能畅所欲言,实际上他是没有什么可以言。如果他的知识还少于教科书,他就只好照本宣科,在学生面前唱催眠曲了。

要努力去读"无字天书",也不可轻视"有字人书",那里又酿进了写书人的心血。

宗璞出集子,要我写一篇序,我就拉杂为之。后来没有能用,恰好孙犁同志有评论文章,宗璞得以为序,我很为她高兴。

可惜的是,现在书已出来,她的母亲已不在人间,不能看见了。

朋友们以为我这几句话尚可发表,无以题名,姑名之为"佚序"。

摘自《宗璞小说散文选》,北京出版社,1981 年

净化人的心灵
——读《宗璞小说散文选》

李子云

读宗璞近三四年来的作品，不知为什么，我常联想到黄仲则的诗。这位清朝大诗人当然没写过小说，而宗璞也较少写诗。引起我这种奇妙联想的，大概是由于他们的某些作品的意境、感情，有相通或类似之处。宗璞在短篇小说《不沉的湖》中讲到"白蛇传"时，用过"柔情侠骨"四字，短篇小说《心祭》引用了李商隐的诗句"此情可待成追忆，只是当时已惘然"作为题叙，引起我联想的，也许就在于他们的作品都常常表现了那么一种柔情侠骨，都常常流露了那么一种感情上有所欠缺的怅惘。

对于黄仲则，我从未研究过，只不过在学生时代背诵过《两当轩集》中的一些近体诗，当时也并不全懂。"似此星辰非昨夜，为谁风露立中宵"、"冷雨疏花不共看，萧萧风思满长安"、"到死未消兰气息，他生宜护玉精神"等等名句，所感动我的，与其说是那种微带感伤的调子，不如说是那种在人生的伤痛面前所表现出来的洒脱，这也就是不同于花间派、婉约派的缠绵悱恻的所谓侠骨柔情吧。当然，我绝没有意思把这两位相隔二百年、跨越了三个时代的作家硬拉扯到一起。虽然宗璞也擅长于描写儿女情长，但她的描写爱情、婚姻、家庭生活的作品所体现的社会内容与思想感情，毕竟与封建时代的诗人无从类比。只是，她笔下的人物所散发出来的那种清越疏放的气质，那种"为谁风露立中宵"的"玉精神"，使人不由感到两者之间似乎有着某种"血缘"关系。

当然，宗璞这几年所写的并不限于爱情、婚姻与家庭生活，她也写了其他题材。她处理起其他题材时，笔触也很是劲遒有力。但是，我以为，她写得最好的，还是这一特定的生活方面——知识分子，尤其是高级知识分子的这一生活方面。《诉》虽是她的第一篇作品，但它的影响不大。从《红豆》开始，可以说，她就成为新中国文学的这一题材领域的最早而坚持不懈的开拓者了。

一九五六年，《红豆》问世，它立即引起读者的注意，同时也引起了文学界的不小的争论，最后遭到了批判。长期以来，有些人对于爱情题材的文学作品，只能接受粗线条地反映反对农村封建包办婚姻的，而对知识分子的那种感情细腻的恋爱过程的描写，不被指责为消磨斗志，也被认为过于"奢侈"。而《红豆》描写了一个倾向进步的女大学生,在新中国成立前夕的学生运动高潮中,与一个银行家少爷之间的剪不断、理还乱的一段恋爱故事,在当时,不免显得大胆而"唐突"。尽管小说明白无误地表现了她一方面在感情上为他所吸引,另一方面越来越清楚地意识到双方在思想上横亘着不可逾越的鸿沟。即使如此,《红豆》还是不能被这些人所容纳。经过了二十年之后,今天,《红豆》已与另外一些作品成为"重开的鲜花",而爱情题材也不再是文学创作的禁区,不少作家已涉足这个题材领域。

尽管不少作家涉足这个领域,但宗璞处理这方面题材,仍然独树一帜,具有鲜明的个人特色。

对宗璞这类作品特色的分析,还是需要从《红豆》开始,虽然她后来的作品较之《红豆》有了很大的发展:作者对于自己所反映的社会现象有了更为深刻的观察与理解;作者所塑造的人物带着二十年来的风雨斑驳,显得更为深沉;作者的艺术手法——无论是小说的结构、人物的心理刻画,以至语言——也有了很大的变化,但是,她在这些作品中逐渐形成的特色,却是从一开始即见端倪的。

《红豆》受到批判时,主要罪名是鼓吹超阶级的爱情,宣扬资产阶级的恋爱至上。这个指责是毫无道理的。《红豆》通过人物形象诉诸读者的,恰恰是爱情——特别是在阶级矛盾激化、双方壁垒分明的时候——是不能超越阶级的,不属于同一阶级的恋爱双方,如果不能做到一方归顺一方,决裂是不可避免的。江玫与齐虹虽然在艺术趣味上是那样相近,但是,真正的爱情,毕竟是以思想的一致为基础的(那就是对人、对事、对生活、对社会的看法和基本态度)。极端自私而又刚愎自用的大少爷与"天地狭小却心地善良"而日益趋向进步学生运动的"小鸟儿"之间,除去音乐之外,找不到任何共同点,而且互不相就。他们的悲剧结局是一开始就注定了的。虽然齐虹采取了一切手段,甚至最后企图用劫持的办法要得到她,也仍然失败了。她终于在最后关头摔掉了那"像碎玻璃一样割着人"的爱情,选择了他咬牙切齿地咒骂的"女革命家"的道路。这两个隶属于不同阶层的青年的爱情悲剧,倒恰恰说明恋爱并非至上、恋爱不能超越阶级。

宗璞处理这类题材,总是把她所写的爱情、家庭生活与一定的社会、时代背景紧密相连。当然,历来的有价值的爱情小说都不是为爱情而爱情,总是饱含着社会内容,其中的悲欢离合的原因也都是社会性的。宗璞这类作品的时代印记,都不是外加上去的,而是通过人物的遭遇、人物思想感情中的时代特点而显现出来的。无论是她二十世纪五十年代所写的《红豆》,还是七十年代所写的《弦上的梦》、《心祭》、《三生石》,都有着分明的时代感。尤其是它们都展开于新旧交替的社会大转折、大变动的关头,因此,时代的特征就格外鲜明。《红豆》自不必说,这个爱情悲剧是随着旧中国的崩溃、新中国的到来而结束的。江玫的性格是在新与旧两种力量的吸引与争夺中得到完成的。而在她写于二十世纪七十年代的几篇中,其人物的遭际和心灵无不铭刻着三十年来,特别是十年内乱风雨侵蚀的痕迹。把《弦上的梦》归入这类题材,也许嫌牵强了些。它直接描写了这场浩劫对两代知识分子的残害,但是,它的全部情节都是在大提琴家乐珺的家庭里展开的,人物关系则是以她的没有成功的爱情贯串起来的。因此,我还是把它算进来了。乐珺的两次失去"亲人"与三十年中的两次社会大转折相联系。三十年前,她与青年时代的爱人梁锋失散,是由于在那个历史大转折的关头,他们选择了不同的道路——乐珺出国深造,梁锋献身于人民解放事业去了延安。乐珺学成回来,梁锋已有了妻子女儿。三十年后的另一性质的政治大风暴,让她承担起了照顾梁锋的遗孤梁遐的责任。尽管她们两个的性格、气质很不相同,然而在国恨与"亲"仇这点上,她们俩不但在感情上相互接近、相互支持,并进而在思想上相互教育。而就在她甘冒政治风险准备挺身而出把阿遐认作女儿的时候,她再次失去了这个"亲人"——阿遐在"四五"运动中牺牲了。当然,这篇小说(中篇小说《三生石》在这一点上与之相类)题材本身就与政治结合得十分紧密。(其实,在那十年,哪个知识分子的命运不与政治密切相连?)但是,即使如《心祭》,可以说是纯粹写"情"的作品,时代背景退缩为遥远的衬景,作者的笔触全部凝聚在黎倩兮对"往事"的追忆,说是"往事"也还不够贴切,因为那些"事"也只是不相连贯的,黎倩兮与死者程抗之间相会以心感情交流的此情此景。但透过程抗对于不和谐的婚姻的苦恼,透过黎倩兮与程抗的相遇相知却又不能相近的感情挣扎,特别是透过他们两人在感情"深渊"边缘的徘徊、犹疑,到最后尊重既定事实的决定,也就是透过他们所恪守的道德原则,不也反映出了我们今天的社会特点?

　　我这也只是说宗璞写这类作品赋予了它们以鲜明的时代感,并不是说她在其中提出了什么尖锐复杂的社会问题。她不擅长于此,也无意于此。她所着眼的是人物的性格、人物的气质、人物的精神世界。她笔下人物的悲欢离合、矛盾冲突大部分展开于内心深处。虽说人之情发于内而形之于外,但她偏爱喜怒不形于色的人物,她只让他们在忍无可忍的情况下撒那么一次"泼"——这也是她描写最多的那种文化教养较高、秉性清高、敏感而又纤细的高级知识分子的特点。同时,她在写法上,对人物的外部动作以至对话也用墨节约,最低限度地筛选出最有表现力的细节,致力于开掘他们的内心世界。还不止于此,她在揭示人物内心的波涛汹涌时,也是十分注意艺术的分寸感,写得很有节制。革命导师马克思讲过这样的话,爱情的痛苦是最个人的也是最强烈的。尽管她所表现的这种"痛苦"的性质各有不同,比如江玫,是两种力量在自己身上的冲突,是理智与感情在自己灵魂中的搏斗;黎倩兮则是个人愿望与客观条件的矛盾;在乐珺身上,错过机遇是个重要原因,但不管她们的"痛苦"是如何造成的,这种感情都是终生难忘的:乐珺不就是始终独身?倩兮虽然得到了可以相托的伴侣,但在她心灵的一角,不也永远祭奠着那位难忘的"长兄"?有的追求表面效果的作家,可以把这种刻骨铭心的感情写得哭哭啼啼、大喊大叫,或者把她(他)们的"伤痕"掰开揉碎地加以尽情渲染。如果那样处理,那就不是现在的乐珺、倩兮,以至菩提、莲予了(江玫年轻又比较单纯,感情自然稍稍外露一些)。宗璞把她(他)们的感情压到心底,读者看到的只有无声的呜咽与潸然的泪下,而这种最大限度的自我克制则更牵动人心。

宗璞不喜欢外人撞入她心爱人物的内心隐秘角落,她这样做,并不是让她们陷于自我陶醉或顾影自怜,而是让她们用自己的力量解决个人生活道路上的难题。宗璞在她刚出版的小说散文选的后记中说得很好:"书中的许多文字都不止一次出现在我的梦寐之中。但它究竟能给读者什么呢?我不知道。事物总是在前进的,我们的面前有着一重又一重的矛盾,头顶上悬着一道又一道的难题。在人生的道路上,每个人都不断经过一个又一个的十字路口。这本小书,若能为徘徊在十字路口的人增添一点抉择的力量,或仅只减少些许抉择时的痛苦,我便心安。"是的,人在漫长的生活道路上,总要不断经过十字路口。这十字路口有大的,也有小的,有决定终身道路的,也有影响部分命运的,但不论大小,都必须经过痛苦的斗争才能做出自己的决定。既需要"抉择",就是不能两全而有所"牺牲"。宗璞从这里就引出了一个带哲理性的问题:人生难免有所欠缺、不足或遗憾,至善至美的境地是没有的。也许有人认为这种想法消极了一些,其实不然,这是符合辩证法精神的。人类的历史是向至善至美发展的过程,至善至美是人类追求的终极理想。这种理想推动着人类朝向这个目标不断前进,而这个前进是没有止境的。在现实世界里,无论是社会,还是家庭、个人爱情,所谓完美都是相对而言的。而越是有理想的人,往往会有更多的追求,会感到更多的不足。以宗璞所触及的家庭与婚姻中的矛盾而言,所谓妥善的解决,也只能是根据当时的现实条件做出比较合理的决定。宗璞的主人公在这种"抉择"中,往往是照顾别人、考虑社会、尊重自己。应该说,对于踯躅在这种十字路口的人,宗璞倒不赞同他(她)们低回不已,而是尽力为他(她)们下决断时增添积极的力量。她赖以"抉择"的准绳,既有中国传统道德观念中健康的那一部分,又严格恪守了我们今天的社会主义——新旧交替的过渡时期开始阶段——的人与人关系的准则。因此,她的描写不仅没有消极作用,而且能够提高人的思想境界、净化人的灵魂。

提高人的情操,净化人的心灵,是宗璞小说所起到的主要作用。它们所以产生这样的效果,固然与作者对这类社会问题的态度,也就是对于这类矛盾的处理有关。更为重要的是,作者所选取、所塑造的人物的性格、气质,都有那么一股让人感到灵魂纯净的"兰气息"、"玉精神"。(有趣的是,她处理起那种利欲熏心、患"心硬化"的人物倒显得生硬,有几分概念化。)她所属意的这些人物大半淡泊于名利,有理想,有操守,对祖国、对人民、对自己所从事的专业无限热爱与专注。她们"不管处于何等无告的绝望中",仍然"坚信生活是美好的",因而,她们不仅对个人的伤痛能取豁达态度,还不忘给别人以温馨,显示了中国妇女特有的貌似柔弱而极坚韧的精神。经过艰苦奋斗终于得到了家庭幸福的方知(《三生石》)和萌与莲予(《米家山水》),不都是除了自己的专业之外,目不斜视、心不他想?为了让莲予把时间全部献给绘画,萌和她不但连画饼充饥的时间都没有,只能举行"精神会餐",而且,还一致决定把别人求之不得的出国参观的机会予以"让贤"(可惜最后并没有能够让到该去的人头上)。而在个人生活上遭到挫折的江玫、乐珺及倩兮,她们也正是因为精神有所寄托,以事业为重,才能做到如此洒脱。生活被撕成碎片的陶慧韵(《三生石》),支撑着病弱的身躯,仍然全心全意关心着别人的幸福。甚至精神被扭曲成玩世不恭的梁遐,经过乐珺、小裴、毛头的相濡以沫,她的创伤逐渐弥合,也恢复了心灵中美好的一面。小说结尾,她不就与一群有出息的年轻人步伐坚定地走向天安门广场?

宗璞为我们展示了私心少,以事业为重的那一类知识分子的精神世界。有评论家曾说:"宗璞所表现的生活范围是否太狭小了一些?她的人物几乎没有出过燕园。"这位评论家所指出的是事实,这不能不说是一种局限,但是,宗璞能在这么一个小小的范围内谱写出这些互不重复的歌,却又是不能不令人感到惊叹的。她的人物所属阶层相类、所受文化教养大体相同,但各具个性。这当然是由于她本人几十年也生活在这个环境里,与他(她)们朝夕相处、命运与共,细致入微地了解他(她)们的家庭背景、生活经历以及性格特点,因而她能够把他(她)们刻画得不单调、不重复。尤其是,宗璞知识面较宽而兴趣爱好又较广,这些都有助于丰富人物的色彩。在作品中,她对于音乐、绘画的处理,既不是出自炫耀卖弄,也不是可有可无的点缀与装饰,而是有机地构成人物生活的一个方面。琴声与画面与人物的心境浑然一体,化为人物灵魂的一个组成部分。

宗璞的作品还有一个值得着重称道的特点,那就是语言的纯熟与优美。前辈作家夏衍多次提到我们这一代人的学习补课问题。他所要求的补课,当然是指科学、历史、文学等各个方面,而文字修养也是其中很重要的一点。不少中青年作家走上创作道路之前,没有经过正规的系统的学习,大多是在实践中摸索前进的。其中许多作家固然从生活、从群众的口语中汲取了丰富的养料,但由于提炼不够,往往虽生动却不够优美,不能给读者以高度的美感享受。宗璞得天独厚,兼学中外,她的文字一如她小说的章法,既师承了中国传统文学的特色,又吸收了外国文学的长处。中国传统文字的高度凝练、特有的节奏与韵律感、鲜明的形象性与外国文学中用以表现日益复杂的人物心理状态的新鲜活泼的语言,在她笔下结合得浑然天成,没有生硬撮合的痕迹,显得十分从容自若。

老作家孙犁在为宗璞的小说散文选所作"代序"中,集中分析了她的语言特色。他说:"作为文学作品的第一要素的语言,美与不美,绝不是一个技巧问题,也不是积累词汇的问题。语言,在文学创作上,明显地与作家的品格气质有关,与作家的思想、情操有关。……语言是发自作家内心的东西,有真情才能有真话。"这不仅是对宗璞文字的评价,而且具有普遍意义,可以使我们从中得到很大教益。是的,语言不是单纯的技巧,技巧只能造就匠人,而不能出艺术家。语言是作家用以表现自己对生活的感受、理解以及理想(包括美学理想)的手段,离开这些内容,语言便是没有灵魂的躯壳。言为心声。作家对文字的选择、运用与作家的气质、情操有着直接的关系,正如孙犁所说:"虚妄狂诞之言,出自辩者之口,不一定能感人;而发自肺腑之言,讷讷言之,常常能使听者动容落泪。"我理解,所谓讷讷者,质朴无华之谓也。情操低下、精神空虚的作家,只能依靠浮华的辞藻掩饰内容的空洞与感情的虚伪。纯净的心灵才能出纯净的文字,质朴无华是艺术语言的最高境界。宗璞遣词不尚华丽,不追求纤巧,更不堆砌造作,而讲究含蓄、节制,即使是表现又浓又重的感情时,她也写得举重若轻,达到如诗、如散文的境界(虽然她的散文成就迄今为止似乎还没有超过她的小说)。这种文字与她所偏爱的那类人物,与她所追求的道德操守相得益彰,读来使人在人生所难免的某些欠缺与不足面前感情趋于宁静、心怀趋于宽阔而坦荡,精神附丽于自己的事业,加强了净化人的心灵的作用。

读宗璞的作品,是一种高度的美感享受。它们不是促发万物生发的骄阳,而是慰藉旅人的闪烁的星辰;它们不是可为大厦栋梁的参天大树,而是令人神怡的秋菊冬梅;它们不是孕育生灵的江河大海,而是滋润人们心田的涓涓溪流。我们并不菲薄那些反映更为重大社会矛盾的作品,只是说,正如骄阳与繁星、江河大海与涓涓溪流都是构成丰富完整的世界的不可分割的一部分一样,在文学领域内,我们也是既需要李白、杜甫,也需要杜牧、李商隐;既需要苏轼、辛弃疾,也需要秦观、李清照;既需要龚自珍,也需要黄仲则。只有让各种不同的星座尽自己所能地发出各自的光辉,而不是相互排斥,相互冲突,才能形成美丽而无限的苍穹。

1981年10月7日

摘自《宗璞小说散文选》,北京出版社,1981年

从宗璞看中国当代年轻的女作家

李又宁

译者按:1982年5月28日至31日,在美国纽约圣若望大学召开了中国当代现实主义文学新形式问题学术讨论会。该校亚洲研究学院李又宁教授在会上做了发言,题为《中国大陆年轻的当代女作家》。她不仅是一位严谨的历史学者,有《吴晗传》及关于秦始皇、商鞅变法、中国女权运动等论著,同时也是一位富有细腻感情的作家,特别关注中国当代年轻女作家的成长,力图通过发言与论著,引起美国读者对她们的注意。

李教授的那次发言原文很长,这里节译了引言及第一部分,译文经她审阅过,并做了补正。

我是一个历史的学徒。对一个历史的学徒来说,任何文字:优美的鸿篇或零星的小品,小说或报道,诗歌或戏剧,都可能是有价值的史料。正因为历史应该是男女两性共同生活的完整记录,所记的不只是名人,且广及一般人民,所以最近大陆的年轻女作家对自己具有特别的吸引力。她们非常生动而又意味深长地描写了当代妇女的日常生活,而且从她们的作品中,可以瞥见中国知识分子中年轻一代(不论男女)的生活和思想。与当代的男性作家或前辈女性作家相比,大陆年轻女作家在海外的知名度相对是低些,这就更值得推荐。

由于目前大陆新起的、可注目的女作家为数不少,她们笔墨所涉及的领域又甚广,而且由于教育和经历的不同,她们刻画的人物各具特征,着重的主题和所运用的技巧也互不相同,因而要从中选择几位加以评述,实在感到难以下手。无论是宗璞、谌容、张抗抗,抑或张洁、戴厚英,她们每一位的作品都能震动读者的心弦。

宗璞的父亲是著名的哲学家和学者冯友兰先生,而姑母冯沅君(1900—1974)又是一位名作家,并攻研文学,著述甚多。

宗璞自小爱好文学、美术和音乐。音乐、音乐家和画家,时时在她的作品中占有显著的地位,她的散文颇具韵律美。但她更热爱的是文学,曾写道:"我热爱文学。八、九岁看《红楼梦》、《水浒》已不能释手。……纸笔的分量很轻,但留在纸上的是无法衡量分量的血肉。"①

(她在大学时代发表的小说)《红豆》曾被批判过,说是鼓吹"超阶级的爱"和"资产阶级恋爱至上"。事实上宗璞最着力的是怎样把故事写得感人,一般的理论诠释非其旨意所在。主人公江玫不像刻板的革命女英杰,她经常生活在自己的小天地里,纯洁善良,多情善感,容易流泪,以致得到了一个绰号"小鸟"。可以说,江玫是一个典型的宗璞式的女主人公。她参加学生运动的主要原因是个人的。因为她亲近的女友肖素是一个活动分子,于是她跟着肖去办壁报,参加歌咏团、新诗社等等。1949 年金融的纷乱,物价的飞涨,也"影响着江玫那平静温暖的小天地。母亲存着一些积蓄的那家银行忽然关门了,江玫和母亲一下子变成舅舅的负担了。江玫是决不愿意成为别人的负担的,她渴望着新的生活,新的社会秩序。共产党在她的心里,已经成为一盏导向幸福自由的灯,灯光虽还模糊,但毕竟是看得见的了"。

可见宗璞对于她的每个主人公的个人生活命运的关心,远过于她对围绕并支配她们生活的政治与历史事件的关心。从个别的命运引申开去而做出一般的结论,此非宗璞所好,她宁可让读者自作结论。用中国文学批评的术语来说,她的作品是含蓄的,这是她与激情的或政治性强的作家的不同之处。江玫性情温和,但柔中有刚,她会流泪,但不屈服于感情。她既不同于丁玲的莎菲,也不像社会主义现实主义的某些流派所写的标准女英杰那样雄赳赳、气昂昂。

《红豆》的主题是未完成的爱,人生无法弥补的缺憾。这个主题以及与江玫类似的人物,在宗璞近年的作品中继续出现着,例如短篇小说《弦上的梦》。故事发生于 1975 年的北京,女主人公慕容乐珺是一个艺术学院的大提琴教师,50多岁,未婚,与她年轻时爱上了的、在"文化大革命"中被迫害致死的一个党员干部的孤女梁遐,组成一个小"家"。宗璞充满同情地刻画了这两个人物。不像许多定型化的政治活动分子那样,梁遐具有一般人的弱点——她骄傲、自私、冲动,并像许多她的同时代的青少年那样,是彷徨的、愤世嫉俗的、缺少教育的。但她性格中有更显著的可钦佩之点:她探寻一些使自己生活有意义的事物,也有勇气为正义而冒险。乐珺并不是与梁遐相对立的人物,尽管她忧虑,倾向于避免政治的风险,经常为梁遐和她的伙伴们担心,然而她并不怯懦。梁遐失踪以后,听说领导将审查她和梁遐的关系,乐珺毫不畏惧,大声地说:"她是我的女儿,我认她做我的女儿!"在紧要关头,她非常坚定,有似江玫最后决定与齐虹分手一样。柔中带刚,正是中华女性可敬的一面,宗璞善于把这种性格刻画得入木三分。(李子云文章中认为)宗璞"所选取所塑造的人物的性格、气质,都有那么一股让人感到灵魂纯净的'兰气息'、'玉精神'。……她们不仅对个人的伤痛

---

① 丁玲等:《当代女作家作品选》,广东人民出版社,1980 年。

能取豁达态度,还不忘给别人以温馨,显示了中国妇女特有的貌似柔弱而极坚韧的精神"①,这话是说得很中肯的。

宗璞虽不说教,但深于思考。她毕竟是一位哲学家的女儿。在近年的作品中,她直接提出一些哲理和心理的问题。试举一例:《我是谁?》,与其说它是一篇短篇小说,不如说更像一则哲理性寓言。科学家韦弥和她的丈夫从海外回到祖国怀抱,献身于发展祖国的科学事业,却在"文革"中惨遭批斗、毒打和辱骂。于是精神崩溃,韦弥觉得自己变成了一条大毒虫,四周的熟人也都变成了毒虫,痛苦地爬着。人变成低等动物,象征着处于非人的境地。这观念无疑来自卡夫卡的《变形》。但是,宗璞不像卡夫卡那样悲观。文末的结语:"然而只要到了真正的春天,'人'总还会回到自己的土地。或者说,只有'人'回到了自己的土地,才会有真正的春天。"此语显示:宗璞相信人的尊严及其实现的可能性。在其他的作品中,她也表达了这种希望。这不仅是宗璞的希望,也是当代中国作家(不论男性或女性)共同的希望。另外还有一点,宗璞与卡夫卡的不同在于她相信:只有参与有意义的社会生活,个人才有尊严和价值。这种看法隐含在她所有的作品中,简明地表现于乐珺的回忆:"在社会主义祖国的怀抱里!那五十年代的日子,是多么晴朗,多么丰富呵!乐珺觉得自己虽然平凡渺小,可就像大海中的小水滴一样,幸福地分享着海的伟大和光荣。"

在语句的排列、技巧、词汇和心理分析等方面,都可看出欧美文学对宗璞的影响。近数年来,法兰兹、卡夫卡给予她一种试验创新的境界。然而,她的热爱自然、情景交融的写作技巧以及优美、高雅的文体,又足证她继承了中国文学的优良传统。

这样一位20世纪50年代就崭露头角,而且禀赋和修养不凡的作家,却自1963年至1978年间,正值她的盛年,由于种种不利的批评和政治风云,她的笔尖积尘竟长达15年之久。到1981年,她才有了第一个集子——《宗璞小说散文选》问世。在这本书的后记里,她语重心长地说:"我感慨,写作三十年来……只有这样一本薄薄的书,怎不令人感慨!……然而,这怪不得我。"同年,她又出版了一本中篇小说《三生石》,塑造了又一个宗璞式的沉静而又坚强的女主人公柳菩提的形象,甚得好评。她总算不幸中之幸者!实在不能不为宗璞,为许许多多中国大陆的优秀作家,为现代中国文学慨叹!不过,也许从另一方面来看,劫难未始不是磨炼意志、诞生有价值的文学的熔炉!

方仁念译
原载《文艺理论研究》1983年第3期

---

① 李子云:《净化人的灵魂——读〈宗璞小说散文选〉》,《读书》1982年1月号。

论宗璞

陈素琰

她有自己的天地
——宁静校园的一角

不知意味着有幸还是不幸,这位女作家始终生活在这样的环境里——高等学府幽静的校园的一角。水木清华的一石一水,燕园的浓荫僻径,从童年时代以迄于今,除了特殊的离乱,它们始终滋润着、陶冶着宗璞的心灵。可以说,她始终都生活在中国高层的知识分子群中,与他们学业的专攻、崇高的操守、事业成就的欢欣,以及家国危亡的忧患深深地纽结在一起。宗璞本人20世纪50年代初毕业于清华大学外文系。而她生长的门第又是世代书香,父亲、姑母等都是全国著名的学者。命运之神对她优厚有加,一下子便置她于中国最深厚的文化渊源之中。因此,人们不难看到她的创作和中国悠久的历史、文化传统,知识阶层的气质、情操以及生活方式的或隐或现的,然而又是千丝万缕的联系。通过宗璞作品所展现的生活环境和人物内心世界,我们处处可以寻到中国哲学、中国文化艺术深远的、潜在的、溶解性的影响,从而赋予它以特有的幽雅、淡泊、洒脱、内省的精神风貌。

她的创作如她的为人:真诚而严谨。她完全写与自己特定的生活环境和特定的生活阅历有关的人物事件,写自己感受最深的东西。她说过:"许多文学,都不止一次地出现在我的梦寐之中。"①正因为她与这座古老都城的西郊文化区的特殊联系,从《红豆》起始,她便致力于写校园内发生的事情。她笔下的成功人物形象,都是具有较高文化素养的知识女性(有人说,她的人物几乎没有出过燕园)。写她们随时代漂流的命运,写她们真挚的追求、失落与获得的欢欣。拥有高度文化的中国上层知识分子,成了宗璞创作的独特的对象世界。她获得了为她所有的一角土地,甚至可以说,获得了别人难以夺去也无法替代的一角土

---

① 宗璞:《宗璞小说散文选·后记》,北京出版社,1981年。

地。她静守她自有的土地。尤其经过时代动乱从而获得人生和艺术的痛苦经验之后,她更坚实地回到这块土地上,真诚地,甚至不免寂寥地进行艰辛的垦殖。

她站在这里,寻求把目光投向时代、社会和人生的窗口。也许应该感谢风云激荡的时代,使中国广大知识分子都经受了政治斗争和群众斗争的磨砺,使他们有此机缘把双脚紧紧踩在现实生活的土壤之上。一位当代诗人说过:"我虽然住在北京这条僻静的、窄小的胡同里,但风暴般的世界,却紧摇着我的房门。"[1]宗璞这僻静的校园的寓所,何尝不是处于各种风暴的摇撼之中!正是因此,宗璞笔下的校园世界,失去了人们意念中的静谧和肃穆,却始终鼓涌着当代生活中纷飞的风云:《红豆》中的教会学校奔腾着如火如荼的学生民主运动的激流;《知音》的主人公通过校园幽静的小径,走向了一代青年向往的解放区。在《我是谁?》、《三生石》中,小小勺院发生的生活变异和突然降临的灾祸,正是我们整个国家民族陷于空前劫难的剪影。宗璞提供给我们的,正是这样一个窥见人生激流的窗口。近年来的作品,宗璞偏重于普通知识分子平常生活的刻绘。在这些并不重大的题材中,我们依然强烈感受到新生活的新信息——新生活的杂沓喧嚣和人们对生活的新的思考和奋斗。一个民族从停滞走向跃动的失去平静的时代,难得保持一角静谧的山水。事实是,她即使想如此,也未必达到,何况她的心,本来是向着美好的人生的。

她有一贯的主题追求
——高尚美好的人生

——若能为徘徊在十字路口的人增添一点抉择的力量,或仅只减少些许抉择的痛苦,我便心安——这是宗璞《小说散文选》的题语,来自灵魂深处的声音。宗璞把她三十余年来为之血肉销魂的文字,都用来探索人生之路。人生的道路曲折多艰。如何使人生富有意义,使平凡的生命获得价值,使人的心灵纯洁、精神崇高,使漂泊不定的灵魂能有一个美丽的皈依,可以认为是这位艺术个性独特的女作家不离不弃的向往和憧憬。论及她笔下的人物,不管是祖国青春时代的热情、纯真的白玫、苏倩,灾难时代历尽沧桑的菩提、方知,还是历史性转折时期生活激浪中的米莲予、柳清漪,她们的心灵无不回响着人生追求的呼唤。宗

---

[1] 李瑛:《献给火的年代·后记》,作家出版社上海编辑所,1964年。

璞的作品并非以主题的浩博或撼人心弦的思想力度称雄,而是以心灵的高尚和净化的寻求,予人以温煦的启迪。

事情应该追溯到20世纪50年代,她的成名作《红豆》即揭示了抉择人生的主题。白玫和齐虹的爱情离异,决定于他们人生道路的分野。那是光明与黑暗决战的前夜,也是人们重新抉择人生之路的交叉路口。白玫这个生活在平静小天地中的女大学生,在时代大波的撞击下,萌生出对革命的向往和对新生活的渴求,这就导致了她与齐虹的爱情危机。白玫明知这种爱情不会有结果,但又怯于割舍,陷于难以自拔的困境。这位性情柔弱的女性,毕竟走向了坚强,她终于挣脱了感情的羁绊,投身于民主运动的激流。

《红豆》最大的特点是真诚。我们拨开纷扰的爱情雾霭,透出的正是主人公热诚透明的心。白玫的信赖和向往,也是祖国黎明期那个生机勃发年代一整代人心中拥有的真诚信念。《红豆》写的是一个真挚的、富有悲欢苦乐的复杂的内心故事。它毫不掩饰地写出白玫在追求理想道路时,对个人情感的眷念与追怀,从而呈现了一个生活条件优越的青年女性抉择人生道路的艰难与曲折。《红豆》当然保留了那个时代过分的单纯感,但却以它的诚挚和时代真实性,获得了久远的艺术生命。它如同一个并不消逝的青年时代的梦,始终保留在人们美好的记忆里。

从20世纪50年代到60年代初,宗璞始终处在理想境界和现实生活的充分和谐之中。这个时期她的人生理想主要来自新社会的教育,深刻地打上时代的烙印。不论是《红豆》还是《不沉的湖》、《知音》等一类作品,它们表现的人生追求的内容基本是相同的,这就是:在共产主义理想的感召下,投身于崇高的事业,通过痛苦的自我改造(甚至是自我否定),走向集体,走向人民。也许今天的读者因不曾感染过那个年代那种单纯、热情的时代气氛,易于产生隔膜和遥远之感,但这是真实的时代的音响和脉搏。

一个作家离不开时代的围域。当时代、社会发生了新的变异,作家必定面临对新的生活的思考和探寻。当十年的灾难过去,生活恢复了平静,向人们走来的是一个新的交替、大转折、大变革的伟大而又艰难的新时期。整个时代显得错综纷纭,凝重滞涩,人们也在国家民族历史性重负下憧憬、追求、奋斗。宗璞在这不平静的生活背景上,重新陷入了对于人生执着的探求。

生活业已失去20世纪50年代那份单纯和明晰,滞重和繁复给人们在探求人生之途中带来困惑。但毕竟,一个光明时代的曙色业已降临,从窒息中醒来的人们,不约而同地感受到了类似五四时期那种解放和创造的时代精神。人们的精神世界比较舒展,这正是艺术家们形成并体现自己艺术个性的良好时期。一个光明开放的时代,有充分的自信鼓励并尊重艺术家的个性化追求。对于宗璞个人来说,一个创作的新时代来到了:那种积淀在自身的中国哲学和中国古典文化的潜在因素获得了较充分的发展;中国传统知识分子的精神、品德、旨趣也充分地渗透到她的人物性格当中。是否可以这么说,20世纪50年代,她的人生观念主要来自时代的教育,而这个时期的人生追求则比较多地呈现出中国传统的哲学观念和审美意识的影响。

宗璞在前进的生活中探寻,也在生活的探寻中前进——虽然她占有的依然是那平静的校园的一角。绾云和辛图(《团聚》的主人公),是20世纪50年代的大学生,经过十三年的分居,总算团聚了。绾云从边远的草原,带着50年代的纯真和美好的记忆,回到亲人身边。可是眼前的辛图,已改了旧日的容颜,特别是气质——"发胖的脸露出疲倦的神色"。他们花费了十三年的时间,历经物质和灵魂的消耗,以解决长期的两地分居生活。而这个目的的达到,却是以辛图灵魂的苍老与变异为代价。昔日的纯真、热情和理想也随着青春的消失而逐渐褪落和湮没。《团聚》证明宗璞在随着生活前进,她敏感地捕捉到了某些人生活日趋物质化的信息。她感叹理想在欲望面前的"让位",人的价值观念以及人与人的关系受到世俗的污染。对于这种污染的愤懑也表现在《米家山水》和《核桃树的悲剧》一类作品中。她对社会上这种沉滓的小市民习气有难以适从的痛苦。对此,她不仅有温而不怒的批判和鄙夷,而且也缕缕飘散着失落的怅惘情绪:"她现在是和亲人一起走到平坦的路上了,但那完全消她饥渴的甘泉却不知在何方。那本该属于她的,属于她这一代人的。"(《团聚》)

宗璞仍在执着地寻求之中。合理的生活,美丽的心灵,崇高的人生,依然是她探求的核心。《团聚》中的绾云,始终在寻问人生的无限到底在哪里?这"无限",也许可以理解为一种超时空的内在的、精神的美。《团聚》与谌容的《人到中年》和戴晴的《盼》题材相近,但却表现出这三位女作家不同层次的人生探求。它们有各自的价值。但《人到中年》和《盼》较贴近生活实际,更具干预生活的问题小说的尖锐,而宗璞则是在精神层次上进行探索。后者比前者似乎显得优雅、纯净,但在社会上的反响却没有前者强烈,因为前者与人民现实生活更贴近。

中国古典文化的潜在影响在宗璞此类作品中日益明晰,甚至构成了作品基调的意蕴。从《团聚》中辛图的舅舅,那位老人那里可以窥测到中国传统知识分子道德风貌的延续。老人信守学业,不随世俗蝇营狗苟。他只谋求在自己的本位上尽责的人生要义:以"春色三分,一分流水,二分尘土"的信念,泰然面对自己的寥落。《米家山水》中的米莲予则有一种中国写意山水那样的性格:恬静、雅致、悠远、淡泊,具有内涵的灵韵。她面对平庸纷扰的环境,寻求自己内心的净化,向往安徒生《海的女儿》那颗为了别人幸福,宁肯忍受痛苦和牺牲的美丽、善良的灵魂。她始终以严肃的自我审视,去寻求与刘咸的心灵沟通,最后甚至决定舍弃自己出国的机会,去成就刘咸的事业,但事实上这也未能如愿。

在这种现实与理想不相和谐的境况下,她为自己创造了一个美丽、纯净的理想境界:这就是她和她丈夫各自的创作天地——古文字研究和中国画创作的世界。他们进入这个境界中超脱一切,并通过自省的智慧去成就自己理想的人格。小说以热烈的笔调,赞美这是中国文化的最高境界:清风习习,朝霞绚烂,一片宁静自得。宗璞创造的这种境界对探求人生意义来说,无疑有一种特有的向上力,使人产生一种超拔空灵的精神向往,向往个人思想的高尚、灵魂的纯洁。但就其变革和批判价值而言,又却表现了某一种回避。这种冰清玉洁的理想境界,容易诱人从现实中超脱,而以宁静自得去填补现实中的缺憾。这不能不说是中国传统知识分子某种人生哲学的弱点:过分强调自我精神作用,在现实面前缺少力量。这在宗璞近期作品中乃是一种明显的倾向。

这种倾向在《核桃树的悲剧》中则以"弱者的自卫",一种决然的超脱来护卫自己的人格操守。主人公柳清漪与她的核桃树命运相同,她身心交瘁,但从不懈怠。可叹的是连那种与世无争的要求也信守不住,只好亲手砍倒了与自己相近相似的核桃树,导致了"有用之才不能终其天年"的悲剧。它得自《庄子》哲学的启示,发出了对特有的一类人的命运的喟叹,表达了对现实的某种关注。这种"弱者的自卫"显示了作者的愤激。记得孙犁说过:"凡是愤世嫉俗之作,都是因为对现实感情过深产生的。"(《耕堂读书记》)"弱者的自卫"表现了主人公在困境中不失操守的遗世独立的人格精神,这仍然体现了中国知识界的传统人格力量对于现代生活的渗透力。

生活的丰富纷纭也显示了作者人生寻求的广阔。她也曾通过于斌(《全息照相》中的实验员),不苟且于生活的积极创造,而对因袭保守的价值观念提出了怀疑。于斌的最大特点就是在努力寻求以自己平凡劳动为社会创造服务的自我价值。在 20 世纪 50 年代的《红豆》中,宗璞曾经向我们展现那一时代青年的心灵世界。在那里,白玫以全部的赤诚把个人的理想、愿望、爱情献给了新诞生的社会。她意识到自己原有的,为她所眷念的世界与新的生活有着潜在的不和谐,她决断地否定了占据她的隐秘内心的一切,这对白玫来说,是一种痛苦的否定。因此,五十年代精神,在白玫身上强烈地体现为一种自觉的自我否定意识,这在那个时期是前进的和合理的。生活在发展,而且是经历曲折地发展。50 年代的白玫,换成了 70、80 年代之交的于斌,他的性格的成熟体现了生活的成熟。如今占据于斌内心的并不是那种否定自我以适应现实的意向。作家痛感个性的消失,她在于斌一类人物造型上得到了补偿。从白玫痛苦的否定,到于斌痛苦地寻找个性的复苏,这里,我们可以谛听到作家跟随生活前进的、轻轻的,然而又是郑重的足音。

她有恒久的憧憬
——人间的友爱和温馨

像宗璞这样,深受中国文化道德的浸润,深受西方文艺复兴以来进步文学思潮的影响,又长期生活在20世纪50年代以来人与人诚挚、单纯的关系之中的作家,她始终怀着人与人美好关系的憧憬,并渴求人情的温暖,是毫不足怪的。由于那个失去理智的时代的社会现实的触发,她曾在多篇作品中,蕴蓄了这方面的主题,并寄以深沉、炽烈的情感的呼吁。这其中,有对那个兽性年代践踏和污辱的愤激的抗诉,有对保持自尊、自爱的人格力量的探求,也有对业已失落的人世间温暖的寻觅。

《三生石》是一部描写灾难和痛苦的作品,却充满了对独立人格力量和对真挚的友谊和爱的赞叹。它在深沉而浩大的忧患背景上,写了菩提、方知、陶慧韵等几个文弱的知识分子,如何在灾难接踵几乎陷于绝境中,获得人生的坚信并战胜命运的挑战。他们不仅从梅、兰、竹、石等中国哲学和艺术所追求的理想人格象征中,吸取"骨"和"志"的力量;甚至从老庄和禅宗哲理中寻觅解脱困厄的津渡。他们的超脱和彻悟,相信无所求也就无所失的自我超脱,这当然显示了出世和虚无。但在《三生石》特定生活境遇下,透过超脱、避世的外壳,却更强烈地显示了内心的执着人生,对生命充满信念的光辉。因此,菩提和方知在当时沙漠般的世界上,面临一个又一个的袭击,不畏惧,不哀伤,而是迎着苦难走去,在从容和缓之中,透出傲岸和坚毅。这部作品惊人之处是,它创造了一种沉郁的以柔克刚的美。

人们往往会在蒙受苦难的时候,萌发起慈爱和友谊的渴念。"菩提和慧韵做邻居不久,便常暗自庆幸。在那残酷的、横卷着刀剑般的世界上,她们只要能回'家',就能找到一块绿洲,滋养一下她们那伤痕累累的心。"窄小的勺院内,有着动人的爱和友情。陶慧韵身上表现的友爱如此博大,甚至具有殉道的色彩。她的超人的痛苦,超人的忍受,以及抛舍自己的慈爱精神,都超过了她自身的负荷力。在这种沉重的超载中,作者让我们感知到人类的善良、坚忍和牺牲等道德力量。

《三生石》写了菩提和方知在苦难中的真挚的爱情。正如方知所说,如果他把自己的秘密和亲友商量,恐怕谁也不会赞成他的选择。但他凭他那充满感情的没有患"硬化症"的心,指引他来到菩提身边。正是方知的爱使菩提这只飘荡的小船,从此依傍在三生石上,获得了生活的勇气和力量。同样,方知由于得到菩提爱情的抚慰,即使在囹圄之中,也感到与生活的联系如此亲密并坚韧。当人们处以绝境无以自援时,这种心灵的接近与沟通,便成了沉沉暗夜的一线光明。

老齐夫妇、魏大娘等都是一些平凡却同样经历了灾难的普通人,但他们坚忍顽强的意志和朴素的情感,为阴冷的生活涂上了暖色。人们可以从他们善良的形象中,找到野蛮暴虐之中闪着纯朴的人情的火光。宗璞理想的爱,是属于世世代代生于斯奋斗于斯的人民的。

作为探求人生并投身于创造新生活洪流的一员,宗璞对人们之间互相接近的渴求是热切的。她追求人与人在心灵上的默契和彼此间的互助互爱。她曾在访问澳大利亚谒作家劳森墓时,有感于劳森笔下那些充满同情心的人物,发出"人世间太需要这种同情、这种热心、这种体贴了"①的喟叹!在她表现新时期生活的作品中,始终回响着呼唤友爱的声音。在《米家山水》和《全息照相》中,我们会感受到一种人与人隔膜和互不理解的怅惘。当我们的作家追索《海的女儿》那个美丽的灵魂时,她萦念于怀的也是那种为他人而牺牲的爱的崇高。我们甚至还可以从《米家山水》母亲口中"小星星,亮晶晶"古老而纯朴的儿歌吟唱中,接受友爱精神的陶冶,从而渴望自己也能如小小的星辰那样,互不排斥,各自发出亮晶晶的光芒,点缀那迷人的夜空。

宗璞确认人生道路多艰。人们在战胜难关的人生途中,需要别人的慰藉和温暖。这一点,她与她的前辈作家冰心的探索与追求,有惊人的相似。这当然不是因为她们都是女性作家,恐怕还在于,她们的身世、经历、生活环境和文化背景都十分接近的缘故。在《寄小读者》中,冰心说过:"爱在左,同情在右,走在生命之路的两旁,随时撒种,随时开花,将这一径长途点缀得花香弥漫,使穿枝拂叶的人,踏着荆棘,不觉得痛苦,有泪可落,也不是悲凉。"不是悲凉,竟是淡淡的幸福,是温馨的慰藉,使人们在爱和同情鼓励下,踏过荆棘,走过这一径人生长途。

她有宽广的艺术领域
——多样化的创作实践

人们认识宗璞,是从她的《红豆》所展露的艺术才华开始的。那时,她通过

---

① 宗璞:《我的澳大利亚文学日》,《世界文学》1981年第6期。

现实主义笔触,刻画了白玫这样一个单纯、充满理想的女性形象,留下了那个历史大转折时代(新中国成立前后)一代青年知识分子真实的艺术造型。《红豆》的成功之处,在于通过细腻的心理剖析,把那种理智要割舍而情感上又难以割舍的爱情,写得缠绵委婉。它作为那个时代的青年处于重大的蜕变和跃起的情感和心理的形象记载,而保留在新时代的人物谱系之中。这个时期,除了《红豆》外,还有《不沉的湖》、《知音》等作品,这些作品对于生活色彩的晕染、细腻的心理刻画、事件和细节的精心描绘,加上源自中国文学语言的优美和典雅,都表现了宗璞初期创作的现实主义才情。

在宗璞这里,现实主义如一道生命水,从20世纪50、60年代就开始潺潺流动。这股水后来曾遭到了阻碍,但未曾枯竭,而成为潜流。当1978年宗璞恢复创作时,它重新以动人的光彩涌出了地面。在《弦上的梦》、《三生石》中,我们依然感受到这一创作思想的新鲜生命力。

上述两篇小说,依然通过平实的语言叙述,通过场景事件和细节组合描绘,再现了刚刚逝去的那一段最黑暗最痛苦的生活景象。那一个个令人揪心的批斗会以及无所不在的精神折磨,使人感同身受。尤其是通过纯熟的心理感受的抒写,记下了那个风雨年代留给人们心灵的刻痕。它依然采用现实主义笔墨,把灾难中知识分子的悲惨境地写得细微真切,凄楚动人。

在宗璞创作的新的时期,她所一贯追求的现实主义,依然保留着朴素平实、委婉情致的风韵。不同的是,它业已失去20世纪50年代的单纯和透明感,代之而起的是特有的严峻、深沉,她的现实主义艺术方法更臻于成熟。因为这股活水曾潜入地下,它毕竟积淀着大地的隐痛,毕竟经过地层的挤压和裂变。在《弦上的梦》里,我们忘不了这样的细节:乐珺打开书橱让梁遐找书看,这时梁遐触景生情,从爸爸也有许多书想到爸爸的冤死。她爱,她恨,但她没有眼泪。乐珺倒是希望她痛哭一场,以宣泄她心头过分的悲哀。"但是,梁遐冲进她的船里(她的床),只在书橱上留下两个指甲印。"这里没有呼天抢地,没有愤慨陈词,把最炽烈的情感都蕴藏在那深深的指甲印里。在沉静的表层下,奔涌着内在的烈焰。

从《弦上的梦》、《三生石》这样的力作中,我们找到了宗璞的深沉以及深沉之外的潜在的激情。宗璞的现实主义包含了浓重的理想的因素,它使那些悲惨的故事,产生悲怆而崇高的美感。《三生石》中的人物几乎面临绝境,就因为那种起死回生的爱和友谊的理想之光,使他们获得生的希望。《弦上的梦》除了对人民的觉醒和正义力量的直接讴歌,还通过乐珺的梦,让大提琴的乐声飞上云端,把读者的思绪从地上引到一个华彩辉煌的世界。她把现实的沉哀引渡到为一种长存的精神力量的礼赞。

如果说，宗璞在复出后的创作仍然沿着现实主义的轨迹在运行，这只能是事实的一个方面。如同整个现阶段的文学一样，她的创作也面临一个新的开拓期。发展着的社会现实催动新的艺术创造。她和许多活跃的探索者一样，以艺术家的勇气在进行多方面的探索试验。对这种情况总的描述应当是，宗璞在取得现实主义成就的同时，开始了对业已形成的艺术风格的拓展与变革。

　　宗璞并不是多产作家，但可以说，近年的每一篇作品，都有进行某种有意识的探索的新意。她自己也曾说过："我自78年重新提笔以来，有意识地用两种手法写作，一种是现实主义……一种姑名为超现实主义的，即透过现实的外壳去写本质，虽然荒诞不成比例，却求神似。"[1]这样，我们就能理解，在宗璞的笔下为什么会出现《我是谁？》、《蜗居》这样具有鲜明的现代倾向的作品来。《我是谁？》使现实的人变成了爬行的虫子；《蜗居》则使一个超自然的神秘的鬼蜮出现在人间。透过这荒谬的歪曲的形式，存在的却是最本质的真实。这样的笔墨，对于《红豆》的作者来说，不啻是惊人的巨变。无可置疑，现实主义的传统手法在这里产生了异变，一种新的因素正在为作家所把握。如果我们对那个畸形年代把许多人"变"成"牛鬼蛇神"的污秽和屈辱仍保有记忆，我们一定能够理解这种变形的艺术形式。艺术变形正是生活变形的一种特殊再现。怪诞的鬼蜮就是那个颠三倒四的疯狂生活的变形写照。

　　一个不可忽视的事实是：宗璞是在对现实生活的真诚而严肃的认识之上，是在关切国家人民命运的艺术使命感的基础上，给作品涂上了这些看来怪诞的现代色彩的。这与其说是一种标新立异，毋宁说是一种需要。宗璞没有硬搬外国的艺术经验，她是在进行艺术经验的融合与改造。《我是谁？》的创作手法，重在再现意识的流动，但其中也交织着对客观现实的描绘；除了荒诞的变形外，也还有理想的热情抒发以及局部的象征寓意。从这些我们可以看到，宗璞没有抛弃她所已达到的，但她也不曾在新异的艺术天地怯于前行。这就构成了如她自己所说："这样表现方便准确便这样写。"[2]

　　创造性的作家总是不断地跨越自己。随着创作走向成熟，宗璞产生了更为成熟的艺术追求。她曾在《钟山》刊载的一封信中谈道："这两年我常想到中国画，我们的画是不大讲究现实的比例的，但它能创造一种意境，传达一种精神。""我以为艺术都应给想象、思索的天地，应该'言有尽而意无穷'，中国诗特别有此长处。"[3]宗璞在这里所表达的艺术理想，与她人生价值的追求受中国传统文

---

[1] 宗璞：《给克强、振刚同志的信》，《钟山》1982年第3期。
[2] 宗璞：《给克强、振刚同志的信》，《钟山》1982年第3期。
[3] 宗璞：《给克强、振刚同志的信》，《钟山》1982年第3期。

化影响相一致,也呈现了她艺术观念和审美原则的民族特征。她力求于小说创作中也如古代诗、画那样流露性情,追求写意的空灵,隐藏深厚的意蕴。

宗璞近期某些作品有意地忽略实际,直接诠释生活。她往往通过平实的故事,创造一种意境,这种意境产生一种暗示能力,诱发人们的想象,使平淡的事实升华到哲理意趣,使读者在更为宏远的层次上探求人生的道理。此种创作意向在《熊掌》一类作品中,体现最为鲜明。阅读这类作品,不是在写实的基本层次上,而是从凸出的非现实的思想、哲学层次上获得审美效果。笔墨简淡萧疏,而意境则趋于深远。

为了丰富作品揭示现代生活的艺术手段,宗璞很注意融会贯通地引用西方现代小说的某些表现技巧。《心祭》的结构显得新颖不俗。它的内容的展开,主要依靠主人公的回忆的思绪流动,而且通过记忆和现实两条线互相交错、渗透进行。但即使在这样的作品中,作家仍然执意于使之与中国的传统艺术追求相契合。《心祭》力求以小说的形式达到中国古典诗那种言不尽意、意在言外的深层意趣。它以李商隐《锦瑟》诗的"此情可待成追忆,只是当时已惘然"作为题语。《心祭》与《锦瑟》相同,也写一种情爱,一种令人长久追忆而又不无缺憾的复杂情思。小说采用了秋风、暮色、向黄昏、向往事、心很远、思想在飘……这一系列抒情诗的意象语言,造成了既深情绵邈又悠长飘忽的诗的意绪,恰到好处地来追索那飘逝的情怀。通篇小说把这种抒情语言和意境,进行多次的反复,如同诗中的复沓,造成回旋与曲折,留下不绝的余韵。小说采用交错的结构,把思绪的线头随意切割,记忆一会儿断了,一会儿又被联上,若断若续,似有似无,蕴浓烈于简淡,轻愁淡恨,欲罢难休。这一切,就使《心祭》从意境上引出与李商隐诗的联系,同样蕴含了那种既令人追怀而又不免惘然的多种情思。

而在《核桃树的悲剧》和《鲁鲁》中,由于树与人的某种程度的合二而一和寄人情于动物,都使作品具有浓烈的象征意味。这使我们想到中国历时很久的通过外物、景象而抒发、寄托主观的情感或观念,以达到非概念所能穷尽的具有情感力量的"比兴"的美学原则。《鲁鲁》中一只极可爱逼真的小狗,就是一个独具情感力量的形象。作者把自己郁结的情感,寄托在鲁鲁身上。这种寄寓并非外在的比附,而是把这种寄托合理地渗透到客观对象之内,成了它自身所包孕的。鲁鲁的心情就是作者自我的心情。鲁鲁的悲哀,鲁鲁的笃诚,就是作者所寄寓的人间的悲哀,和人们对失落的温暖的寻觅。正因为寄寓深刻,使这篇小说超出习见的寓言体或咏物诗。隐匿的深长的意蕴,给读者留下无尽的思索和联想的余地,使作品具有强烈的象征性。这一切都让人兴奋地想到,一位生长于书香世家,受到传统文化深深哺养的中国作家,当她把眼光投向世界文化,特别是世界现代艺术时,由于她的创造性的吸收与综合,产生了多么奇妙而且多么开阔的艺术奇迹。这让人想起伯纳德·贝瑞孙给海明威的关于《老人与海》的一封信:"《老人与海》是一首田园乐曲,大海就是大海,不是拜伦式的,不是麦尔维尔式的,好比荷马的手笔,行文又沉着又激动人心,犹如荷马的诗。真正的艺术家既不象征化也不寓言化——海明威是一位真正的艺术家——但是任何一部真正的艺术品都散发出象征和寓言的意味……"①这段关于海明威作品的评语,当然不是具体的作家作品的评论,应当认为,它谈的是真正艺术的融会贯通。

宗璞已走向了成熟的人生,也走向了成熟的艺术追求和实践。一个走向成熟的文学家总是宽广而力求博大的,她不会在艺术上墨守成规。要是说,宗璞曾经在美丽而宁静的校园一角,向世界开了一个视野开阔的窗口,从那里看到了生活之流的回旋与奔涌,那么,这种不平静的气氛已经使她的创造性的艺术实践受到了感染。这正是我们所乐于看到的。

写于1983年8月
原载《文学评论》1984年第3期

---

① 转引自《世界文学》1983年第1期。

宗璞优雅风格论

何西来

一、我把宗璞风格归入优雅的由来

　　早在年轻时代，我就特别喜欢宗璞的作品。那时我正在读大学。她的《红豆》不仅使我得到了审美的满足，而且大大提升了我欣赏短篇小说的能力和境界。许多年龄相仿的同学都有和我相似的体验。

　　但是，不久，这个作品便受到了批判，被判定为"毒草"，而且从作者"感情的细流里"挖出了可怕的"修正主义思潮"。按我当时的认识能力和思想水平，不可能，也不敢说那场批判是不公正的，无理的，但心里还是感到惋惜和遗憾：怎么那样美的故事竟会变成毒草呢？我想不清楚，也不敢深究；深究则很难不承认自己感情的细流里也有类似的可怕的东西。

　　二十年后，宗璞的《红豆》和其他当时被批判的作品一道，由上海的一家出版社冠以"重放的鲜花"结集出版，重新面世。历史终于证明了自己的公正，把被颠倒了的善恶、美丑、真伪，又颠倒了回来。既然毒草不复是毒草，而是鲜花，那么指鲜花为"毒草"的批判文章，也就理所当然地成了真正意义上的毒草。铁案如山，怕是再也不可能翻过来了。

　　原来我当年的审美直觉并没有错。"红豆"依然是红豆，而不是黑豆，那其中寄寓了的主人公的缕缕相思，依然鲜亮，依然缠绵，回忆起来仍然有一种优雅的感受。接着，宗璞开始了她整个创作生涯的高产期，我陆续读了她的《弦上的梦》、《三生石》、《鲁鲁》等相继问世的短篇、中篇小说和散文，还有童话；再后来，还有长篇小说《野葫芦引》的《南渡记》和《东藏记》。读宗璞的绝大部分作品，都会唤醒或引起类似于初读《红豆》时的某些审美感受。我深信，宗璞是一位个性风格相当鲜明的女性作家。当我试图寻找一个可以对应的美学范畴来概括她的风格特色时，我想到了优雅。优雅是一个很高的审美境界，它包含了优美、优柔、优游、雅洁、雅致、高雅等多重意蕴。它主要属于柔性美，而与刚性美，如壮丽、壮美、崇高、风骨等相对。在外国作家中，以俄罗斯作家为例，我只有在读普希金，还有屠格涅夫时产生了类似的感受；在古代作家中，我只是从李清照的

《漱玉词》、王实甫的《西厢记》、汤显祖的《牡丹亭》、曹雪芹的《红楼梦》中读到了这优雅;在现代作家中,孙犁的作品风格中有这种东西。

我最初读宗璞的作品,感到的是温婉、晶莹、透亮和清纯,没有认真做美学属性上的追寻。优雅,是我读了普希金的诗和小说,又读了俄罗斯19世纪和苏联20世纪诸多批评家有关的文学批评或研究论著之后,对普希金艺术风格的美学属性的一种归类。20世纪80年代初,因为要给程蔷写的论宗璞创作的论文提意见,我又系统地读了十月出版社出的《宗璞小说散文选》。当我试图对她的艺术风格进行概括时,我便联想到了读普希金时的相似感受。我坚信她的风格属于优雅的美学范畴,在当代作家中,可以划入这一范畴的人是不多的。

二、纯净的道德感和美感

"纯净的道德感",是当年车尔尼雪夫斯基评价列夫·托尔斯泰的早期作品(包括《塞瓦斯托波尔故事》和《幼年·童年·少年》三部曲)时概括出的头一个,也是最基本的特点,当然,还有"心灵辩证法"的特点。但在我看来,"心灵辩证法"正好是"纯净的道德感"必然会有的艺术延伸。

我拿"纯净的道德感"来说明宗璞的优雅风格特色,只是一种借用。宗璞说:"我自己写作时遵循两个字:一曰'诚',一曰'雅'。这是我国金代诗人元遗山的诗歌理论。郭绍虞先生将遗山诗论总结为诚乃诗之本,雅为诗之品。我以为很简约恰当。"如果按照宗璞对于"雅"的理解,即把"雅"理解为"文章的艺术性"(真实不完全是)的话,那么"诚"则是更核心、更基本的了。"诚",就是真诚,它是作家对社会人生、对艺术、对自己笔下的人物和事件的一种基本态度。在现代作家中,巴金强调得最多的就是作家的真诚,而他自己的创作就是这真诚的最好证明,尤其是晚年的《随想录》。宗璞以诚为自己创作的圭臬,是继承了中国传统文学艺术中最值得珍惜的东西,这也是新文学运动以来最宝贵的传统。

诚,是一个伦理概念,儒者有"诚心、正意、修身、齐家、治国、平天下"之说,就是把诚作为人格教育和个人人格修养的核心来看待的。有了这样的道德人格,才有资格去治国平天下。所谓"大学之道在明明德",阐发的就是这样的政教思想。至于"修辞立其诚",更是把诚作为写作或表达活动的前提。诚之不立,则其辞也难修。在宗璞的创作中,诚既表现为作者的态度,表现为她的心情、推理和判断,表现为她的人格理想和价值尺度,也表现为她笔下的人物的态度,特别是那些她所肯定的人物的伦理态度,如《红豆》里的江玫。

宗璞作品中的纯净的道德感,主要来自作者的真诚。这种真诚使她的眼睛不被尘世的浊雾所蒙蔽,而通过她的心灵镜面能呈现给读者的人生画面也就显得格外清晰。在她的笔下,既有对真、善、美的颂扬,也有对伪、恶、丑的揭露。正因为这揭露从另一面反映着作者的真诚,并最终肯定着作者的理想和人格,所以并不影响艺术画面的纯净。

在艺术创作中,特别是在以社会人生为描写对象的小说中,道德,特别是道德情感往往是进入作品的各种因素完成其审美转化的中介。在这种情况下,真诚既是一种道德理想和伦理价值尺度,同时,也作为审美的对象而感染着读者。

在我对自己称为优雅的宗璞的艺术风格进行必要的结构分析时,我感到宗璞所特有的纯净的道德感,即源于她的主体真诚的道德感,是最基本的东西。正是这种道德感,从根本上提升着她的作品的审美品位。

三、情感的投入与抑制

宗璞的作品之感动人,是由于作家的真诚,这在上面已经讲过了。但文学作品是以情动人的,有的理论家甚至认为情感是作品作为艺术品的主要审美标志。情之动人,是必须真挚,所以,托尔斯泰在《艺术论》里特别强调真挚的情感的投入。黑格尔的《美学》带有浓重的理性主义色彩,但他也颇为强调"动情力",而这动情力又只能源于作家情感的真挚。中国古典美学把情放在远重于西方的位置上来强调,谈情志,谈情理,谈情采,说是"情动而言形"(《文心雕龙·体性篇》),作文主张"为情而造文",反对"为文而造情",强调的也都是情的真和诚。所以宗璞说:"没有真性情,写不出好文章。如果有真情,则普通人的一点感慨常常很动人。如果心口不一,纵然洋洒千言,对人也如春风过耳,哪里谈得到感天地,泣鬼神。"(《小说和我》)

我以为,宗璞作品的感人,固然因其真情的投入,因其作为创作主体的真诚而十分突出,然而从构成优雅的艺术风格的要素和特点来说,她对情感的抑制、控驭,却更为重要。

宗璞是抑制和控驭情感的大家。从事创作用情难,把情感抑制和控驭在合理的范围则更难。这里主要是一个艺术的分寸问题。但是分寸在哪里,怎样掌握?这就要看艺术家的感知和才分了。蹩脚的演员,自己哭得昏天黑地,涕泗滂沱,泣不成声,而观众并不感到怎样特别悲痛;好的演员,自己并不撕肝裂肺地去哭,甚至不哭,但是却能引得台下悲痛欲绝,哭成一片。作家也是这样。如果说演员一般只演一个角色,那么按照柳青在其《艺术论》中的观点,作家则要把自己不断对象化为他笔下的所有人物,想其所想,忧其所忧,乐其所乐。否则,写不好。

宗璞是研究新西兰籍英国女作家曼斯菲尔德的专家，写过两篇专论曼斯菲尔德的文章，其中一篇叫作《论抑制》。这个节制的理念是她从中国古代文论、古代美学和古代经典作品创作实践中领悟并概括出来的。她说："蒲松龄的《聊斋志异》是短篇小说的高峰。他能以极精练的笔墨给读者一个蕴藏丰富的艺术世界。……《文心雕龙·熔裁篇》中说：'规范本体谓之熔，剪截浮词谓之裁。裁则芜秽不生，熔则纲领昭畅，譬绳墨之审分，斧斤之斫削矣。'一般作文如此，短篇小说更需要如此。"她的结论是："这就需要节制。"她把这个得之于中国古典美和古典小说的认识，应用于对曼斯菲尔德小说的分析："节制是一种美德。小说家曼斯菲尔德在这方面很有功夫。"接着，她从内容的取舍熔裁、结尾的处理、细节的选择、文字的加工等四个方面对这位女作家的节制作了精细的分析，不难从中见出她的行家眼光。比如谈到曼斯菲尔德的语言时，她讲了如下一段话："她的文字十分简洁，读来如溪水琤琮，有透明之感。据说她写作时经常朗读，要听起来顺耳才行。可见她在文字上下的功夫。如果一句话能表达，她决不用两句。如果短一点的字能表达，她决不用长的字。如果易识的字能表达，她决不用艰僻的字。"这里讲的是英语原文的语言，如果用这段话来评价宗璞自己的汉语文字的作品，我觉得也是无一字不贴切的。宗璞在评人，却无意中做了自评。

由于讲节制，重分寸，就使得宗璞的作品有了一种总体的含蓄和蕴藉。她的无论哪一篇作品，都没有显山露水、锋芒逼人的躁锐，更不要说张牙舞爪了。无论是开头、结尾、细节、语言，还是人物的对话、环境的描写，宗璞都追求着尽可能的含蓄与温婉，追求着简约与凝练，以便把更大的艺术创造的空间、情感活动的空间，留给能与她心心相印、相通的读者。她说："我国文化素来主张抑制，讲究中和，哀而不伤，乐而不淫……"无论哀，无论乐，都是情感。所以在宗璞笔底，情感和节制是一切艺术节制之本。刘勰"言能不追，笔固知止"，此之谓也。

四、诗意和乐感

无论读宗璞哪种体裁的作品，你都不难读出其中深蕴的诗情和诗意。诗情，是指她行文的节奏感和旋律感。她的文字是那样抒情，那样使人流连。诗情，不是"愤怒出诗人"的那种直接的、未经审美化的，多少带有狂暴性的原始状态的情，而是被提升了的"哀而不伤，乐而不淫，怨而不怒"的情。她的节奏感和旋律感，主要还不是或不完全是文字音律的搭配和声韵的调谐，而是一种情感的律动所引起的更为深刻、更为内在的东西。正是这种内在的情感的律动，推动着、激动着、选择着外在语言的节奏与旋律。

探寻诗意,表现诗意,创造诗的意境,使自己的作品显出诗化的特点,这在宗璞,应该说是自觉的。她也写过诗,新诗和古诗都有,但不多。宗璞说:"文字到了诗,则应是精炼之至,而短篇小说则应是和诗相通的。"事实上,她也是拿小说当诗写的,称她为小说诗人,应该说当之无愧。但她的诗却是她特有的优雅的诗,优雅的、诗意的小说和散文。毋宁说,她是睁着诗性的眼睛,用她诗意的心灵,优雅地感受人生和艺术的。

她在《致金梅书》里谈到《野葫芦引》时,讲了这样一段话:"写一部抗日战争时学校生活的长篇小说,这想法在五十年代就有了。所以并非受哪一种观点的启发,你不作此猜测,是聪明的。也不像有些人说的,我立志要写一部史诗,那未免太伟大,不是我追求的。史,倒是有些,因为我要纪念那一段可歌可泣的生活,写的就是那段'史',不过写出来的是小说,'诗'则未必了。"史诗,在历史上是一种特定的诗歌形态,是叙述英雄故事的,又叫英雄史诗,有非常鲜明的文体特征和思想内容特征。而把一部分长篇小说叫作史诗,则属于特定文学历史概念的借用与延伸。但把自己的长篇定位在史诗效果的追求上,则既不是宗璞的初衷,也与她的才性不合。所以,她给"史"和"诗",都打了引号。她所讲的"史",并不是"史诗"之"史",而她所说的"'诗'则未必"是"诗",则又特指"史诗"之"诗",并非指她小说中本来就非常浓郁的诗情和诗意。

宗璞作品中间的诗情和诗意,像清江锦石,像溪流清澈,可以是微波荡漾的滇池,可以是烟水迷离的太湖。她认为一切优秀的艺术品,都应当有诗意,音乐尤其如此。她称肖邦为"钢琴诗人",并以此为题,专门写过一篇论述和评价肖邦的文章。她问道:"那使得他能够如此鲜明独特的,是什么呢?"她答道:"那是一种诗意。那是一切艺术品不可缺少的,任何艺术家不能互相代替的,只属于个人气质的特有的诗意。"这里强调了两点:一是诗意,一是独特。诗意,是指肖邦的乐曲和他的演奏,就像诗卷的作家的朗诵一样。李斯特说肖邦的钢琴曲中开创了银白的色调,有时则是热烈燃烧的火一般的色调。宗璞解释道:"赋予他音乐银白与火红色调的是诗的激情。诗的激情使得他的音乐永远有肖邦的灵魂在歌唱,在呼喊。无论那音乐是哀而不伤,怨而不怒,还是山崩海啸,动地撼天。"她认为,肖邦"诗的激情来自祖国民间音乐的熏陶,来自远离祖国,深深压在心头的对祖国、对人民的热爱"。宗璞的这篇文章写得很在行。只有具有很深的音乐素养,并且非常熟悉肖邦的音乐作品、对肖邦很有研究的人,才能写出这样的好文章。

在《红豆》里,不仅江玫和齐虹两位男女主人公都会弹钢琴,他们的爱情就和在音乐上的相通、共鸣有关系,而且整个作品都仿佛氤氲着、弥漫着一支青春的旋律。这旋律因为偶尔流泻出几缕淡淡的感伤,而更显得浪漫。《知音》是在回旋飘荡的琴声中结尾的。"文革"后的第一篇小说《弦上的梦》则又是在大提琴的如泣如诉的乐声中开头的。在这个作品中,宗璞特别写了乐珺称赞梁遐的乐感。乐感,实际上是音乐演奏者或鉴赏者对旋律、节奏及其意蕴的一种感受性的直觉能力。

乐感,特别是音乐的旋律和节奏,像诗人的语感和诗意的旋律与节奏一样,在本质上都是情感的律动的表现。宗璞的许多小说、散文、童话,都能读出情感的律动,而这律动,既是诗的,也是音乐的,更是优雅的。

五、童心和童趣

童心和童趣,是宗璞优雅风格的又一构成要素,虽不能说她的所有作品都如此,但至少有相当多的作品存在着这样的特色。

童心指创作主体的一种特定的人格状态和心灵状态。这种状态是未曾涉世的儿童所特有的,它晶莹、透亮,一丝杂质也没有,它天真、稚拙、不设防。童趣则是童心对象化在作品中的特殊审美趋向、审美色调。

童心作为一个重要的中国传统审美范畴,是明代李卓吾提出来的。王国维在《人间词话》里所说的"赤子之心",在概念的内涵和外延上,与童心相当。人受环境的熏染,随着年龄的增长和涉世的日深,就不复是儿童了,而要保存一颗童心,则非常困难。但是童年的记忆对每个人都是深刻的、难忘的,总是浮动在纯真的诗意里。所以,表现了童心、童趣的艺术作品,就很容易引起读者广泛的关注和共鸣,他们要从阅读和欣赏中寻回逝去的童年的旧梦,从中得到灵魂的慰藉。难得的是宗璞有一颗不泯的童心,她用自己的作品帮助读者追索着永去的童年的旧梦。她受到几代读者广泛的欢迎,这是很重要的原因。

在宗璞那里,童心和童趣联结着她的真诚,充盈着她的诗情、诗意和乐感,它们在优雅的风格总体里相互叠合着、相生着、补充着、丰富着。宗璞作品的晶莹剔透,如果认真分析,大都不难发现那背后的童心。

宗璞作品中的童心和童趣,主要表现在两个方面:一是她写的童话,二是她对童年旧事的追忆。

童话是宗璞创作的重要领域,在这个领域里她辛勤劳作,其成就是公认的。要我看,她的童话的成就虽不及小说,但强于诗歌。她认为,童话主要是写给孩子看的,所以"童话是每个人童年的好伴侣"。但她又说,童话"也是成年人的知己"。关于欣赏童话,她说:"读童话除了感动,还需要一点童心,一点天真烂漫,把明明是幻想的世界当真。每个正常的成年人都该有一颗未泯的童心,使生活更有趣更美好。用这点童心读童话,童话也可以帮助这点童心不泯。"其实,她就是这样一位童心不泯的女性作家,如果泯没了这点童心,不仅不可能写出那么多美丽的童话,就是她的优雅风格,也不会是现在这个样子。她说:"也许因为我有那么一点傻劲和天真,便很喜欢童话,也学着写。"在宗璞看来,"童话不仅表现孩子的无拘束的幻想,也应表现成年人对人生的体验,为成年人爱读。如果说,小说是反映社会的一幅画卷,童话就是反映人生的一首歌。那曲调应是优美的,那歌词应是充满哲理的"。这段话反映她对童话这种文学样式的一般看法,但是未尝不可以拿来评说她本人的童话作品。她收在文集里的童话,从第一篇较长的《寻月记》,或《遗失了的钥匙》,都可以从儿童和成人的角度去欣赏,只是不能没有童心。

但是在更多的时候,是她用自己提倡的那股傻劲、那点童心所写的小说,特别是那些追忆童年往事的小说,表现出更为深致的童趣。

宗璞的父亲,著名哲学家冯友兰在为女儿的小说散文选所写的"佚序"中曾写到宗璞在上清华成志小学幼稚园时的一段往事:"宗璞是那个幼稚园的毕业生,毕业时成志小学召开了一个家长会,最后是文艺表演。表演开始时,只见宗璞头戴花纸帽,手拿指挥棒,和好些小朋友一起走上台来。宗璞喊了一声口令,小朋友们整齐地站好队。宗璞的指挥棒一上一下,这个小乐队又奏又唱,表演了好几个曲调,当时台下掌声雷动,家长和来宾都哈哈大笑。"这是宗璞儿时一个实有的场景,但也可以看作某种象征:当了作家的宗璞,好像仍拿着那根指挥棒,用她的作品,指挥着童真烂漫的小读者和同她一样有股傻劲而又童心未泯的成年读者、老读者演唱富于童趣的乐章。演而乐之,哈哈大笑。

《鲁鲁》是最有代表性的作品,追忆了童年时代一段与小狗鲁鲁有关的故事,许多细节,许多场景,都在追忆中激活了。几乎丧命的小狗,其命运的漂流不定、祸福难测,一如战乱中颠沛流离、居无定所的主人们。故事是从童心的镜面上映照出来的,所以透明、晶亮,而又略带感伤。这个作品,美就美在写出了这略带感伤的童心和童趣。

《野葫芦引》是以作者及其家人在抗战期间的生活和体验为依据的长篇多卷小说,属于知识分子题材的作品,但带有一定的家族自传。角度是写作的近期和实际体验的当时的交错、交叉、交叠。其中就有追忆中的童年和观察体验的角度,特别是邻家小儿女的情态,尤其如此。即使对环境的感觉无论对北平,还是对昆明,都不难看出童心和童趣。

总之,只要有傻劲儿,重真诚,就不乏童趣和类似于童趣的东西,因为作者始终童心不泯。

六、民族文化气韵

我始终认为,宗璞的优雅而独特的艺术风格,是她综合文化素养的表现。刘勰在《文心雕龙·体性篇》里,曾把构成风格的要素分析为"才、气、学、习"四端,其中的才性、气质虽亦受后天的涵养与护持,但大体禀之于先天。但学力和习染,则主要得之于后天。与此相应,刘勰还提出过"积学以宝"和"研阅以穷照"的思想。"积学"谈的是"学","研阅"说的则是"习",一个是提高学养,一个是积累人生阅历。综合起来,可以称之为文化素养。作家孙犁在谈到宗璞的创作时,特别强调了她的修养对她创作的意义。孙犁说:"宗璞从事外语工作多年,阅读外国作品很多,家学又有渊源,中国古典文学修养也很好。"

宗璞出身于一个书香门第,从小受到很好的中国传统文化和西方现代文化的教育。父亲是学界泰斗,她的姑母冯沅君(即淦女士)在五四时代的新文学运动中曾是一员骁将,后来在中国诗史的研究中,也起了开山的作用,是享有盛誉的文学史家。

冯友兰说,宗璞成了作家。他们做父母的当然高兴,但他也担心女儿"聪明或者够用,学力恐怕不足。一个伟大作家必须既有很高的聪明,又有过人的学力"。他说:"我不曾写过小说。我想,创作一个文学作品,所需要的知识比写在纸上的要多得多。"他并不把知识局限于书本,而是提出要读两种书:"无字天书"和"有字人书"。无字天书是指"自然、社会、人生这三部大书",它们是一切知识的根据,一切智慧的源泉,但都不是用文字写的。有字人书就是书本知识。冯友兰的无字天书和有字人书,略相当于毛泽东讲的直接知识和间接知识。应该说,宗璞就是在这样的家族环境和知识观念的熏陶和哺育下,累积起自己中国的和外国的文化蕴积的,而且逐渐形成了自己独特的文化性格与文化心理。这性格和心理就其主导面而言,无疑是东方的,中国的,甚至可以以大家闺秀目之。但是,这又是开放的,不封闭、不固守的文化性格和心理,其中颇吸纳了西方现代文化的质素。文学不说,单是音乐的素养,就很能说明问题。

这样,便有了宗璞为人和为文的独有的文化气韵,这种气韵充实着她的优雅风格,使她成为现代中国文学的骄傲,同时也能够为更多的其他民族的读者所欣赏,影响远及海外。

原载《文学评论》2004 年第 1 期

宗璞小说论

唐晓丹

编者的话:《宗璞小说论》综合论述了中国当代著名女作家宗璞30多年的小说创作成就。原文分三部分:上篇揭示了宗璞创作道路与中国当代文学思潮之间"同步与超越"的密切关系,并初步论证了其深层原因;中篇着重探讨了宗璞小说的道德主义倾向,阐明以儒家思想风范为本、具有多重价值取向的真诚的道德追求是宗璞主体精神的核心;下篇则多方面分析比较了宗璞荒诞小说的创作与西方现代主义文学,特别是卡夫卡小说艺术经验之间的关联与差异,从中西文学发展史上表现性与再现性文学双向逆反的流变格局中,探寻宗璞所特有的艺术精神与西方现代派文学内质的特定契合点,认为坚定的现实主义文学立场、深厚的传统文化艺术根基使宗璞在积极吸收借鉴现代主义艺术经验的文学实践中,形成了又传统又现代、又民族又开放的独特艺术个性。因篇幅关系,本刊选用了其中的中篇与下篇(即本文一二部分)。

"诚乃诗之本,雅为诗之品。"这十个字原为郭绍虞先生对元好问诗歌理论的精辟总结,从对艺术本质的理解来说,它也是当代文人女作家宗璞一向倾心遵奉的创作原则。在30多年的漫长岁月里,任凭外界风风雨雨,潮起潮落,宗璞只循着她的"诚"与"雅",辛勤耕耘着自己的园地。今天,当深入而仔细地回顾和体味宗璞小说艺术世界的真与美时,我们猛然发觉,这位无论在动荡、萧索或是热闹的环境中都沉静而严谨的女作家带给当代文坛的东西,竟是那么丰富、醇厚和富于启迪性。宗璞的创作个性鲜明,同时又与时代、人民(特别是知识分子阶层)血脉相关,与文学自身发展中的徘徊演进密切联系,正是这些因素构成了宗璞艺术成就在当代文学史上的独特价值。

一

熟悉和喜爱宗璞作品的人们不难发觉,她的小说从来都不是对社会生活作"镜子式"的纯粹摹写,而是于现实人生的真切展示中,融注着一种道德启示的精神热力,这是宗璞现实主义文学所长期保持的品格。从《红豆》到《南渡记》,在宗璞30多年精心构筑的艺术世界中,包容了近半个世纪的风雨人生。不同的历史画面,不同的生活经历,不同的创作心境,却有着执着如一的真诚的信念之火贯穿始终。"诚乃诗之本",宗璞说:"只是要做到'诚',并不容易,需要有勇气正视生活,有见识认识生活,要有自己的人格力量来驾驭生活。"①在这里,宗璞注重的不仅是忠实反映生活的真诚态度,而且更强调从现实人生体验中升华的真诚思想,即真诚的道德主义精神力量。在中国当代文坛上,宗璞也许是具有最严谨的道德主义精神的作家之一。而其道德主义的内涵则又是丰厚而广泛的,在具体的艺术实践中,表现出了多层次多侧面的精神指向。

(一)"行天下之大道"——强烈的社会道义感

以作品内容、文风笔意而论,宗璞的小说很少有叱咤风云的英雄豪杰,也没有波澜壮阔的情节场面,似乎与伟大、崇高相去甚远。然而,正是在那些平凡普通的人物身上,在那种平实自然的描写中,却真切而坚实地体现着一种积极进取的社会道义力量,从而使整个艺术世界勃发出昂扬向上的浩然正气。

宗璞强烈的社会道义观念来源于双重成因,并且在思想上具有一个由狭至广、由单纯至丰厚的发展历程。

作为新中国第一代热血青年中的一员,宗璞的世界观与人生观凝结着历史留下的深刻印迹。建国时期,在上下一心团结奋进的历史环境中,个人的精神与时代的风尚融于一体,处于积极投入的纯净的"无我"状态之中,正如《弦上的梦》中慕容乐珺所感受的那样:"在社会主义祖国的怀抱里,那50年代的日子,是多么晴朗,多么丰富呵。乐珺觉得自己虽然平凡渺小,可就像大海中的小水滴一样,幸福地分享着海的伟大与光荣。"这种特殊时代造就的空前热烈的集体主义精神与社会意识,对宗璞的文学创作产生了重要影响,并成为其小说中强烈社会道义观念的准绳和柱石。在《红豆》里,江玫与齐虹的根本分歧就是人活着应该为"大家"还是为"自己"。江玫善良热情,渴望与"大伙儿"一起,为"新的生活、新的社会秩序"而奋斗。齐虹则冷漠厌世,信奉"自由就是什么都由自己,自己爱做什么就做什么"。小说中,作者立场鲜明地烘托渲染了前者的正义性、进步性,鄙弃了后者的自私、落后和阴暗。这是一种社会道义层面上的褒贬批判,它以社会革命的需要为价值标准,从而使一对恋人在性情和人生观方面的

---

① 施叔青:《又古典又现代——与大陆女作家宗璞对话》,《人民文学》1988年第10期。

分歧上升为道德品质上的大是大非问题。

《红豆》中强烈的社会道义倾向并不是作者强加给主人公的,而是其精神追求与时代风尚发生共振的结果。20多年后,宗璞在《弦上的梦》中仍保持着这种思想特征。小说虽然对"文化大革命"造成的梁遐的玩世不恭和乐珺的胆小谨慎表示理解与同情,但于主题上突出的仍是她们冲破个人恩怨和利害的藩篱,勇敢投身于为正义和真理而斗争的社会运动中去的积极人生态度。从《红豆》到《弦上的梦》,宗璞所表现出的自觉、真诚、热烈的社会道义感有着浓厚的政治性和时代性。那么,当"政治标准第一"的特殊时代在当代社会结束之后,宗璞的社会道义观念是否也随之消退了呢?

20世纪80年代,中国社会进入了思想解放的新时期。当人们在被"文化大革命"打破的理想信念的瓦砾之上重新寻找自我的精神支柱时,宗璞那以集体、社会乃至以人类大义为重的思想显示了非同寻常的信念之光。换言之,摆脱了特殊时代及政治观念的拘囿,宗璞的社会道义感反而更加宽广、更加深厚了。人们不禁会问,这种能够穿越时代风雨、人生苦难,痴心不改、执着无悔的精神源于何端呢?

自孔孟以来,刚毅进取、积极入世就成为中国传统文化精神的一个重要方面。作为社会的良心,正直的知识分子们历来具有忧国忧民,以天下为己任的社会责任感和社会忧患意识。"国家兴亡,匹夫有责","先天下之忧而忧,后天下之乐而乐",成为千百年来优秀知识分子们代代相传的精神美德,而今,它又成为宗璞社会道义观念恒久的精神源泉。

由于植根于深厚文化土壤之中,宗璞后期创作中的社会道义观念具备了开阔的视野和多重的意味。《蜗居》"没有仅仅把眼光停留在'文革',而是企图探索人类历史,追溯根本原因"①。探索什么?追溯什么呢?小说写"我"在噩梦之中上天入地,看尽世界的卑劣混乱,然而就在这"大野迷茫,浓黑如墨"的荒原上,却有着"一行摇动的灯火的队伍",队伍中有范滂、布鲁诺、李大钊以及许多为真理献身的无名志士。在黑暗的世界里,他们"用头颅做灯火,只为了照亮别人的路",这是何等悲壮、何等伟大的队伍!虽然,小说被虚化了的背景是"文化大革命"的社会现实,但歌颂的却是一股超越国界、超越时代、超越历史的"行天下之大道"②的浩然正气。在《泥沼中的头颅》里,头颅为改变现实的泥糊状态而四处奔走。在艰辛的努力中,他虽屡遭挫折,磨蚀了肢体,并被周围的人们视为异端,却仍苦苦寻求着那能"使人清醒"的钥匙。小说末尾,两颗经历相同、追求

---

① 施叔青:《又古典又现代——与大陆女作家宗璞对话》,《人民文学》1988年第10期。
② 引自《孟子·滕文公下》。

相同的头颅在蓝天下相遇了,他们一个说:"知其不可而为之。"另一个却说:"知其可而更为之!"众所周知,"知其不可而为之"是孔子积极入世精神的逼真写照。在这里,宗璞继承和发扬了这一古老的精神,并赋予它更加高华的思想光芒。可以看到,这两篇小说以超现实主义笔法所描绘的感天地、泣鬼神的景象,确乎将作者强烈的社会道义精神推向了极致。

在以抗战时期民族大义重于一切的思想为主题的长篇小说《南渡记》里,宗璞更是将那富于传统文化精神的社会道义感渲染得细腻而又深厚、平凡而又崇高。宗璞说:"民族感情只要不囿于狭隘,实在是很神圣的,它浸染了我们祖、父辈的灵魂。"①小说中的主人公们并没有拿起刀枪走上前线的壮举,他们离乡背井,历尽磨难,只为了一颗赤诚的报国之心。这些人物都是平凡的,然而他们身上却真切地渗透着至浓至深的社会道义精神。那是一种爱憎分明的立场,一种宁折不弯的气节。"生,亦我所欲也,义,亦我所欲也,二者不可得兼,舍生而取义者也。"如果要追源溯流,孟子这段话所高扬的精神无疑是吕清非老人最后抉择的思想根基。而在凌京尧的对比之下,"无求生以害义,有杀身以求仁"的传统道德精神的光焰更是被炫目地突出来,为整部作品的主题基调增添了雄浑亮丽的尾音。《南渡记》所记录的是宗璞在童年时代深刻经历过并在内心深处对其一生产生重要影响的历史。半个世纪后,当宗璞满怀深情地在艺术世界中重塑那段刻骨铭心的历史生活,重现那一派"富贵不能淫,贫贱不能移,威武不能屈"的道义之风时,我们看到的是,在精神的深处,宗璞真正地回到自我。

(二)"修身以立道"——严谨的道德自我修养

海外著名学者余英时先生曾指出:"中国知识分子入世而重精神修养是一个极显著的文化特色。"②以孔孟学说为先导的中国传统士人阶层文化思想具有丰富的精神内涵,这种精神以重"道"、守"道"为核心。积极入世是其外向性的一面,着重于人与社会之间的关系,而精神修养则强调人内在心灵世界的纯洁和立身处世品行的端正。儒家倡导"修身齐家治国平天下",将道德的自我完善作为积极入世倾向的前提和基础,孔子曰:"修己以敬。"③又曰:"见贤思齐焉,见

---

① 金梅、宗璞:《一腔浩气吁苍穹》,《文学自由谈》1991年第1期。
② 余英时:《中国知识分子的古代传统》,《中国知识分子论》,河南人民出版社,1997年。
③ 引自《论语·宪问》。

不贤而内自省也。"①孟子更认为"君子之守,修其身而天下平"②,由此可见,对精神修养的注重更能代表中国知识分子阶层优秀文化传统的本质特征。这种特征在当代女作家宗璞身上得到了纯正的体现。

对于宗璞来说,真正的道德自我修养的精神历程开始于"文化大革命"的苦难岁月。正如前文所述,新中国成立以后,作为集体的一员,宗璞个人精神面貌曾与社会的政治标准、革命需要内外相合,高度一致,但是"文化大革命"的残酷现实却无情折断了人们单纯亢奋的理想。在黑暗之中,如何使个人那"被打得粉碎,乱作一团的精神世界"(《三生石》)重新找到支点而不至于涣散消沉?如何于浑浊世态下保持自我内心明净纯洁?宗璞思索着,追问着,找寻着。

在外界价值观念极度错乱,个人内心世界遭到严重损伤的情形下,要想重建自我道德追求的精神殿堂,首先必须有反思的、内省的意识。读者一定对《蜗居》中的"我"有着深刻的印象:"我"是一个"有心"的人,痛切地不满于现实的黑暗荒谬,也真诚地敬佩古今中外为真理献出头颅的仁人志士。但在畏惧心理的驱迫下,"我"却一再迟疑、逃脱,最终远离了光明的队伍,蜷入蜗居,痛苦地感觉着自我的萎缩与干瘪。应该说,在"文化大革命"的现实社会中,"我"的心理是具有深刻的典型意义的。"我"空有清醒的是非观念,有对正义和光明的渴慕,有"见贤思齐"的向往,但缺乏挺身而出、担当大义的行动勇气。这种怯懦来自于黑暗暴政下人人自危的普遍的社会心理,反映了凶险残酷的时代对人心的迫害和压抑。但是,作者并没有因此而原谅主人公,而是严正地将其置于一种道义自省的心态之中,清醒而痛苦地审视自我人格的软弱与残缺,在矛盾与愧疚中等待黎明。可以看到,"我"的自省意识不仅加强了作品对"文化大革命"社会现实的反思力度,更重要的是大大深化了道德自我完善的崇高精神境界对于个体人生所具有的巨大意义。新时期初,当绝大部分"伤痕文学"、"反思文学"将注意力集中于对外在社会的控诉和思考时,宗璞的这一思想显得尤为挚诚深刻。

的确,社会与人是血肉相关的。在天昏地暗的时代剧变面前,当人们困惑于、痛心于社会政治思想的"癌变"时,是否想到过那种曾经为每一个人笃信的思想在自己身上留下了怎样的印迹呢?这正是《三生石》女主人公梅菩提所反思的问题。毫无疑问,极"左"路线是导致"文化大革命"灾难的病根,而《三生石》反思的立足点更多侧重于这一病根对人内心世界所造成的磨蚀与损害。小说中,菩提具有鲜明的道义自省精神,"心硬化"就首先是她反省自我时的深切

---

① 引自《论语·里仁》。
② 引自《孟子·尽心下》。

感受。菩提在20世纪50年代曾属于又红又专的类型,在"改造"与"革命"的思想熏陶下,她甚至能用批判的眼光去苛责那曾会令她"数日不食"的美妙诗句,"千方百计地寻找它们的'局限性'"。"文化大革命"开始,菩提在巨大的苦难震撼下幡然醒悟:"我的心已经太世故了,发不出光彩了,有肝硬化,也有心硬化、灵魂硬化,我便是患者。"这种逼视自我的姿态、坦诚无伪的胸襟,不由地让人肃然起敬!菩提内省的思想基础在她向方知谈到的"照灵魂"的游戏中得到了清晰的显现,她说:"照一照你的灵魂是什么样子,是不是配在一个生命里。"纯道德、纯精神意味的生命的价值与尊严,这就是宗璞笔下人物在"内省"中苦苦追寻的东西,即使在最严酷的现实里也决不懈怠放松。

与物质的、实际的利益相比,宗璞心灵的天平永远倾向精神的信念与理想。历经沧桑后,这一点在宗璞身上非但没有褪色,反而更鲜明、更浓厚了。"文化大革命"之后,面对纷纭复杂的社会现实,宗璞通过小说《米家山水》充分思索、探讨,最终坚定地确立了怎样的人生才有意义这一精神主题。主人公莲予承继家学渊源,专攻米家山水国画创作。绘画之于莲予决不仅是借以糊口或扬名的工作,更重要的是一种灵魂的滋养。在"凝聚着自己的心血、祖先的托付和祖国山水的精魂"的画卷中,莲予获得了与笔底意趣相融一体的清幽高洁、淡泊幽远的精神天地。这使她视野超越了人与人之间的猜忌与隔膜,以宽容、坦荡、无私的心胸面对纷扰的现实人生。在小说中,莲予的小家庭拥挤凌乱,穿衣吃饭的需求已"压缩到不能再压缩了"。然而物质条件的简陋之上有精神世界的丰富与充实,工作事业的忙碌当中有情感交流的和谐与默契。这是一种箪食瓢饮,乐亦在其中的幸福。莲予也曾和同时代的人一样经历了"文化大革命"时期的失落与迷茫,但她最终在笔墨山水的文化品格中重新找到理想的寄托、精神的家园。那是中国的传统文化,莲予从其源远流长的精神血脉中汲取了安贫乐道、自强不息的思想精髓。小说的结尾有这样一笔:"朝霞绚烂,照着小房间里一片宁静自得,这是中国文化的最高境界。"这一笔,不但写出主人公沉醉于理想人生的喜悦,也写出作者对于知识分子的深情企望和信念,那就是,真正的知识分子应该重精神修养,重道德追求。尽管他们经历了时代和社会造成的变形、错位与迷失,但最终将回落到传统文化深厚的、富于生机的土壤之中,并扎下永固的根基。

(三)"发乎情,止乎礼义"——传统的伦理道德观

与众多的女作家一样,宗璞对爱情题材有着格外深切的关注和表现。不仅

如此，在中国当代文坛上，宗璞可以算是第一位敢于描写爱情和善于描写爱情的女作家。《红豆》的纯真浪漫，《三生石》的浑厚温馨，《心祭》的深挚凄婉，《南渡记》的温柔缠绵，都给人留下了无穷的回味。宗璞对主人公的情感体验有着细腻传神的把握，在她笔下，爱情是美丽动人、刻骨铭心的。然而，宗璞又绝不是位纯粹"言情"的作家。相反，正是在那一篇篇令人回肠荡气的爱情故事里，愈加鲜明地体现着作者深挚的道德追求。

如前所述，宗璞是一位具有强烈社会道义感的作家，因而在历史重大关头，当个人感情与社会责任发生冲突且不可得兼时，无论怎样痛苦，怎样艰难，感情总要让位于道义。《红豆》正是如此。虽然江玫与齐虹一见倾心、真诚相爱，但是志不同则道不合。在革命利益高于一切的信念下，江玫不得不做出了符合时代道义的人生选择。同样，在《南渡记》中，投身于抗日救亡革命事业的共产党员卫葑与善良无知、温柔纯情的雪妍相恋成婚。在感情上，卫葑坚信"你我恰好是彼此的那一半"，然而为了革命需要，他含悲忍痛却又毅然决然地与爱妻不辞而别，奔赴抗日根据地。"我必须这样做，因为我们生在这样的时代里。"在作者眼中，"情"与"义"对于人生来说，后者始终更重要，更富于决定性作用。这绝非虚妄，也不是矫情。从《红豆》到《南渡记》，创作时差纵跨 30 年，在这段时间里，时代观念对作家创作思想的左右减轻了，作家自身人生体验也从单纯天真臻于成熟厚重，然而宗璞对于热血青年应克制甚至舍弃个人情感而献身社会、担当历史重任的人生态度却始终未变。在小说的字里行间，无论对于"情"或是"义"，宗璞都是真诚的。这使得其"爱情诚可贵，甘为大义抛"的精神主题更具有道德感召的力量。

受所展现时代及社会生活特征的限制，《红豆》与《南渡记》所描写的爱情故事，实际上也可以说是 20 世纪 20、30 年代现代文学中便普遍存在的"革命＋恋爱"文学主题的延续。在这类作品中，如果说爱情是个人的、内在的情感，那么与之形成对立并决定其命运的则纯粹是外在的，并且是在特定历史时期被激化、突出起来的精神力量，因而其思想意义似乎显得较为单纯和明朗。而在另一类作品中，虽然主人公的生活和命运也与时代息息相关，但他们的爱情故事则更多地在人物内在精神层面上触发和展开，其中的悲欢离合更多地体现出作家自己所特有的品格风范和伦理道德观念，也具有较时代性、政治性更普泛、更深厚的文化内涵。这类作品的代表就是《三生石》和《心祭》。

在《三生石》里，爱情主题可以说得到了淋漓尽致的发挥。正如小说篇名那样，菩提与方知的爱情充满着浓厚的浪漫色彩和传奇色彩。他们相遇、相知、相恋在中国当代社会最黑暗的岁月里。在沉重的苦难和创伤中，爱情使他们重新获得了生活的力量、信心和希望，在那"四手相握、四目相对，便是无限、便是永恒"的感情世界面前,"一切罪名、一切疾病,便是死亡本身,也都会为他们的爱情让路的"。在这里,爱情的意义似乎已是至高无上了,但是如果仔细品味,我们就会发觉事实并非如此,菩提与方知的爱"足以超凌色空、跨越生死",却并未能超凌理智、跨越道德。即使在情感最炽热时,他们的爱也要通过理智的审视与平衡。缔盟之际,菩提心底的深情在前缘震撼下喷涌而出,然而考虑到自己的危难处境,她没有立时答应方知的求婚。同样,方知为菩提坠楼摔伤后,为怕拖累菩提而开始踌躇退却,小说最后,菩提、方知的结婚申请遭到造反派压制阻挠。当好心人劝他们"该怎么过就怎么过"时,他们则一致认为那是"亵渎",他们要的是"光明正大的"、"合法的"婚姻,虽然他们明知"这光明正大在鬼蜮横行之时只能获罪遭谴"。于此,我们可以看到,为对方着想的理智使他们的爱情渗入了无私的、高尚的道德因素,而一旦爱情与传统道德观念本身产生矛盾时,那么毫无疑问,道德是重于爱情、重于幸福的,尽管矛盾是外界无理强加的,尽管爱情比生命更重要。在菩提与方知的感情世界里,理智的、道德的约束始终高居其上,而爱,并不能成为他们结合的唯一理由。至此人们不禁会问,如果现实的阻碍不消除,他们这三生相知的姻缘岂不就要搁浅了吗?是的,《三生石》暗含有肯定的回答。

　　固然,为道德而牺牲爱情的悲剧在菩提与方知之间没有发生,可对于《心祭》中的倩兮与程抗来说,却成为无可避免的结局。迄今为止,在爱情生活领域当中,婚外恋无疑是一个最敏感和最复杂的问题,它包含着伦理道德观念与个人感情最尖锐的对立。宗璞是最早涉及这一题材的作家之一。《心祭》突出体现了作家复杂、矛盾但是最终归于明朗、坚决的婚恋观。以世俗眼光看,婚外恋是不道德的,但是宗璞超越了这层认识。她看到了没有爱情基础的家庭的可悲。正如小说中的程抗与柳明,"他们两人像是坐标图上横竖两根线,只在一点相遇,就在那一点上结了婚,以后便继续一个横向一个直向伸延开去,再也不会合拢了"。而倩兮与程抗心心相印的感情则十分可贵与美好。然而婚外恋必然给他人造成伤害,感情与道德的矛盾无法调和,必须在二者之间做出明确的抉择。在为己还是为人的十字路口,小说的主人公们最后双双选择了历来人们遵循的人生原则与方向。"此情待可成追忆,只是当时已惘然。"以爱情的纯洁而始,以道德的纯洁而终,也便成了倩兮与程抗所共有的精神世界。对于他们的爱情悲剧,作者是寄予同情的,但却又以赞美的笔调描绘了男女主人公这段凄婉的心路历程。因为,在宗璞看来,这种克己为人的、"守本分"的品格,正体现着"做人的道理"①。而这种"道理",从本质上说,则是那充满儒家"仁"、"义"之

---

① 施叔青:《又古典又现代——与大陆女作家宗璞对话》,《人民文学》1988 年第 10 期。

风的传统伦理道德观念。

纵观宗璞的爱情小说创作,我们还可以看到,无论怎样热烈、怎样投入,爱情始终都是男女主人公精神的契合与震颤,几乎从不涉及性爱内容。这一特征在新时期,特别是在 20 世纪 80 年代后的文坛风气中显得尤为鲜明突出。从中我们对这位女作家纯正的道德主义倾向也可略见一斑。

"发乎情,止乎礼义",用这句古训概括宗璞的爱情观也许是再合适不过了。宗璞是一位懂得爱情、歌咏爱情的作家,然而她又说:"我觉得生活、生命里爱情不是最重要的,必须给它恰当的位置,感情总应该受理性约束。"那么,所谓"理性"又是指什么呢?我们认为,正是宗璞主体精神的核心——真挚深广的传统道德主义品格。

总之,道德主义精神,更确切地说是与儒家思想体系血脉相承的道德主义精神,着实浸染于宗璞小说的方方面面,不过,宗璞并非全盘接受儒家思想体系所包容的道德规范,也非食古不化,而是取之精华用之现实。换言之,作者只是以其作为一个清醒而纯正的现代知识分子所经历的生活实践,在思想认识上沟通了与古代优秀士人的精神世界的联系,推崇那种积极入世、恪守仁义和注重个人情操的自我修养的高尚品质。也正因为是这样,从而使其作品在总体道德内容的倾向上,呈现出一种传统文化精神至醇至厚、如玉如兰的气息。

二

从《红豆》到《弦上的梦》和《三生石》的创作,宗璞给人的印象无疑是一位深得现实主义文学精髓的作家,然而,她于 1979 年末至 1980 年初相继推出的《我是谁?》和《蜗居》,却又令人感到面目全非。这两篇作品的发表,着实在文坛上引起了不小的震动,并被认为是与王蒙的同期创作一起开创了新时期的现代主义文学的先河,甚至比王蒙走得更远,因为它们更充分也更典型地具备了现代主义文学的特征。一种是传统的现实主义,一种是新兴的现代主义,二者既相互背离,又相互排斥。于是,在人们看来,宗璞的创作俨然分裂为彼此不相同也不相容的两极;或者说,她是在有意玩弄着两个互相否定的自我,即以这一个现实主义的自我否定另一个现代主义的自我,又以另一个现代主义的自我否定这一个现实主义的自我。其实,这是一种出于表象认识的误解。我们认为,宗璞还是宗璞,宗璞没有一分为二,宗璞所坚持的创作道路是一以贯之的现实主义。虽然,她的《我是谁?》和《蜗居》乃至稍后的《泥沼中的头颅》的创作深受西方现代主义文学的影响,但就其本质而言,却仍然是统一在现实主义的文学精神之中的。那么,宗璞因何对现代主义产生共鸣而写出这类被认为是典型的现代主义作品呢?又从何理解这类作品是统一在现实主义的文学精神之中呢?这就必须将其放在西方现代主义文学中加以比较,有比较才能有鉴别,也只有在鉴别中才能回答问题,即才能把握宗璞两类作品的艺术契合点,并进而洞悉作为创作主体最基本品格的文学观念和艺术个性。

(一) 绝望与希望

宗璞之所以能够成为最早受到西方现代主义文学灌溉的中国当代作家,得归于她所受的教育、所从事的工作以及她所经历的人生体验。宗璞20世纪50年代初毕业于清华大学外文系,此后即在中科院外国文学研究所工作。她说:"由于工作关系,我在60年代就接触到西洋现代文学,卡夫卡、乔伊斯的作品都读过。'文革'前夕,我们正研究卡夫卡,当时是作为批判任务的。但只有经过'文革'的惨痛经验才懂得,'文革'的惨痛经验用这种极度夸张极度扭曲的办法最好。"[①]在具有自传色彩的《三生石》里,她还借女主人公梅菩提的心声说出了这样的话:"那时怎么会去批判那病态的作家呢?他把人在走投无路时的绝望境界描写得淋漓尽致。一定要到自己走投无路时,才会原谅他吗?"这是一段充满戏剧性的因缘际遇,也是一段自我反思的认识过程。从始而"批判"到终于"懂得",无疑说明了宗璞对卡夫卡的态度发生了根本性的变化。促使这变化的关键是来自"'文革'的惨痛经验",而更确切地说,则是来自自己在"文化大革命"中所经历的对于人生的绝望感受。于是,这种对于人生绝望的亲身感受以及由此而产生的对于绝望者的真诚理解,也便成为宗璞接受卡夫卡,并进而创作出诸如《我是谁?》等这一类富有卡夫卡意味的作品的契机。

确实,宗璞和卡夫卡都淋漓尽致地刻画了人在走投无路时的绝望境界。在《判决》中,卡夫卡写了年轻的商人格奥尔格·本德曼忍受不了暴戾父亲的无端指责,顶撞了一句,结果被父亲认定是"一个没有人性的人",被判决去投河淹死。而在《我是谁?》中,宗璞写了韦弥在"文化大革命"中被诬为"特务"、"牛鬼蛇神",丈夫惨遭批斗后自杀身亡,因而她的精神崩溃了,意识迷乱了,便在荒地里踉跄狂奔,最后冲进湖水。

不能不说,卡夫卡的《判决》和宗璞的《我是谁?》非常相似,二者都写了主人公的绝望和因绝望而自杀。但如果细加品味,却又不能不指出,同样的绝望情

[①] 宗璞:《肺腑中来》,《宗璞小说散文选·代序》,北京出版社,1981年。

绪,其中的思想内涵则有着明显的本质区别。

对于西方现代主义作家们来说,绝望是他们所共同面对的生存困境和要共同表现的文学主题。这是一种精神上的、超现实的绝望,具有浓厚的形而上的意味。其根源在于社会的冷漠、宗教的矛盾、人性的异化以及道德的二律背反,也在于普遍存在于西方现代社会私人生活和社会生活深层的危机。因此,在这使人无法自我实现、无法感受生活的意义与人生的价值的状况下,便导致了自身及世界都陷入荒谬之中。深深打上卡夫卡自身烙印的格奥尔格所表现出来的绝望,正是如此。表面上看,这悲剧的原因是善良恭顺的儿子遭到了执拗残暴的父亲的判决,是父子冲突;实际上,小说的精神主旨绝不是家庭矛盾,它是一种超越了具象的社会问题,是一种绝对化、极端化了的生存疑问。格奥尔格的投水并非受到了切实的迫害,而是他在精神上无法生存,因为他活着就已经被先验地判了莫名之罪,精神上完全崩溃,无法解脱。"崩溃,即不可能睡,不可能醒,不可能忍受生活,更正确地说,(已经不可能有)生活的连续性。"①这种深不可测的绝望感死死攫住了卡夫卡和他笔下的人物,使他们觉得"生活是虚无,是一场梦,一次徘徊"②。因而,与卡夫卡的绝望紧密联系的,是彻底的幻灭、孤独与冷寂。且看,格奥尔格投水了,"这时候,正好有一长串车辆从桥上驶过"。小说在这里打住,格奥尔格的死真像是一声无可奈何的慨叹,在这冷漠的世界上没有引起一点回声。

然而在宗璞笔下,《我是谁?》所渲染的绝望感则完全是另一种基调和底色。相较于格奥尔格的毁灭来说,韦弥的悲剧意义要明确得多,也易于理解得多,因为它有着外在的、客观的和特定现实的原因,可以通过社会分析的方法得到解释。具体地讲,这是由"文化大革命"特殊的历史状况造成的悲剧。韦弥的沉湖,是环境不允许她活,韦弥的不幸,是外界强加于她的。换言之,如果是在一种比较正常的社会秩序下,韦弥就能生活得充实、富于尊严。就像"文化大革命"前那样,韦弥有憧憬、有信念,甚至在冲向死亡的一刹那,她留给世界的仍是虽"凄厉"却又"充满了觉醒和信心的声音",正如小说结尾处所说:"只要到了真正的春天,'人'总还会回到自己的土地,或者说,只有'人'回到了自己的土地,才会有真正的春天。"这也是宗璞自己的信念,韦弥的死是对疯狂时代的控诉、抗争与呐喊。在"我是谁"那种撕心裂肺的绝望感中,包孕的却是痴心不改的希望的火种,它让人们在森冷的寒风里,怀抱着对春天的憧憬,于浓重的黑暗中,眺望着黎明的曙光。

---

① 叶廷芳、黎奇:《卡夫卡日记书信选译》,《外国文艺》1986年第1期。
② 叶廷芳、黎奇:《卡夫卡日记书信选译》,《外国文艺》1986年第1期。

绝望,沟通了宗璞与卡夫卡,同时也正是绝望,将他们彻底地分别开来,这就是宗璞与以卡夫卡为代表的西方现代主义作家之间内在的关联与差异。在这种关联与差异的背后,反映的是两种形态的文化思想及其所统辖的文学观念完全不同的精神指归。在卡夫卡的绝望中社会因素被淡化到虚无的境地,人是孤立无援的,社会行为规范是对人性的束缚,即使挣脱了外在的束缚,人依然找不到精神的寄托和出路。这是一种彻底的悲观主义生存哲学,是西方现代主义文学潮流的思想核心。虽然这一哲学思想的产生穷根寻柢仍在于社会对人的精神的压抑、扭曲甚至窒息,但是一经上升为具有抽象的、纯粹的意识内涵的思想体系,它便与社会生活拉开了距离。但在宗璞那里,个人是社会的一分子,强烈的社会意识使人的喜怒哀乐、绝望与希望,乃至生与死等等生存体验都与社会生活血脉相关。

不仅如此,支撑这一认识的永远是与社会理想、与社会道义规范认同一致,协调共振的世界观、人生观及思想情操。即使面对死亡,作品仍不失其理想主义与乐观主义的信念之光;这是一种积极入世的传统文化观念,也是一种与"五四"以来具有鲜明社会忧患意识及进取意识的现实主义文学相融合的精神风范。就本质而论,宗璞与卡夫卡完全是沿着不同层面、不同内涵、不同方向的文化思想轨迹从事各自文学创作的作家。虽然,特殊的人生际遇使宗璞懂得并接受了卡夫卡对痛苦的体验与表现,但是,宗璞的世界观却丝毫没有因此而受到西方现代主义思想的影响。这种精神的绝缘性,使得宗璞的这类作品在新时期涌现的现代主义文学大潮中,特别是与后起的年轻作家们相比,显示了引人瞩目的独特品格。

(二) 荒诞与真实

相较于思想内容的关联来说,宗璞这类小说在形式上所具有的卡夫卡意味得到了人们更多的关注和讨论。《我是谁?》写了在韦弥昏眩的眼中,教授讲师们、丈夫以及自己都幻化成一团蠕动的虫子;《蜗居》写了许多人背上了"蜗壳",蜷缩着想消灾避祸;《泥沼中的头颅》又写了人消磨损耗掉了四肢,仅存一颗在泥沼中起伏的头颅。这些都很自然地让人联想起卡夫卡的《变形记》:一天早晨醒来,推销员格里高尔·萨姆沙发现自己变成了一只甲虫,从此以后,他不再为任何人所需要,成为大家无法忍受的负担,直至死去。在现实生活中,人当然不会变成虫,这只是一种艺术,所以,人们把富有这种特征的艺术归纳为荒诞变形。

宗璞曾明确谈道:"卡夫卡的《变形记》、《城堡》写的是现实中不可能发生的事,可是在精神上是那样的准确。他使人惊异,原来小说竟然能这样写,把表面现象剥去有时是很必要的,这点也给我启发。"①毫无疑问,宗璞荒诞变形的奇特艺术视角直接来自于卡夫卡现代主义艺术经验的启迪和引导,宗璞从不讳言于此。评论界也对二者作品的相似之处进行了多方比照以及承传影响的研究,指出他们的小说都运用了夸张与变形的手法,都采纳了寓言、隐喻和象征的方式,都极富荒诞的色彩。研读了二者的作品,我们确然会获得上述的感受。但是,如果仅仅驻足于此,这一切比较就变成了一系列相似现象的罗列,难免流于浮泛表面。相反,如果向深处探究,我们就会发觉,同是荒诞变形,卡夫卡与宗璞却有着意蕴上相去甚远的艺术旨趣。

在生活、艺术、思想的三维空间中,荒诞变形是一条神奇的通道,一扇魔幻的大门。卡夫卡与宗璞通过这里时,走的是相反的方向。

荒诞变形之于卡夫卡,是将先验的、抽象的哲理思维演绎成感性化的生活形式的手段。卡夫卡小说的一个最显著特点,是将整体的荒诞变形与细部的真实描绘相交织,把现实与非现实、合理与乖张相组合,从而构成扭曲变形的、扑朔迷离的画面。"一天早晨,格里高尔·萨姆沙从不安的睡梦中醒来,发觉自己躺在床上变成了一只巨大的甲虫。"《变形记》以这种异乎寻常的情景构成了整部小说的荒诞基调,而小说的细部描写则绝对逼真又不动声色。也就是说,小说首先由格里高尔变甲虫这一纯粹的想象构成了笼罩全篇的前提意象,然后再根据此人一向的生活环境,细腻而缜密地推演出在这种情况下必然会发生的一切。所以,卡夫卡的荒诞变形是由主观出发趋向于客观之中的,是客观情形对主观臆想的演证。然而,宗璞恰恰相反。宗璞小说的荒诞变形,则完全是触发于客观的生活。宗璞说:"《我是谁?》的直接触发是看到中国物理学的泰斗叶企荪先生在校园食堂打饭……他走路时弯着背,弯到差不多90度,可能是在批斗会上练出来的。一个人被折磨成这样,简直像一条虫,我见了心里难受万分,'文革'的残忍把人变成了虫!生活中人已变形了,怎能不用变形手法呢?于是我写了《我是谁?》,抗议把人变成虫,呼吁人是人而不是虫,不是牛鬼蛇神!"②宗璞小说的荒诞变形来源于现实生活的荒诞与不合理,这是一个由客观现象引发为主观想象,由感性认识上升为理性批判的艺术过程。在《我是谁?》、《蜗居》、《泥沼中的头颅》等小说里,荒谬的表层意象下都有真实的生活作为强有力的支撑,变形手法的运用只是为了使生活的特质更鲜明、更突出、更有震撼力。很明

---

① 施叔青:《又古典又现代——与大陆女作家宗璞对话》,《人民文学》1988年第10期。
② 施叔青:《又古典又现代——与大陆女作家宗璞对话》,《人民文学》1988年第10期。

显,卡夫卡与宗璞,前者关注的是人变虫之后生活会怎样,后者关注的却是怎样的生活把人变成虫。两位作家的这双向逆反性视角使变形这一特殊艺术手段所构成的荒诞意象具有了完全不同的内涵。

由此,我们看到了宗璞与卡夫卡二者的荒诞变形艺术的重要差别。产生这一差别的原因不是别的,而是两位作家截然不同的文学观。卡夫卡说过:"我对什么都不信任。只有在写作的幸福时刻我心中才有信任感,除此以外,世界迈着可怕的步子,一个劲地跟我作对。"①似此,写作之于卡夫卡,纯然是确定生活的方式和赖以生存的支柱,是为了获得自我救赎和心理安宁,是与世界相对立的个人精神的避风港,这是一方面。另一方面,作为一个厌世主义者,卡夫卡对于正常、正统的社会秩序和观念只有深刻的猜疑与否定,对于纷繁流动的日常生活只有冷眼相向的厌倦与隔膜。在他看来,世界本身就是荒诞的,他以这种主观的意念涵盖了客观的真实,于是,那荒诞变形的奇特构思也就自然地成了他对这一心理定势及其哲理思辨的艺术传达。正是这两方面的原因从根本上决定了卡夫卡荒诞变形艺术的内向性、自为性和纯粹的主观性。然而,写作之于宗璞,却是认识社会、反映现实的手段,是言心中之志、载信念之道的特殊途径。在忠实生活、热爱生活的基础上,宗璞小说的荒诞变形是生活本身存在的荒谬情状的本质性凸现,是对错综复杂社会现象的凝练概括与浓缩,而在主题思想上则又担负着启发人、教育人、激励人的精神感召的重任。韦弥在"我是谁"的追问中迸发出的觉醒与呐喊,蜗居外黑暗荒原上那点点以头颅点燃的火光,混沌泥沼中头颅舍己救世的牺牲与努力……这一切都将人的心灵引向崇高的精神殿堂。宗璞说:"窃以为小说若要有好的影响,应具有社会性、可读性和启示性。"②宗璞的文学观具有强烈的社会功利性,她的作品属于外向性的、为他性的。这是宗璞一贯坚持的文学立场和原则。正是这一立场和原则使宗璞的荒诞变形艺术具备了坚实的生活根基、明朗的文学意向和积极的社会价值,从而在精神上背离了西方现代主义的艺术旨趣,而与其现实主义的主流归于质的统一。

(三) 传统与现代

宗璞始终是一位以"诚"为本的现实主义作家。现代主义对于宗璞来说,只

---

① 叶廷芳、黎奇:《卡夫卡日记书信选译》,《外国文艺》1986 年第 1 期。
② 宗璞:《小说和我》,《文学评论》1984 年第 3 期。

是为了表现特殊生活际遇、特殊人生感受而采用的特殊艺术形式。然而,仅仅停留于这一层次认识是不够的。对于形式的选择取舍,直接反映的是作家的艺术个性和审美情趣。作为一位长期坚持现实主义文学创作方向,以真切自然、细腻流畅之文风享誉文坛的作家,宗璞何以能够认同、接受现代主义的艺术表现形式,并运用得相当圆熟呢?

宗璞曾明确谈道:"我的作品可分为两大类,一类是根据生活反映现实的写实主义手法,我称为'外观手法',也就是现在说的再现。……另一类'内观手法',就是透过现实的外壳去写本质,虽然荒诞不经,却求神似,相当于现在说的表现。"①在这里,宗璞所说的"再现"和"表现"不能不把我们的思路引向世界文学的大格局。

纵观西方文学史,从亚里士多德的"模仿说"到近代文论中出现的"镜子说",从古希腊的荷马史诗到19世纪末的批判现实主义,作为严格再现意义的现实主义传统源远流长,不但取得了辉煌成就,而且一直享有统摄文坛的崇高地位。进入现代社会以后,形形色色的现代主义文学潮流的兴起,实际上是对传统现实主义艺术观的反叛,其核心思想在于否定纯粹去"模仿"、"再现"自然的倾向,而极力倡导一种发自内部的创造,一种强烈的主观性以及"变形和大胆的情感表现"②。这样,在西方文学发展过程中,以客观再现为宗的传统力量和以主观表现为本的现代思潮便处于针锋相对、新旧更替的特定关系之中。

"五四"以后,西方各路文艺思潮涌入国门。在中国现代社会特殊历史状况的选择和决定下,再现性现实主义思潮备受重视和推崇,并在现当代文学发展中占据了日益巩固的主导地位。而正处于蓬勃发展之中的西方表现性现代主义思潮则受到冷落和排斥,以至长期中断。没想到,20世纪初西方文学界产生的传统与现代的矛盾,突然在新时期初的中国当代文坛又出现了。于是,人们便将宗璞开创的以荒诞变形为外在形态的表现性小说创作,视为一种纯粹源于西方的全新的现代派艺术尝试。

这种观点实是忽略了另一个至关重要的本源,即中国自己的传统文化。须知,当古希腊荷马史诗和《诗学》在创作和理论方面奠定了西方文学再现性艺术的稳固基石时,在中国,古老的《周易》与《庄子》则从哲学的深度开创了表现性传统文化精神的先河。汉初,儒家最重要的文论典籍《毛诗序》有云:"诗者,志之所之也,在心为志,发言为诗。情动于中而形于言,言之不足故磋叹之,磋叹之不足故永歌之,永歌之不足故手之舞之,足之蹈之也。"这一定义性的理论鲜

---

① 施叔青:《又古典又现代——与大陆女作家宗璞对话》,《人民文学》1988年第10期。
② R.S.弗内斯:《表现主义》,花山文艺出版社,1989年。

明地提出了"心"、"志"、"情"等主观精神对文学艺术的决定性作用。数千年间,中国的诗文绘画讲求意境,推重神似,具有浓厚的表现性色彩。虽然,这种精神在"五四"文学革命浪潮中受到了猛烈冲击,其在文坛的主导地位也逐步为贴近庶民劳工,反映现实人生的写实主义再现性文学风尚所取代。但是,历史是无法割断的,宗璞正是一位与传统文化精神血脉相通的作家。

宗璞的传统文化精神首先体现在其现实主义小说创作中。从《红豆》开始,宗璞的小说就以其令人耳目一新的艺术个性征服了读者,并在当代现实主义创作大潮中独树一帜了。这种艺术个性的核心就是婉约细腻、优美典雅的古典美学风格。在《红豆》中,那一年又一年阴霾冬日里飘飞的雪花,那两粒"血点儿似的"、色泽匀净而鲜亮的红豆,形成一种诗意绵绵的情境、一种精巧蕴藉的意象,将主人公的情怀点染得含蓄幽婉,耐人品味。随着创作历程的发展、艺术个性的成熟,宗璞小说的古典美学风格变得更加深厚了。《三生石》中勺院里的月光、峭石和红烛,《心祭》里胡同中的秋风、落叶与暮色,《米家山水》中一幅幅远山缥缈、近水粼粼的写意国画,《南渡记》里一幕幕流萤飞舞、溪水琤琮的童年记忆,无不将情感推向意境,融化在整篇作品的血脉当中。它们决非单纯的写景,也不仅仅是烘托了主人公的情怀思绪,而是直接渗透小说主题,于如诗如梦、如乐如歌的自然美中寄寓了主人公高洁清逸的心志美。"情景混融、错综惟意。"①虽然宗璞像同时代众多作家们一样热忱投身于现实主义文学创作,但是她在艺术思维上走的并不是单纯偏重客观叙事、冷静写实的再现性文学之路,而是在很大程度上显示出我国传统诗词抒情性、象征性、表现性的色彩。宗璞自幼受到古典诗词的熏陶,"小学时每天早上要先到母亲床前背了诗词才去上学"②;而父亲冯友兰所专攻的中国古典哲学,又不免对宗璞的文学和美学修养产生了重大影响。这就是说,中国传统文化的表现性艺术品位早就在无形之中为宗璞的艺术倾向奠定了精神根基。

了解中西艺术观念流变态势的人,必然会有这样一个有趣的发现,即从艺术的再现性与表现性的角度考察,中国的传统文化与西方的现代艺术之间具有某种质的相似。可以说,正因为宗璞有着对这种质的相似性的深彻感悟,而使她在阅读卡夫卡离奇怪诞的表现主义小说时,能够超越现代观念中现实主义与现代主义之间的认识鸿沟,透过形式的迷雾,窥测到对象的本质。宗璞在创作谈中一再讲到两个"启发",她说:"(卡夫卡的作品)写的是现实中不可能发生的事,可是在精神上是那样准确。……把表面现象剥去有时是很必要的。这点给

---

① 胡应麟:《诗薮》,中华书局,1962 年。
② 施叔青:《又古典又现代——与大陆女作家宗璞对话》,《人民文学》1988 年第 10 期。

我以启发。"宗璞同时又强调说:"中国画讲究'似与不似之间',讲究神似,对我很有启发。中国画论以山水画为最高,并主张不做自然皮相之模仿,而为诗人理想之实现,有的名画看上去似乎不成比例,却能创造意境,传达精神,给人许多画外的东西。绘画和文学是两种艺术,所凭借的手段不同,但也总有相通之处。"①可以显见,宗璞是以中国古典绘画的表现性艺术精神即"神似"去沟通、理解、点化卡夫卡的荒诞派艺术。我们知道"神似"的思想在中国传统文化中有着源远流长的历史。《淮南子·原道训》有言:"以神为主,形从而利。"《庄子·德充符》则曰:"非爱其形,爱使其形者。"在此思想影响下,后代士人作画论诗都以"神似"为贵。时至20世纪70年代末,当代女作家宗璞又赋予这一古老思想以全新的内涵与光彩,从而以开阔的视野、精到的认识,使中国传统文化与西方现代艺术这两种看似何其遥远的精神倾向于文学的表现性本质在一特定的契合点上奇妙地接轨了。

坚定的现实主义文学立场、深厚的传统文化艺术根基,这是宗璞在面向世界文学时所固守的"根据地"②,在积极吸收和借鉴现代主义艺术经验的同时,宗璞从未放弃过自我的本色。相反,宗璞正是以"根据地"的精神去融合点化外来艺术经验,而其开放性文学实践与探索的宗旨也正是为了赋予传统精神以更新鲜、更丰满的活力。宗璞说:"西方表现主义、超现实主义的作品并非全是呓语,而有可借鉴之处。只是必须使它化入自己的作品,成为中国的,我的,才行。"③这种"拿来主义"的胸襟与姿态,使宗璞自觉地站在中西文化碰撞和交流的前沿地带,并且在其创作实践中形成了一种又传统又现代、又民族又开放的独特艺术品格和艺术个性。

结语

以上,我们论述了宗璞创作道路与中国当代文学思潮的密切关系,探讨了宗璞小说创作中以道德主义为核心的主体精神,比较了宗璞新的文学探索与西方现代主义文学特别是卡夫卡小说艺术经验之间的关联及差异,同时分析了宗璞小说所特有的艺术个性。也就是说,我们从外部参照及内在本质两个角度力图对宗璞的文学创作进行一番全面的、立体的、深层次的认识和把握,并希望通

---

①宗璞:《小说和我》,《文学评论》1984年第3期。
②1992年秋赴京访谈录。
③宗璞:《给克强、振刚同志的信》,《钟山》1982年第3期。

过对宗璞艺术道路的细致的研究,获得若干具有宏观启示性的结论。

笔者曾于1992年11月间专程赴京拜访了宗璞。她虽已年过花甲,羸弱多病,但依然执着于鸿篇巨制《野葫芦引》的构思及创作。我们企盼获知"野葫芦"里新的秘密和宝藏,我们衷心祝愿这位可敬的女作家在辛勤耕耘的艺术园地中取得更丰盈的收获。我们期待着。

原载《当代作家评论》1994 年第 4 期

这方园地中的冯家山水
——论宗璞的小说艺术

侯宇燕

宗璞(原名冯钟璞),哲学家冯友兰之女,自幼生长于水木清华,吸取了中国传统文化与西方文化之精粹,学养深厚,气韵独特。自20世纪50年代以《红豆》蜚声文坛以来,历经数十年风风雨雨,尤以反映"文革"时期人类命运的作品《三生石》、《蜗居》、《泥泞中的头颅》等闻名海内外。近年来又抱病奋力创作反映中华民族知识分子命运的长篇小说《野葫芦引》,其第一部《南渡记》已于1987年问世,获得了好评。此外,宗璞的散文作品情深意长,隽永如水,其童话创作亦同样格调独特,富有深意。因篇幅有限,本文仅试图从宗璞的创作渊源、作品的历史环境、知识分子的典型心态、作品的艺术角度等方面对其小说发表一些自己的看法。

冯氏梅花次第香

评论宗璞作品的风格与审美特征,首先应从其家庭渊源和成长背景上进行深入的探索。宗璞的姑母冯沅君,是"五四"时期著名的女作家,著有《卷葹》、《春痕》等几部短篇集。他们那一代中国现代文学的开拓者,虽然在许多方面对传统作了大胆的创造与改革,但首先又是传统文化的载体。这两点在他们身上是不可或缺的。如果没有民族的东西,任何机械的模仿或引进舶来之物都是毫无意义的。从这个方面来讲,宗璞是一个继承者。她继承的并不是简单的小技末道,而是这种双方面结合的创作精神与指导思路。她在继承这种精神的基础上,又经过多年的潜心研究,弥补了上一代人的种种欠缺或幼稚之处,在总体水平上达到了一个更高的层次。从具体形式上来说,其文章中的语言,如"明月照积雪",既有中国古典文学简洁含蓄之美,又有外国语言的长处,并把这几点巧妙地融合在了一体,在情景创造和意境处理方面炼成了独特的功力。正如老作家孙犁所云:"宗璞的语言,较之黄(庐隐)、凌(叔华)、冯(沅君)、谢(冰心),已经有了很大的不同,也就是有了很大的发展。"

宗璞短篇小说《米家山水》中对一幅山水图有过这样的生动描写:"一层层青山,一丛丛绿树,都笼罩在迷茫的雾霭之中。隐约间,一条小路蜿蜒而上,通向云端,看不见了。朦胧的绿意泛在山水之间,就连那尚未着笔的空白之处,也透出十分的清幽。"散文化的语言极其流畅,细腻富有余韵,萦绕着一股柔婉之美,看来是深谙中国古典文论中"意境说"之要旨了。细究其成功之道,一是语言的基调选得好,淡雅冲和。虽然没有热情的宣泄,却通过能引起人充分联想的与山水有关的词语:一层层,一丛丛,迷茫,雾霭,绿意,让读者的主观意识积极参与其中,得到一种天人合一的象外之趣。二是语言的功底高,句式并不烦琐复杂,然而简洁中透着高远的内涵,如镂窗中的后院园林,并不一览无余,却给人以想象思索的天地,诚可谓"言有尽而意无穷"。近几年来,宗璞的文学语言及创作意境更加炉火纯青,在她唯一的长篇《南渡记》中更深刻地表现出一种内在的继承与创新。随手拈一例为示:在为烽火时代年轻的抗日英雄写家书时,作家仿佛置身于当时的情境,不能自已,留下了这样多情、柔婉之音:"现在我眼前总不时出现倾听时的你,温柔的、专注的、带点伤感神色的你,让我感动。你现在做什么? 独对孤灯,倚栏望月? ……"低眉细品,恍然又能体悟到其姑母文风的余韵。特别是与长句相结合调配的短句子"独对孤灯,倚栏望月",不但起到了一种调节句式节奏的作用,而且还极具中国古典诗词的韵味。这种直接引用甚至自创古典诗词的做法,在"五四"时期,白话文运用尚不完全成熟的作家集中常有所见。严格说来,宗璞从前的文章虽然都受浓厚的古典文化的影响,但往往只是一种意境的表达,其语言文字仍以流畅的白描为主,常常将古诗词中描绘的情景用现代的话语进行表述。如前文举到的《米家山水》就是一例。但此句中的直接引用,恰到好处,富有余韵,不能不说是作家在继承姑母这一辈人创作优点基础上的一次有益的创新,这样的文字在此书中还有多处。应该看到,这是与作者严谨的创作态度有关的。因为此书中所写的人物为20世纪30年代的知识分子,从语言运用和思绪流动方式上还没有脱离欧化以及诗词化的束缚,因此宗璞在这里选择的语言基调和句式、辞格都是非常准确细致的,同时又去除了某些附着其上的通病,令人既感真实可信,又不觉得生硬别扭。曾有人评宗璞是"既传统又现代",仅从其那"风弄林叶,态无一同"的语言运用方式上来说,也确有一定道理。

从另一种继承方式上来看,作家的艺术技巧比其先辈也有很大的进步。她突破了20世纪30年代女作家以"说理"为主、重心理叙述少人物描写的窠臼,结合中国古典优秀白话小说和外国文学作品的长处,大胆运用心理描写、对比描写以及人物对话动作描写等多种方法,常是寥寥几笔,便使人物性格顿时跃然纸上,有血有肉,呼之欲出,令读者久久难忘。

事物的局部和表象,总是与事物的整体和内涵联系着的。在诸种联系中,常有一种最本质的联系是非常曲折隐蔽,需用心灵去发掘的。上述两点继承,其可指性与可感知程度还是能够具体把握的。而那种更难以用明确的概念来进行描述的继承及变革则是广义上的,具有更强烈的模糊性与不确定性,是一种深埋在这些方式下,自觉或不自觉的文化心理结构和思想意蕴及人生存方式的符号体现。如果静下心来,仔细读读冯沅君等人的作品,并对那个特定年代的历史环境及其社会活动主体的心理结构进行感性了解的话,便不难得出结论:冯沅君作品中的女主人公,大都是"五四"时期的知识妇女,有一定的自由意志,疾呼"在新旧交替的时期与其做已经宣告破产的礼法的降服者,不如做方生的主义真理的牺牲者"。然而由于生活的顺利和眼界的狭窄,又有一种"怕敢毅然和传统战斗的一面"。这就使得她们虽冰清玉洁,却大多是软弱的恋爱至上主义者,一有风吹草动便易动摇,常为了所谓的生死之恋而忘记自身的价值,甚至以命相托。这种女性人物并没有随着时代风云的变幻而消失绝迹,在当代一些文学作品,尤其是台港澳许多女作家的笔下,这样的女性还存在着,并且成为作家自觉或不自觉推崇的典范。宗璞曾经说过,自己与台湾女作家有着较多相通之处,但这似乎仅指其文章中所富有的古典文化意韵而言。时代的变化、出身背景的不同以及社会总体观念的差异,使得宗璞笔下的女性人物既不同于其姑母笔下的华(见《隔绝》),更不同于琼瑶等人创造的那种似乎不食人间烟火,只在恋爱中求生命的纤纤弱质。她们往往带有作家自身的影子:冰清玉洁,外柔中刚,虽然执着地追求真正的爱情,但更加关心的还是祖国的命运和人类最基本的问题。她们的眼界、气质、修养,比 20 世纪 30 年代的女性要宽广、崇高得多,与台港小说中的女性更不能同日而语。无论是《红豆》中的江玫,还是《三生石》中的梅菩提,都是性情中人,有丰富的情感,有热烈的向往。然而,当爱情与爱国发生了根本性的矛盾时,江玫毅然放弃了与男友厮守一生的幸福;当外界的狂风骤雨无情地打落了梅菩提对爱情的幻想时,她更加担忧的却是在这场灾难中整个中华民族的何去何从。这种种崇高的思想境界,正是宗璞她们这一代中国女性最可贵的地方,也正是全书的精神所在。因此,宗璞的作品,虽然也是情感小说,却拓宽了自"五四"以来,至台港女性文学甚至当代某些青年女作家所沉醉不能自拔的爱情小说模式,赋予了它们更深厚的内涵、更清远的精神。她的作品中,没有性描写,也没有晦涩艰深的比喻,与年轻女作家相比,少了原生态的东西,更多的则是由于作家本人出身修养所决定的一种对国家命运及人类基本问题的关注与反思。其题材与语言风格一样,有一种外在的、明朗化的东西,这大概是因为宗璞亦从属于"50 年代女作家群"的缘故吧。因此,宗璞塑造的女性,具有兰的气息,但绝不娇弱;赋有玉的精神,却从不孤高。与冯沅君等人塑造的女性主人公的共同之处在于她们都有一颗中国妇女特有的善良高洁的心灵,但比后者又多了一分内涵,即新的时代培养出的一种向传统士大夫阶层靠拢的独特的精神。在这种精神中,爱情是重要的,但已不是可为之生亦可为之死的首要目标,它已经让位于国家利益基础上的个人事业及与此相关的人生价值。这当然还是一种继承,但已是更高层次上的回归。这其中,有时代的变化作为推动力,但女性精神自身的内在发展动力也同时起了一种深层次上的呼应与促成。从这个方面来讲,如同宗璞是冯氏家族中又一枝绽放的梅花一样,宗璞的女性主人公也是在冯沅君等人笔下少女的心理发展基础上所必然诞生下的历史与时代的产儿。这,大概才是宗璞对姑母及姑母那一辈人在最深层次上的一种可贵的继承吧。

不懈的探索与创新

以上谈到的作品,大多是作家采用现实主义的白描式手法进行创作的,不但非常重视人物性格描写,同时也十分注重事件发展的必然规律及历史脉络。然而,在创作这类作品的同时,宗璞于20世纪80年代还以另一种超现实主义创作手法进行了"敢为天下先"的艺术探索。她在接受施叔青的采访时曾说:"由于工作,我在60年代就接触到西洋文学,卡夫卡、乔依斯的作品都读过……只有经过'文革'的惨痛经验才懂得,'文革'的惨痛经验用这种极度夸张扭曲的办法表现最好。这些作品对我有影响,但更重要的是我具有长期培养的中国文化精神。中国文化讲神韵,有对神韵的认识和体会,也就是说我有这样的艺术观念做基础,才能使这些影响不导致模仿。"由此我们可以从艺术构思的角度来为宗璞的这类小说创作做一个总结,即结合中国文化精神与西方现代派手法,采取艺术形变的写作方法,从而达到自己独特的美学追求。

所谓艺术形变,指的是一种颖出于文学艺术创作领域中的美学现象;虽然古已有之,但却以现代文艺思潮所及的小说创作领域最为显著。形变,也可以写作"变形",源出拉丁文 deformatio,意即"歪曲"。艺术形变,即是把形变的原理移植到创作中来加以应用,用以概括或表达一种特意夸饰的文艺现象。从广义上来说,把生活原型变为艺术原型,即为艺术形变。从狭义上说,即在创作中将正常的事物(主要是人)合乎生活逻辑和美学规律地加以蓄意歪曲。如《聊斋》中的鬼狐,《西游记》中的孙悟空等。

宗璞的许多作品,无论从广义上还是从狭义上来说,都符合形变的概念。从广义上来说,她非常善于把生活中的原型,尤其是知识分子原型变为艺术原型。有时是以一个人为基础,加以艺术上的裁剪加工,如《三生石》中的梅菩提、《红豆》中的江玫等知识女性,无不带有作者自己的影子。有时则"杂取种种人",像《南渡记》中的老一辈知识分子孟弗之,则是作者融汇了那个时代父执亲友等人的种种特点加以塑造而成的。从狭义上来讲,继承了西方现代派创作思维的宗璞,更是结合中国传统诗词对于象征隐喻的独特运用,在中国"开风气之先",摸索出了一条独特的宗璞式的艺术形变之路。她在 20 世纪 80 年代初推出的一系列"超现实作品",如《我是谁?》、《蜗居》、《泥沼中的头颅》等,采用梦幻、虚构、荒诞的手法,"透过现实的外壳去写本质",虽然荒诞不成比例,却并非脱离现实,也非与现实对立,而是追求一种神似,一种余味(见宗璞《给克强、振刚同志的信》)。可谓既有继承,又有创新。列宁曾说:"人的意识不只是反映客观世界,并且创造它。"进行艺术形变最基本的依据就是生活和艺术的可然律和必然律;最直接的效果和最重要的目的就是使变形者变得更典型、更美奂和更深刻。要"把人的心灵的定性纳入自然事物里"(黑格尔)。宗璞同卡夫卡一样,在这些探索性的作品中用荒诞的艺术形变来陈诉深刻的生活哲理,从而对变态的畸形的社会现实做出变态的畸形的艺术表现,达到寓深沉于荒诞、寄辛辣于怪异的艺术目的。

  《我是谁?》的背景是颠倒是非,把人变成鬼、把鬼变成人的动乱时期。在那个特殊的时代,人的思维被扭曲、被搅乱,人的精神完全被摧残殆尽。作品中没有细致的描写,一切都染上了主人公韦弥强烈的主观色彩。在幻觉中,主人公长久以来被自我与超我压制的潜意识在已经丧失了一切自我与超我附着的现实的希望、荣誉、自尊时强烈地迸发出来。"我是谁"这个尖锐的,似乎极其荒诞,却又长久潜伏于韦弥潜意识中的可怕问题终于浮到了韦弥的嘴边。在经过大量的思索与回忆后,她拼命地追逐一群飞雁,一群排列成人字形的飞雁,其实是在追逐由真正的"人"组成的集体。然而,她好像"猛然从空中掉了下来……觉得自己在溶化,在碎作微尘,变成空气,渐渐地,愈来愈稀薄了"。在丧失了自我的那个年代,她终于认识到了自己的本质是一个"人",然而这个形单影只的人,最终抵抗不过恶势力的侵袭,在绝望的叫喊中投入了祖国的湖水中。

  宗璞的这篇作品写于 1979 年,春风才放花千树的过渡时期,思想及艺术都没有得到完全的解放。抑或说,作者本人也还没有完全确定作品的风格,还抱着一种尝试的态度。而 1980 年发表的《蜗居》及《泥沼中的头颅》等作品,象征意味则更加浓厚,作者对于西方表现主义手法的运用也更加大胆、纯熟,取精去粗,舒放自如,在看似荒诞的描写中蕴藏着更严肃的思索与探求。《蜗居》颇得鲁迅《野草》笔意,无论从意境上还是手法上。作品把人引入三重天界,目睹古今中外各种变形的人物和现象,他们是具有某种共性的现实生活中种种人物与现象的抽象写照。他们的出现体现了作者所追求的"神",即社会规范、政治、心理结构、历史积淀对人造成的异化。在梦幻与象征编织的世界中,读者尽可以发挥自己的想象,进行一番再创造,从而真正从内在的层面上对社会乃至自己的内心进行一番反思。这正是具中西两种文化修养的宗璞所追求的目标:含蓄隐约,言有尽而意无穷。让读者不再做个机械的受话者,而是也参与到文艺创作活动中来,在审美快感中进行自己的再创造,从而完成作品应有的社会效应。

谈到宗璞在艺术上的探索与创新,还应该看到作家新时期作品在结构上的独特贡献。在如诗如画的叙述过程中,一幅幅深藏在文字背后的支撑框架闪烁着若明若暗的柔和光芒。《心祭》的潺潺溪水里,回忆如丝,现实如梦,水乳交融,孰分清淳?《蜗居》的意识之流中,忽而天界,倏然人间,放射四方,收系一丝;《熊掌》的九曲连环下,长线穿珠,层次如梯,渐入佳境,恍然洞开。如果没有这些巧妙的佳构,作品恐怕也不会如此峰峦跌宕、引人入胜了。在这种淡淡地融入情节深处的巧妙安排中,同样可以深刻地体察到作家不懈的探索与良苦的用心。

白莲花的世界

弗洛伊德在其影响了 20 世纪西方文学批评研究的著作《作家的白日梦》中,曾谈到过作家童年经历在其心理潜意识上造成的影响。后来这种对作家心理的创作论研究发展成为一种心理批评话语,无论在西方还是在中国批评界都占据重要的位置。

那么,宗璞走过的是怎样的一条人生之路呢?翻开作家的履历,扑面而来的是一股与其作品中那股淡雅韵味有异曲同工之妙的书香之气。宗璞的经历,与大多数作家不同:她不像师陀、田涛等老一辈作家,是从中国的底层社会一步步艰难地爬到了知识的殿堂;她也不像巴金、谢冰莹,从旧的地主家庭中游离出来,流入城市,形成瞿秋白所说的一代"薄海民"(bo-hemian);她更不像新时期涌现出的一大批知青出身的作家,在自己的青年甚至少年时代就离开书本、离开家人,在贫穷、愚昧与困惑中探索人生的价值;甚至生长于"文革"之后的一代年轻人,也很少有像她这样得天独厚的学养根基。她是一株冰清玉洁的兰花,有幸在远离贫困与肮脏的净土中发芽,成长;就像夏洛蒂所言,拥有一个"没有污点的,饮之不尽,令人神清气爽的清泉"般的纯净记忆。她的生活环境,基本上限于高等学府和高等学术研究机构,由于自小在和谐淳厚文雅的学术气氛中得到熏陶,因而奠定了一生的做人与作文准则。她确实拥有一个令人羡慕的童年时代。这大概就是为什么宗璞的作品中总有一种别人学不来的大家之气、冲和之态,甚至一种率真洁白的"学生腔"的原因所在吧。

宗璞童年所生活的大学校园中,教授的生活条件是极其优越的,绝无今日"脑体倒挂"之虞。生活的舒适与地位的高贵,使得钻研学业的教授们能比较专心于书本的研究(当然抗战开始后又有了不同),他们的子弟也能在一个相对单纯、明净的天地中获得比同龄孩子更好的教育,得到更多的文化滋养。当然从另一方面来说,这也使得他们过分地单纯,书卷气过于浓厚,在今后的人生历程中则免不了要经受更多的磨难与挫折。我手头正好有一本1990年出版的《清华校友通讯》,不妨拿来,随便撷取几段,为宗璞笔下的清远世界作一个更详尽的注脚。宗璞的同辈人,著名文史专家虞振镛的女儿,西南联大1943级学生虞佩曹在《水木清华——童年的回忆》中曾饱含深情地描写了清华校园在自己童年眼中的平静与清雅,以及清华人文景观的优越与独特。她说:"那时清华只有附小(即冯友兰提到的宗璞就读的成志小学)及附设的幼稚园。马约翰是我们的校长。……后来由蔡顺理夫人教,她本人也是留美学生。"在这样条件下成就的孩子,的确有常人不及之处。而当时孩子们生活的环境又是怎样的呢?"水木清华的工字厅……里面典雅、荫凉,有一股楠木香味,单身教授吴宓、叶企孙先生曾在里面有过住所。""我们住的南院是一个四周由房屋围绕着的大院……西式住宅一号是赵元任先生家……"这种耳濡目染的文化气韵,在一点一滴中已深深地渗入了孩子们的灵魂之中。宗璞《南渡记》中所写的方壶小院,不就是这种充满清远文化气息的精英荟萃之地吗?法国现代派女作家纳塔丽·萨马特说:"文学所描写的,永远只能是某种看不见的,每个作家所向往的——他独自一人感觉的现实。"作品中的生活、人物可以虚构,然而意境却总是忠诚地反映出一个具有敏感禀赋的作者童年时对周围景物的特殊感觉以及这种感受对其终生造成的影响。宗璞在一系列作品中所表现出的那种特有的意境之美,正如同一缕轻烟,又好似一丝馨香,着意体会时捉摸不出,只有亲身体会过这种生活的人,才能从那似乎非常平淡的描写中领略到作家实际极其浓厚的感情,那种对童年精神生活的无限追忆与留恋。这种淡而韵的风味,这种非过来人不能写出亦不能读出的爱,正是宗璞"校园情结"的真谛所在。

青年评论家蔡翔在《噪动与喧哗》中曾说:"我到现在仍然忘怀不了宗璞的《三生石》,梅菩提他们在烛光摇曳下的结合给我一种难言的悲哀,然而这种悲哀又在一种宁静的氛围中把人导向人格的纯净境界。这种'人格自律'是中国传统知识分子的一种典型心态,它常常促使知识分子在浊世中自愿选择清贫、苦难乃至献身……那种傲骨嶙峋的品格使知识分子常以此为励,不与浊世合流。"从江玫到梅菩提,一条人格自砺的,贯穿中国几千年文化人命运史的主线在主人公的悲欢离合中闪着耀眼的光芒。许多像江玫那样参加革命的知识分子，在抉择自己的人生道路时，肯定也曾苦苦思索过这种行动的价值。是的，他们必然要牺牲一些东西，一些曾伴随了他们多年却无法割舍的东西。但是，作为一个社会的人，他们传承下的"修身、齐家、治国、平天下"的知识分子的历史使命，又迫使他们最终放弃个人的情感，而完成自己的社会意义。如果说在江玫所处的时期，个人还有为社会尽义务的权利，那么到了人的精神尊严被完全剥夺殆尽，甚至连尽这种义务的权利也被剥夺的"文革"时期，梅菩提们的传统生活标准就被迫转向了一种自我的反省，在对个人心灵的内观中达到一种"大隐隐于市"的超然程度。严格探究起来，这还是中国传统文化"穷则独善其身，达则兼济天下"的思想的一种完成方式。然而，这种转变也是相当痛苦的。梅菩提作为江玫形象的继续，已经自觉或不自觉完成了与过去"小资产阶级情调"的真正分裂。在20世纪50年代热火朝天的生活中，正如作者感叹的那样："曾怎样重新裁剪自己淡泊的性格，炼铸自己柔弱的灵魂，使之发出斗争的火花，那真是艰苦的历程呵。"新中国建立后的17年中，可谓是几千年来知识分子灵魂转变规模最大、最自觉的一个时期。无数像梅菩提乃至其父梅理庵这样的人，都放弃了那种不愿关心政治，只求自身清白、学业有成的知识分子道路，满怀热情地投入了自身思想的改造中。然而当风暴狂袭而来时，这一代曾被关心政治热情武装的知识分子，又重拾旧器，表现出了一种独特的人格力量。梅菩提与陶慧韵所生活的勺院，实际就是一个精神的避难所与修炼炉。在外界的沙暴中，他们在这块心灵的净土完成自身的修炼。然而这与古代无数隐居林泉或避难于市的文人不同，他们的心中并没有丧失对国家对人类的关照。只不过由于条件的不允许，而暂且进行自身的超越。然而，对于自己多灾多难的祖国，对于民族的悲剧，他们又时时记挂于心，不能或忘。这仍是那条贯穿中国知识分子命运史的"苦恋"精神的反映。对于祖国对于社会，无论是江玫还是梅菩提，心中都有着无限的依恋。这是中国知识分子与外国知识分子本质的不同。尽管这会造成一种身心的分离，然而最终他们还是选择了充满荆棘的此路。也许，这种白莲花般香远益清的精神在梅菩提他们这一代知识分子身上集大成，也最终到达了自己的顶峰。

茅盾在《创作的准备》中曾说："在小说创作中，人物是本位，而故事不过是具体地描写出人物的思想意识。"在作家第一部长篇小说《南渡记》中，一系列知识分子形象给读者留下了很深的印象。孟弗之是作家着力塑造的一个旧中国知识分子的典型形象。他生于乱世，虽满腹经纶却于世无济，因此只求独善其身，钻研学问。他的家取名"方壶"，是有深刻意义的。明代中央集权加强时，大批士人隐居于自家的小天地，做"瓶隐"之士，他们的宅院别业往往取名"方壶"

或"瀛洲"等名,以求芥子纳须弥之用。孟弗之是作家在对父执一辈高级知识分子进行深刻了解的基础上塑造的一个隐居于方壶乱世的大学教授形象。平日里,他虽关心国事,然而清高耿直的个性又使之对政治敬而远之。抗战之前,他只是埋头于书斋,做一个好教师、好丈夫、好父亲、好女婿。这样的人,在20世纪30年代前期的中国社会是形成一个阶层的。闻一多、朱自清乃至宗璞自己的父亲冯友兰都是孟弗之这个人物形象的源泉所在。然而,抗战烽火在中华大地上燃起时,他们心中那种中国知识分子传统的爱国情怀立刻极强烈地被调动了起来。在民族生死的关头,他们不再做出世的隐士,而成为入世的鼓手。孟弗之及大多数同仁不但日日忧心战况,而且积极利用自己的影响支持抗战。当华北沦陷之时,他们又毅然丢下家小,离开心爱的书斋,与自己的学生一起辗转千万里奔赴云南继续延续祖国的教育事业。在设备简陋的边陲校园中,孟弗之不忘自己作为文化人的职能,在教书育人、主持校务的同时,仍致力于《中国史探》的写作。在那样艰难困苦环境中仍不悔地传承传统文化精髓的,大概非中国知识分子莫属了,但是他又绝不是一个书呆子。他曾感叹:"我们有第一流的头脑,也有第一流的精神。"然而,要有所作为,还得先求生存。他是深知"皮之不存,毛将焉附"之理的。文中有这样一段非常感人的描写。星期一,孟弗之参加升旗仪式时,与随便乱扔国旗的兵油子发生了争执。俗话说,秀才遇到兵,有理说不清。然而面对自己军队中的败类,孟弗之毫不畏惧,慷慨陈词:"这次抗战,是我们民族的转折点、我们的生机!……大家历尽艰辛,万里跋涉来学,我们教师拼着老命来教,无论环境怎样艰苦,我们会把学校办好。"甚至说:"我们读书不忘前线。必要时,我们也要奔赴前线杀敌!"一番掷地有声的铮铮之言,令人更看到了老一辈知识分子身上的传统精神与新时代的觉醒意识。在这部作品中,孟弗之的形象已有了一定的厚度,相信在今后几部的写作中他身上仍有很多东西可以挖掘。

与孟弗之相比,年轻一代中的某些人提前走上了一条彻底转变的人生之路。作品中的卫葑,和《红豆》中的齐虹有着许多相同之处。都是学物理的高才生,出身世家,也曾有过"用花团锦簇形容还嫌不够"的辉煌道路:大学毕业,出国留学,回来当教授……这条路,是大多数中国知识分子追求的道路,也是孟弗之、齐虹等人走过或盼望经过的道路。但他与齐虹的不同之处就在于,在民族矛盾深重的时刻,他舍弃了自己的利益,用白嫩的手拿起了沉重的枪,从赴美留学的邮轮走向了奔赴延安的山路。作家对这个典型人物的描写是比较真实的,不仅写出了他作为新一代知识分子的进步性,也刻画了他与旧生活旧传统千丝万缕的联系。在他身上,革命者的自觉勇敢与小布尔乔亚的多愁善感融为一体,使人倍感他们道路的艰难与曲折。

与卫葑相比,他的妻子凌雪妍则更具有典型性,也更有魅力。作家对她的描写是很见功力的。在细腻柔婉的笔法中曲折透出人物心态的变化。刚出场时的雪妍是个性情脆弱,如依人小鸟般的娇贵小姐。家庭生活的平淡与无聊,使她对卫葑充满感情,用女性特有的柔韧牢牢抓住这股从窗外吹来的清新空气。在卫葑出走这件事上,她的性格开始有了展示。这个一向温柔的姑娘,抗住了母亲的压力,坚决支持丈夫离开沦陷的北平,去为国效力。一个通情达理、柔中带刚的形象渐渐为我们所接受。随着世态的发展,雪妍的性格变化也越来越明显。在又恨又爱的心情中离开已当了汉奸的父母,甚至登报脱离父女关系,这都显示了她的坚强与高洁的情操。可以说,雪妍是旧式妇女与新女性的结合体,在时代的风云中,这样的人可能埋没于闺房,也有可能在外力的推动下登上历史的舞台。看得出,作者对这样的人物是既深刻了解又深深同情的。当然,作家也没有忘记雪妍身上的致命弱点,这也是许多知识分子的弱点。从小生长于深闺中的她,太过轻信,因此往往会陷入悲剧命运中不能自拔。这种命运在《南渡记》中已有所暗示,估计在后几部中亦会有比较深切的显现。

北京大学教授乐黛云曾说:"用精神分析学,可对并非明确表现于作品本文中的'潜意识'进行分析,着重研究作者的潜意识如何转移(或升华)为作品的虚构世界。如宗璞的《红豆》、《弦上的梦》、《核桃树的悲剧》中多次写到一种已失落的,无法完成的爱情。如果联系起来分析也不难发现这里有一个共同的'潜本文'。"乐黛云提到的这种失落的,无法完成的爱情,其产生、发展乃至最终结束的时期,正是 20 世纪前 50 年一个几乎扭转了全中国所有人命运轨道的巨大的变革时代。20 世纪 40 年代末的中国,在巨大的革命风云面前,确实有许多对这样的恋人被历史的鸿沟分割于大洋的两岸。尤其那些风格高举的少女,倾慕于学业有成、家境相当的青年男性(有趣的是,作家文章中的这些男性全都是学理工科的,这里有一种理想化的倾向和潜在的互补心理在起支配作用),这在当时是非常司空见惯的事情。但是,由于时代的原因,他们往往劳燕分飞,几十年不能再相见,造成在正常环境下不大可能激发出来的人生悲剧。《南渡记》中也已经有了这种悲剧的雏形。10 岁的峨,与比自己大两三岁的少年——父亲好友之子庄无因之间,已经有了那种青梅竹马、两小无猜的纯洁感情。聪明深沉的无因对她常怀朦胧的挂念之情,她与无因之间也常常有那种"心有灵犀一点通"的天生默契。这是一种极其理想化的所谓"缘定三生"。然而,这种感情很可能又像江玫、清漪的感情悲剧一样,最终成为镜中花、水中月。作家在文章开头的序曲中已含痛暗示了主人公的爱情结局:"却不料伯劳飞燕各西东,又添了刻骨相思痛。斩不断、理不清、解不开、磨不平、恨今生!"这种啼血的呼声是那样震撼着读者的心灵。没有经历过那个年代的年轻人,会从中觉察到和平生活与自由选择的可贵;而已经走过了风雨的中老年读者,也许更能读出一种潜藏在文本之中的沧海桑田的感触,由此产生更深层次上的共鸣,对于那如梦如幻如电的人生图画,当亦会有更加达观的透悟。

岁月如流。自《南渡记》发表至今,已过去了整整 6 年。在这 6 年中,因作家身体状况及俗务缠身,第二部至今尚未问世与读者见面。这不能不说是"宗璞迷"们的一大遗憾。我们衷心地希望作家能在一个比从前更加宽松宁静的环境中创作出更好的作品,以飨读者。同时,我也想提出一点自己的看法。由于这部长篇小说的场面背景及宏伟的篇幅(作家有意要写四部),宗璞势必会遇到许多新的挑战。她必须从已经运用得非常得心应手的短篇创作转到需要高瞻远瞩进行总体构思的长篇中来,难免有一点小小的疏漏与生硬。好在作家有丰富的经历与深厚的学养,创作态度又极其认真,相信"第二部会更加出色"的想法不会是一个奢求。但是,随着写作的深入与主要人物性格的逐渐丰满复杂(在第二部中,几个孩子应当步入成年),作家应该努力摆脱那种种情结的藩篱,把视野放得更加宽广些,从 8 年抗战及战后风云这个历史转型期的整体上来把握中华民族,特别是中华民族知识分子的命运。在人们已经十分熟悉并且喜爱的幽雅淡然的风格中加入一点史诗的宏伟,在对人物细节进行娓娓刻画的同时,增添全方位的鸟瞰与探索。力争将文学与史学相结合,在知识分子命运史这方特殊的园地中开辟一块更广阔,也更深远的冯家山水。相信这不光是我一个人的期待,也是许多热爱宗璞、信任宗璞的人,特别是知识分子的共同希望。

原载《文学评论》1997 年第 2 期

涵泳大雅
——论宗璞短篇小说的叙事艺术

王小平

初读宗璞是在刚上大学时。先是《红豆》，一篇被不断收入各种当代文学作品选的小说，让我惊讶的是几十年前讲述的故事今日读来居然丝毫不觉隔阂，后来读到的其他作品也是如此。究竟是什么使得宗璞的小说有着如此长久的魅力？想来最主要的原因还是在于文本中大量富于个性的生命体验的抒写。宗璞的短篇小说创作主要集中在20世纪50年代中期以及70年代末以来，50年代的"百花齐放"和80年代相对宽松的思想氛围都给了文学创作以一定的自由空间，作家的艺术个性也得以展露。虽然时代本不应成为文学的敌人，但不可否认的却是大量应时而生的作品随着时间的流逝逐渐被人忘却，而宗璞显然成功地避免了这一点。当然，宗璞并不是象牙塔里的作家，她在小说中从不回避重大的时代问题。在她的作品中，隽永恒久的人性与时代风云激荡相依相生，在不断给人们带来美的享受的同时也引发了无尽的思索。可以说，宗璞的创作在丰富了文学史图景的同时，也为我们的文学创作和研究提供了大量可资借鉴之处。尤其是在如何凸现个人话语这一方面，作家的努力无疑是卓有成效的。

宗璞曾在《〈风庐短篇小说集〉序》中提到自己的短篇小说创作有三方面的追求："一是结构完整，无论怎样的奇峰怪石、花明柳暗，总要是浑然一体；二是语言要达到一篇散文所能达到的，让读者能从语言本身有所获；三是要有一个意境，也许短篇小说不一定有故事，但一定要有意境。"这算不上系统的小说理论表述，却为我们进入作家的作品世界提供了一个线索。在这三点当中，除了语言之外其余两点都是和叙事手法相关的。对宗璞而言，手法并不仅仅是手法，而是"富于意味的形式"，它巧妙地修饰并突出了作家的意图，将读者导向预期之境。循着这一线索去考察宗璞的创作，就会发现，叙事艺术在宗璞那里成为有效地保存个性话语的方式。

先来看作家自述的"结构完整"。事实上，从固有的小说观念来讲，也许有些小说是称不上结构完整的，叙事时间的断裂以及意绪的飘忽不定使得它们更像一幅幅片段而非完整的画面。这里当然涉及现代小说观念的转变以及模式的变化。与古典小说不同，宗璞的小说是以人物心理作为结构中心的，情节被淡化，不再具有驱动性力量，而人物与环境的关系、人物在这种关系中的心境则被不断强化，最终成为吸引读者全部情感的中心所在。譬如《我是谁？》、《一墙之隔》，通篇集中于人物心理的描绘，情节偶有出现也只是淡淡一笔带过。对人物心理的细腻体贴与描摹使得小说始终跌宕起伏，在情节之外成功地另行开拓情感空间，从而保持了小说心理意义上的完整性。当然，做到这一点是不容易的。因此，作家采用了独特的叙事视角。

毛姆在谈论亨利·詹姆斯的小说艺术时曾提到"亚变种"的全知观点的写法，并认为它可以弥补全知视角与限制视角的缺陷。事实上，这一手法对中国读者来说并不陌生。虽然中国古代小说多是全知视角，但也有少量突破者。而其中之一就是这种"亚全知"视角，即作者仍然是无所不知的，但他只对某一个人物无所不知，而由于这个人物的所知有限，作者的无所不知也便是有限的。在古代，它主要体现于史传文学中，有其不可替代的功能。在宗璞的小说中就大量采用了这一方式。《红豆》中的江玫，《米家山水》中的米莲予，《心祭》中的黎倩兮，她们的所思所感承载着作者的所思所感，而文中的其他角色则处于相对次要的地位。在这里，对主要人物以细腻的心理刻画为主，对次要人物则以动作、语言描绘为主，这两种截然不同的描写方式被统一在一起，效果当然是不言而喻的。但是，就现代小说观念而言，这样的方式是否会削弱文学本应达到的深度？这一点我想也是有的。当我们循着作者的思路慢慢接近绾云（《团聚》）的时候，不容置疑的叙述能够迅速将读者捕获，从而忘记那个已经变得庸俗的丈夫辛图也曾经有过不为人知的痛苦与悲哀，甚或是更有权利对生活发言的。读者并不总是满足于被诱导的，他们也渴望能够参与人物的行动、参与情节的推进，与被导游指引相比，读者也许会更乐于亲自去寻幽探胜。然而，我们始终不能忽略的一个问题就是作者的意图。采用这种方式的好处是很多的，譬如防止情节枝蔓过多，使得小说看起来紧凑而简洁等等。但是，真实感是它最大的优势。这也是为什么古代史传文学总喜欢采取这种方式的原因。当我们读着作者对江玫不加掩饰的喜爱："她那年轻的心充满了轻快"，"她觉得那清秀的象牙色的脸，不时在她眼前晃动"，"她又一次感到遗憾"，毋庸置疑，主人公的一举一动都牵着读者的心，人们不由自主地为她的喜而喜，为她的悲而悲，真实感悄然而生。这样，作者就成功地诱导了读者。何况，宗璞是那样一个敏感多情的作家，她对作品中人物的感情投入几乎是无保留的。这种司各特式的伤感或许在现代主义者看来是过于情感化了，但就宗璞的写作年代，它是不羁的，也是独具一格的。这种结构模式事实上是五四主情倾向在当代文坛的遗存。这种倾向在《在延安文艺座谈会上的讲话》发表以来，逐渐被框入战争文化规范的文学中以变异的形式保存下来，以激荡的情绪呼唤民族的伟力成为叙事中常用的策略，但在宗璞这里，情感体验的个人性回到了优先地位。一切影响都通过"情"来生发，特别是通过极其隐秘的私人体验。这样一来，同样写革命道路的选择，《红豆》相对同类作品就更具有引人共鸣的力量。

再来看"意境"。宗璞的小说是优美而含蓄的，深得古典文学的精髓，其最为突出的表现便是意境的营构，这实际上也体现了中国文学中抒情传统对叙事文学的渗入。在宗璞的作品中，人与环境之间的和谐同构关系是凸现意境的重要方面。在《三生石》中，梅菩提的居处勺院虽然在接踵而来的破坏中呈现出一派残败的景象，但那高大的柳树，屋檐下鲜艳的花朵，还有那块三生石……这一切在方知的眼中"都是美好的，都笼罩着一层温柔的诗意"，而勺院也成了"沙漠中的绿洲"；而在《红豆》中，江玫的住处的台阶上摆满了夹竹桃，"生活就像那粉红色的夹竹桃一样与世隔绝"。中国古典小说的人物形象描写注重写意美，并不追求精雕细琢，而是通过疏淡勾勒写出人物内在情状。魏晋时期的志人小说《世说新语》中对人物品貌的描绘："世目李元礼'谡谡如劲松下风'"，"见山巨源，如登山临下，幽然深远。"无不如此，而《红楼梦》中写尤三姐死时一句"揉碎桃花红满地"更是深得个中三昧。这是通过对生活具象的超越而达到的情境相融，在这一意境美学的追求中，环境描写与人物形象的关系是耐人寻味的一环。最为经典的例子之一便是蒲松龄《聊斋志异》中的《婴宁》："门内白石砌路，夹道红花片片坠阶上……窗外海棠枝朵，探入室中，裀藉几榻，罔不洁泽。"婴宁的天真烂漫与青春自由在多层次的环境描绘中被不断暗示。将物境的诗化作为强调人物审美力度的重要手段，这一手法对于具有高度古典文学修养的宗璞而言自然是驾轻就熟的。但在作家那里，它还具有别样的意义。

人与环境的相融是通过物境的内化与心像的外化而达到的，这种沟通为人自身筑起了一道天然的屏障，换言之，人在这一自身构建的环境中是自在自足的。用摄影的术语来说就是具有了"景深"，优秀的摄影师总会努力发掘这种景深，力求画面构成的完美和深邃。这种景深的视觉效应是立体的，而非平面的。通过与环境相融，人不再是孤立无援的，而是有所恃的。在宗璞的小说中，这种叙事方式在特定的年代中无疑显示出其独到的价值。当普鲁斯特品尝那块马德莱娜小点心时，记忆如潮水涌来，一个自足的、缓缓旋转的昔日世界一下子清晰无比，但这个世界却始终存在于作者的头脑之中，它的亘古与外部世界的易逝恰成对照，这是其魅力所在。对内部空间特征强化的结果是对外部空间以及时间的忽略。在《三生石》中，当方知走出勺院回头凝望的刹那，所有的美与温柔被小心翼翼地封在门后，菩提的脆弱与美好在漩涡般的时代面前显得那样坚强，她的柔弱不争越加反衬出时代的荒谬。宗璞试图在混乱的图景中努力保存一个正常的空间,它同样存在于作家的头脑之中,这个空间凝聚了传统文化的精髓,有着端方雅正的知识分子品格,也有"虽百折而不挠"的文人气节,当然更有着温婉坚韧的女子心性,外部世界被成功地隔绝于这个空间之外。由此而来的便是人物与时代相疏离的叙事效果,自然环境产生的氛围与时代环境构成了一种对抗,而人则在这种对抗中找到平衡,回归自我。

与此相关的是小说的诗化效果。古代小说虽一直不登大雅之堂,但并不妨碍其多引诗词歌赋。连《西游记》都时不时地来一段韵文,更遑论明清世情狭邪,到了近代更是蔚为大观。五四以后虽然很少再直接以诗词入文,但"诗意"却未曾丝毫减退。这既可以看作古典诗词"意境"的遗绪,也有着现代西方小说观念的影响。当完整的理念世界被打破,小说便不再是一个自足体,这是现代西方小说观念最大的突破之一,而在中国,情况则要更为复杂一些。在五四一代作家那里,文学观念大多是分裂的。他们的理论提倡与实际创作总有不相吻合之处,在不断批评古典文学的同时又在作品中向其致敬,这也许可以理解为强势文化传统的影响。在 20 世纪 30 年代,小说艺术有了长足的进展,并积累起丰富的叙事经验,小说的诗化也有了更多尝试,譬如萧红、沈从文。他们的创作更多的带有草根文学的特征,西方小说观念的影响固然通过五四一代有所流布,但从本土发展起来的文学理念对其创作的制约则更为鲜明。这里的诗化实际上与散文化是联系在一起的。至此,诗化小说已成为现代中国小说模式的一种,它的源流自然不止一端,但古典意境观念的影响则是至关重要的,尽管我们对于这一影响是怎样与现代小说中的某些观念相结合,至今还没有较为深入的研究。而在宗璞的笔下,她的小说的诗化特征则更多来源于明确的美学追求。中国古典文化和文学的修养在形成端方雅正的知识分子品格的同时也赋予了其作品以柔美隽永的叙事风格。饱含情思的红豆,《米家山水》中的那方山水天地,三生石的象征……它们在民族文化心理中唤起的是由普遍文化记忆而来的共同的情感体验。在宗璞的笔下,由意境营造而来的诗化效果无处不在,连人物的名字也是如此。梅菩提,柳清漪,米莲予……诗意古典的气息氤氲漫布在字里行间,和上文提到的背景一样,都是小说意境的重要构成部分。它们的存在使得小说具有了更为丰富的意义,与古典文学内在精神的相通,使得作品呈现出超越具体时代背景的美学品格,更重要的是,在这样的叙事方式中,作家个人的文化修养、文学趣味起了决定性的作用。在有着强势主流话语的年代,这种方式更像是一种策略,它以防守的方式宣告存在,尽可能地避免受到主流话语的影响,更多地保留了个人叙事的特征。

在中国现代文学进程中,语言的转换与流变始终是一个中心问题。在宗璞这一代作家那里,基本上已经完成了现代语言的转变。相对五四一代,他们的语言去除了西化初期而来的生涩坚硬,显得圆熟明朗;当然,也不具有五四时代所特有的因朴拙而来的天然与恢宏。具体到宗璞个人,她的语言风格是细腻端雅的,这种语言即便在表现激烈的行为时也显得温文平和,不失中正之美。譬如在《核桃树的悲剧》中写到柳清漪在面对丈夫的遗弃、年轻人的殴打时的那种平静的悲哀,处处充满着节制的文字让人想起"怨而不怒"的诗文传统。同时,宗璞的语言也以凝练见长。在她的小说中,很少有长句子,大都简洁生动。作为现代汉语,它吸取了欧化语言的表达方式,但情感的含蓄却使得它在内核上更接近传统的言意关系。宗璞曾说,"要达到一篇散文所能达到的,让读者能从语言本身有所获",女性的细腻优美在语言中表露无遗。在急躁扬厉的时代氛围中,天性的自然流露是多么难能可贵。语言是一个作家存在的本质,对语言的追求也即对文本存在方式的追求。当宗璞更多地从个人天性和文学品味出发去选择文本的写作方式时,事实上已经与时代主流话语拉开了距离。宗璞的文学追求很重要的一个方面就是对美感的追求。"从语言本身有所获",意味着文字的自足性,换言之,它具有了作为文本之外的意义。文学自然不仅仅是语言的艺术,但同时语言也同样拥有着超出文学本身的特质。可以说,它隐喻着一个人与所在世界的关系,语言是检验一个作家真诚与否的重要标志,也表明作家究竟在多大程度上保留了独立写作的权力。对宗璞来说,对文字美感的追求在某种意义上也许是不合时宜的,不管是在20世纪50年代还是80年代,但这种不合时宜却为作品赢得了更为长久的生命力。

从宗璞的自述出发,我们讨论了作家短篇小说的一些叙事手法,当然没有谈到的还有许多。作家本人有着较高的古典文学修养,又长期进行外国文学研究,其转益多师的写作方式能够为我们研究小说模式提供许多有意义的东西,但我更为关注的还是在这些叙事方法背后隐藏的话语取向。事实上,我们可以看到,通过这些手法的运用,作家在时代与个体的空隙中获得了较多的自我空间,从而在同时期的作家中显示出独特的风貌。这其中,强大的主体意识是很重要的一环。

20世纪80年代中期,宗璞发表了《蜗居》、《泥沼中的头颅》等几篇小说,因采用了当时刚刚兴起的意识流手法而引起人们的注意。宗璞在《小说与我》中讲了两段很有意思的话:"(卡夫卡的作品)写的是现实中不可能发生的事,可是在精神上是那样准确……把表面现象剥去有时是很必要的,这点给我以启发。""中国画讲究'似与不似之间',讲究神似,对我很有启发……绘画和文学是两种艺术,所凭借的手段不同,但也总有相通之处。"读到这两段话就会对宗璞的创作有更进一步的了解。宗璞在创作中始终注重的是精神内核,而形式则是可以不拘一格的。她并不刻意寻求形式的革新,也没有引领潮流的想法,她的全部注意力都集中在人物塑造、情感呈现等方面。对西方文学有着长期研究的宗璞当然不会忽视现代文学的种种技巧,包括意识流和一些变形荒诞的手法,在《蜗居》《我是谁?》等篇中,也大量运用了这些技法。但这些外来技法的运用并不使人感到突兀,究其原因,中国文学的抒情传统在其中起了根本作用,使得作家能够以自己的情感力量去统驭对象,从而在感染读者的过程中将技法的存在感降到最低。因此,在宗璞的笔下,无论是意识流还是变形、怪诞的手法,总能如盐入水般融入作品。从古代哲学的角度来讲,就是"万物皆备于我"的一种观念,而在创作中呈现出的就是鲜明的主体性意识。在采用种种技法时,这种主体性意识的强弱是直接决定文学品味的关键,就这一点而言,在20世纪80年代的文学创作中,宗璞的创作经验是提供了可资借鉴的例证的,这也是为什么她的作品能够长久得到人们喜爱的原因之一。

深厚的中国古典文学和西方文学修养为宗璞的创作提供了开阔深邃的视野,它们在一一化入其作品的同时却又如羚羊挂角般不着痕迹,这是作家的高明之处,究其原因还在于个体精神、情感力量的强大。在追求阅读乐趣的今天,宗璞的短篇小说仍然有着它无可代替的魅力。我想,这不仅仅是由于兼容并包、灵动巧妙的叙事手法,更重要的还在于作家始终是将叙事技巧与一己之情怀相融,这才是最根本的叙事艺术所在。

原载《当代作家评论》2006年第2期

话语"夹缝"中造就的叙事
——论宗璞"十七年"的小说创作

孙先科

在当代诸多小说家中,宗璞小说创作的数量是偏少的,只有 25 篇左右的短篇、两部中篇和两部长篇小说。但是,宗璞可能是中国当代文学史无法忽略的一个名字。她的重要性在于:一、作为一个有深厚家学渊源的知识分子在当代的政治生活中经历了剧烈的精神动荡和深刻的灵魂触动,她的带有传记色彩的小说创作提供了知识分子在当代的灵魂发展史。二、她所受到的深刻传统文化的濡染使她在文化人格、认知方式、知识背景等方面有别于其他作家,她对社会、历史、文化、知识分子的地位及当代命运等问题有独一无二的认识和表现。三、从叙事话语的层面来讲,无论就语言、文体、意象系统等,宗璞小说都体现出传统的文人话语、当代的意识形态话语、现代人文话语等不同话语系统的并置、对话和相互掣肘的复杂格局,因此她的小说文本是一个包含了丰富的政治文化信息的语料库。相对于宗璞小说创作的重要性和独特性而言,文学史对她的记述和文学研究对她的关注程度就显得极不相称。比如,对她在"十七年"的小说创作,文学史和文学研究基本上只提及她的《红豆》,而对其他作品则取忽略的态度。这样做造成的结果是根本无法整体上理解宗璞小说创作的前因后果、来龙去脉和内在的精神联系,无法理解她这一时期小说创作的独特性与重要性。本文将宗璞"十七年"的小说创作看作知识分子的人文话语与当代意识形态话语交流、对话的话语场,看作一个精英知识分子与她所处时代进行精神对话的一份想象性的心灵档案,借助于对这批小说文本的细读和话语分析,一方面能够看到一个有着独特个人文化色彩的知识分子在特殊年代经历灵魂改造的精神私史;另一方面它也让我们看到社会主义的文化价值观念以何种方式进入到个人的"语言"和灵魂的层面,以完成对知识分子的"铸心"[①]工程。

[①] "铸心"的说法请参考贺桂梅对宗璞的访谈《历史沧桑和作家本色》,《宗璞文学创作评论集》,人民文学出版社,2003 年,第 363—370 页。

一

宗璞已知的最早的小说是以法语命名的短篇,名字叫《A.K.C.》,意思是"打碎它"。小说讲述"男主角送给女主角一件瓷器,上面刻着'A.K.C.'(打碎它),但是女主角舍不得打碎它,就没有得到藏在其中吐露真情的信,两人错过了,成为终身之恨"①,或许是因为时间久远,加上未获得原文,宗璞在接受施叔青的访问时,对这个故事作了不同的陈述,送出瓷器的变成了女主角。作者还说:"这是一个瞎编的故事,没有什么时代意义。"②据作者自己说,这篇小说写于1948年,这是一个如火如荼的年代,是年轻人面临着人生抉择的重要的人生关口,也正是江玫在爱情与爱国之间做出选择的艰难时刻(《红豆》),因此作者说它"没有什么时代意义"或许是有道理的。但是,"两人错过了,成为终身之恨"的故事却一再地出现在宗璞以后的小说里面,这个故事成为她一系列作品赖以表达"人生不如意事常八九"这一人生主题的基本故事原型③,也是李子云所说宗璞的小说"常常流露了那么一种感情上有所欠缺的怅惘"的故事基础。就此而言,"这个瞎编的故事"或许并不是没有意义。

《诉》是宗璞在新中国成立后公开发表的第一篇小说,它让一个女工以第一人称自述的方式控诉旧社会,欢呼党给她带来的新生活。这篇小说算不上一篇丰满、成熟的作品,在当时也没有引起多少反响。但是,对于宗璞来说,它更应该被看作一个仪式,一个申请加入到主流言说行列中来的一个加盟仪式。工人主人公、新旧社会的对比、个人从苦海中获救的故事、共产党作为拯救力量的出场等,这些小说元素及其组合方式正是主流文学话语所要召唤出场的内容。尽管这篇小说有生活的基础,作者也认为写了自己的真实感受④,但它显然并不让作者感到满意,除了《宗璞小说散文选》之外,她的各种选本均不将它列入就是一个证明。显然,适应一个越来越狭窄的公式化的模式,可能比"瞎编故事"还要困难。因为它既不符合作者的心意,无法唤起作者创作的冲动、满足作者审美想象,而且又有诸如此类的外在的限制与制约。因此,宗璞在这篇小说之后的一段时间里放弃了小说的写作。在此,我们已经看到两种力量、两种话语方式对宗璞的争夺。在20世纪50年代的语境中,她尝试加入主流叙事的范式中

---

① 宗璞:《说虚构》,《风庐缀墨》,上海远东出版社,1998年,第124页。
② 施叔青:《又古典又现代》,《宗璞文学创作评论集》,人民文学出版社,2003年,第343页。
③ 蔡仲德:《我和宗璞》,《宗璞文学创作评论集》,人民文学出版社,2003年,第396页。
④ 施叔青:《又古典又现代》,《宗璞文学创作评论集》,人民文学出版社,2003年,第343页。

来,用她所不熟练的语言生硬地书写她也并不十分了解、熟悉的"工农兵";但是,她的经历、她的家教、她所受的教育,总之,她的主体情致让她不能完全服膺于这一主流叙述模式。而她所愿、所能的又处在一个日益不合法的地位上,她处在矛盾与夹缝当中,处在暂时的失语状态。

1956年,"双百方针"的提出,在中国营造了一个短暂的政治和文化气氛相对宽松、自由的环境,某些政治禁忌和文学教条在一定程度上有了"解冻"的迹象。《红豆》正是在这一背景下出现的。它以1948年新中国成立前夕北平动荡的社会环境和国共两党日益尖锐的矛盾与冲突为背景,描写大学生江玫在爱情和祖国之间徘徊与痛苦的抉择。作者在《〈红豆〉忆谈》这篇文章中,回忆了自己这一代人所经历的坎坷曲折的人生道路,走过的一个又一个"十字路口",及伴随而来的一次又一次的痛苦的抉择,并且说:"《红豆》写的也是一次十字路口的搏斗","《红豆》还想写人的性格上的冲突。这种冲突不是环境使然,而是基于人的内心世界……人的精神世界是极复杂的,如何揭示它,并使它影响人的灵魂,使之趋向更善、更美的境界,这真是艰巨的课题。"[①]可以看出,人文话语在新中国成立后一直处于被抑制的状态,"双百"方针所营造的"宽松"气氛使它有了再次"复活"的条件。

《红豆》与《A.K.C.》的"瞎编故事"和《诉》对"他者"的讲述都有所不同,既具有十足的郑重感(符合主流政治话语的基本规范),又与作者的经历、思想感情具有不言自明的切近感(又为个人话语找到了突破口)。有批评者甚至说:"江玫是一个典型的宗璞式的女主人公。"[②]由于书写历史时的这种鲜明的个人意识,以及美学路线上的个性化色彩,《红豆》从主题到对人物精神世界的揭示都具有了当时小说少有的深刻性与复杂性。这种深刻与复杂一时间让阅读者激动不已[③],但在简明的政治标准作为阅读和评价作品的唯一标尺的时候,小说思想与精神的深刻性与复杂性带来的只能是粗暴而简单的政治裁决。在小说发表后不久,就受到歪曲的批评,并在"反右"斗争中,被冠以"毒草"的帽子打入另册。

不少人,包括宗璞自己更愿意将《红豆》作为她的小说创作的真正开始是有道理的。理由和依据在于:一方面,它是一部书写小资产阶级知识分子在共产党的引导与感召下走向革命道路的革命文本,江玫对政治道路的选择符合主流意识形态对小资产阶级的阶级属性的分析与定位,因此这一文本是在《诉》之后进入当代书写体制的又一次尝试;另一方面,这部小说中主人公江玫的知识分

---

① 宗璞:《〈红豆〉忆谈》,《风庐缀墨》,上海远东出版社,1998年,第76页。
② 李又宁:《从宗璞看中国年轻的女作家》,《宗璞文学创作评论集》,人民文学出版社,2003年,第28页。
③ 洪子诚先生在他的《问题与方法》中曾谈到《红豆》发表后在他的同学中产生的影响。

子身份,她在爱情与爱国和走向革命道路之间的艰难选择,作者在讲述方式上所采取的心理主义的路线,都使它打上知识分子审美趣味的鲜明印记。《红豆》是两种话语结合的产物,它在主导形态上所遵循的是知识分子/党的引导(群众中锻炼)/走向革命这一主流政治模式,但在具体的话语编织过程中,显然又留出了相当宽裕的知识分子的话语空间,在不少环节上可以看到知识分子的人文话语对主流政治模式的渗透,甚至是修改。如果和类似题材、相近主题的经典文本《青春之歌》相比,《红豆》带有更强烈的在主流模式之外拓取空间的个人性质。一是爱情虽然被作为与革命相矛盾的因素置于一个二项对立的文本结构中(个人/大众的基本结构),并且以革命战胜爱情作为解决这一矛盾的结果,即让爱情(个人)服膺于革命(大众),但《红豆》之中的爱情显然具有强烈的个人感性的品质,比《青春之歌》中的爱情更复杂、更写实,要摆脱它也更艰难,更有心理上的震撼力和悲剧意味。或许正是这个原因,让某些人得出了"革命迫害了爱情"的结论,并以此作为否定《红豆》的理由。二是江玫走向革命的过程有一条清晰的、写实的,符合人物身份与性格的发展理路。虽然作品也写到了革命理论对江玫的启发,但江玫走向革命的主要原因不是对革命理念的接受,而是来自自己对身边现实的观察、感受,她走向革命具有更强的自主性。小说中被突出的两种情节因素对于理解同类文本和宗璞的小说创作的独特性尤其重要。首先,"家"这一伦理元素是江玫走向革命的关键原因和重要的中介。和《青春之歌》完全把"家"作为负面的价值元素理解不同,《红豆》充分肯定"家"的社会意义、伦理价值,江玫正是因为父亲不明不白的死去(后来母亲告诉她父亲被国民党暗杀的真相)、母亲生活的朝不保夕,进而由"小家"看到了社会("大家")的不公与腐败,才走向革命道路的。其次,和江华作为林道静精神上的父亲、革命引路人被象征化、神话化不同,《红豆》中的萧素既被写成一个政治思想上先进的共产党员形象,引导、影响了江玫的革命选择,同时她又被突出与江玫的亲情与伦理关系。江玫把她看作比自己成熟的"姐姐",在生活中和感情上可以依靠的亲人,萧素的被捕促使江玫加入到革命的洪流中去。萧素在江玫母亲生病时准备输血给她,在知道血型不同时偷偷地卖血,并将卖血的钱资助江玫母亲治病,这一共产党员形象在道义上对江玫的感召超过了她对江玫在政治上的引导作用。

在《红豆》中,我们看到了宗璞书写革命话语的一种独特的思想和独特的话语路线,即政治革命与伦理的失序有关。反革命集团的失败是由于它丧失了立足的道德伦理基础,而革命者的正义性也正在于道德的正义性,而正义与否的重要标准是社会的基本细胞——家庭以及生活在普通家庭中的千千万万的普通人的日常生活、稳固的伦理关系是得到了保障还是被破坏。她的革命话语背后隐含着一条"得道多助,失道寡助"的意义逻辑,而"道"的标准则是自然与人伦的和谐。不难看出,宗璞的小说创作在题材、主题等方面("写什么")努力地融入当代文学的主流规范,但在具体的演绎和阐释过程中("如何写"),又对主流叙事规范有所偏离;而在诸如人物形象的设计(萧素这一形象在突出她的政治身份之外,她的自然性别、伦理身份使她有别于江华、贾湘农等共产党员形象),人物的性格发展与心理成长的内在逻辑等方面还是营造出独具一格的话语空间,充溢其中的是作者对政治革命的一种文化式、道德式的理解(伦理本位而不是政治本位),从而使她的小说创作保持了文化人的边缘趣味与独特的个人气息,没有被完全纳入当代文学"一体化"的表述模式。

二

"双百方针"所营造的自由空间是有限度的,在时间上也极为短暂。"反右"斗争开始以后不久,《红豆》就受到批判,并被冠以"毒草"的帽子打入另册。宗璞本人虽未被打成"右派",但多次进行自我检讨,努力改造头脑中的"小资产阶级王国",1959年被下放到桑干河边的小村温泉屯劳动锻炼,在劳动实践中改造世界观。和大多数的中国知识分子一样,宗璞在相当长的时间里或被迫,或自愿地进行着从肉体到灵魂的脱胎换骨。宗璞后来形象地将对知识分子的改造称之为"铸心"。那么,"铸心"的结果如何?处于"铸心"过程中的知识分子又是一种什么样的精神状态?宗璞有两类文本记录了知识分子在改造过程中的复杂心态:诚心实意地改造世界观,向盘踞在头脑中的小资产阶级王国开火,努力靠近、认同劳动人民和无产阶级的价值观;但是,深入骨髓的知识分子气质以及认知世界的方式仍然顽强地存在并发挥作用。因此,一个矛盾的、分裂的、左右支绌、无所适从的知识分子的人格形象是宗璞所描摹的自我形象,也是她在20世纪60年代的几部小说中留下的典型的知识分子形象。

宗璞回忆,在河北下放归来后,她试图写一点文字。当时写了一篇名为《第七瓶开水》的短文,"原稿的第一句话是'天下的母亲都是慈爱的',写下来一看,不对,这不是人性论的说法吗!赶快删去。那时处在一个随时随地要进行思想改造的地位,而且认为这是自己的责任,自己随时把头上的紧箍再按按紧,这样也就把想说的话按了回去"①。这段话所描绘的是一个不能已于言,又不能自由言说,处于两种话语的撕扯当中,被迫失语的作家的自我形象。在后来接受采

---

① 宗璞:《下放追记》,《风庐缀墨》,上海远东出版社,1998年,第69页。

访时,宗璞也不止一次说过拥护知识分子与工农兵结合、向工农兵学习的号召,因为这样扩大了眼界,更了解知识分子,因为有了比较;但是,她怀疑对知识分子的改造是否必要,是否可能。① 这里,宗璞强调了不同的社会语言之间对话的必要性,但对知识分子作为一个语言主体、社会主体能否被同化、被取缔表达了自己的疑虑和担心。无独有偶,如何坚持知识分子的主体性,在强大的政治语言的征用、征服面前,知识分子是否应该、能够拥有自己的主体性,是宗璞这一时期一组虚构性文本的核心主题和基本结构。

《桃园女儿嫁窝谷》写于1960年,是宗璞下放锻炼后收获的具体成果。这是一篇农村题材的短篇小说,有不少文学元素可以看到"山药蛋"派影响的痕迹,如对再嫁的地主寡妇脸上涂脂抹粉的描写,可以看到赵树理在《小二黑结婚》中对三仙姑的描写的影子,农村先进青年的出场方式、性格特征等则与马峰的《结婚》等小说有着师承上的关联。或许由于这种学习、模拟的痕迹太重,而在题材上又完全不是自己所熟悉的知识分子生活,宗璞认为它"没有什么代表性,不过是一个过程而已"②。如果我们透过题材、人物的外在身份这些表面的因素,进入这篇小说的"文心"中去,就会发现它还是流露出知识分子叙述人在心态上的蛛丝马迹。

这篇小说可以看作一个复合型的文本,一种是赵树理的"问题小说"式的文本类型,如诸多人物的出场,带喜剧色彩的人物关系,"大团圆"式的矛盾解决方式等;另一种则是宗璞式的"心理小说"模式,这就是上文所说的"文心",是发生在主人公老四爷内心里的一场冲突,是他内心根深蒂固的婚姻伦理观念如何在公社化这一大背景下得以消除的心理与思想命题。老四爷在公社化的问题上是积极主动的,他对穷山村窝谷的无私帮助体现了他思想上的先进性。但是在他的内心里有一个秘密,观念的深处有一个解不开的结,就是他的宝贝女儿要嫁到穷山村来。他无法想通,因为乡风民俗的道德观不认同这种婚嫁模式,事实上也只有像地主的寡妇才由富裕的桃园再嫁到贫穷的窝谷。就是说,在婚姻道德观念上,老四爷又表现出梁三老汉(《创业史》)和亭面糊(《山乡巨变》)等小私有者的保守性与落后性。在公共政治生活中"从善如流",而在个人的、私密的、道德观念和精神层面上却表现出某些固守和改变的艰难。这种公/私,国家、集体/家庭、个人,政治理念/道德观念之间的冲突、对话,并以前者战胜后者作为结局的人物心理模式与文本的结构模式,是这篇小说的突出特色。从某种意义上,这也是宗璞20世纪60年代小说的共同特征,是一个典型的宗璞式的

---

① 在接受施叔青和贺桂梅的访谈时,宗璞均谈到所谓"改造资产阶级思想王国"从根本上实现是不可能的。两文均见《宗璞文学创作评论集》,人民文学出版社,2003年。
② 施叔青:《又古典又现代》,《宗璞文学创作评论集》,人民文学出版社,2003年,第343页。

话语模式。如果对这一话语模式作结构主义式的概括,它的典型句式是:一个行动者(主语)遭遇一个困境(公与私,国家、集体与个人之间的价值冲突,表现为行动者的心理矛盾),经过自助或他助的努力,行动者走出困境(谓语)。由于谓语是一个相对固定的模式,主语(行动者)的身份实际上是可以相互置换的;而且,由于这是一个典型的描写性的句式(谓语成分以描写心理和精神状态为主而不是以行动为主),它的主语(行动者)更应该被指认为以思想和心理对话见长的知识分子。具体地说,宗璞以农民、少年儿童、女大学生等变幻不定的身份为主角展开的精神对话实际上可以读成知识分子精神矛盾、思想挣扎的置换变体。

从这一角度来读解《两场"大战"》和《后门》,就会得出一些和已有的批评观点不同的结论。《两场"大战"》叙述发生在一群小学生之间的一场战争游戏,结果是在战斗中"摧毁了敌人的堡垒"——单位准备盖房用的砖垛,打碎了几块砖,路过这里的洪老师要求有人承认"破坏国家财产"的错误,由此,在领导了这场战争的小棣的心里发生了另一场"战争"——承认还是不承认之间的心理冲突与战斗。结果是在姐姐小梅的启发帮助下,小棣战胜了自己的面子观念,承认了错误。有研究者把这篇小说读成一则寓言,并发现了其中的"微言大义",认为"两场'大战'似乎有现实所指。第一场'大战'让人联想起'大跃进'那冲锋陷阵的生产'战斗'及其领袖。这场'大战'对'国家的财产'造成了'损坏',是以洪老师为象征的知识分子目睹的事实。'怎样拉得下脸来承认'错误又是领袖人物的典型表现,但当'红领巾'敢于带头承认错误之后,大伙儿(人民)是会齐心协力把'碉堡'(国家)'修复'(调整)过来的"①。尽管现代的阐释学理论将文本看作"敞开的",是"可写的",批评者有权利根据自己理解进行阅读和阐释,但将《两场"大战"》解释成"大跃进",并在是否承认错误问题上进行心理战斗,是过分牵强附会了。一是因为这样的解释过分生硬,文本提供的基本框架与细节很难作这样的联想和"升华";二是以宗璞的为人和为文的风格,即使对"大跃进"有所认识,也不可能把"大跃进"的错误直接和领袖人物联系起来。把洪老师解释成目睹了"大跃进"的破坏性,并站出来让领袖人物承认错误的知识分子的代言人也有些言过其实。

如果坚持把《两场"大战"》读成一篇"有隐喻性的寓言小说"的话,我倒觉得,它的隐喻性在于:借助孩子的游戏,写出了成年人隐蔽的、矛盾的心理,即如何在公共场合、公众性的活动当中,将非常个人性的"错误"公开承认的问题。借助于小棣这一人物复杂的心理活动,小说在拷问个人灵魂深处的"私"与"小"。如果允许进一步阐释的话(也许是"过度阐释"),像鲁迅先生在一个人力

---

① 陈顺馨:《夹缝中的生存》,山东教育出版社,2002年,第297页。

车夫面前感觉惭愧,坚持挖出知识分子灵魂中的"小"来一样,宗璞的《两场"大战"》或许可以读成一篇关于知识分子改造必要性的寓言。将一个小孩子打碎几块砖这样的"小事",放到灵魂的天平上来考量,并充分地写出这种心灵作战的艰苦性(洪老师的坚持,小梅的启发、诱导),这种"小题大做",是在借人言己、托物言志,是一种典型的知识分子的话语方式。小棣勇于战胜自我、在"面子"问题上的认真态度以及叙述人在讲述这件小事上的庄重姿态(作者使用了"大战"这样的政治修辞,如果说第一场"大战"还是对孩子的游戏的一种比喻性的说法,注重的还只是二者表面性相似的话;对于发生在小棣心里的第二场"大战"的叙述,显然就具有了十足的思想的深刻性与严肃性,几乎是哈姆雷特面对生存难题时的庄严与崇高),显然将小说的"寓意"引向了成人的、知识分子式的心灵事件,即自我灵魂的改造问题,具体一点来说,就是如何正视灵魂深处的"小资产阶级王国"的问题。作者描写小棣在与"自我"作战时的犹豫、延宕,或许寄托着作者对于知识分子改造必要性、严酷性的自我设问与应答,是发生在内心里的两个自我之间的一场"论战"。

对《后门》这篇小说的阐释存在着类似的问题,包括作者在内的发言者都将这篇小说的主要内容说成是反映了社会上出现的"走后门"的不正之风,有的批评者用它是"最早的"触及这一敏感主题的小说来强调它的首创之功。不可否认《后门》包含有这样的内容,但若仅仅止于这种认识,不说是误读,也至少可以说遮蔽了这篇小说至为重要的内容和主题。仅仅反映一个社会问题而不诉诸灵魂和心理问题,可能从来都不是宗璞小说的行文风格。《后门》的"文心"仍然是一个灵魂问题,即围绕一个十八岁的高中毕业生林回翠走什么样的人生道路而展开的思想矛盾与对话,对话的焦点仍然是公/私、群/己的关系问题,归根结底还是对资产阶级思想的追根刨底的拷问。"后门"是对不健康的资产阶级剥削思想、自私自利的个人主义思想与道路的隐喻。

《桃园女儿嫁窝谷》、《两场"大战"》和《后门》等宗璞20世纪60年代创作的几篇表面看来和知识分子关系最为疏远的作品,同样带有知识分子自我指涉的痕迹,对"他者"的言说,并不能完全掩盖书写自己心志的思想踪迹。托物言志,借事比兴,言在此而意在彼,这是宗璞小说创作在20世纪50、60年代这一特殊语境所形成的相应的修辞策略,这与她作为一个学者型的作家对中国文人小说传统的接受并不相悖。

三

《不沉的湖》和《知音》分别是宗璞 1962 年和 1963 年的作品。这两篇小说又回到了宗璞所熟悉的知识分子题材。《不沉的湖》讲述一个舞蹈家在自己的事业如日中天的时候突然腿部受伤,不得不放弃心爱的舞蹈事业,她为此陷入了深深的心灵痛苦和绝望。共产党员老徐也曾在舞蹈事业中失去过一条腿,他用自己的经历现身说法。

> 老徐又站起来,在屋里来回慢慢走着,他仿佛知道我在想什么,接着说:"我从不爱说这事,其实也有许多人晓得,腿虽然断了,我走得可更快了。我明白了,要国家,要民族,以至于要艺术,要性命,都得从最根本的干起。我们必须化在革命里头,才能有所作为。就好像溶在大海里的盐一样,因为溶在大海里,才获得不朽的生命。舞蹈演员的艺术青春本来是短促的,这青春,要靠大家来保持、发展。"
>
> 他转过身去,看了看那一品红,自言自语道:"多么红呵,简直像从根子里红出来的。"
>
> 停了半晌,才看着我说:"迷上自己的事业是极应该的,我们许多人还嫌迷得不够!可是最先该迷上自己的革命事业。这个入了迷,什么都能拿得起放得下,在生活里永远也不会——下——沉——"他仿佛在寻找恰当的字眼,又还想说些什么,我没有容他讲下去,不知从哪里来的一股力量,使我猛然扑向前去,抱住了他的木腿,大声说:"老徐!给我分配工作。"

对于此篇小说,这是至关重要的一段话。一是,它是主人公思想、性格变化的转折点,是故事的高潮所在;二是,小说的主题也在这里得到体现,即"迷上自己的事业是极应该的",可"最先该迷上的是自己的革命事业"。

对于宗璞的整个小说创作来说,这段话也是非常重要的,这也有两个原因。一是新的人物形象和人物关系类型开始出现,标志着宗璞小说创作对主流模式的接受与认同。在《红豆》中,共产党员萧素与小资产阶级知识分子江玫的关系一方面体现为政治上的引导关系,另一方面则是情同手足的姐妹情谊,突出的是伦理层面上的平等关系。在《不沉的湖》中,共产党员老徐的形象以及他与舞蹈家苏倩的关系发生了一些质的变化。小说借助苏倩的视角这样描写老徐的形象:"平常他那炯炯有神的眼神仿佛是一道光圈,把整个人照耀得活泼生彩,谁也不去注意他的相貌。""他那一双炯炯有神的坦率的眼睛,总像蕴蓄着无穷无尽的力量。小说里是这么写的,不是吗,满姐?可这是真的呢。跟着他,你会觉得,腿断了,有什么关系,有他呢。即或是头断了,又有什么关系,有他呢。"这里的老徐不再像一个平常人,而更像一个高大的、笼罩在光圈之中的神;而苏倩和他的关系,也更像一个信徒对宗教领袖的狂热、痴迷的追随。"'看看我!'停了一会儿,他忽然说。我便看着他。"这里的语式、语气及其所暗示的关系是不是更像《圣经》中基督向信徒宣谕诏令时的情景。《不沉的湖》中所描摹的共产党员和知识分子之间的关系和《青春之歌》一样进入了一种神话式的想象性情景。二是在上述一段引文中,尽管从叙述的表面的逻辑层次上没有将"自己的艺术事业"与"自己的革命事业"对立起来,但从文本的整体逻辑来看,显然是想告诉读者,"革命事业"比"自己的艺术事业"更重要。苏倩因为自己不能继续舞蹈事业而灰心是不对的,老徐的经历及其对苏倩的教育就是要说明,苏倩把自己的艺术事业看得过于重要是一种小资产阶级的个人主义思想作祟。就是说,小说的思想逻辑、思想前提还是将二者对立起来了。一个人为什么不能在个人事业上成功,又融入革命事业呢? 具体说,苏倩即使完全融入革命事业,她也有理由为自己的艺术事业的中途夭折而痛苦,老徐的说教显然是无的放矢。

这种思想逻辑上的差错与裂缝说明,叙述人似乎在人为地制造矛盾、制造冲突、制造一个阐释结构。还有一个例子也相当有意味。当叙述者借苏倩之口一方面把老徐描绘成一个神,同时又说"小说里是这么写的",无意中暴露了将老徐神化的一种文本来源,形成了对老徐神性的拆解。还有老徐对一品红的感叹"多么红呵,简直像从根子里红出来的"也是意味深长的。我以为,构成这部小说的文本因素之间没有形成一个互相支持、互相生发的结构整体,一个自洽的意义生产链条;某些文本元素相互矛盾、相互攻讦,从而留下不少裂缝和漏洞。为什么是这个样子? 除了叙述者驾驭新的编码程序时的生疏、不自如的原因之外(比起《红豆》的以知识分子的人文话语为主,以政治话语辅之的状况,这部小说显示出对政治话语倾尽全力的模拟),这恰恰是叙述者当时复杂心态的流露:时代要求每个人要像盐溶入大海一样,融入群众中去,融入革命事业中去,那么,何为知识分子? 何为知识分子的主体性? 除了向工农兵学习、向共产党靠拢,在思想深处检讨、批判"小资产阶级的思想王国"以外,已经没有任何知识分子的思想空间,那么,唯一可以表明知识分子身份的也许就是他的职业、他的知识和特殊技能。对于一个舞蹈家来说,腿部受伤,永远告别舞台,是否意味着自己唯一的身份特征也要被取消? 舞蹈家苏倩的痛苦与挣扎,是否就是叙述人在知识分子的身份感丧失殆尽时心理痛苦与挣扎的外化,或者说是这种心理状态的寓言表达? 那么,老徐以政治权威的身份,用"宏大叙述"的逻辑(用盐与大海隐喻个人与国家和革命事业之间的关系就是这一"宏大叙事"的基本修辞)对苏倩的说服,是不是更像叙述人用宏大理论对自我的说服? 文本当中的逻辑矛盾、缝隙恰恰说明,这种说服既是自觉自愿的,又是勉为其难的;对这种宏大理论的接受是心悦诚服的,但某些难以驯服的知识分子的边缘意识还会不自觉地有所流露。

《知音》写于1963年,是在共产党着手调整知识分子政策之后。这篇小说暗用了"高山流水"的古代传说,把知识分子与党的工作者的关系比喻为"知音"(虽然小说中提到的音乐家的名字是格里格,"知音"的命名能够让人联想起"高山流水"这一古典佳话),不仅如此,这篇小说还设想出知识分子、政治工作者及其相互关系的理想状态,即知识分子政治化、政治工作者知识化,二者取长补短,互相帮助,共同进步。这一主题显然是将《不沉的湖》中欲言又止、闪烁其词、欲说还休、欲休还说的知识分子的身份及主体定位清晰化、明朗化,而且也是浪漫化、理想化了。这一主题也让我们回忆起萧也牧在《我们夫妇之间》中所试图表达的"工农与知识分子相结合,互相取长补短"的良好愿望与想象及其所受到的批判,在佩服宗璞在知识分子问题上思考得执着的同时,也不得不感喟知识分子的命运多舛与世事的沧桑。

四

在当代的主流文学话语中,知识分子很大程度上是作为工农兵确定其历史主体地位的"他者"被有效地编织进"宏大叙事"的话语系统之中。在这一话语系统中,知识分子在革命中的历史地位,他与共产党及其与大众的关系都被做出了符合主流意识形态的想象与阐释。宗璞在20世纪50、60年代的文学创作不可能不受到"宏大叙事"的影响,但是正像一位海外研究者所说的:"宗璞对于她的每个主人公的个人生活命运的关心远过于她对围绕并支配他们生活的政治与历史事件的关心。从个别的命运引申开去而做出一般的结论,此非宗璞所好,她宁可让读者自作结论。"[①]这一评价未必完全确当,但它指出了一个事实,就是宗璞在"十七年"的小说创作由于对"个人生活命运的关心"(实际上是以宗璞自己的生活经验为基础)而与主流的政治话语形成又合作又龃龉的关系。个人话语在宗璞的小说创作中是始终存在的,它与主流政治话语的既对话又矛盾、龃龉的关系留下的是一个十分有意味的思想史的"踪迹"。宗璞这一个案表明,"一体化"只能用来描述"十七年"文学变化的大致走向,而"一体化"背后还是包含着相当丰富的、个人性的话语因素;因此,这也提醒我们,在方法论上重视对"十七年"文学进行具体、细致的个案研究是十分重要的。

原载《理论与创作》2006年第4期

---

① 陈顺馨:《夹缝中的生存》,山东教育出版社,2002年,第297页。

说宗璞小说的"本色"创作

赵慧平

在现代汉语的小说创作中,宗璞的小说是一种独立的存在。20世纪50年代发表的《红豆》不合时宜地表现"爱情至上"的"小资产阶级情调",与当时正在建构的"宏大叙事"的预设相悖;80年代中期,正当"先锋文学"引领风骚时,《野葫芦引》的创作又以写实的手法在现代史的题材中表现民族气节与爱国主义精神。在宗璞的小说中,你可以读到林语堂、沈从文、汪曾祺这一脉小说平淡、悠远、富有诗意的韵味,也可以读到五四作家深入骨髓的天下情怀与文化启蒙情结。宗璞似乎并不在意变换流转的文学思潮,没有为自己的创作预设某种概念化的原则,也没有刻意追逐新潮的负担,所以你无法将她的小说简单地划入哪个流派。你可以用当下流行的批评概念对它言说,却一定会感觉到其中存在的基本理念与写作原则的内在冲突,总是无法表达出宗璞小说特有的艺术品质与丰富的文化蕴含。是什么使宗璞的小说具有这种鲜明的创作个性呢?宗璞说,自己是一个本色作家,"从我开始写这篇作品,就不是自己规定一个什么原则,只是很自然的,我要写我自己想写的东西,不写授命或勉强图解的作品"①。确实,宗璞完全是一种"本色"写作,她的创作出自于她直感化的体验,以她自己的生活体验和美学理念体现她的精神世界,真切而踏实,而这"本色"却体现了中华民族源远流长的生命意识与文化传统,沟通着历史与现实、传统与现代、真实与虚幻、个人与社会,让读者看到一个只属于宗璞的小说世界。

一

关于文学,每个人都有权力根据自己的经验下定义,事实上,古今中外的文学家、批评家曾经做过难以数计的阐释。但是,那些都是为文学的一般性做公共化的表达。对于具体的作家来说,既有的文学规范和理论准则并不是创作的最终依据,甚至不是必要条件,决定作家创作的只是他的生存状态和他对自身

---

① 贺桂梅:《历史沧桑和作家本色——宗璞访谈》,《小说评论》2003年第5期。

生存状态的体验与评价,因为人类的文学艺术活动归根到底属于人类生存活动的一部分,产生于现实存在的需要。就创作主体的角度看,文学艺术所表现的审美存在方式,其实是与人的物质存在相应的精神存在方式,它同属于人的现实存在,是对人的物质存在的审美判断、评价与表达。这就决定了文艺作品的基本性质——无论采取什么样的表现手段,它们永远是创作主体存在方式与存在状态的符号化表现。而欣赏,无非就是对人的特定存在方式的同情与共感。宗璞的小说创作,充分地体现了她现实的生存方式与生存状态、她的精神世界。读宗璞的长、短篇小说,感觉作品中描绘的种种人生世态不断将背景褪去,在由作者创造的艺术世界中,那些恒定的元素逐渐显现,作者的形象越来越清晰——隐伏在艺术形象后面的作家文化立场、美学倾向、艺术修养,生动地展示着宗璞的精神品质和感受的方式,让我们触摸到一种人生境界,一种在当下社会生活中并不常见的生存状态,体验到一种持久、迷人的文化力量。作家蒋丽萍说,在阅读《南渡记》和《东藏记》的时候,时常被作品中人物品格的高贵所打动。令她难过的是,只能在这不可多得的作品中遇到这群主人公了,而我们在现实生活中再也没有机会结识到这样一群人①。这大概可以看作人们阅读宗璞小说的代表性感受。

  宗璞"本色"的小说创作,消解了很多小说理论的观念性预设。流行的种种创作潮流似乎与她都不相干,始终不变的是她的家庭、她的性别、她的生活经验和社会历史赋予她的文化人格与精神品质。她所独得的父辈的言传身教、校园里的耳濡目染、个人命运的跌宕起伏,为她建立自己的精神世界提供着思想资源。所以,流行一时的写作理论并不能形成改变她文化人格与精神世界的力量,她所有的思想观念都已经转化为她在对生命的直接体验中所具有的感受、认识与评价生活的方式,成为一种"本色"。宗璞说:"我父亲常常说张载的那句话:'为天地立心,为生民立命,为往圣继绝学,为万世开太平。'他们那一代人常常以这个自许,我自己也想要做到这一点,但离得太远了,只能说知道有这样的精神和境界。"②这种承袭自于父辈的民族传统文化精神中最重要的天下情怀,大概就是她基本的文化立场、精神世界的底色、小说创作理念的灵魂,因此才会有"痴心肠要在葫芦里装宇宙"这种基于天下情怀的文化立场在小说创作理念层面合逻辑的诉求。她把人生看作一个"野葫芦",认为小说里写人生,是要引人去看人生世态,感受和思考社会与历史,"能表现那个时代的精神"③。因此,在

---

① 楼乘震:《宗璞:我像蚂蚁在搬家》,《深圳商报》2005 年 5 月 24 日。
② 贺桂梅:《历史沧桑和作家本色——宗璞访谈》,《小说评论》2003 年第 5 期。
③ 贺桂梅:《历史沧桑和作家本色——宗璞访谈》,《小说评论》2003 年第 5 期。

宗璞的小说中，虽然写的都是个人的生活遭遇，却总是能够在历史中状写人生，在写人生中展现历史。

最具代表性的创作是她的带有鲜明自传色彩的长篇小说《野葫芦引》。已经面世的《南渡记》与《东藏记》在抗战的大背景下，通过一个知识分子家族的悲欢离合，展现他们的爱国情怀和奉献、牺牲、坚韧精神。我以为，宗璞表现这样的主题，并不是要演绎某种外在理念的预设，而完全是基于自己的切身经历和真实感受。宗璞的父亲著名哲学家冯友兰不仅长期在清华大学任教，同时还兼任清华大学秘书长、文学院院长职务，而她本人年少时正是与父辈们一道经历了抗战中追随着学校的辗转流徙，目睹了在日本帝国主义入侵，国家、民族、个人遇到巨大灾难的艰难时刻，中国的知识分子们如何昂首赴难，如何以自己的信念、操守、韧性和牺牲，坚守着民族精神的家园。这段生活给她留下的深刻的印象，为她的精神世界打下了鲜明的底色。这种自幼形成的思想与情感倾向，自然会化为艺术世界里那一个个中国传统文化里的大儒形象：他们有天下情怀，有富贵不能淫、贫贱不能移、威武不能屈，胸中存有浩然正气的大丈夫品格，也有箪食瓢饮而志于道的乐观精神。吕清非老先生，作品中的前辈，少年时中过举人，青年时参加过同盟会，当选过民国的国会议员，眼见国是日非，最终看透世事，觉得万事皆空，在女儿身边养老，每天诵经看报，安度晚年。但日军的入侵又将他推进历史的风云中心，最终他拒不接伪职，慷慨自尽，以生命保持名节，体现了仁人志士的精神品格。孟弗之是贯穿作品的主要人物，作者着重塑造的人物之一，任明伦大学教务长、历史系教授，一代知识分子的代表性人物。作为著名大学的知识精英，他心中最重的是国家、民族的命运与前途。在北平失陷，学校南迁，许多家庭面临生活灾难时，他想到的是在民族危亡的关头，绝大多数中国人都会毁家纾难，最重要的是怎样把民族精神集结起来。在学校困守昆明，办学条件极其简陋，每天还要受到敌机轰炸的情况下，他与同事们一道，把办好大学看作传承民族精神、保存民族希望、为抗战出力的事业。而他自己在家庭受到贫困和疾病的袭扰时，虽节衣缩食、变卖家产，却绝不改变刚健有为的乐观精神，对于校务、教学和学术研究工作的投入丝毫不变，还撰写出历史学研究著作《中国史探》。卫葑是作品中年轻一代知识分子的代表，他的选择是直接参与革命斗争，加入中国共产党，投入抗战一线。尽管他在实际工作中因自己的出身与亲属关系，受到无法理解的被怀疑、审查和批判的不公正待遇，但他还始终不渝地坚守自己的信念，为抗日救亡大业做出自己的奉献与牺牲。作品中还塑造了秦巽衡校长、庄卣辰、钱明经、江昉、萧子蔚、李涟、尤甲仁等性格各异的知识分子形象，在国难当头的时刻都互相支撑，保证学校的事业发展。他们以自己的方式建构着学校的文化精神。应该说，这样的一批知识分子形象,早已酝酿于宗璞的心中,生活在她的情感世界里,化为她人生的一部分。她以深沉而浓烈的爱去展现他们,表达自己的诚挚之情与审美理想。

宗璞的本色写作还在于她保持着自觉的知识分子身份意识。对知识分子身份的自我确认,使她的小说叙事、描写具有鲜明的知识分子化的主体特征,使读者感受到作者与叙事者的合一而形成的美学效果。一般说来,文学作品实际上展开的是三种世界:一是作为描写对象的现象世界;二是通过想象与虚构创造出来的带有隐喻性的符号化的艺术世界;三是符号化的艺术世界所显现的作家的带有超我品质的精神世界。其中最核心的是作家的精神世界,它才是作家最内在、最珍视、最本质的,展现的是作家在精神领域存在的方式与状态。由于宗璞小说中叙事者身份、人物身份常常与作者的知识分子身份同一,读者常常会将三种身份融合在对知识分子阅读的感觉中。或许这正是宗璞所预期的。在她的作品中可以看到,由于这种自觉的知识分子身份意识,她对知识分子的表现带有鲜明的主体化倾向,保持着同情与共生的基本立场。总体上看,生活在知识分子群体中的她必然会熟悉知识分子的种种局限与弱点,但她始终确认知识分子的社会精英地位,给予知识分子正面的评价。她说:"我觉得知识分子当然也存在很多缺点,但我是从比较正面的角度去写的,像我写《南渡记》与《东藏记》,还是把知识分子看作'中华民族的脊梁',必须有这样的知识分子,这个民族才有希望。那些读书人不可能都是骨子里很不好的人,不然怎么来支持和创造这个民族的文化?"[1]这是合乎规律的认识,也是她的文化立场在小说创作中的具体体现。在宗璞的所有小说作品中,无论知识分子人物有怎样的遭遇,他们的文化人格,他们的思想、情感方式都有着一致性:有自觉的天下情怀,追求美好的理想生活,坚守人的尊严与道德的情操,保持知识分子的气节。《红豆》中通过江玫面对的爱情与理想、事业的冲突,表现青年知识分子在中国社会抗战以来的大动荡、大变革时期积极的人生抉择;《三生石》描写了梅菩提、方知、曹慧韵在"文革"中人们普遍患有"心硬化"的恶劣环境里遭受迫害,却依然保持人的尊严,敢于承担、追求纯洁的爱情与友情,以顽强的生命力和乐观精神抗拒苦难的知识分子文化品格;《弦上的梦》则以"文革"后期为历史背景,描写了艺术学校教师慕容乐珺与好友的孩子梁遐之间特殊的交往,展现了普通知识分子对国家前途、个人命运的担忧和对斗争的投入。1982年创作的类似于散文的短篇小说《蜗居》,是宗璞知识分子身份与叙事主体身份合一的本色化的重要作品。我把它看作表现宗璞自我批判与反思意识的文本。小说以象征的手法写了"我"的地狱之行:在专制社会高压下的芸芸众生像蜗牛一样戴着面具蜗居

---

[1] 贺桂梅:《历史沧桑和作家本色——宗璞访谈》,《小说评论》2003年第5期。

在自己的小天地,逆来顺受、浑浑噩噩地活着,任凭命运的摆弄,少数清醒的人却敢于脱下面具喊出:"每一个人,都应该像人一样,活在人的世界!"坚定地受地狱之刑,以他们的头颅做灯火照亮别人的路,换取真理的传播。而"我",虽然仰慕这些敢于承担的精英,想追随他们去"铁肩担道义,妙手著文章",也被他们视为同道,但当轮到自己走向刑场时,还是落荒而逃,"从那伟大的行列,从那悲壮的景象边逃走了",重新蜷缩在蜗居里,只剩下希望,却终没有勇气和力气加入用头颅照亮世界的行列,逐渐萎缩、干瘪、消失。这是展现宗璞文化立场和精神品格的一篇重要作品。这篇中国版的《神曲》更值得关注的是宗璞对"我"的反思性表现:当"我"清醒地了解现实的荒谬,"我"有勇气和力气以头颅换取真理吗?没有。由此,实现了自我批判与反思。这篇小说创作在"文革"的反思时期。当大多数作品都在社会、政治、历史等公共层面进行反思时,宗璞却把这种反思深入到人、人性,甚至主体之我的层面,充分表现出一个知识分子应有的文化人格,也赋予了作品鲜明的文化品格。《朱颜长好》《勿念我》《长相思》等爱情题材小说,以知识分子的特有方式表现爱情,写得丰富、细腻。对于知识分子形象的塑造,宗璞总是把个人生活放在社会历史的大背景中,完成对他们的精神境界与人格品质的描绘,具有独特的文化魅力和艺术品格。

二

  艺术,根本上说是关于人的精神生活的事情,这在宗璞的小说创作中体现得更明显。宗璞的创作动因似乎主要是表现个人的心灵史,是她人生旅途中给予她深刻影响和记忆的人与生活留给她的长久的感动,而不是为了当作家要设计故事给人看的那种"创作"。谈到长篇小说《野葫芦引》的创作动机时,她说:"抗战这段历史对我在童年和少年时候的印象太深了。另外,我想写父兄辈的历史……不然对不起沸腾过随即凝聚在身边的历史。过去的事情要把它用小说的形式记录下来。"[1]宗璞显然是将小说作为自己生活与精神历史的记录与艺术表现形式,这决定了她的小说世界的呈现方式与她的精神世界的存在方式之间几乎达到了完全的复合,使她的性格特征和她家庭所属的自由知识分子团体的思想与感情在小说中"本色"化地表现出来。她的小说生活化、散文化、诗性化的风格,令读者们为之感动与感慨的庄严的使命感,以及诗性的意趣、纯情化的感受、不疾不徐的从容等显现出的那种优雅,那种历史久远的民族韵味,其实

---

[1] 贺桂梅:《历史沧桑和作家本色——宗璞访谈》,《小说评论》2003年第5期。

都是她思想、情感、行为方式的艺术化呈现。应该说,在小说的叙事描写方面,宗璞找到了最适合自己,也最能体现艺术规律的表现方式。

宗璞小说的叙事视角主要以家庭生活场景为主,情节线索也多为私人性的日常生活,公共性的政治生活与矛盾冲突都淡化为人物的生活背景,并不做正面描写,因而她的小说多为"截取日常生活的横断面",平实、自然、无奇,基本没有曲折跌宕的情节、戏剧化的巧合、矛盾冲突的高潮,如同日常生活的无端无尽,上演着同时也在消解着人生中那些喜怒哀乐。她的几部代表性作品《红豆》、《三生石》、《弦上的梦》、《南渡记》、《东藏记》等,都是在家庭、个人的生活场景中来展现人物的性格,并不把人物置于社会政治冲突中心。长篇小说《南渡记》与《东藏记》中的故事发生的背景是抗日战争时期。本来,日本帝国主义的侵略造成了国家、民族、个人生活的大动荡、大改变,一切都需要重新安排,社会不同层面的矛盾冲突都在激化,为小说创作提供了广阔的空间。描写这一段历史,宗璞选择的是通过一个家族在抗战过程中的聚散离合,状写一个中国知识分子家庭在国家危亡时期的生活历程,表现在大动荡的时局中家庭生活遇到的种种问题和处理这些问题的思想、感情和行为方式。作者没有安排二元化的对立双方的矛盾冲突,因而作品中也没有起、承、转、合,由开端发展到高潮的情节线索,有的只是家庭生活随着生存环境的改变而不断做出的新的选择。但就在近乎无冲突的平淡无奇的家庭生活中,众多人物的品格被鲜明、生动地展现出来,令读者在与他们的同情共感中体味他们的精神品质,以及那一段苦难的历史中普通群众爆发出的巨大精神力量。同样,《红豆》的故事背景是新旧中国的历史性转折时期,政治生活是那个特殊年代的主色,而宗璞选择的是更加私人化的情感生活的视角,通过一个女性知识分子在这一特殊历史时期经历的爱情与信念的冲突,展现她精神世界深处的情感生活。《三生石》的故事背景是"文化大革命",同样是给中国社会重要影响的特殊历史时期。宗璞的选择是描写受迫害、被隔绝的女主人公的个人生活遭遇,在她与世隔绝、孤独无助的境地中展现她在巨大的社会、人生灾难面前依然保持对生的珍视,对纯洁爱情、友情的向往,绝不丧失人格尊严的文化品质。通过她在人们普遍患有"心硬病"的社会文化环境中所受到的迫害,揭示这段历史的荒谬和人的精神异化。《弦上的梦》也是在一个家庭的生活空间中展开故事,描写一个在"文革"中被卷入灾难的孩子,被迫要在他们根本无法理解的革命与亲情的冲突中选择,然后在家庭生活的巨大变故中继续自己无法预知的生活。总体上看,宗璞的小说作品基本上都是描写日常生活场景中的私人生活故事,这与她的生活经验与创作思想相关。以她的个性,并不善于描写公共性的社会政治斗争,而更善于在日常的平凡生活中细细地品味社会、人生。她的小说叙事视角恰与她对于生活的感受、体验方式相一致,是她认识、体验生活的本色化表现。宗璞小说所采取的无冲突、无悬念的生活化叙事,在小说创作中其实最难,很容易陷入平庸与凡俗。宗璞的小说却没有这样的缺失,相反,在平淡无奇的一个个生活事件中显现的人生世相,却总是蕴含着超越现象、耐人品味而神往的感染力,给人以儒雅和诗韵的感受,深得中国古典小说的神韵。读《野葫芦引》总会有读《红楼梦》的感觉,这种感觉在林语堂、沈从文、汪曾祺等有深厚传统文化修养的作家小说里能够得到。这不仅是一种非线性情节的单纯艺术效果,而且是一种境界的展现。对于个别具体生活场景的描写虽然贴近读者的生活经验,写得又极淡,但组合在一起就会构成一种意境,形成一种张力,产生无穷的余韵,造成诗化效果。吕清非老人拒任伪职而自尽,是最容易戏剧化的壮烈之事,但作品并不着意正面渲染,只是通过夫人莲秀的活动侧面描写:莲秀服侍老人到正房诵经;莲秀"见老人正襟危坐,垂了双目,似已入静";莲秀回院生炉子、做饭,直到"莲秀轻轻推开正房门,见老人端正地躺在矮榻上。她抢步上前,只见老人双目微睁,面容平静,声息全无"。老人悲壮地走向死亡的选择在这依然显得平静的侧面描写中被淡化了,语言的感情色彩在这里似乎并不存在。但是,仔细品来,其中蕴藏的伦理精神和情感逻辑却已在读者内心深处引发了持久的震撼力,引人产生的无限感慨和悲愤之情使小说有了一种言有尽而余味无穷的诗境。个体化的话语方式在宗璞小说那里并不仅仅体现在语言的层面,还体现在丰富的历史知识和传统文学修养,以及在小说中创造性地采取不同体裁形式等手法,更重要的是体现在支配她话语形式的思想、情感方式之上。她的所有作品,无论选择什么题材、表现什么主题,都贯穿着她的天下情怀,使她的叙述、描写与抒情都保持着和谐的智性。从这个意义上说,宗璞的情感方式是古典性的,丰富而热烈的情感却从不脱离"理"的节制,而理趣中又蕴含着情,正所谓"发乎情,止乎礼",风骨自在其中。宗璞的创作实践也很好地证明了作家抱有天下情怀并不等于只能采取宏大叙事,去图解政治权威的思想。这类创作自从新文学产生以来发生得已经太多了,特别是在当代文学创作中曾经形成普遍性的公式化、概念化创作现象。其实,这种现象产生的一个重要原因是作者没有来自个体生活、来自心灵的感受与体验,只是外在性地追随权威与潮流。而宗璞的创作则恰恰与此不同,虽然她的天下情怀使她的创作自觉地与社会历史的发展联系起来,但那只是内化于她精神世界中的基本文化立场和思想、情感的总体倾向,是基于她自己的生存方式与生存状态,由个人最真实的生活体验和对生活、对人生的感悟与理解所形成的本色化的文化人格的表现。这种创作倾向在今天看来可能不符合许多人的文学观念,但宗璞却有着发自内心的真诚与执着。正因为如此,她有着消解来自权威、潮流等外在压力的力量,不仅在生活政治化时代保持自己的日常生活化艺术表现视角,而且在生活消费化浪潮的今天保持自己天下情怀的文化立场,真正做到以自己的本色去完成有个性的艺术表达。

三

宗璞并不只是一个传统文化与文学精神的传承者,她的"本色"还着色于西方现代文学的思想与艺术。尽管中国传统文化塑造了她的主体精神,但她不是旧式的文人,她属于现代,不仅是由于她描写的生活具有现实的当下性,更重要的是她自幼所处的大学文化环境与长期所从事的世界文学编辑、译介工作,已经使西方先进的文化思想融入她的思想,成为她思想的有机构成要素,形成她世界性的眼光。她说:"我常想被东西方两种文化化过的人是有福的。"[1]这种开放的世界性的文化态度使她积极借鉴西方文化与文学,成为具有时代精神的作家。

宗璞对外国文学的吸收与融合,为中国当下的现代汉语文学创作提供了一个可资借鉴与研究的成功案例。自五四新文学运动以来创作的现代汉语文学创作,始终把外国文学作为新的文学范式。其在哲学思想、人学理念、美学倾向、创作意识、艺术表现形式等不同层面,都在很大程度上改变着中国古典文学传统,并逐渐形成当下现代汉语的文学形态。如果以世界文学的视野看汉语文学创作,中国古典文学虽自成体系,表现了中国传统文化精神与美学倾向,凝聚了中华民族的文学经验,但由于历史的局限,向世界的传播、对于世界文学产生的影响极为有限。而现代汉语的文学创作,以"他者"的外国文学为文学范式,始终没有找到沟通中国古典文学与外国文学之间的恰当方式。极端者完全模仿与移植外国文学作品,生产的是"后殖民主义"的文化文本,民族文学精神与艺术经验没有找到较理想的表现方式。因而,迄今为止,现代汉语文学创作在世界文学范围内,还没有形成有民族文化个性与表达方式的相对独立的体系,还附属于西方文学的思想体系与艺术传统之中。

其实,学习与借鉴西方文化与文学思想是很内在的事情,应该是宗璞所强调的"化"的过程,而不是外在的模仿。宗璞显然自幼就接受了西方现代文化与文学思想之"化",她自我确认的知识分子身份就属于现代自由知识分子范畴,崇尚自由、独立的精神。她把传统文人的大丈夫精神与自由知识分子精神融合在一起,形成了中国现代自由知识分子的文化品格:既有庄严的历史责任感,又

---

[1] 宗璞:《那青草覆盖的地方》,辽宁人民出版社,2007年,第76页。

与政治保持着一定距离和批判的态度。这种倾向在她的作品中鲜明地表现出来。《野葫芦引》中孟弗之们一方面把个人的命运与国家、民族的命运融在一起,举家纾国难,一方面对政府的腐败、世风的堕落保持着批判态度;《红豆》中的江玫虽选择了参加革命工作,但心底还保留着一份"小资产阶级"的感情。宗璞新时期以来的系列短篇小说中的知识分子主人公们都关注着国家、个人的命运,同时对现实保持着批判的态度,维护着社会的正义与良知。这种具有时代精神的文化与文学观念,是民族精神传统与西方现代先进思想相结合,"化"为宗璞精神世界组成部分的结果。它们不再是孤立的传统和西方文化思想,已经转化为宗璞的人生经验、她的本色。

宗璞也是新时期较早地借鉴西方现代主义创作手法进行创作的作家。20世纪60年代刚接触到奥地利作家卡夫卡的作品时,她体验到了另一种文学经验,给她极深的印象:"我从他那里得到的是一种抽象的,或者是原则性的影响。我吃惊于小说可以这样写,更明白文学是创造。"①自觉接受、学习外国文学经验,是宗璞小说创作的一个重要特点。但是,在接受与学习中,宗璞依然保持着她的"本色",西方文学的思想、艺术经验都转化为她的艺术理念的一部分,丰富了她的创作。20世纪70年代末至80年代中期发表的《我是谁?》、《蜗居》、《泥沼中的头颅》、《谁是我?》等,是一组带有鲜明现代主义文学艺术特征的作品,其中浓重的文化批判主题,荒诞、变形的艺术形象,离奇的情节和象征性的艺术手法,恰当地表现出"文革"这个中国现代史中的文化灾难给社会带来的荒谬、给人性带来的扭曲和异化。但是,宗璞并不是简单地模仿现代主义的文学形式,以资本主义文化背景下人的异化与社会的荒诞理念来表现"文革",而是以"文革"的生活经验为基础,借助现代主义的艺术手法来表现"文革"特有的荒谬事件造成人们普遍的"心硬化"和社会精英精神困惑的文化灾难。现代主义艺术形式下的主题、艺术精神、文化内涵都转化为中国式的,成为中国当代小说创作的新形式。《我是谁?》描写了归国学者韦弥在"文革"中的"变形记":她为新中国建设回到祖国,却被怀疑为特务;为传播科学知识,却被说成放毒;本应是受人尊敬的知识精英、有尊严的女性,却被剃了阴阳头,成为牛鬼蛇神,在批斗大会上受尽侮辱、毒打,周围的人却没有一点儿同情心,有的人躲避,有的人厌恶,有的人咒骂,一切是非颠倒了,以至于她无法确认自己究竟是谁。朦胧的意识中,自己与丈夫都变成了虫子,"先缩起后半身,拱起了背,再向前伸开"在地上爬。她还看到四面八方爬着的虫子,中间大多是文科的教授,理科的也不少,也在问着"我是谁?"这是20世纪60年代末中国知识分子的生存环境与生存状态

---

① 宗璞:《独创性作家的魅力》,《外国文学评论》1990年第1期。

的艺术化写照。《蜗居》以"我"的地狱之行荒诞的情节,表现了人们在文化专制的高压下发生的异化,"他们每人都像戴了一个假面具,除了夸张的嘴唇,别处的肌肉不会动一动","每人身后都背着一个圆形的壳,像是蜗牛的壳一样"。而"我"从用头颅照亮世界的伟大行列中逃走后,蜷缩在蜗牛的窝里"学习进入半冬眠状态",享受那偷生的平安。宗璞以象征的艺术手法完成了自我精神的剖析与反省。小说《泥沼中的头颅》意象朦胧,写了一个精通几国语言的学者在学术研讨会上居然听不懂本国语言,感觉处在浑浊的泥浆中,对于任何事物都看不清楚,他想寻找改变这种泥糊状态的办法,却在泥沼中被化得只剩下头颅,最终被泥浆淹没的离奇经历。泥沼象征了现实生活所处的是非不清的状态,那些对思想、文化建设的探寻都被冷漠的泥浆淹没。《谁是我?》表现的是另一种人生经验。小说模拟躺在病床上的人物"丰"的碎片性的意识活动,在时空错乱中组合起人生的几个生活片断,表达了对人生的另一种感受:"每一个人都生活在各种关系的接缝处。从这里能生长出纯净的白莲,又能得各方面的一掬清泪,这是一种境界,一种不容易达到的境界。"西方现代主义文学基于其自身的文学传统和现代哲学、美学、文学思想,形成与之相应的话语方式,对于展现异化现象有独到的表现力和艺术效果,对此宗璞有深刻的理解。对于外国文学的借鉴她从没有失去自己的文化立场与艺术精神,而是经过扬弃转化为自己的文学经验,成为展现自己生命意识的表现形式,使作品依然具有鲜明的民族文化品格。

四

关于宗璞的小说,批评家们都看到了一个鲜明的特征:优雅。或许这并不是宗璞自己在创作前期得的评价,而是她出于自然的思想、情感、美学倾向、语言表达方式综合显现出来的艺术品质,是她全部生活经验与学养的体现。这是一种"本色",一种自己无法改变、他人也无法复制的品质。

但是,作家创作真正能够展现出"本色"来并不是一件容易的事情,必须要有勇气、信念来坚守。作家创作语境从来都不会是单纯的,受到的压力并不仅仅来自于主流意识形态、政治权威,还会有世俗的文化力量、流行的文学思潮等。如果作家没有自己的"本色",不敢坚持自己的文化立场与创作原则,就会随波逐流,淹没在流行的潮流之中。宗璞之所以能够保持本色,坚持自我,在我看来,她在主观上或许并没有想做挑战的斗士,她只是想把自己的生活感受、文化与美学理想表达出来。可贵的是,她能够以"诚"对待自己,真诚地表达自己所要表达的东西。《红豆》表现宗璞自己从小在心上就有的"一个王国",在20

世纪50年代政治话语的环境中写个人情感深处超越阶级斗争观念的爱情;《蜗居》在别人揭露、批判"文革"给社会、个人造成伤害的时候,对自己却进行严厉的质问:我能够加入那用头颅照亮世界的伟大行列吗?《野葫芦引》中的凌京尧的形象也不是按照概念去描写的。他也是一位有正义感、有良知的知识分子,他也下过决心以死拒任伪职,也绝食抗争,但他终究没有挺住日军的酷刑,接受了屈辱,使他陷入了灵魂深处的良知、正义的自我审判之中,灵魂无法得到一丝的安宁。他知道在家人、在同事、在国人心中失去了人的尊严,向女儿也是向自己的心底不断发出乞怜的提问:"能原谅我吗?"这个概念中本是无耻的汉奸,在她笔下得到了合乎逻辑的描述。这正是生活在现实中的有复杂思想感情、有内心冲突的人,是他的怯懦与软弱造成自己的堕落。宗璞并没有将他写成单一性格的汉奸。这样的描写在传统红色经典的模式中是需要勇气的,如果没有自己切实的认识与理解,没有尊重自己本色的理念,很难写出这类汉奸的形象。对于当下女作家的创作,她反对从女性角度去炒作,指出:"如果因为是女作家,就去炒作,那就有点色相的意思。我以为现在的作品,这是老人的话了,我非常不鼓励其中关于性的描写,太多了,我觉得,如果创作的自由就自由在这上面,很不好。"①长期以来,她始终坚持自己的文化立场与艺术原则,并不因潮流而改变自己的本色,正是她有勇气的体现。

  小说的艺术魅力产生于对人深度的观照与生动的表现。读小说其实是在读人、读人生、读人的精神世界,由人及己,才会产生那一份感动。宗璞是一个很有代表性的中国现代知识分子作家,她的思想构成既有儒家传统文化精神作为底色,又有西方现代自由知识分子人学理念与价值取向;既始终不渝地抱有天下情怀,以历史责任感思考社会、人生,又保持独立的文化品格,身上古典、现代的几种文化要素都存在,构成了她作为作家的主体品格。她的小说写出了中国现代知识分子的精神世界,他们的民族气节,他们的高洁,他们对理想的追求与精神家园的捍卫,使读者读到内蕴丰富的民族文化气韵,这也正是宗璞自己所崇尚、所展现的本色。

原载《当代作家评论》2007年第6期

---

① 贺桂梅:《历史沧桑和作家本色——宗璞访谈》,《小说评论》2003年第5期。

士林心史　儿女风姿
——宗璞小说创作论

张志忠

在跨世纪的文学之旅中,宗璞的身影或许不是格外引人瞩目,但却是走得很长久、很坚实的。如果从她1943年开始发表散文①,1945年以冯简的笔名写作第一篇小说《题未定》,到2010年刊行《旧事与新说:我的父亲冯友兰》(新星出版社2010年3月),和发表幽默小品《采访史湘云》(《新民晚报》2010年6月7日),她的小说创作至今已逾六十五年。她穿越漫长的时空而创造力弥坚,在每一个宏大时代的历史性转折时期都留下了值得让人捧读再三的力作:表现新中国建立前后巨变的《红豆》,新时期之始反思"文革"的《三生石》和《我是谁?》,市场化浪潮漫涌的世纪之交表现抗战期间西南联大师生生活的"野葫芦引"系列作品。而且这些作品在艺术风格上也很有特色:20世纪50年代中期的《红豆》,在一个排斥个人情感、拒斥优雅风姿的时代语境中,独标风骨;《我是谁?》、《泥淖中的头颅》、《蜗居》等以荒诞的超现实主义的笔墨眩人耳目,出奇制胜;以二十余年的持续努力而成的多卷本长篇小说《南渡记》、《东藏记》和《西征记》,不但为当代长篇小说之林增添了一道旖旎的风景,语言的考究和精致也为日渐浮躁、乖戾和平庸化的时代,提供了一帖镇静剂,抚慰着骚动不宁的灵魂,呼唤着一种浩然正气和源远流长的文人情怀的归来。宗璞的创作在文学创作和文化建构上,都是值得我们关注、值得深入探究的。与此同时,宗璞研究中若干的难点和疑点,也是我们应予以关注,进行必要的辨析和阐释的。

一、"未曾出土便有节,纵使凌云仍虚心"

《三生石》中,身处困境的梅菩提在自己的画竹图上题写了"未曾出土便有节,纵使凌云仍虚心"的诗句。这是宋代诗人徐庭筠的《咏竹》中的摘句,其诗

---

① 蔡仲德编《宗璞创作年表》中记载说,1943年,15岁,"写滇池海埂之散文(佚题)发表于昆明某刊物,署名'简平'。是为处女作"。《宗璞文集》第4卷之附录,华艺出版社,1996年。

为:"不论台阁与山林,爱尔岂惟千亩阴。未出土时先有节,便凌云去也无心。""月朗风清良夜永,可怜王子独知音。"①托物咏志本是中国诗歌的传统,梅兰竹菊更是历代文人抒怀自励的宠爱。台阁与山林,正好对应下文的"未出土"与"便凌云",当然是描述文人在旧时的两种生存状态,时穷节乃现,腾达志不移也。

"文化大革命"狂潮漫涌,作品的主人公梅菩提身为著名老教授——"反动学术权威"之女,又是爱情小说《三生石》(这是作品中的梅菩提写于20世纪50年代中期的一部小说,与本作品形成套嵌文本)——"毒害青年的大毒草"的作者。梅菩提承受着双重罪名,经常遭受残酷的凌辱和批斗,又祸不单行地罹患乳腺癌。虽然已做过手术,但是因为各种干扰未能清除病灶,前景不明,生死未卜。但是,"未曾出土便有节,纵使凌云仍虚心"在作品中所蕴含的不是一味地自我勉励,不是简捷的生存信念,而是对知识分子的"节"的反省。

所谓"凌云"于台阁,须靠外部机缘,对于古今大多数文人都不过是一种虚妄之想,但对于气节的养成,则是反身求诸己而可望可及的。从孟子"吾善养我浩然之气",到文天祥《正气歌》中历数正气凛然充塞天地的前辈俊彦,"时穷节乃见,一一垂丹青",就是明证。气节的砥砺和持守,是因为庄严的使命感的存在,如曾子所言:"士不可以不弘毅,任重而道远。仁以为己任,不亦重乎?死而后已,不亦远乎?"但在梅菩提和她的手术大夫、因医患关系而产生恋情的方知之间,在拈出那两句咏竹诗后,却发生了这样的对话:"这两句把竹子的性情说绝了。这也该是做人的座右铭。可我现在简直不知道'节'在哪里。""我也不知道。我们总是处于被改造的状态,要相信党,相信组织,改造自己,批判自己。自己都不相信自己,又怎能找到'节'呢?"

在如此险恶无助的环境下,如何自处,知识分子群落必须做出自己的选择。在新时期文学中,我们可以看到那种"母亲打儿子"式的痴情的忠诚表白,可以看到那种奋起抗争、慨然赴难式的强者的为天下先,也可以看到在苦难和血泪中软弱无力的弱者的挣扎和哀号。宗璞的《弦上的梦》、《三生石》、《我是谁?》等,都是以动乱岁月为背景的,每一篇都有着各具性格特色的知识分子形象,都有着顽强地进行自我的心灵拷问和坚韧抗争的鲜明轨迹。梅菩提的选择,就是一种在最为无奈的处境下,做出的一种自我拯救。

在《三生石》中,梅菩提曾经撰写过关于卡夫卡的学术论文。在与施叔青的对话中,宗璞也谈到她在20世纪60年代中期做卡夫卡研究的情况。值得思考的是,中国学者与西方学者在卡夫卡评价上的一个重要差异,就是关于自我拯

---

① 宗璞:《题未定》,新刊于《钟山》(文学双月刊)2005年第6期。

救的命题。卡夫卡的小说《诉讼》中的主人公约瑟夫·K莫名其妙地遭到起诉，莫名其妙地被判处死刑，在法庭内外受到不公正的待遇，命运悲惨而怪诞。新时期之初，中国学者将其解读为作品揭示的是资本主义制度下人的渺小、人的异化，西方学者却将其描述为"人必自助然后神助之"的反证。约瑟夫·K在遭遇诬陷冤情之后，只想着替自己洗清罪名，澄清真相，还其清白，却没有怀疑他的指控者是否具有绝对权威、绝对正义。梅菩提则仿佛是心有灵犀，在追问"节"在哪里的时候，非常敏锐地提出了"心硬化"、"灵魂硬化"的自我反省，清算时代对自我的精神异化，以此成为时代的率先觉醒者。

在写作风格上更加接近卡夫卡《变形记》的《我是谁？》中，女主人公韦弥的命运就更加不堪。先要有对"我"的确认，才能追索"节"之何在。韦弥和丈夫孟文起这一对中年学者，北平解放之初为了报效祖国而从海外归来，但是在动乱年代，他们不仅失去了治学的权利，连做一个普通人的资格也被剥夺，"牛鬼蛇神"的诬称，在他人那里可能只是一个谬指，却使得执着认真的韦弥迷失了自我，陷入精神的迷乱之中，认为自己是"毒虫"、是"蛇神"，在校园一角僻静的湖水中溺毙。但是，韦弥的投湖自尽，虽然是在情思迷乱的时刻所为，作品留给读者的却不是生命之毁灭导致的虚无，仍然延续着一缕希望和追求之光。

这里强调韦弥在无可选择中的选择是有针对性的。有论者解读《我是谁？》说："从韦弥的知识分子身份认同，我们进而追问：'我'作为一个知识分子，除了和祖国联系在一起之外，是否还应该有其他的独属于自己的内容呢？韦弥对自己身份的呼唤，是个时代性的问题。'文化大革命'中虽然打破了韦弥们的幻想和精神支撑，但是她所因循的依然是'文革'前的意识形态。韦弥所处的当时，多元的文化价值体系和视角尚未建立，韦弥的体验和认同如今都已成为历史。今天我们明显地感到了韦弥乃至于叙述者和隐含的作者的局限：缺少独属于作为人的权利和追求，这是历史的局限。"①论者所指的是，在《我是谁？》中，情思迷乱中的韦弥看到天空中几只迷途的孤雁之后，作家有这样的描写："……可是如今剑在哪里？母亲又在哪里？自己不是牛鬼吗？不是蛇神吗？不是毒而又毒的反革命杀人犯吗？飞起来吧！离开这扭曲了的世界！飞起来——飞起来！她觉得自己也是一只迷途的孤雁，在黑暗的天空中哭泣。"②

但是，需要分辨的是，在宗璞笔下，关于大雁的意象描写是多义的、流动的、随着人物的情思有所发展有所变化的。韦弥眼中的几只迷途的孤雁，逐渐和大群的飞雁盘旋在一起。孤雁归群，由于有了明确的方向感而展翅高飞。雁群在

---

① 刘俐俐：《知识分子身份认同与艺术描写的空间》，《中国文化研究》2003年第4期。
② 宗璞：《我是谁？》，《宗璞文集》第2卷，华艺出版社，1996年，第125页。

飞翔中所自然形成的"人"字飞行队形,是作品中重要的意象。我们都记得《苦恋》中关于天空中的"人"字雁阵和艺术家晨光在逃亡的雪野上爬行中以白雪画出的巨大的"?"号。《苦恋》因此而遭咎,却也因此而著称。这也正是批评者所称"缺少独属于作为人的权利和追求"的一个反证。《我是谁?》不是"缺少",而是充分地张扬了"人的权利和追求"。它和《苦恋》异曲同工,在追求着人的觉醒、人的权利,连天空的大雁、地上的追问,都是互为映衬的。"忽然间,黑色的天空上出现了一个明亮的'人'字。人,是由集体排列组成的,正在慢慢地飞向远方。"行将投湖的韦弥因此受到很大的激励,迷乱的情思有了明确的指向。在韦弥最后的时刻,她的"我是谁"的困惑,已经"从理智与混沌隔绝的深渊中"挣脱,已然"觉醒"。"我出现在她面前"中的"我",是加了着重号的,也就是说,她从被污蔑扭曲为"牛鬼蛇神"的迷狂中,经过特定的追问和寻找,又恢复了"本我",对自己进行确认,她的"我是——"的呼喊,未说出口的,是"我"? 是"人"? 两者皆有可能。它们和祖国—母亲、群雁—集体,至少是并列的,很可能还是后来居上的。在作品的曲终奏雅处,这样说道:"然而只要到了真正的春天,'人'总还会回到自己的土地。或者说,只有'人'回到了自己的土地,才会有真正的春天。"①

《我是谁?》写于 1979 年,此后,宗璞又写了它的续篇《谁是我?》(1983),而《蜗居》(1981)、《泥沼中的头颅》(1985)也可以看作这一追问的延伸。《我是谁?》将作品主人公置于"文革"动乱的初期,在极度狂暴的社会环境中,逼问"我是谁"。同样以"文革"作为背景的《三生石》(1980)提出了"心硬化"、"灵魂硬化"的自我反省。《谁是我?》和《蜗居》、《泥沼中的头颅》,则是以常态的舒缓的却仍然不容悠然自得的方式,继续追问着"我是谁"抑或"谁是我"。

二、"却不料伯劳飞燕各西东,又添了刻骨相思痛"②

梅菩提、韦弥和丰,都是站在动荡时代的交叉路口上的知识分子。循此再追溯到 20 世纪 50 年代的《红豆》,江玟、齐虹和萧素,三个意气风发、才华横溢的大学生,在 20 世纪 40 年代末期,新中国成立前夕,遇到的同样是时代与选择

---

① 宗璞:《我是谁?》,《宗璞文集》第 2 卷,华艺出版社,1996 年,第 125—126 页。
② 这一节的题目引自宗璞《南渡记·序曲:"旧梦残"》:"却不料伯劳飞燕各西东,又添了刻骨相思痛。斩不断,理不清,解不开,磨不平,恨今生! 又几经水深火热,绕数番陷入深井,奈何桥上积冤孽,一件件等,一搭搭迎。"宗璞:《南渡记》,人民文学出版社,2010 年,第 1 页。

的难题。天地翻覆在即,个人何去何从?一边是生死难舍的爱情,一边是国恨家仇的沉积,让江玫如何是好?读《红豆》,产生的感觉很有些诧异。这既表现为与时代氛围大异其趣的精致、细腻和缠绵悱恻,更在于作品的叙事结构所造成的感伤基调。

这和《红豆》的叙事方式密切相关。如果用音乐中的复调做比喻,那么,"革命"和"爱情"显然是作品的两个主题,相互缠绕,交替显现。说起来,从20世纪20年代后期开始,"革命"与"爱情"就是诸多激进的青年作家喜爱的题材。《红豆》在题材上并没有什么得天独厚的优势,恰恰相反,从蒋光慈的《冲出云围的月亮》、《野祭》,到丁玲的《韦护》、《一九三零年春上海》等,此类话题似乎已经难以出新。那么,《红豆》独具一格的秘诀何在呢?在许多作品中,"革命"与"爱情"或者是互相冲突,或者是互相从属,如同样是描写知识女性走向革命和民族解放之途的《青春之歌》,林道静与余永泽的爱情就是从属于林道静的人生轨迹的。对于曾经被误认为是"骑士加诗人"且有"英雄救美"壮举的余永泽,林道静由对其充满崇拜和感激之情,到逐渐认清其庐山真面目,很快就与之决裂而出走。此后,林道静的爱情故事继续展开,卢嘉川和江华先后取代了余永泽在她心目中的位置。江玫的"革命"与"爱情"却是互相平行、各不相属的。在作品中,她开始受到革命者萧素的引导,和邂逅齐虹几乎是同时发生的。而且在此后的许多时间里,她同时对"革命"和"爱情"两手并抓,并没有感受到两者间绝对的水火不相容。齐虹呢,虽然对她投身进步的学生运动非常不满,但也只是一般化地说说而已,无法真正干预江玫的行迹。进一步而言,用当今学人喜欢使用的叙事伦理的理念解析作品,"革命"和"爱情"在《红豆》中所占的比重,后者要远远大于前者,而且往往伴有细腻入微的景物描写、人物对白和心理刻画,具有强烈的个人化的体验。在表现革命的部分,则往往较为粗疏和一般化。新中国成立前夕的政治氛围和进步学生的抗争,对于江玫来说,都浅表化了一些,无法如她对爱情那样如醉如痴。

作者为了让江玫对"革命"获得切身的感受,写了物价飞涨生活窘迫,母亲生病无钱医治,写了母亲讲述父亲当年就是因为表达对国民党政权的不满而被捕被杀,这些因素对江玫在"革命"与"爱情"之间的徘徊,猛推了一掌,但是,也不足以让她放弃与齐虹的爱情。换言之,这就是那个古老的命题,理性与情感的冲突。情感不但永远大于理性,而且永远无法被理性所规训。它只能是用更强烈的情感所替代,或者就留下情感的缺憾和伤痛。江玫转向革命,更多的是出于理性的认知;和萧素的几次谈话;读萧素推荐的《方生未死之间》①;萧素为了帮助江玫给母亲看病的医药费,和几个同学去卖血筹款;母亲讲述父亲的失踪……但是,这样的经验,离宗璞自己是太远了。在现实中,宗璞的父亲冯友兰先生曾经在 20 世纪 30 年代中期保护过清华大学的进步学生姚依林等;在新旧时代交替之时,没有随国民党政权退到台湾,却守护清华大学,将其完整地交到新政权手里;其政治倾向自不待言。宗璞自己的革命意识,也无须质疑。但是,在那个特殊的大讲血统论的年代,写到在精神气质上与作家自己有很多相像之处的江玫,却要让她的父亲早早牺牲,以此表明其投身革命具有血缘关系。这和杨沫写《青春之歌》的情况有些类似。杨沫自己出身于权贵家庭,母亲丁凤仪死后,因为变卖家产,杨沫还得到了一笔钱财。杨沫于抗战前后就投身于革命的大潮,她写《青春之歌》中的林道静,在她身上投射了自己的很多情感和经历,却又在林道静的出身问题上煞费苦心,所谓"一半是白骨头,一半是黑骨头":林道静的父亲是大地主,母亲却是佃农的女儿,被地主强行霸占,又在不堪忍受中投井自杀。于是林道静的革命也获得血缘性的支持。不过,无论是宗璞还是杨沫,她们的相关描写都让人觉得是"纸上得来终觉浅"吧。

《红豆》叙事伦理的"爱情"压倒"革命",还体现在作品的一个个段落的情感落点上。小说的叙事方式是将一个个生活的或者心灵的片断组接起来敷衍成篇。每一个片断在叙述中都有一个着力点,形成各自的叙事顿挫。比如说,《青春之歌》的最后一章,要让已经成长为有经验的革命者的林道静在继"一二九"之后组织和带领北平大中学校学生进行"一二一六"大游行的时候,要回顾自己的成长道路,作品就出现了这样的段落:

>"一边是神圣的工作,一边是荒淫与无耻。"道静的心里忽然响起了这句话,这时,在她眼前——在千万骚动的人群里面——卢嘉川、林红、刘大姐、"姑母"、赵毓青,还有她那受了伤的、刚才又像彗星一样一闪而过的江华的面庞全一个个地闪了过来;接着不知怎的,胡梦安那个狼脸、戴愉那浮肿的黄脸,还有余永泽那亮晶晶的小眼睛也在她眼前闪过来了。排山倒海的人群,远远的枪声,涌流着的鲜血,激昂的高歌……一齐出现在她的面前,像海涛样汹涌着。由于衰弱的身体加上过度的激动与疲劳,这时,她突然感到一阵眩晕,几乎跌倒。可是,她旁边的一个女学生用力抱住了她。

---

① 《方生未死之间》,这是一部讨论文学的现实主义问题的论文集,收《方生未死之间》(于潮)、《感性生活与理性生活》(项黎)、《论生活态度与现实主义》(于潮)、《生活的三度》(嘉梨)、《论所谓"生活的三度"》(茅盾)、《论艺术态度和生活态度》(项黎)等六篇。小雅出版社 1947 年版。

虽然彼此互不相识,但是她们紧紧地拥抱在一起了。①

这里的两个人物系列,正好在林道静心目中形成壁垒分明的两个不同的阵营。他们似乎有些旗鼓相当,连文字篇幅也大体相等。但是,接下来,"排山倒海的人群,远远的枪声,涌流着的鲜血,激昂的高歌……一齐出现在她的面前,像海涛样汹涌着",却明显地加强了正面的肯定性的力量,对胡梦安、戴愉、余永泽们的阵容产生极大的颠覆力。身边那个抱住林道静的女学生,则鼓舞着疲惫不堪的林道静继续投入勇敢的斗争。就是说,在交替地显示两种力量之角逐竞斗的时候,最后的天平倾斜、一锤定音是具有决定性的意义的。

以此来看《红豆》,会发现一连串的有意味的安排。在"革命"与"爱情"之间,在萧素和齐虹之间,经常会有彼此交叉的平行叙事,作家的着力点何在呢?《红豆》的第一个关节点,是头戴着镶有两粒红豆的发夹的秀气雅静的江玫,在琴房外面偶遇齐虹,立即被他的俊秀容貌和沉浸在自我内心的神态所吸引:"他身材修长,穿着灰绸长袍,罩着蓝布长衫,半低着头,眼睛看着自己前面三尺的地方,世界对于他,仿佛并不存在。也许是江玫身上活泼的气氛、脸上鲜亮的颜色搅乱了他,他抬起头来看了她一眼。江玫看见他有着一张清秀的象牙色的脸,轮廓分明,长长的眼睛,有一种迷惘的做梦的神气。江玫想,这人虽然抬起头来,但是一定并没有看见我。不知为什么,这个念头,使她觉得很遗憾。"②

这种遗憾,显然是很有深意的。接下来,是萧素回到宿舍和江玫谈话,还推荐一本《方生未死之间》给她看——这是一部关于现实主义的文学与生活关系的论文集,从谈论文学的战斗的现实主义入手,不是政治性很浓的书籍,对喜欢文学艺术的江玫来说,这也是一种循循善诱吧。但是,在和萧素谈话中,因为谈到了齐虹,又引起江玫的思绪,"江玫也拿起书来,但她觉得那清秀的象牙色的脸,不时在她眼前晃动"③。请注意,这里是江玫与"个人主义者"齐虹、与革命者萧素的第一次认真的相遇,两种力量同时牵引着她。依照作家的描写,在她的心灵的天平上,在朝哪一边倾斜?

后面一个情节,同样是如此。江玫跟着萧素和进步同学去参加红五月的诗歌朗诵会,江玫还充当了艾青诗歌《火把》的领颂者,直到晚会结束,她还沉浸在融入集体的快乐中。萧素想趁热打铁,澄清是非,加大她和齐虹之间对集体、大家的不同认识的差距,让她迷途知返,不料却招致她的愤怒和爆发:

---

① 杨沫:《青春之歌》,作家出版社,1958年,第257页。
② 宗璞:《红豆》,《宗璞文集》第2卷,华艺出版社,1996年,第4页。
③ 宗璞:《红豆》,《宗璞文集》第2卷,华艺出版社,1996年,第6页。

"你怎么能这样说他！我爱他！我告诉你我爱他！"江玫早忘了她和齐虹之间的分歧，觉得有一团火在胸中烧，她斩钉截铁地说，砰的一声关上房门，到走廊里去了。①

面对如此使气任性发小姐脾气的江玫，萧素无可奈何，只好用要她修改和抄写壁报文章的事由转移话题缓解紧张气氛。再有，江玫参加北京学生的反美抗日大游行，充当一名救护队员，在激情与热血消退之后，情不自禁地思想开了小差："在民主广场举行了群众大会，有几个教授讲演。也许是累了，也许是别的原因，江玫觉得思想很不集中，那种兴奋和激动已经过去了。她惦记着那黄昏笼罩了的初夏的校园，惦记着自己住的西楼，说得更确切些，她是惦记着那在西楼窗下徘徊的那个年轻人。天知道他会急成什么样子，会发多大的脾气，会做出怎样的事来！她把肩上挎的药包紧了一紧，感觉到一阵头昏。"②

这真是，此情无计可消却，才下眉头，却上心头。等他们结束游行回到校园，知道齐虹歇斯底里地疯狂发作，砸碎江玫宿舍的窗玻璃和茶杯，萧素再一次要求江玫和齐虹划清界限："忘掉他。"江玫回答说："忘掉他——忘掉他——我死了，就自然会忘掉。"③

如是者三。江玫思想进步的每一步都要牵扯到齐虹，每一次似乎都给了江玫表达执拗爱情的机会。反之，在占据作品主要篇幅的江玫与齐虹出现的场合，不时会出现关于萧素和相关的话题。最重要的一次，是在萧素被捕以后，江玫闻讯追赶出去，追到学校门口却一时晕厥，倒在齐虹的怀里。由此他们为萧素发生争执：

"我又惹了你吗？玫！我不过忌妒着萧素罢了，你太关心她了。你把我放在什么地方？我常常恨她，真的，我觉得就是她在分开咱们俩——"

"不是她分开我们，是我们自己的道路不一样。"江玫抽咽着说。④

在这样的场合，江玫并没有像前面写到的那样，因为萧素抨击齐虹就冲出房间拒绝对话。在这一段落中，齐虹很快地把话题引到要出国求学，动员江玫与之同去。在江玫这里，萧素在她心目中的分量固然很重，却是远不能和齐虹相比较的。

还有作品结尾处最后一个有效情节——歧路相别。萧素被捕以后，为了保

---

① 宗璞：《红豆》，《宗璞文集》第2卷，华艺出版社，1996年，第11页。
② 宗璞：《红豆》，《宗璞文集》第2卷，华艺出版社，1996年，第19页。
③ 宗璞：《红豆》，《宗璞文集》第2卷，华艺出版社，1996年，第20页。
④ 宗璞：《红豆》，《宗璞文集》第2卷，华艺出版社，1996年，第22页。

持角力双方的力量均衡,为了和齐虹争夺江玫,江母及时地说出了江父死亡的秘密。这是江玫彻底觉悟中非常重要的一笔,她获得了家庭、血脉的传承而使得革命意志更加坚定。试想一下,作品就此打住如何?就像林道静的最后一场戏一样,疲惫之极的林道静倒在一个不认识的女同志手臂上,从那里获得了有力的支持。这既有合理性,也使《青春之歌》的局部和全书一样,保持了积极向上的高亢激扬。但是,宗璞并没有就此罢休。江玫和齐虹的痛苦的爱情仍然在延伸,先是双双说出了宁愿对方死亡而不愿彼此分离和爱情蜕变的刻毒誓言——一个"压低了声音,一字一字地"说:"我恨不得杀了你!把你装在棺材里带走!"一个回答说:"我宁愿听说你死了,不愿知道你活得不像个人。"在这里,他们的感情显然是超越了生与死的,宁肯对方死去,也不愿意放弃自己的挚爱情感。到故事的结尾,齐虹带着身体强壮的司机来见江玫,本想将她强行劫持带上飞机,一道离去。可事到临头,还是主动地放弃了。不是不可为,而是不忍为。他知道强行带江玫出国,"你会恨我一辈子"。江玫也没有断然地发表"决裂宣言",没有说出任何伤害齐虹的话语:

> 江玫想说点什么,但说不出来,好像有千把刀子插在喉头。她心里想:"我要撑过这一分钟,无论如何要撑过这一分钟。"她觉得齐虹冰凉的嘴唇落在她的额上,然后汽车响了起来。周围只剩了一片白,天旋地转的白,淹没了一切的白——
> 她最后对齐虹说的一句话就是"我不后悔"。①

以此,我们就会明白,何以在"我不后悔"这句软弱无力的告别辞后面,让人读出那么多的辛酸;何以我们会觉得姚文元从"我不后悔"中读到"永怀着她的悔恨"是"与我心有戚戚焉"了。

> "打不断荒丘绛帐传弦歌,改不了箪食瓢饮颜回乐。"②

宗璞是一个以塑造知识分子形象见长的作家。她的文学创作,除了20世纪60年代前期的《桃园女儿嫁窝谷》等几篇乡村掠影,倾其毕生的心血,都是在为20世纪的中国知识分子进行精神造像的。江玫(《红豆》)、乐珺(《弦上的梦》)、梅菩提、慧韵、方知(《三生石》)、韦弥(《我是谁?》)、米莲予(《米家山水》)等,个个鲜活生动,灵性十足。《野葫芦引》更是大规模地描写了几代知识分子,吕清非、凌京尧、孟樾(孟弗之)、秦巽衡、庄卣辰、白礼文、江昉、钱明经、卫葑、雪

---

① 宗璞:《红豆》,《宗璞文集》第2卷,华艺出版社,1996年,第29页。
② 宗璞:《东藏记·间曲》,《东藏记》,人民文学出版社,2001年,第359页。

妍、澹台玮、峨(孟离己)、嵋(孟灵己)、殷大士等,在抗日救亡的战争年代,在国难家仇面前的艰辛生存和不悔选择。诚如宗璞的清华大学同学资中筠所言:"抗战时期中国高等院校的艰苦历程、一大批中国知识分子精英所经历的炼狱的考验、所体现的民族魂和难以再现的独特的风骨,本身就是一部史诗。能有这样的亲历、这样的视角,还有这样的妙笔,以小说表现出来,方今健在者中不作第二人想。"①

表现西南联大的长篇小说"野葫芦引"系列,拟想中共有四部,《北归记》尚在写作中,目前已经问世的是《南渡记》、《东藏记》和《西征记》。它以名为嵋的少女的成长经历为线索,从日军侵占北平前夕写起,一直写到抗战胜利之际的昆明。嵋生长在一个五口之家,父亲孟樾是明仑大学的著名教授,母亲吕碧初充当了贤内助的角色,此外还有姐姐峨和弟弟小娃(孟合己)。这仍然是一部充满了选择之沉重的作品。抗日战争爆发后直到 20 世纪 40 年代中期,民族危亡和个人取舍对每一个处身其间的人来说,一直是非常严峻的难题。虽然这部系列长篇小说所描写的战争年代与宗璞的中短篇小说所描写的当代中国的社会生活有很大差异,但它却贯穿了宗璞小说的一贯主题——知识分子在艰难时世中的命运和抉择。

在 20 世纪的历史进程中,波澜迭起,风云多变,人们习惯地称之为"每 10 年必有大事发生"。每一次的社会动荡都需要人们,尤其是承担着巨大的道义责任的知识分子做出明确的选择。与这选择伴随着的,不但有自负和自许,更有意料之中和意料之外的血泪和哀伤。在宗璞和其父亲冯友兰两代人的生命经历中,都有过几度面临的非此即彼的人生选择——即以《红豆》所表现的江玫与齐虹之间走与留的选择与冲突而言,它不仅表现在 20 世纪 50 年代的宗璞笔下,在她新时期以来的小说中也曾经反复呈现。《核桃树的悲剧》中的柳清漪与丈夫王家理;《三生石》里少女梅菩提和她恋慕的邻家那位会拉小提琴的身材修长的研究生;《朱颜长好》里的慧亚和有着一双黑眼睛的琦,都经历过女主人公选择留在大陆,男主人公远走他乡的无奈和怅惘。只不过,在经历过世事沧桑之后,他们之间没有了江玫和齐虹那样鲜明的政治色彩和主观褒贬,作家的笔墨更多的是在倾诉时隔数十年之后那种惆怅而挥之不去的情愫,是在延续着《红豆》的时间和情感的脉络,展现"选择以后怎样"的代价和哀伤。但是,她们并不反悔,并没有否定自己早先的选择,江玫的"我不后悔"的宣告没有被改写。

与之相形的是作家一以贯之的庄重的责任感。20 世纪 80 年代初,宗璞在《宗璞小说散文选》的后记中写道:"书中的许多文字都不止一次出现在我的梦

---

① 资中筠:《高山流水半世谊——宗璞与我》,《钟山》2005 年第 6 期。

寐之中。但它究竟能给读者什么呢？我不知道。事物总是在前进的，我们的面前有着一重又一重的矛盾，头顶上悬着一道又一道的难题。在人生的道路上，每个人都不断经过一个又一个的十字路口。这本小书，若能为徘徊在十字路口的人增添一点抉择的力量，或仅只减少些许抉择时的痛苦，我便心安。"①宗璞所言的选择的核心——它并非一劳永逸，并非截然两分，而是要求一个人有足够的坚强，能够支持其选择之后的承担。

是的，无论是回望历史还是关注现实，宗璞都是有所担当的。20世纪80年代后期写作《南渡记》，张扬面对生死危亡之际的凛然气节，其时正是社会现实和文坛从理想主义向庸常凡俗的世俗生活转换时期，宗璞的选择是非常明确而坚定的。在反驳批评者认为她选取了"史诗"而拔高生活，过于"抗战化"，却遗失了"凡俗"的生活情趣的指责时②，她明确指出，在日军威胁利诱下以身殉国的吕清非老人，"在有些人看来很假，这种情况并不少见"，"也有人认为他太单一平面，所以不美。我并不认为这个人物写得怎样成功，但他表现了一种民族精神。他生存的主要目的在于他的理想，而不在于他的'凡俗'。如果连吕清非这样平凡的人都觉得太拔高，又怎样理解舍生取义的文天祥、愿割去自己好头颅的谭嗣同"③。在这里，宗璞所辩护的已经不是一个文学人物，而是如何理解"那种席卷一切的精神，上下一心，同仇敌忾，那是全民族的灾难，也是全民族的觉醒（一定限度）和动员"④。我们也可以补充说，著名学者陈寅恪的父亲陈三立老人，就像吕清非一样，在北平沦陷之后拒绝逃难，也拒绝投降，五日不食，忧愤而死。生活本身的创造力其实远远大于文学的想象力。就说宗璞回忆中说到，为了激励士气，西南联大的师生们曾经在日军飞机轰炸过后的弹坑里授课，对当今的一代来说，确实会感到匪夷所思吧。

在宗璞写作"野葫芦引"的二十余年间，正是中国大陆市场化转型的嬗变时期。对凡俗生活的精心描述伴随着对理想主义的轻蔑嘲弄，与物质欲望的无限膨胀相对应的是精神价值的失落。市场化时代对教育体制的冲击，使得高校中的学者教授在许多作品中都成了被嘲笑、被贬斥的对象。调侃和漫画的笔法，大有远绍《儒林外史》之况味。宗璞对此并不陌生。相反地，她颇有些逆水行船的悲壮。在一次访谈中，她就指出："对于知识分子的看法，我觉得还可以说几句。最近出了一本书叫《桃李》，听说就是一部当代的'儒林外史'。我觉得知识

---

① 宗璞：《宗璞小说散文选·后记》，北京出版社，1981年，转引自《宗璞文集》第1卷，华艺出版社，1996年，第333页。
② 马风：《论宗璞的史诗情结——对〈南渡记〉文体的一点质疑》，《文学评论》1990年第4期。
③ 宗璞：《致金梅书》，《宗璞文集》第4卷，华艺出版社，1996年，第328页。
④ 宗璞：《致金梅书》，《宗璞文集》第4卷，华艺出版社，1996年，第328页。

分子当然也存在很多缺点,但我是从比较正面的角度去写的,像我写《南渡记》与《东藏记》,还是把知识分子看作'中华民族的脊梁',必须有这样的知识分子,这个民族才有希望。那些读书人不可能都是骨子里很不好的人,不然怎么来支撑和创造这个民族的文化?"①

　　在这样一个以解构和颠覆为时尚的时代,确实是毁弃容易建设难。诸多社会现象,诸多不良行为,昭示着包括知识分子在内的众多国人正在丧失道德底线,诚和信遭受巨大的冲击,颇有滔滔者天下皆是的气象。在这样的时候,谈气节,谈精神追求,诚其难哉。宗璞却顽强地在做"加法",在进行精神的建构。她的坚信来源于她在少女时期目睹的父兄辈的慷慨悲凉,来源于中国现代教育史上那瑰丽的一页:西南联大的赫赫业绩。在"野葫芦引"系列中,宗璞对三代知识分子的描写,都是将他们置于民族和个人的十字路口上,考察他们的心灵,展现他们的选择及其为这种选择所付出的沉重代价。曾经的政坛人物吕清非老人以自杀拒绝出任伪职,死后仍然不得安宁,被日军责令不得保存遗体,连骨灰都不许保留。贪图生活享受的大学教授凌京尧经历了种种酷刑,尚且能够撑得住骨气,但面对被一群狼狗撕咬吞噬的威胁,终于向日军低头屈服,成为文化汉奸。孟樾和明仑大学的同仁们跋山涉水前往云南重建大学,承受了战时的物质匮乏和精神的压抑(既有对民族危机的巨大焦虑,也有来自国民政府及各种政治势力的拘牵),培育出一批优秀人才。青年有为的教师、中共地下党员卫葑抛舍新婚的妻子,接受上级指令远赴延安,此后,无论是在根据地对知识分子遭受的不信任和不公正待遇有切肤之痛,还是辗转来到昆明重回校园而低回婉转,他都无法觅得一方安妥心灵的空间。他的妻子凌雪妍无法承受父亲附逆的惨痛事实,踏上了千里寻夫的艰苦途程,待到夫妻团聚并孕育出爱情的果实时,却在为小儿洗衣物时溺水而亡。更年轻的一代则是在战乱和流亡中长大的。峨因为爱情的频频受挫,到了大理苍山做植物研究工作者;嵋和李之薇两个女大学生,以志愿者的身份参加远征军,走向战场;澹台玮更是在滇西大反攻中血洒疆场……时移世易,今天生活在日常生活情境中的人们也许已经很难接近那些历史往事并产生强烈的认同感。对此往事,宗璞的父亲冯友兰先生曾经充满劫后辉煌的自豪写道:"稽之往史,我民族若不能立足于中原,偏安江表,称曰南渡。南渡之人,未有能北返者:晋人南渡,其例一也;宋人南渡;其例二也;明人南渡,其例三也。'风景不殊',晋人之深悲;'还我河山',宋人之虚愿。吾人为第四次之南渡,乃能于十年间,收恢复之全功,庾信不哀江南,杜甫喜收蓟北,

---

① 贺桂梅:《历史沧桑和作家本色——宗璞访谈录》,《小说评论》2003 年第 5 期。

此其可纪念者四也。"① 但是,没有那些在几乎是令人绝望的环境里仍然信守民族志气、仍然传承文明薪火的人们,中华民族如何能够经受得住如此巨大的灭顶之灾,那一段历史又会是如何构成、如何书写呢?

三、"何况是野葫芦,更何况不过是'引'"②

也许如宗璞所言,历史的书写并不是历史自身,"葫芦里不知装的什么药,何况是野葫芦,更何况不过是'引'"③。这段话写在1987年。时隔近二十年,宗璞再次辨析历史与文学的差异:"说'雾里迷踪',就因为历史是个哑巴,人本来就不知道历史是怎么回事,只知道写的历史。但是写的历史,要尽可能是那么回事,要是完全不是那么回事,那当然也是太悲观。把人生还是看作一个'野葫芦'好,太清楚是不行,也做不到。"④

那么,纠缠在宗璞作品中的历史与现实之间难以对接的问题,也是历史记忆与社会现实之间难以融通的问题是什么呢?

宗璞与父亲冯友兰的情感,除了父女情深,还有对其思想学说的倾心崇敬。但是,在宗璞这里,她也和乃父一样,遇到了20世纪以来传统文化必须面对的新的冲击和挑战。

在《三松堂岁暮二三事》中,宗璞讲到了冯友兰先生自撰自书的一副对联:"阐旧邦以辅新命,极高明而道中庸。""他后来一再提出,'旧邦新命'是现代中国的特点。中国有源远流长丰富宏大的文化,这是旧邦;中国一定要走上现代化的道路,作并世之先进,这是新命。"⑤这样的文字,也在宗璞的其他作品中几次出现,可见其对宗璞影响之深。不知是否可以说,"野葫芦引"及宗璞20世纪80年代后期以来的作品,其实都隐含着用文学的方式传承冯友兰先生所致力的传统文化精神。进一步而言,宗璞传承了冯友兰先生的文化理想。在她的文字中,儒家的仁学精神,为往圣继绝学,为万世开太平,旧邦新命,以及独善其身的操守,是弥散于其作品中的。还有就是庄周和禅宗的淡泊自处,看破祸福,于日

---

① 冯友兰:《国立西南联合大学纪念碑文》,《三松堂全集》第14卷,河南人民出版社,2001年,第154页。
② 宗璞:《南渡记·后记》,《南渡记》,人民文学出版社,1988年,第289—290页。
③ 宗璞:《南渡记·后记》,《南渡记》,人民文学出版社,1988年,第289—290页。
④ 贺桂梅:《历史沧桑和作家本色——宗璞访谈录》,《小说评论》2003年第5期。
⑤ 宗璞:《三松堂岁暮二三事》,《宗璞文集》第1卷,华艺出版社,1996年,第64页。

常事物中悟道。如宗璞一再地引述冯友兰先生喜爱的李翱的两首诗——"练得身形似鹤形，千株松下两函经，我来问道无余说，云在青天水在瓶"；"选得幽居惬野情，终年无送亦无迎，有时直上孤峰顶，月下披云啸一声"。宗璞这样写道："父亲的执着顽强，那春蚕到死、蜡炬成灰、薪尽火传的精神，后面有着极飘逸、极空明的另一面。一方面是儒家'知其不可而为之'的担得起，一方面是佛、道、禅的'云在青天水在瓶'的看得破。有这样的互补，中国知识分子才能在极严酷的环境中活下去。"①限于篇幅，我们无法在这里展开这一命题，只要想一下，《三生石》篇名和梅菩提、方知、韦弥等人名中的佛心禅意，以及梅菩提那种因祸得福、喜得佳婿的命运，就可以窥得一二了。

但是，传统文化在今天正面临着大浪淘沙的挑战。近现代中国遭遇的数千年未有之大变局，并非往圣绝学、旧邦新命所能够索解的，暴力革命、流血政治、文化倾覆等，也不是清静无为、顺乎自然的庄禅哲学可以容纳的。恰恰相反，一是世界文化思潮的滔滔滚滚不择地涌流，冲决了中国封闭的思想闸门，并且激发出与"全盘西化"相对应的对中国本土原创性精神的呼唤；二是社会现实中从"革命"到"告别革命"，从市场经济和价值缺失到"和谐社会"的倡建，都在揭示着时代的文化困境。如何将传统文化进行创造性的转变，从新儒家，到新国学，乃至后工业文明，和对《论语》进行新说，都在以不同路径做这样的工作，又都没有让人看到这种追求会有什么令人信服的成果。领悟到这一点，宗璞也就不必为其作品与时风的相隔而困扰，有些问题的确是非人力所能解决的。

原载《文学评论》2011 年第 6 期

---

① 宗璞：《冯友兰：蜡炬成灰泪始干》，《人民日报·海外版》2000 年 8 月 29 日。

从"玻璃瓶"到"野葫芦"
——宗璞的第一篇小说和她爱情书写的诗学特征

孙先科

一、第一篇小说发表于何时何处？

宗璞的第一篇小说是什么？发表于何时何处？小说叙述了一个怎样的故事？对于一位还健在的当代作家来说，这样最基本的史料学问题应该是极容易回答的。但事实上，答案并不确切，甚至有些混乱。作者本人能够肯定地说出第一篇小说的名字，但对于出处和小说内容却记忆、表述有误，导致以讹传讹者颇多。

在接受女作家施叔青访谈时，宗璞说："上大学时在天津《大公报》发表了第一篇小说，笔名绿繁。那时我在学法文，小说名字叫《A.K.C.》，法文'打碎'的意思。故事是一个小女孩把信装在瓶里要男孩打碎，男孩不懂，错过了，后来他一直在遗憾中度日。"①

在《说虚构》一文中，宗璞又说："一九四八年，我写第一篇小说，刊登在天津《大公报》上。内容是编造的爱情故事。现在这篇小说找不到了，它的价值不大，并不让人太遗憾。有趣的是这篇小说的题目，可以提一提。这题目用的是法文，《A.K.C.》。当时我正在上大学，法文是我的第二外语。"还说："'A.K.C.'是 a'casser 的谐音，意思是打碎它。小说中男主角送给女主角一件瓷器，上面刻着'A.K.C.'，但是女主角舍不得打碎它，就没有得到藏在其中吐露真情的信。两人错过了，成为终身之恨。"②

很显然，这里对故事内容的复述发生了颠倒：写信留下谜语的变成了男主角，没有"打碎"瓶子而错失机会的变成了女主角。这段文字中提供了另一个重

---

① 施叔青：《又古典又现代——与大陆女作家宗璞对话》，《人民文学》1988年第10期。
② 宗璞：《宗璞文集》第4卷，第299页，原载《读书》1994年第10期，编者改题为《虚构，实在很难》。

要信息,即小说发表的时间:一九四八年。但很遗憾,这是一个错误的时间信息,这是导致"小说找不到了",导致《宗璞文集》对此事的记录只能将错就错,致使其他研究者以讹传讹,致使作者对故事的复述前后不一的根本原因。

准确的信息是:《A.K.C.》分上、下两部分分别发表于天津《大公报》1947年8月13日和20日,署名绿繁。故事发生在法国巴黎。女主角波娃莉小姐是一个美丽、天真、无忧无虑的少女,父母挚爱,朋友众多,在一个温暖和谐的环境中长大。有一天,在一个宴会上认识了一位态度谦恭、行为方正的年轻人,两人互生好感,渐生情愫。但是,两人都沉默着,不首先表达爱情。直到有一天,两人相约游湖,少年交给波娃莉小姐一个精致的玻璃瓶后,远离家乡,从此音讯杳无。波娃莉小姐在等待和怀念中渐渐枯萎、老去,拒绝了其他人的求婚,父母也先后去世了。她把小玻璃瓶像圣物一样放到一个丝绒袋子里供奉起来,寄托自己的爱意与思念。一天,邻居家的小男孩不小心打破了小玻璃瓶,在玻璃的碎片中,波娃莉小姐发现了一张纸条,正面写着:"你愿意交给我你的手和心吗?"反面是:"希望你能在一星期内告诉我'可以',过了七天,就表示我将有不幸的一生,也不必再用你的笔迹,来催促我走向灭亡了。"在玻璃瓶底上还有三个字母:AKC。波娃莉小姐反复念叨着AKC,她突然领悟,AKC即法文 àcasser 的缩写,意思是"打碎它"。明白了事情真相的波娃莉小姐晕了过去。

宗璞自己说,这是一个"编造的爱情故事","它的价值不大",找不到它,"并不让人太遗憾"。从小说的内容来看,故事的成立主要立足于一个悬念、巧合与误会,即少年将求爱的信息放到了玻璃瓶中,而波娃莉小姐恰好错过了阅读它的时机,因而造成一对有情人不能成眷属的爱情悲剧。这样的故事套路是中外古今感伤爱情故事司空见惯的,作者说是"编造的"、"价值不大",是有道理的。

但是,完全抹杀这篇小说的价值是错误的。甚至可以说,这篇小说的价值不可低估,尤其是将它放到宗璞爱情小说创作的整个序列和谱系中,从发生学的意义上去看它,它的价值更是非同小可。宗璞在此后的爱情小说创作在很多方面受到这篇小说的影响。或者换句话说,这篇小说中的诸多元素,如故事、主题、叙述方式、情调与美感形态等在她以后的小说中反复呈现。本文通过解读宗璞的第一篇小说及其和以后作品的关联,一是疏通宗璞小说创作的脉络,更完整、更清晰地呈现宗璞小说创作的内在联系和整体风貌;二是从这篇小说开始,宗璞在人生和爱情认知方面体现出的神秘感与悲剧姿态一以贯之地运行于她以后的小说创作,由此形成了她在爱情书写上的独特气质与特殊内涵,在整个当代文坛都独树一帜。因此,将包括第一篇小说在内的她的爱情小说创作作为一个自洽的整体,挖掘、阐释宗璞爱情小说的特殊气质与内涵,从某种意义上既能见出她所有小说创作的某些端倪,甚至还能切换到更宽阔的文学史领域和美学领域,牵引出更具学术意义的命题。

二、"人生不如意事常八九"

《A.K.C.》的故事背景在法国首都巴黎,主人公是两位法国青年男女。但是"异域"色彩更像一副面纱,用以制造神秘的氛围或者用来遮挡故事与作者之间的联想关系。面纱下面的故事却是人类性的,在各个民族、各种文化和文学中都司空见惯:情窦初开的少男少女因为羞涩或某种禁忌不敢公开向对方表达爱情,延宕造成误会或者某种外力的介入导致相爱的双方劳燕分飞,爱情成为一种永远的痛。"两人错过了,成为终身之恨",作者自己脱口而出的这句话,既是对这篇小说言简意赅的总结,事实上也成为她此后爱情小说甚至是所有涉及爱情经验的一个常规模式。"两个人错过了,成为终身之恨",换成一个更通俗、简约的说法——"有情人难成眷属"成为宗璞爱情话语在故事层面上最显著的"症候"。

《红豆》是宗璞在新中国成立后创作的第一篇有重大影响的小说,也是继《A.K.C.》之后又一篇涉及爱情描写的作品。尽管如作者所说:"我写的其实是为了革命而舍弃爱情,通过女主人公江玫的经历,表现了一个小资产阶级知识分子怎样在革命中成长",表达的是"爱情诚可贵,甘为革命抛"①的宏大主题,但不可否认的是,江玫与齐虹之间"有情人难成眷属"的爱情故事及其悲剧结局成为这篇小说让人唏嘘不已、难以忘怀的重要原因之一。洪子诚先生说,《红豆》发表后,他们一帮同学曾到颐和园玉带桥"考察"江玫和齐虹定情的地点②,足见这篇小说的爱情故事在同代人心中引起的震撼。

《三生石》发表于1979年,是宗璞劫后余生的一部重要作品。小说开宗明义地写道:"小说只不过是小说。"这种对常识郑重其事的宣言恰恰透露出某些"超常识"的隐秘,即这部小说实际上具有相当程度的传记性。或许正是基于自己的婚姻经验,《三生石》出现了宗璞小说中极少见的"大团圆"结局,即以梅菩提和方知这两个苦命人相濡以沫式的婚姻为故事画上了一个暂时的句号。正如鲁迅在《阿Q正传》中以"大团圆"式的喜剧来传达悲剧内涵相似,《三生石》中梅菩提与方知相濡以沫的爱情和危如累卵的婚姻,述说的同样是社会与人生的悲情。虽以"有情人终成眷属"终了故事,但"有情人难成眷属"之"难"仍是这部

---

① 施叔青:《又古典又现代——与大陆女作家宗璞对话》,《人民文学》1988年第10期。
② 洪子诚:《问题与方法》,生活·读书·新知三联书店,2002年,第17页。

小说的主调。

《心祭》从大结构上看就是一个"未亡人"对爱情往事的追怀与悲悼,挽歌的调子构成了这篇小说的主旋律。"此情可待成追忆,只是当时已惘然",李商隐的这两句名诗既铺排出小说的结构,也点化出它的悲剧意蕴。"此时之情"与"当时之事"构成小说的"复调",追忆之苦涩和怀念之惘然则共同构成了这篇小说忧郁感伤、优雅迷离的氛围与气息。而这种"复调"得以展开的故事内核仍然是"有情人难成眷属"——主人公程抗与黎倩兮之间真挚相爱却又无法走到一起,终至天海永隔的悲剧。

1993年前后,宗璞先后写作、发表了三篇爱情小说:《朱颜长好》、《勿念我》和《长相思》。这三篇作品分别原发于美国的《世界日报》、中国台湾的《联合报》和中国香港的《大公报》,预设的读者主要是生活于大陆以外的华人群体。《朱颜常好》的篇末附有作者的一个说明:"1990年春拾旧意构思,断续至1993年2月22日成之。"由上述信息可以推知,这三篇小说有一个特殊的"生产场域":1.小说写作是由沉潜于作者心中的某些意绪触发引起的;2.小说使用了中国古典诗词的意境与意象;3.预设读者主要是对古典文学传统有较深濡染的海外华人知识分子。这一特殊的"生产场域"很大程度上决定了这一组小说在基本面相上和《红豆》、《三生石》等写实性与历史感较强的作品不同,而是与《A.K.C.》、《心祭》等有更多的同气相求,写心境、写意绪的成分占据了主要的地位,对爱情、婚姻有更专注、更纯粹的思索与追问。

三篇小说均虚化、弱化对故事发生历史情景的描述,而通过写爱情和婚姻的极端状态增强故事的强度与张力,从而强化小说思索与追问的气质。《朱颜常好》是"钗黛合一"故事的变体,是女性版的"宝、钗、黛"爱情故事的翻演。林慧亚和珉、琦是三个青梅竹马的好朋友,慧亚嫁给了稳重、谨慎的珉,但内心更钟情敏捷、浪漫的琦。慧亚在一场事故中失去了珉和他们的双胞胎儿子,三十年后在美国与琦再次相遇。琦已经垂垂老矣,依靠轮椅生活。但他仍怀念着慧亚,坚持要把三十年前准备好的房子送给慧亚,但慧亚的耳边却响起安葬于白桦林中的珉的呼唤,不知所之的慧亚和最初陷在两难选择中一样,再次陷入茫然与惘怅。这篇小说在构思上使用了美学的分身术,珉和琦代表了理想的男性品质的互补的两面,或者说是女性欲望借助男性形象投射出的两种向度,就像"钗黛合一"完整地投射出男性对女性的双重想象与双重欲望一样。贾宝玉的"钗黛合一"理想是一场悲剧,林慧亚(同学称她林妹妹)同时拥有两块宝玉的愿望也只能是镜花水月。《勿念我》反写"勿忘我"的浪漫爱情故事,叙述一位丈夫在妻子去世后发现妻子另有所爱。小说从受蒙蔽的丈夫的视角展开叙述,使故事失去了"勿忘我"模式固有的浪漫与温情(从妻子的角度就是一个'勿忘我'的故事),而使故事具有了强烈的道德挑战性和残酷的力度。考虑到作者为人物命名时一贯的用心良苦,她把男主人公命名为"戈欣"是别有深意的。或者说,对主人公的命名方式,就是作者赋予这个"勿念我"故事的深层意义。她要写的是婚姻中夫妻"隔心"(戈欣与隔心谐音)这一事实,是同床异梦的同义语。《长相思》的篇名唤起读者的古典情思,但在我看来,它的故事本身与这一命名多少是有些反讽的。小说写了一个现代社会中的痴情女,一个"寒窑苦等"的故事。小说的反讽一方面表现在主人公秦八姐的行为与现代社会的格格不入,另一方面也表现在秦八姐痴等一生的男主人公不仅已婚,而且还是一个驼背的、被社会和生活磨去棱角的老人。

《野葫芦引》是宗璞近年创作的一部史诗性的作品,最大限度地征用了作者的人生经验。尽管《野葫芦引》到目前只完成了前"三记"(《南渡记》、《东藏记》、《西征记》),故事还不完整,但从已经呈现出来的内容看,所写的所有爱情关系均是悲剧性的或将是悲剧性的。峨与无因的关系是波娃莉小姐爱情故事以及江玫与齐虹爱情故事的翻版,是典型的"两人错过了,成为终生之恨"的故事演绎。峨是一个性情古怪的痴情女,她的故事是典型的"所爱非人"的悲剧。卫葑与凌雪妍的关系是宗璞以前小说中不曾出现过的,是最新鲜、最具原创性的。他们的爱情童话非一般的美丽,但凌雪妍意外失足落水,使美丽的爱情童话演变为一出凄美的爱情绝唱。小说围绕卫葑又安排了玹子与何曼两个女性,预示了卫葑将会在爱情的撕扯中左右支绌。无论具体的结局是什么,从作者为卫葑所定位的"爱他所不信的,信他所不爱的"矛盾性格和相互冲突的信仰来推测,围绕卫葑的爱情故事几乎肯定是悲剧性的。

通常意义上来说,爱情小说可以从经验类型和情节布局上区分为两类。一类是写爱情发生的,往往遵从主人公相识、相知、相爱的逻辑线索发展,定情或结婚是其结局。另一类是写爱情变故的,往往是以婚姻为起点,写各种因素引发的主人公之间的爱情矛盾与纠葛,经过自助或他助的过程以后,爱情得以新生(破镜重圆或者缔造新的爱情关系)。宗璞的爱情话语涉及这两类小说。在前者来说,"有情人难成眷属"是其基本故事模式;在后者,宗璞的小说很少蹈入常规模式,她笔下的婚姻经常表现为"先天性"的缺陷:美好的婚姻关系总是表现为暂时性、表面性;而残缺、不完满、欺骗性则是她书写婚姻的基本特征。总之,悲剧性是宗璞把握和书写爱情的基本姿态。为什么呢?宗璞的夫婿蔡忠德说过宗璞的小说都有类似的主题:"那就是人总要追求理想,却难免有种种缺陷,'人生不如意事常八九'。"[1]蔡忠德这里所说的"主题",转换成对作者的评价

---

[1] 蔡忠德:《我和宗璞》,《宗璞文学创作评论集》,人民文学出版社,2003年,第396页。

也是恰当的,即认为"人生不如意事常八九"的残缺意识,认为人生不可能圆满的缺陷感,决定了作者在进行爱情叙事时悲剧性的审美姿态。

三、"你是有洁癖的"

从创作心理学的角度来说,作家的认知角度与认知方式决定他的审美把握方式与审美姿态。那么,是什么决定了他的认知方式与认知角度?笼统地回答是:经验。具体到是哪种或哪些经验起到了决定性的作用,每个作家都因为其独特的生存境遇而各是其所是。按此逻辑,宗璞爱情话语悲剧性的审美姿态、有缺憾感的认知态度背后显然有一种"创伤性经验"作为支撑。这一推论方式将此文的写作置于困境:必须以实证的方式证明作者有过此种"创伤性经验",而事实上是,对于在为人和为文方面高度严谨的宗璞来说,这种爱情的"创伤性经验"根本是无法落实的。

但是,宗璞爱情言说中一个十分突出的文本现象、一个修辞学层面的典型症候又使我们展开深度阐释成为可能。我们注意到,宗璞的爱情言说中频繁地出现一个身份、经历、感情态度、精神品格高度统一,作为叙述人或内聚焦的焦点人物而出现的女性主人公,如《A.K.C.》中的波娃莉小姐、《红豆》中的玫、《三生石》中的梅菩提、《心祭》中的黎倩兮、《朱颜长好》中的林惠亚、"野葫芦引"中的峨等。这一系列形象共同构成了宗璞爱情话语中的一个女性爱情主体。毋庸置疑,这一女性主体包含了作者的某些传记经验;但更加确定的是,她不完全是作者的爱情传记。作为一个形象主体,她比作者的传记经验更丰富、更鲜活。这一系列中的每一个形象未必都能完整地体现出女性主体的成长历程、性格特征、精神意向,但作为一个集合、一个系统、一个有机的整体,这一女性爱情主体又确定无疑地能够完整呈现作者赋予这一女性主体的既完整又丰满的精神脉象。她不是作者,但代表了作者。因此,通过勾勒这一女性爱情主体的传记形象、成长经历与精神特征,不仅可以大致了解作者悲剧性审美的心理学渊源,而且通过了解这一女性主体性格的独特性与精神的丰富性,对宗璞爱情言说中思想的深邃与细密的文化气息有更深的介入和理解。

宗璞笔下的女性爱情主体出生于父慈子孝的"书香之家","谈笑皆鸿儒,往来无白丁"。"书香之家"这一家族形态有别于中国现当代文学中两种成熟的家族类型。一是启蒙叙事视野中的封建家族,如巴金"激流三部曲"的高家、路翎《财主底儿女们》中的蒋家。另一种是革命视野中的剥削者与反动派家族,如《红旗谱》中的冯兰池家族、《风云初记》中的田耀祖家族等。"书香之家"是中国现代转型过程中出现的典型的知识分子家庭,它的家长是像鲁迅、胡适、冯友兰等一样的中西文化皆通的硕儒,因此有着良好的家教;就人格教育而言,传统儒家的"修齐治平"、"仁义礼信"与西方现代的人本主义互为表里;就文学艺术教育而言,中国传统经典中的诗书画与西方的文学、音乐、美术相互为用,培养和造就了宗璞笔下女性爱情主体的一种既古典又现代的特殊"闺秀"气质。

但在主体成长最重要的人生阶段,即在童年期和青春期遭受了来自内外两面的"创伤"。来自外面的创伤我称之为"国殇"。日本人入侵造成的家国离乱使女性主体亲历了颠沛流离之苦与丧权辱国之痛,由此对家,对亲情、友情、爱情有着一种格外的珍视和高度的敏感。来自内面的创伤我称之为"情殇"。这一女性爱情主体在青春期与一个出色的少年之间产生朦胧的爱情,但"闺秀"的克制、羞怯、内敛让她无法首先表达爱情,后因少年的意外出走这种爱情被戛然中断,在她心中留下了永远的阴影与伤痛。在《A.K.C.》中,波娃莉小姐"错过了,留下永远的痛",并且感慨:"人是太复杂了,复杂到连自己也莫名其妙","世界上谁又真正了解谁呢?好懦弱的人类啊!"可见这种伤痛之深。在"野葫芦引"中,峨与无因的爱情也因为无因的出国深造而无疾而终,给峨造成深层的伤痛。"国殇"与"情殇"这种共同的创伤性经验与特有的"闺秀"气质,造成了这一女性爱情主体在认知世界和把握世界时的缺憾感与悲剧意识。

另外,一种更加特殊的"创伤性经验"被指出来可能具有更大的美学意义。我这里指的是一种文化阅读经验,一种被文学艺术中的感伤传统所内化的想象性经验。李商隐、晏几道、李清照等都在中国文学史中留下了许多优美的爱情篇章,其中最为后人所称道的正是那些充满感伤意绪的篇什,这些篇什经常出现在宗璞的小说中,构成小说很重要的组成部分。"红豆生南国,春来发几枝?愿君多采撷,此物最相思"(王维);"此情可待成追忆,只是当时已惘然"(李商隐);"把镜不知人易老。欲占朱颜长好"(晏几道)。正是这些篇什中的意象、情绪、意境等成为宗璞爱情小说直接或间接的触发因素,也是这一爱情主体感知、体验、传达爱情的主体情志。很难说是因为个人的爱情创伤使这一女性主体的接收视野更容易地选择了文学中的感伤传统,还是因为这种阅读经验塑造了她的爱情态度与心性而导致了爱情挫折。孰因孰果或许并不重要,重要的是,文学史中的感伤因子与气息作为一种次生经验进入了对这一女性主体性的塑造,构成了她成长过程中一个重要的结构性因素。

"书香之家"培养的特殊"闺秀"气质与后天成长过程中所遭遇的"创伤性经验"相结合,塑造出这一女性主体特有的性格特征与精神气质。《三生石》中慧韵评价梅菩提的话"你是有洁癖的"(在《东藏记》中这句话也被用来评价峨)可用来概括这种精神特质,精神洁癖可以说就是宗璞笔下女性爱情主体的精神共相。

　　精神洁癖主要表现在两个方面。第一，女性爱情主体在爱情生活中重精神、重文化，轻物质，把男性爱情主体在精神上的呼应看得至高无上。由于女性爱情主体的"闺秀"身份和良好的文化教养，对男性爱情主体的要求与期待就非常高，可谓条件苛刻。一是要有共赏"高山流水"的雅趣与能力，即借助于艺术语言能达到心有灵犀一点通；二是容不得对方身上的半点俗气，市侩与政治投机者被极度鄙视和轻蔑。《红豆》中的江玫与齐虹是有隔阂的，江玫在政治上成长得越快，她与齐虹之间的距离越远。但是，江玫之所以能够与齐虹相爱并且在政治鸿沟越来越深时还对他恋恋不舍，是因为齐虹弹得一手好钢琴，贝多芬与肖邦让两个人在精神的另一层面上息息相通。《三生石》中梅菩提对爱情有着近乎圣洁、完美的理解，容不得任何俗气与杂念。她的初恋就与艺术相关：

"菩提的梦网最初罩落在一个邻居的亲戚身上。那是回到北平后的事了。那年轻人已入研究院。暇时便拉提琴，修长的身影投在窗帘上，琴声悠扬地萦回飘荡，使得菩提的心在琴声里缓缓融化。"后来，大学里的同事韩仪（可能谐音寒意）喜欢菩提，但知道菩提患病后，就礼貌地写信表示退却。菩提把韩仪的信扔进垃圾盆，说："这信便是烧成了灰，也要弄脏我的文稿。"精神洁癖不言自明。

　　第二，精神洁癖的另一面则表现为主人公的孤傲、自守，尤其是面对俗世、乱世、小人、逆境时表现出的铮铮傲骨与刚强淡定。这种特征不仅表现在女性爱情主体的爱情生活中，而且表现在她立身处世、待人接物的方方面面。毋宁说，超凡脱俗的孤傲之气构成了宗璞笔下女性主体性最显著的特征，也是理解宗璞小说精神品相的最有力的见证。宗璞笔下的女性主体似乎综合着两种表面上悖论的特质：柔弱、温良恭俭让与刚强、傲气凛然。前者作为一种外在的身体和性别肖像糅合着中国传统闺秀的贤淑和现代知识女性的气定神闲；后者作为一种内在的精神品质是中国传统仕人的耿介之气与现代知识分子自主精神的结晶品。刚柔相济的两种品质造就了宗璞笔下女性主体卓尔不群的独特气质。

　　作为对这一女性主体精神洁癖和性格中孤傲之气诗意化的书写，有两组意象非常有意味。一组是以花和石（玉）为主体的自然意象。宗璞是中国当代作家中最善于写花、草、树、石的人之一，她的散文和小说中大量涉及自然界的各种物象。其中有些物象已经超出了一般自然物象的界限，被作者赋予了某些人格化的文化内涵，具有了隐喻和象征的功能，可以看出中国传统诗学中的"香草美人"隐喻体系的隐在的流脉。在我看来，梅花、石（玉）、雪是宗璞创作中最重要的三个意象。先看一段写梅的文字：

山茶花过后,蜡梅开花了,花是淡淡的黄,似有些透明,真像是蜡制品。满园幽香,沁人心脾。这正是孟灵己——嵋所向往的腊梅林,在她的想象中,蜡梅花下,有爹爹拿着一本书,坐在那里。

在"野葫芦引"系列中,嵋是和作者对位关系最密切的一个人物,她的所思所想在某种程度上就是作者感情和意志的对象化。嵋对蜡梅和爹爹关系的想象让我们想到柳宗元的《江雪》:"千山鸟飞绝,万径人踪灭。孤舟蓑笠翁,独钓寒江雪。"蜡梅下执书独坐的情景与"寒江独钓"有着异曲同工的隐喻和文化意味。宗璞也善写石(玉),不仅有《燕园石寻》这样专门写石的散文,有《三生石》以石隐喻坚贞不屈爱情的小说,而且在她诸多小说人物的命名系统和意象系统中,以石(玉)喻人的修辞方式是一种常见的诗学表达方式。如在她的"野葫芦引"中对孟樾子女一代是以玉(石)系列进行命名的,玉的不同品相与品质隐喻着不同人物的性格与命运。雪是宗璞小说中使用最频繁的意象之一,尤其是书写爱情的篇章中,雪花经常扮演重要角色。有时,它仅起到烘托气氛、暗示人物心理等作用;有时则上升为一个高度凝练、意涵丰富的象征。比如"野葫芦引"中的凌雪妍这个人物就是以雪的冰清玉洁来隐喻的,因此有大量的雪的意象伴随着对她的描写。梅花、雪、玉代表纯洁、高雅、不染世尘,蕴含着不媚、不阿、傲骨铮铮的精神气象,这正是宗璞笔下爱情主体的精神品性,某种程度上也是作者的精神品性。有批评家用"兰气息,玉精神"来概括宗璞小说的精神气息和美学品格①。在我看来,兰的幽静、幽僻似乎很难吻合宗璞与女性爱情主体身上的侠义与耿介,倒是梅在苦寒中的怒放更能吻合宗璞小说所体现出的孤傲与刚烈之气②。

另一组则是以庐、园、甄为喻体的意象系统。宗璞长期生活在北京大学的燕南园,在她的散文中大量涉及燕园的人事风物。从某种意义上来说,燕园和三松堂既是知识分子生活和工作的地理上的空间所在,又是涵养知识分子清气与浩气的精神之域。这样一种来自经验的空间诗学的启发与教化,显然在她的

---

① 李子云:《净化人的心灵——读〈宗璞小说散文选〉》,《读书》1982年第1期。
② 梅花对宗璞来说意味深长。她笔下三个最主要的女性人物形象:玫(《红豆》)、梅菩提(《三生石》)和嵋(《野葫芦引》)的姓或名均音 Mei,这可能不全是偶然。宗璞对梅花的偏爱或许与家族文化有关。她父亲的姑姑是位女诗人,写有《梅花窗诗稿》。她的父亲冯友兰针对家族连续出现四代女作家曾赋诗云:"吾家代代生才女,又出梅花四世新。"以梅花指代包括宗璞和她姑母冯沅君在内的四代女性。甚至冯友兰先生的名字"友兰"或许与陆游的《梅花》诗有关:"家是江南友是兰,水边月底怯新寒。画图省识惊春早,玉笛孤吹怨夜残。冷淡合教闲处著,清癯难遣俗人看。相逢剩作樽前恨,索笑情怀老渐阑。"这里以兰为友的便是梅。

小说叙事中被提升为有意识和有意味的诗学修辞。如《红豆》中的"绝域",《三生石》中的匙园、勺园,"野葫芦引"中的方壶、圆甄等实际或想象中的居所既是主人公安放身体之所,更是他们保持思想独立、抚慰心灵的精神空间。汉学家高友工曾论证中国文人往往通过创造"抒情情景"来寄托自己的精神向往①。宗璞笔下的庐、园等意象正是知识分子涵养清气、固守节操的象征。

梅、玉、庐、园等意象,是中国古典诗学中重要的修辞符码,包含充盈的文化意味。宗璞在她的小说创作中对这些符码的成功使用,既使她的小说在文体和审美特征上具有了古典气息,也使她的小说在精神气象上濡染了浓重的古典文化的色彩。

四、何以古典？哪里现代？

施叔青在采访宗璞时使用了"又古典又现代"来评价宗璞的文学创作②。就瞬间和直观的感受而言,这是一个切中肯綮的评价。但细读深思之后不禁要问:何以古典？哪里现代？施叔青指出的古典性主要有两点:一是道德上的中和节制,二是师法古典的诗词传统。而谈到现代品质时则主要指向了宗璞在20世纪80年代的几篇小说所使用的现代(派)手法。这种有时古典,有时现代;内容古典、形式现代的评价当然也指出了宗璞小说创作的一部分事实,但与"又古典又现代"的评价让人眼前一亮的启迪性以及阅读爱情言说(事实上宗璞小说的古典性主要体现在她的爱情言说当中)时的真切感受并不十分吻合,指出的实事似乎远远少于这一命名应该和实际包含的内容。

上文已经指出,宗璞的爱情书写部分源自她的阅读经验,一种习得的、想象性的文化经验,其主体部分正是中国古典诗词曲赋中书写爱情的篇章,这不可避免地让她的爱情书写打上古典的印记。这种古典性既表现在"发乎情,止乎礼"、"乐而不淫,哀而不伤"等道德与情感的理则方面,也表现在情/理、家/国、己/人等二元对位原则和古典意象的使用。但是,如果在宗璞的小说中仅看到这些古典性或者孤立地看待这些古典性,那将是一个不小的误读。事实上是,宗璞一方面遵循着"发乎情,止乎礼"的情感与道德原则,表现出理性主义的人性观和道德的中和与节制。另一方面她对人作为情感主体的神秘性、复杂性,

---

① 高友工:《中国叙事传统中的抒情境界——〈红楼梦〉与〈儒林外史〉读法》,见浦安迪著《中国叙事学》,北京大学出版社,1996年,第200—219页。
② 施叔青:《又古典又现代——与大陆女作家宗璞对话》,《人民文学》1988年第10期。

对爱情作为人类最重要的情感体验和精神活动的幽秘、微妙之处给予充分关注和着力描绘。宗璞并不是一个古典的唯理主义者,更不是一个道德至上论者,而是一个略带感伤的爱情神秘主义者和对各种理念包围、捆束之下爱情作为现代生存困境有着清醒认知的悲观主义者。古典的外衣包裹着隐秘的激情,骨子里的优雅、节制掩藏着心灵深处的孟浪、徘徊、延宕于古典与现代、理智与情感之间,游走、挣扎于海水与火焰的漩涡既是宗璞笔下女性爱情主体的情感与思想状态,也是宗璞爱情言说的情感与审美状态。

具体到宗璞小说的意象表达系统,也可以看到古典与现代的纠结与相互为用。与梅、玉、庐等典型的中国古典意象不同,在宗璞的爱情言说中还有一组更具现代品质的修辞意象。或者说,"玻璃瓶"(《A.K.C.》)、水晶球(《朱颜长好》)、勿念我(不同于勿忘我的一种花《勿念我》)、"野葫芦"("野葫芦引"系列)刚好构成了与那组古典意象相反的、相对释的意象系统。如果说前者隐喻着知识分子传统文化人格的温润、清洁、刚正不阿与静心超脱的话,那么,从"玻璃瓶"到"野葫芦"的一组意象则隐喻着现代人的离散、异化、隔膜以及在爱情选择中难以自主的尴尬与悖论。

在她的小说处女作中,男主人公将向波娃利小姐表露爱情心声的小纸条置于一个玻璃瓶中,并标以"A.K.C.",暗示波娃莉小姐将它打碎。波娃莉小姐忽略了这一暗示,因此造成无可挽回的爱情悲剧。玻璃瓶被男主人公用作互通款曲的信物,女主人公将此奉为圣物加以保管、封存,而实际上正是玻璃瓶造成了二者的误解与隔阂。它像一堵透明的墙将相爱的人彼此隔离,它是一种障碍,象征着某种使人不能坦诚相见的中间物、某种异化人类情感的多余物、闭锁心灵的小型牢狱。因此,"A.K.C."(打碎它)在故事层面上是男主人公对女主人公的期待或指令,而在叙事和意义生产的层面上来说,则是作者对打破爱情心理障碍、敞开心灵、赤诚相见的真诚呼请。如果说这种阐释符合文本实际的话,我们看到,玻璃瓶实际上和卡夫卡的城堡、钱钟书的围城有着类似的意蕴,它隐喻着人与人之间的隔膜状态,隐喻着爱情关系中半透明的、朦胧的、难以参透的尴尬处境。

小说《心祭》的立意取自李商隐的《锦瑟》:"锦瑟无端五十弦,一弦一柱思华年"、"此情可待成追忆,只是当时已惘然"。这首名诗被千古传颂,但它的著名、它的被称颂很大程度上源于它的无解,源于它对复杂莫名的情绪的朦胧的传达。《心祭》表达的同样是一种"无端"的惘然。《朱颜长好》中的水晶球既是推动故事和结构故事的有用的道具,同时也是一个隐喻。水晶球中变换着映现出的人物影像与被切割和穿插的爱情经验片段交织成主人公林慧亚的人生与爱情图景,而水晶球作为一个曲折的、拼贴的、隐晦的镜像本身又何尝不是林慧亚曲折人生和她暧昧的情感经验的象征呢？"勿忘我"经常被作为忠贞不渝爱情的象征广泛应用于爱情言说当中，而宗璞却从它的反向立意，以"勿念我"暗喻了婚姻中男女双方的隔膜与绝情，透露出一股悲凉的现代意味。

  在"野葫芦引"系列中，"野葫芦"是一个统摄性的象征意象。在被问及为什么用"野葫芦引"作为这个系列的总标题时，宗璞说和她对历史和人生的理解有关。她说："我写的这些东西是有'史'的性质，但里面还是有很多错综复杂的我不知道的东西，那就真是'葫芦里不知卖的什么药'了。"还说："还是把人生看作一个'野葫芦'好，太清楚是不行，也做不到。"[①]其实，宗璞的这种历史观和人生观很自然地延及她的爱情观与美学观。在宗璞的小说创作中，古典与现代不可分，你中有我，我中有你。古典与现代的纠缠、撕扯并由此形成的张力状态正是宗璞小说的独特形态与独特魅力所在。朦胧、模糊、混沌、神秘、待解而未解的状态可能最接近宗璞对爱情的理解，最接近她对爱情的把握，也最接近她爱情言说的审美与诗学特征。

原载《文学评论》2012 年第 4 期

[①] 贺桂梅：《历史沧桑和作家本色》，《宗璞文学创作评论集》，人民文学出版社，2003 年，第 369 页。

论宗璞的中短篇小说创作

侯宇燕

一

1988年,在接受台湾作家施叔青采访时,宗璞说,短篇小说可分为三种,分别侧重情节、人物和气氛。2001年9月,宗璞为《风庐短篇小说集》写下自序:"说一句敝帚自珍的话,我很钟爱我的短篇小说。写作时似乎很随意,仔细想想却有三方面的追求:一是结构完整,无论怎样的奇峰怪石、花明柳暗,总要是浑然一体;二是语言要达到一篇散文所能达到的,让读者能从语言本身有所收获;三是要有一个意境,也许短篇小说不一定有故事,但一定要有意境。"这是宗璞首次系统阐述短篇小说创作心得。

将前后论述两相对比可以看出,"气氛"或言"一定要有意境"是宗璞小说最重要的艺术追求。通观宗璞六十余年的中短篇小说创作,无论其题材选择与社会内容如何,艺术风格的倾向是现实主义还是超现实主义的,内外浑成、情景交融、虚实相生都是永远的指归。

正因为重神韵,所以宗璞的小说有一种散文化倾向。某些小说淡化了情节处理,甚至人物也只是影子。有人将她与前辈或同期作家沈从文、汪曾祺作比。宗璞自己则发表如下见解:"我把小说和散文分开来,两种我都写。我觉得为了气氛,小说可以适当地散文化,但不能过分,还是应该区别,要有限度。"[1]这使我想到宗璞对英国女作家曼斯斐尔德的评论:"曼的小说确有一种力量,她不是用故事传达道理,而是在极有限的场景中极自然地推出生活的最'深刻的真实'……她以气氛、情绪感染读者,这是她最突出的艺术特色。"[2]

也就是在施叔青的采访中,宗璞还说:"气氛有很大部分是语言的功夫,文学究竟是语言的艺术。"此即自序第二条所云:"语言要达到一篇散文所能达到

---

[1] 施叔青:《又古典又现代》,《人民文学》1988年10月号。
[2] 冯钟璞:《试论曼斯斐尔德的小说艺术》,《国外文学》1984年第2期。

的。"的确,几乎所有宗璞的评论者都注意到其高度凝练的文学语言。宗璞是有福的,她沐浴在西方艺术之中,又曾为中国文化所"化"过,这就使得她的小说语言贴着鲜明的"宗璞"二字:既优美典雅又质朴无华,既满含深情又冲淡节制。正因对意境与语言如此看重,并始终坚持自觉、清晰的美学追求,她才开辟了一方属于自己的艺术园地。

宗璞小说中的主要人物,以高等学府及高等学术研究机构的知识分子,尤以新中国成立前即接受高等教育的老知识分子为主。这种题材选择与上述美学追求是一脉相通的。笔者曾在各时期论述中将宗璞小说称作"这方园地中的冯家山水"、"白莲花的艺术世界"及"文化史小说"。如套用宗璞热爱的英国作家哈代笔下的"威塞克思"模式,或许还可称作一个体系——"野葫芦体系"(宗璞获得茅盾文学奖的长篇小说《东藏记》就属于"野葫芦引"系列)。

而笔者最新想到的一个形容词语是"青琐窗下"。1985年,宗璞发表了短篇小说《青琐窗下》[①],其中有一段文字:"这窗不挡风,却很好看……这种雕窗雅号青琐,世说新语中有'于青琐中窥之'的句子。"在现实生活中,北大燕南园冯友兰先生故居三松堂(其中宗璞的卧室名"风庐")用的就是青琐窗。宗璞把家中的青琐窗,把窗户后面20世纪80年代知识分子的冷暖人生原原本本地搬入了小说。

譬如,其中有一段深入腠理,颇能令老知识分子"有会于心"的描写:"她(愫茵——笔者注)曾是李先生的受业弟子,结婚已四十余年,还是不改尊师的旧称呼。而且对有些'出身'学生的夫人直呼师长大名,一直采取腹诽的态度。"这就是宗璞小说的厉害之处,它能于全不经意间拈来一个渐行渐远群体的生活细节而非泛泛皮毛。

二

进入晚年后,宗璞小说创作的题材选择与美学追求初衷不改。其中最重要的一篇就是《四季流光》[②]。它被评论界普遍忽视,殊不知凝聚了宗璞最多的心血。

宗璞说过,在长篇小说"野葫芦引"系列,即南渡、东藏、西征、北归四记完成后,"还不知有个什么记"——这反映了她20世纪90年代的创作雄心。然而计

[①] 宗璞:《青琐窗下》,《人民文学》1985年第5期。
[②] 宗璞:《四季流光》,《十月》2005年第10期。

划赶不上变化,眼疾、头晕的捣乱,许诺要在"退休后帮助我创作"的先生的过早离世,使宗璞的晚年文字越发简约、平淡,一字千金。这个在她心中的分量不下于甚至可能更高于《东藏记》的"不知有个什么记",最终只能以中篇小说《四季流光》中以大篇幅叙述的《铸心记》出之。而依宗璞本意,《铸心记》应是一部反映思想改造的长篇史诗,必会写得惊心动魄,字字泣血。不能不说这是文学史上的一大憾事。

在《四季流光》开头,引用了《鲁拜集》:"生命的酒酿不断地一滴一滴消失,生命的树叶不停地一片一片飘落。"这使笔者联想到,1947 年,19 岁的宗璞在小说处女作《A.K.C.》[①]结尾写道:"提琴柔美的调子过去了,黑沉沉的夜色笼罩在大地上,第五交响乐奏起来了,命运之神逼近来……纵然人生的苦难多得很,这世界中的一点辛酸使我的心好痛……"

当最初的文字与晚年的叹息撞在一起,我们看到那其中提升的哲理思考完全是天上地下。《四季流光》只是想象中的巨著《铸心记》并不完满的片段,然而就是这样的片段已令读者为之震撼:"这一段历史我题为铸心。人们被要求扔掉自己旧日的心,铸造一个新的心,这就是思想改造。"如果说垂髫少女的文字多少有些"为赋新词强说愁",那么洗尽铅华、纯用白描的暮年之作《四季流光》,则在含蓄、节制的总风格下,强烈而直接地宣泄了政治压力对人们心灵造成的毁灭性打击。

许多人认为宗璞在 20 世纪 80 年代前期集中发表的短篇小说如《我是谁?》《蜗居》中那些不断变幻的潜意识,那些荒诞却真实的艺术形象借鉴了西洋文学的表现手法,宗璞自己在与施叔青的谈话中也说"文革"前她研究过卡夫卡。但我要提出一个新观点:我以为卡夫卡赋予宗璞最多的绝非新异的艺术手法,而是"他把人的精神表现得那么准确"[②],是他对人性的血淋淋切入。长期以来,中国传统哲学背景的影响又使宗璞在血泪中加入对"人"的温悯。

我还以为宗璞对人性的观察与体谅不自新时期始,最早可上溯到《A.K.C.》;2000 年,宗璞的毕业论文《论哈代》于清华大学图书馆重见天日。从这部积灰的英文论著的字里行间,我们也能发现 1951 年的宗璞对环境与个人性格冲突这个终极哲学命题抱有一种巨大的困惑,甚至是绝望。到她 20 世纪 50 年代的成名作《红豆》那里,因受文艺戒条的重重束缚,宗璞不得不抗拒这种思想自觉:深谙西洋文学的男主人公齐虹对人类的某些评价虽冷酷偏执却是不无深刻之处的。所以女主人公江玫的内心充满了矛盾,努力抵制着齐虹无所不在的影

[①] 宗璞:《A.K.C.》,天津《大公报》,1947 年 8 月 13 日与 8 月 20 日。
[②] 施叔青:《又古典又现代》,《人民文学》1988 年 10 月号。

响;在书外,作者的感情也充满了矛盾。

到了新时期,时代终于给予她深入思考的空间。早在1979年发表的中篇小说《三生石》中,宗璞就借主人公梅菩提之口说:"我的心早变得太世故,发不出光彩了。有肝硬化,也有心硬化、灵魂硬化,我便是患者。"这是以含蓄的手法控诉自20世纪50年代开始的大规模思想改造。直至《四季流光》,葫芦里终于爆出了最强音。

《四季流光》的语言风格依然是宗璞式温婉,而其反思力度却是宗璞所有文学作品中最震撼人心的:"第四种箍儿是看不见的,可是最厉害。它不只会制造头痛,还会让痛者不觉其痛。"我们甚至找不到多少之前她笔底文字中永不丢掉的希望,除去结尾主人公秋说:"她们(指下一代——笔者注)会好的。"小说里的人生都转了一个大圈,寻寻觅觅,最后不是失掉了自己就是超然于红尘之外。当然,还有许多生命的死亡,"什么都不留倒也干净"。

短短几万字,包含着多少血泪。宗璞触及了雷区,而她写得无所畏惧。

三

说《四季流光》是宗璞晚年中短篇小说创作的重头戏,不仅在其表现内容的触目惊心,亦可见形式上的创新。近年来,耄耋之龄的宗璞在诸多中短篇小说中频频亮出"鬼"身影与"鬼"视角。这是宗璞创作生涯中新的艺术挑战与演绎形式。《四季流光》表现手法的一大亮点就在借一个男鬼对尚健在于世的四位女同窗春、夏、秋、冬的观察、回忆,展开一段段多视角、多空间叙述。

宗璞私淑的英国女作家是活跃于20世纪前期的曼斯斐尔德、波温与伍尔芙,她们都是印象派作家。宗璞为前两人写过文学评论,关于伍尔芙她有更多话要说,终因学术研究与小说创作不可兼得,为写《野葫芦引》不得不放弃。

前两位印象派女作家都写到过鬼,宗璞也辟专章讨论过她们笔下的鬼:"何以要以鬼出之?我想最主要的是鬼故事中可以有丰富自由的想象,可容纳现实所不能容,可补充现实之所欠缺……但是不管是古代鬼还是现代鬼,它们在小说中出现,不外乎有这样三种情况,写鬼为了写人,写鬼为了写事,写鬼为了传达情绪。"①宗璞写鬼,正是为了更好地描写人的精神世界。

无论是《A.K.C.》里的女房东,还是20世纪90年代初期发表于海外及港台地区华人报纸的三个爱情故事《朱颜长好》《勿念我》《长相思》,里面都出现了一

---

① 冯钟璞:《打开常春藤下的百叶窗——伊丽莎白·波温研究》,《世界文学》1985年第3期。

种无所不在的"鬼气"。笔者在《萤火、木香花、三生石》中对此有详细论谈,不再赘述。① 进入新世纪后,在《她是谁?》《惝恍小说四则》里继续弥漫着这种凝练着丰富生活色彩的迷离情绪。

1998年的《彼岸三则》②开始出现真正的鬼。把琴的魂带到昆明去的老太太,以不灭的灯光释放愤怒的老学者,"没有机会变老"的元都是真正的鬼。由于有宗璞作品中永不变的生动确切的时代背景、普遍的历史变迁与人生沧桑打底,他们并不可怕,反而起到穿针引线、渲染情绪、表现意境的作用,到头来读者会觉得他们才是永恒的"人"。

宗璞说过:"小说与散文作者最根本的不同是小说作者是全知的,现在一些写法反对全知观点,但实际上还是全知的。"③在《四季流光》里,由于鬼的活动范围是不受限制的,故而视角更广阔,更能负担作家强烈的情感宣泄,更易于全方位展示生活于新旧交替大时代的知识分子的坎坷人生。

综上所述,宗璞小说中的"鬼",无论只是一种气氛还是真正意义上的鬼魂,都担负着强烈的社会批判功能,都有知识分子鲜明的集体性与类型性。他们在宗璞笔下所起的作用,正如宗璞所云"可容纳现实所不能容,可补充现实之所欠缺"。

关于宗璞的中短篇小说研究,目前尚有很多空白留待深入探讨。宗璞八岁就读《石头记》,在昆明时,和兄弟上学路上也谈红楼。"对回目,你说上面我说下面。《水浒》我们也是比较熟的。"④《红楼梦》中常有"贾母因说……""宝钗因说……"这样的句式,而在宗璞小说里这种句式屡见不鲜。这鲜明地表现出《红楼梦》对宗璞在句式运用上的深入影响。而《红楼梦》对其文学创作更多方面的浸润又表现在哪里?宗璞私淑的西方作家有哈代、霍桑、曼斯斐尔德、波温、伍尔芙等,他们对宗璞小说在技巧、词汇、洞察力等方面具体而微的影响又体现在何处?再者,宗璞在1988年接受施叔青采访时曾说以后要写内观、外观手法都极端发挥的不同作品,是否在以后的创作中实现了?这些都是评论界未开垦的处女地,有待我辈继续研究。

原载《中国现代文学研究丛刊》2013年第10期

---

① 侯宇燕:《萤火、木香花、三生石》,《宗璞文学创作评论集》,人民文学出版社,2003年。
② 《小说界》1998年第4期。
③ 施叔青:《又古典又现代》,《人民文学》1988年10月号。
④ 宗璞、侯宇燕:《燕园谈红》,《社会科学论坛》2010年第17期。

人的呼喊

孙　犁

最近读了宗璞的小说《鲁鲁》,给我留下了三方面的印象,都很深刻。一、作者的深厚的文学素养;二、严紧沉潜的创作风度;三、优美的无懈可击的文学语言。

仔细想来,在文学创作上,对于每个作家来说,这三者都是统一不可分割的,是一个艺术整体。

作为文学作品的第一要素的语言,美与不美,绝不是一个技巧问题,也不是积累词汇的问题。语言在文学创作上明显地与作家的品格气质有关,与作家的思想、情操有关。而作家对文学事业采取的态度严肃与否,直接影响作品语言的质量。语言是发自作家内心的东西,有真情才能有真话。虚妄狂诞之言,出自辩者之口,不一定能感人;而发自肺腑之言,讷讷言之,常常能使听者动容落泪。这是衡量语言的天平标准。

历史证明,凡是在文学语言上有重大建树的作家,都是沉潜在艺术创造事业之中,经年累月,全神贯注,才得有成。这些作家在别的方面,好像已经无所作为,因此在文学语言上才能大有作为。如果名利熏心,终日营营,每日每时所说和所听到的都是言不由衷、尔虞我诈之词,叫这些人写出真诚而善美的文学语言,那简直是不可能的事。

宗璞的文字明朗而有含蓄,流畅而有余韵,于细腻之中注意调节。每一句的组织无文法的疏略,每一段的组织无浪费或蔓枝。可以说字字锤炼,句句经营。一次与宗璞谈话,我对她谈了文学语言的旁敲侧击和弦外之音的问题。当我读过《鲁鲁》这篇作品之后,我发现宗璞在这方面,早已做过努力,并有显著的成绩。这样美的文字,对我来说,真是恨相见之晚了。

当然,这也和她的文学修养有关。宗璞从事外语工作多年,阅读外国作品很多,家学又有渊源,中国古典文学的修养也很好。"五四"以来,外国文学语言一直影响我们的文学作品。但文学的外来影响,究竟不同衣食用品,文学是以民族的现实生活为主体的,生活内容对文学形式起着决定性的作用。以昆虫如此,蝉鸣于夏树,吸风饮露,其声无比清越,是经过几次蜕变的。这种蜕变起决定作用的,绝不是它蜕下的皮,而是它内在的生命。用外来的形式套民族生活的内容,会是一种非常可笑的作法,不会成功的。

宗璞的语言出自作品的内容，出自生活。她吸取了外国语言的一些长处，绝不显得生硬，而且很自然。她的语言也不是标新立异，是在前人的基础之上，有所创造，有所进展。我们不妨把"五四"时代女作家的作品逐篇阅读，我们会发现宗璞的语言较之黄①、凌②、冯③、谢④，已经有了很大的不同，也就是有了很大的发展。因此，她的语言，虽是新颖的，并不给人一种突兀的感觉，使人不习惯、不能接受。和那些生搬硬套外来语言、形式，或剪取他人的花衣，缝补成自己的装束，自鸣得意，虚张声势，以为就是创作的人，大不相同。

　　《鲁鲁》写的是一只小犬的故事。古今中外，以动物作为主人公的文学作品，并不少见。但一半是寓言，一半是纪事。柳宗元写动物的文章全是语言，寓意深远。蒲松龄常常写到动物，观察深刻，能够于形态之外写出动物的感情。纪昀在《阅微草堂笔记》中有一节写到犬，我读后，以为那是过激之作，是阅历者的话，非仁者之言，不应出自大儒宗师之口。

　　宗璞所写不是寓言，也不是童话，而是小说。她写的是有关童年生活的一段回忆。在这段回忆里，虽然着重写的是这只小犬，但也反映了在那一段时间，在那一处地方，一个家庭经历的生活。小犬写得很深刻、很动人，文字有起伏、有变化。这当然是作者的亲身经历，并非听来的故事。小说寄托了作家的真诚细微的感情，对家庭的各个成员都做了成功的描写。

　　把动物虚拟、人格化并不困难，作家的真情与动物的真情交织在一起，则是宗璞作品的独特所在。

　　遭到两次丧家的小狗，于身心交瘁之余，居然常常单身去观瀑亭观瀑，使小说留有强大的余波，更是感人。

　　这只小动物是非常可爱的。作家已届中年，经历了人世沧桑、世态炎凉之后，于摩肩接踵的茫茫人海中，寄深情于童年时期的这个小伙伴，使我读后不禁唏嘘。

　　我以为，宗璞写动物，是用鲁迅笔意。纯用白描，一字不苟，情景交融，着意在感情的刻画抒发。动物与人物几乎宾主不分，表面是动物的悲鸣，内含是人性的呼喊。

1981年2月11日
摘自《宗璞散文小说选》，北京出版社，1981年

---

①黄庐隐。
②凌叔华。
③冯沅君，即宗璞之姑母。
④谢冰心。

读宗璞《野葫芦引》第一卷《南渡记》①

卞之琳

　　一部严肃小说,能使具有一定文化水平的普通读者既得到美学享受又在不着痕迹中得到思想境界的提高,因此表示一点肯定的由衷话,我想比诸小说批评家的誉扬,更足以证明这部著作的成功与贡献。宗璞同志的中、短篇小说已被大家公认在现代新文学史上占有一定的地位,现在第一次试写出长篇小说《野葫芦引》第一卷《南渡记》,就使我这个普通读者在耆老之年,在文债信债山积、应付不过来,而时间精力日益不济的情况下,一卷在手,深受吸引,不由不搁置写到中途的一些纪念已故师友的文稿,不论读得多慢,花几天时间读完了整卷三百页。不顾自己是中外今日"先锋文学"的落伍者,不管过去曾也是妄图学西方现代派小说的工作者,在多位小说写作与批评行家面前,班门弄斧,姑妄谈几句,实在无非表示我难得的欣悦。就题材而论,这部小说填补了写民族解放战争即抗日战争小说之中的一个重要空白;就艺术而论,在新时期小说创作的繁荣当中独具特色,开出了一条小说真正创新的康庄大道的起点。
　　先就题材讲我的一点欣慰。1988年台湾《联合报副刊》为纪念"七七"抗战五十周年发起征文,提出了"试写抗战"的呼吁,"谓国人在抗战文学这一分野的创作,质量均不足以反映半世纪前那场可歌可泣的民族御侮战争,现在正是以深沉的大爱,犀利但不失冷静的文学手法,为战争真相以及在战火下人性的葛藤显影,为历史浩劫造像的时候"(见余光中新著散文集《凭一张地图》附录)。我们有名著长篇小说《青春之歌》,那可是写全面抗战前的"一二·九"运动,主要是写进步学生;还有名著《四世同堂》,那是写北平沦陷以后相当长一段时期以至整个时期,主要是写市民阶层。现在宗璞同志写《南渡记》是写卢沟桥事变后不久到1938年,写北平高级知识分子阶层,也是衰落的旧家,可能还称得上"精神贵族"(这也是作为社会变动的神经末梢的知识分子的一个也不应缺少的方面)。中外从古到今,改朝换代,新贵族大约永远会出现的,会兴衰隆替的。恕我冒昧肆言(就算童言无忌吧),原先为我们新中国打江山而出生入死的革命英雄豪杰,不是也有少数人进城后变成了"王侯第宅"的"新主"(杜甫诗句),因

---

①注:发表时题为《读宗璞〈野胡芦引〉第一卷〈南渡记〉》,"野胡芦引"疑被误写,现做修正。

此他们的子女也就反过来成了新贵子弟吗？宗璞同志笔下的那位吕老先生地位是比《四世同堂》里的那位老祖宗高了一级以至几级，一样有爱国热肠，最后被日本侵略者要拉下水挂名当"维持委员会"重职，就暗自服安眠药以一死挫败敌人的如意算盘，不是同样可歌可泣吗？凌京尧被汉奸逼着拉上山（就是下水），尽管毒遭了"火攻"、"水攻"的苦刑，顶住了，忍住了，终还是在恶犬栅门前，"千古艰难唯一死"（惨死），不得不喊了"投降"。他的温顺女儿却终于挺身而出登广告永远和他脱离父女关系，跑去找她新婚后即跑出科学实验室出走西山参加游击队的丈夫。小说的教育意义过去应有，现在还是应有的，不然空发发牢骚，泄泄自我中心的隐藏在身内的利比陀（Libipto），对别人（最后也对自己）都毫无价值，只会罂粟花（哪儿谈得上"昙花"）一现，消失无踪。"商女不知亡国恨"，今日男女青年特别应该从这样的有意义的小说里补补被"文化大革命"打断的课。空喊"学雷锋"、教条主义式继续进行"假大空"创作，也不起作用，甚至恰好起反作用。宗璞同志这部小说为什么能教育人，那是靠艺术的潜移默化，不是妄图立竿见影，空教训教训人，效果会适得其反。

宗璞同志这部小说的写作，不羡慕新时期小说的轰动效应，不担心今日如有些论家所说的陷入低谷，卓然独立，独具特色，独辟蹊径，实属可喜。这里有真正的创新，而只有批判继承中外优秀传统，适当采用外来的与时代演进同步的新手法，才会有真正的创新。就此我有三点想说：

我读《南渡记》，首先，不由不想起《红楼梦》。（今晨在电话上和一位如今也上了年纪的西南联合大学三校的校友，如今也是中国社会科学院同事的朋友紧急谈商能否来参加座谈会的时候，我一提到这一点，他就表示有同感。）这不是说这部小说（还只出了四分之一）就可以和曹雪芹那部小说经典媲美了，但总是从这部名著——也就是中国章回小说宝库中的第一名——学到了围绕着也就是烘托着众多人物的庭院、陈设、衣饰、打扮、举手投足的工笔画式细致描写。这也合乎恩格斯所讲十九世纪西欧现实主义小说的"细节真实性"的善于掌握。可是著者扬弃了连《红楼梦》都不免地填一支曲牌，用风花雪月的堆砌辞藻，描摹出场人物的花容月貌、绫罗锦缎衣着、金玉饰物、金枝玉叶的相貌，像裹上一层云雾烟雨，叫人简直认不出庐山真面目，如今把这种滥调糟粕一律抛开了，决不手软。同时这里也利用了《红楼梦》一类旧小说的巧妙插曲（真是符合平仄安排等声律要求的曲牌填词）来充作今日话剧舞台、电影电视剧的"画外音"，也代替西方传统小说里作者硬插进去的评语那一套笨办法。顺便说一句，说来惭愧，我曾在西南联合大学复原北返，在南开大学外文系一年级班上教过宗璞同志英文诗初步，现在才知道原来她中国古典文学根底这么好。你看《南渡记》的序曲多首和间曲一首，哪一句不是平仄合律、协韵合辙，功力之深，令我从小也偷偷小戏学写过旧诗词的大为吃惊,而且使我猛然憬悟了旧曲牌抑扬顿挫的节奏以至旋律的非凡功能。(顺便再说一句闲话,看看了不起的"文化大革命"后起家的确乎超过"五四"以后二三十年内一般名小说家作品的"伤痕小说"、"反思小说"等的中年作家,特别是杰出的女小说家,有几位能有这样的旧文学根柢。)我老朽昏聩了,读不了许多的书,还记得一位不知谁写的好像叫《爱情的位置》。小说确是佳作,可惜中间插上一位女主人公的寄怀填词,因为作者自己不会填词,就生造了一个"梦江南"之类的词牌名,写了一首"自度曲"。因为作者误以为"自度曲"就等于我们今日的"自由诗",可以不拘字句格式、长短,信手抒写了,殊不知作"自度曲"比填现成词牌难得多,过去只有姜白石一类自晓声律、能自行作曲的词人才能创制"自度曲"!又如,近读《读书》杂志上文学评论家新秀陈平原同志一篇《两脚踏东西文化》揄扬林语堂其人其文的见诸要目的文章,其中夸赞《红牡丹》这部实为低级趣味的小说——就差没有具体描写性行为细节的,要不然尽可以称之为黄色的小说——且不去管它,就是谈林语堂早先允称出于民族自豪感,对外国人美化中国的好意而写出的英文小说名著多少学《红楼梦》写华丽家族的"Moment in Peking",竟沿用抗战期间上海滩有人汉译书名叫《京华烟云》;现在人民文学出版社在内地出版台湾一位女译者的译本也沿用这个名字,不知道林语堂究竟还有点旧文学根底,知道以四字文言作书名,应安排平仄对称才好念,所以自译书名叫《瞬息京华》,仄仄平平,正好合适,而《京华烟云》,却是平平平平,怎么好上口呢?至于端木蕻良的小说名《大地的海》四个字,因为用的是白话,中间插上一个虚字"的",不讲平仄也就不拗口了。又近见香港《八方》文艺丛刊第十一辑"沈从文特辑(下)"中有美国沈从文研究专家金介甫一篇纪念文字,外国人不能掌握汉语文言的平仄这一套玩意儿自不必苛求。可笑的是中国留美学人,原为上海某师范学院图书馆员,因掌握材料多,为花城出版社编了《沈从文文集》,又为人民文学出版社编了一卷本《徐志摩选集》,成了专家,把金介甫这篇文章的题目竟译成了两个佶屈聱牙的七字句"集然瞬间迟迟去,一生沉浮长相忆",全不懂基本的七言文言句的联对、平仄等安排,令我一看就毛骨悚然。沈从文夫人张兆和同志也看出这一点,因为珍惜金介甫的好意,不得不就此让吉首大学编入纪念从文逝世一周年文集。我想宗璞同志和在座的一些中年以上的老评论家,闻此也会与我有同感吧。

其次我也得挑一点这部小说的疵病,其中最突出的一点是:一开场就像放花炮一样爆出了众多人物,琳琅满目,令人目不暇接,也就有点模糊不清。问题也许出在主要人物的出场事先没有适当准备,例如莎士比亚《哈姆雷特》开场,主角先不出来,而先由不重要配角给他作了适当议论准备,所以主角一上场,就给人很深的印象。照现代英国小说家福斯特《小说面面观》说法,这里可能就没有把人物分"扁平人物"和"浑圆人物"适当安排主次。"扁平人物"是没有多少层面、多大发展的,在小说里一出场就是那副面目(肉体和精神上),那么一句口头禅,叫人一看一听就认识,正好充配角;"浑圆人物",虽然也有他们各自一贯的性格特征,可是随时间、场地、情节的发展,面目也不断变化。《南渡记》里实际上也有这两面人物,例如吕老先生是有变化的,峨是有变化的,雪妍也有变化的,香阁也有变化或者多面的,峨好像很少变化,只是毛病出在"扁"、"圆"人物分配可能有些欠当。

讲到福斯特的《小说面面观》(现在国内有了译本),最后,恕我自己吹嘘一下。就在 20 世纪 40 年代初期(当时宗璞同志还小,可能还和柯岩同志一样,在昆明上中学或者大学先修班),我在西南联合大学外文系,除了开四年级本系必修的汉英互译课,还为了晋级副教授和教授,先就根据这本《小说面面观》,加上有名的伯西·拉卜克(Percy Lubbock)《小说的技巧》、艾德温·缪尔(Edwin Muir)《小说的结构》等等,胆大妄为居然开过一学期小说艺术选修课和开过又一学期的选修课亨利·詹姆士,用英文写了几讲(作为敲门砖,升了级就烧了稿)。所以从纸上谈兵说,我对小说艺术还可以自诩不算太外行。对于现代主义小说呢,我早在 20 世纪 30 年代中期就译介过法国普鲁斯特的长篇小说名著《思华年》第一部开篇第一段、维·伍尔芙的一篇简短道地的意识流小说和詹姆士·乔埃斯早期还没有写天书的《都柏林人》短篇小说集的一篇(现在都见 1981 年和 1986 年江西人民出版社修订版《西窗集》),可以归入国内最早介绍西方现代派作品的始作俑者之列。现在老了,自然也就落伍了、保守了。尽管我还在 40 年代在英国看过存在主义者萨特的戏剧《苍蝇》,由我在牛津最相熟的一位讲师(后来担任过拜里奥学院院长)夫人,一位娇小玲珑的才女,在茂玳林学院露天演出中饰女主角,给我们留下了深刻的印象,尽管我很欣赏萨特的短篇小说和长篇小说《自由之路》(Chemin de La Liberte),但我现在看不懂也不耐烦看西方的后现代主义等先锋派小说,所以也无法欣赏国内现在盛极一时的种种"新潮"、"新锐"小说,总以为梦呓不等于艺术,总认为忧患意识、荒诞意识之类不经过艺术过程(art process),不能成为艺术品。我始终否定自己是为艺术而艺术或艺术至上主义者,常常说明为同一人生(包括革命)目的,可以分工,例如一句合适、及时的口号,鼓动了千万人干出轰轰烈烈的行动,可以在历史书上大书一笔它的不朽功绩,可是绝不能说是有艺术价值。大家知道艺术是源于实际生活、高于实际生活,是一种升华,我这不是什么奇谈怪论。例如一场实际战斗,就只能讲保护自己、杀伤敌人,真刀真枪,只求白里进、红里出,不能讲什么艺术性。而在舞台上演一场斗争,就要讲架势、姿态、风度等艺术性了。要是演昆剧中的《夜奔》一类武戏,那一投足、一举手、一个鹞子翻身的工夫以外,还要看一字一板的韵味等了。再说,意识流、蒙太奇一类艺术手法,现代西方影剧作家、小说家,谁都会这一手。通篇小说用意识流手法,却早就过时,并不真正时髦。能博得正常读者的爱好,而真正在文学史上站住脚跟的正常作品,只有在必要的时候使一下这样的手法,它也就有别于19世纪现实主义小说陈旧老套。讲到这里我也就想起我前面讲宗璞同志小说艺术的第三点。这就是适当用出一点叙述学的新技巧,才使小说不但脱出了中国古典章回小说的滥俗老套和西方19世纪现实主义小说的一些在今天看来是颠顶不灵的笨拙作风。

最后我也正好借此再自我吹嘘一下。我可以说不止纸上谈兵,我也有过长篇小说写作经验,只是失败经验而已。我在"八一二"后从上海出来经过武汉,到成都四川大学落脚一学年,1938年暑假到过延安访问,入冬过黄河到太行山区随军(八路军与地方游击队),又经延安在鲁迅艺术学院临时任教一期,按原定计划回四川。1940年夏转到昆明,在西南联合大学外语系任教,半年后皖南事变发生。1941年暑假开始把教书业余时间全部倾注到习作一部长篇小说,后定名为《山山水水》,到1943年中秋完成全部初稿约得七八十万字。内容以四个城市——武汉、成都、延安、昆明——为中心,以一对青年男女的悲欢离合为主线,贯串起来主要写诸多上层知识分子男男女女老老少少对于抗战的不同反应与直接间接介入。草稿写成后,照例需要修改加工。因为身在国统区,一本完全以无党无派身份主观上为全国上下人士团结抗战的《慰劳信集》尚且被列为禁书,估计这部小说无法出版,忽然试用英文译改。又在国内国外埋头五年大致给上编两卷英文的初步定稿,巧遇衣休午德自美返英探亲,并得到我所钦佩的这位差不多和我同代的小说家的嘉许,说我创造了迷人的女主人公,说我做了像法国人把普鲁斯特译成英文、英国人把亨利·詹姆士译成法文一样照例不可能的事情而居然出了奇迹,但又坦率说我的英文里还有百分之十五的中文,最好能请阿瑟·韦利为我润饰一下以便顺利在英国问世。虽然韦利老先生(其实比我现在年轻多了)在我到英国后主动找我,我本不想去找他,他是喜欢中国旧诗,不喜欢中国新诗,第一次用明信片写寄给我说"我钦佩你的诗已有多年",真叫我受宠若惊,以后我从牛津到伦敦总去他家里看望他。可是我想怎好麻烦他老人家润饰我几百页的打字稿呢!正好这时候英国大报头条天天刊淮海战役的大新闻,在英国凭空给我们中国人脸上加了光彩,使我们增加了民族自豪感,我就感到自己的狂妄想法,相形之下,显得是一场梦幻,当即搁笔回国。

回到北平,首先在一股热劲下,根本忘记了自己未完成的长篇小说稿,稍想起了,自恨主要不写工农兵而写知识分子的错误,狠狠把全部稿子趁冬天喂了火炉。但是有些章节在抗战胜利前后曾用笔名和真名在文学刊物发表过,再也烧不掉了,七年前重新看文艺问题,从热心朋友搜全了的片断中看看还自觉有点意思,又经旧好、新知的鼓励、奔走,让香港何紫先生办的山边社在 1983 年赔本精印了一本小书叫《山山水水(小说片断)》。从这本悄悄出版的小书中可以大略看到时间和地点恰好和《野葫芦引》有交叉或重叠处,正好互为补充,所以我亟待看到《野葫芦引》全部四卷的出版。我是 1937 年早春离开北平南返上海的,以此为中心到宁、苏、杭转悠、会友、自由写诗译书,最后止步在浙南濒海山中度暑工作。《南渡记》中所写北平景物,在我北上故都并以此为立脚基地的七年(其间到过保定和济南教过半学年和一学年中学,到过日本京都闭门译书近半年),在我读起来,非常亲切,犹如旧梦重温,也就在这里补充了以及《四世同堂》中沦陷后的情况。正如《南渡记》中写的吕老先生找《哀江南赋》一样,令我老去的今日非常感动,大有使我也反过来深感叶落归根而不得,深深痛感自己本来才浅,又梦笔生花太早,不能像杜甫咏怀庾信一样,做不到"暮年诗赋动江关"了。这也就为什么我今天特别兴奋,拼老命再熬一次半通宵,以便先到这个座谈会上发个言,希望(即使不在今日,因为今天在此发言后,还得赶去《诗刊》社召开的"五四"与新诗纪念座谈会)得到过去曾在大学英国诗班上屈当过我的学生、今天应在小说问题上反拜为师的宗璞同志和诸位小说家、小说评论行家给我这类胡言的批评和指教,赶写成稿子念,因我自知不用稿子控制,老年的噜苏通病一发作,就不知会扯到哪里去了,害得在座的诸位听来头痛,尤其是被剥夺了发表宝贵意见的充分时间。

1989 年 4 月 5 日(清明节)9 时　4 月 6 日晨 2 时
原载《当代作家评论》1989 年第 5 期

细哉文心
——读宗璞《南渡记》

陈乐民　资中筠

两年前,宗璞六十岁生日,冯友兰先生写了一副对联送给她:

百岁寄风流,一脉文心传三世;
四卷写沧桑,八年鸿雪记双城。

宗璞在长篇小说《野葫芦引》第一卷《南渡记》的后记里写道:"当时为这部小说拟名为《双城鸿雪记》。因不少朋友不喜此名,现改为《野葫芦引》。"

冯先生的上联特别有味道,宗璞这部小说(四卷中的第一卷)的特色也恰在于那淡雅而又深邃的"文心"。

有些小说以情节胜,《南渡记》同样不乏引人入胜的情节。然而最值得称道的是以下两点:小说写的是"史",虽然二、三、四卷还没有出,但"四卷写沧桑",全书必是一部抗日战争时期的北校南迁史,原书名的"双城"即北京和昆明。此其一。第二是书里有那么多前一辈知识分子,再现了他们在民族命运垂危时的风貌、谈吐、举止。那一代知识分子一般不大会说好些掷地有金石声的豪言壮语,但是这并不妨碍他们对自己的国家爱得真挚、深切。像本书里写的:"大家虽都谨慎,没有慷慨激昂的言语,却于沉重之间感到腥风血雨之必来,而且不该躲避。"(《南渡记》第6页)明仑大学(它的原型想来是清华大学)历史系教授孟樾的想法是:"我辈书生,为先觉者。"(第7页)孟樾有一个温馨的家,"让人心里熨帖":一位知书识礼的夫人碧初,相当有教养、带着灵气的两女一子。那书房颇叫我辈书生羡慕:一排排书柜,一张大写字台,一堆堆书稿,小长桌上的几方"墨海",墙上的大字对联。那副对联,每个字一尺见方,是从泰山经石峪拓下来的:"无人我相,见天地心。"孟樾时不时地对着这几个字默坐半晌。那时他正在构思他的《中国史探》。这几个字也许正是"史探"要达到的天地混一的境界,是历史,也是哲学。这一切都何等雅气、何等幽静呵!然而,孟樾的心境却远不是这样平和,中华民族正处在生死存亡关头。看着这一切,孟樾喟然叹道:"覆巢之下,岂有完卵!"

孟先生兼着教务长,他此刻的主要任务就是迁校,校务会议已经决定了,孟樾忙着操持一切。"中国好在地方大,到危急时候,衣冠南渡,偏安江左,总能抵挡一阵。"话虽只有这么几句,烘托这几句话的时代背景却是惊心动魄的。

我们对作者说,看过这本《南渡记》后的第一个印象就是:它是一部以小说形式写的'史',把那个民族命运系于一线的时期的知识分子的风貌和心态表现出来了。她似乎认可了这种看法,以为,一部文学作品的价值正在于它表现了历史性的东西。

我们常想,中国读书人的一个突出品质,或说优点,就是他们总是要把自己的命运紧紧地同国家民族的命运系在一起。他们特别讲人的气节、民族的气节,在关键时刻能不能全名节是件刻骨铭心的事。在他们身上,"三军可夺帅、匹夫不可夺志"的个人气节和气贯长虹的民族气节,在民族危急存亡关头是统一在一起的。这是中国知识分子的一个值得大书特书的传统精神。作者定是把孟樾当作代表人物来写的,孟为人平和通达,既有学识,又能做实际行政工作,是那个时代很典型的系主任——系主任首先必须是学通中西的学人,行政工作是第二位的。

书里那位吕老太爷特别使人产生好感。一次,吕老人拿起床边的一本《昭明文选》,说庾信的《哀江南赋》现在看感受不大相同了:"李陵之双凫永去,苏武之一雁空飞",为人不能再见故国,活着有什么意思! 亲人们发现他不只咳嗽厉害,有时夜里还大声哭,说要下地练拳。"碧初知是南京陷落之故,心里酸痛。"(第175页)作者喜欢淡淡地表现浓浓的感情,此是一例。

吕老人拒绝缪东惠劝诱老人出任伪职的几段很是精彩,直如一曲正气歌。搬上舞台一定会有强烈的戏剧效果。你看,缪东惠声调抑扬顿挫地劝吕老人学作冯道,说了一番"我们是幸而亡国,不幸就要灭种"之类的鬼话。老人听罢表情格外镇静,哈哈一笑说:"我无文才武略,怎比得古人!"老人没有力气拍案而起,心里反觉平静,目光又有些茫然。接下去,老人微笑,端起茶杯举了举,意思是送客。缪无趣而去。家人料想老人定会把缪某人痛骂一阵,但只见老人取下墙上挂着的龙吞虎靠镌镂云的宝剑,说:"可怜这剑只挂在墙上。"然后惨然一笑:"不请长缨,系取天骄种,剑吼西风!"(第207页)平静之极,平静得使人透不过气来,平静中含着愤怒和仇恨。倘有谁把这一段改编为昆曲,让侯永奎样的名家扮演吕非清,一定十分精彩,十分悲壮。

相比之下,凌京尧就活得太窝囊了。这类知识分子也见得不少,又学洋文,又是京戏迷;有些正义感,又每每意志颓唐——是一种提不起来的旧书生。可是,他良知未泯,所以当日本人罗致他任伪职时,起初不肯,还因此备受酷刑,后来终于受不住皮肉之苦,没有坚持下去,怯懦地当了日伪"华北文艺联合会主席"。他的良心受到强烈的谴责和震撼。我们不打算宽恕这种人,但也有些可怜他。他的女儿雪妍离他而去的几段,写得回肠荡气。对于这类情节,有一种惯常的写怯,就是让雪妍干干脆脆地同他划清了界线,把他痛斥一顿。这里没有这样,只着意写了她决意"脱离父女关系"时的内心苦闷、矛盾和痛苦。窃以为这样写真实得多,是那个时代不少这类青年学生必定会有的"思想斗争"。将来雪妍有一天被批判为对反动家庭怀有"温情主义"的"小资"情调是不奇怪的。雪妍终究走了,这是书文最后几页的内容。雪妍离去的情景是凄然的,不过显然怀着希望。她的命运怎样,下卷里当然会有。

碧初那样的"教授夫人",我们也感到不陌生。那时学生管教授夫人都叫"师母"。师母多出自书香门第,或本人也是教授。碧初这类师母是"高级家庭妇女",一家的"内阁总理"。她们都很有独立的人格,并非"红袖添香"之属。那个时候每班学生人数不多,辅导课时时在先生家里上。每当这种时候,师母就备些小吃,款待学生。如果师母是广东人,则一小碗精致的"鱼生粥"是少不了的。闲谈时,师母常是在座的,谈吐同样不俗,每每出口成章,有时调侃一下丈夫的"迂",那是"其词若有憾焉"……书中的碧初就是这样的"师母"。《南渡记》中以碧初写的最像,比孟樾更像。也许孟樾在首卷还来不及充分展现他的举止言笑和内心世界。

显然,书中人物,至少孟樾这家人,是有所本的。这"本"就在冯家。从孟樾,使人想到冯先生;从碧初,使人想到冯夫人。这并不只是因为许多情节与《三松堂自序》中的叙述吻合,也不能同冯家的人勉强对号,而是人的"气质"特别像,家庭的气氛,包括生活习惯,都像。尤其是看到孟樾面对的那副对联"无人我相,见天地心"时,不由地会引起联想:这不就是冯先生吗?

日本侵略军统治下的北京城,读来心痛!这是沥血的历史。卢沟桥事变那年,我们都已记事了,书里写的不少事还有印象。例如销毁"禁书",有些书成本成套地烧,有些书则用墨笔把有违碍的字、句或段涂抹掉,来查的日伪警察或保甲长只要看不见那些碍眼的字句,一般就不多管了。大人领着孩子用墨笔涂抹的情形至今还依稀记得。再如学校里来了日本"教官",强迫学日语。学生们大都消极应付,孩子们自己不大懂得,多是受父母的影响。峨放学回家途中在日本兵刺刀下穿过、小学生被勒令向站岗的日本兵鞠躬之类的事,都听说过。想起"亡国奴"的日子,实在不是滋味。这种日子虽说一去不复返了,但却是不应该从记忆中抹掉的。

这本小说还有些民俗学的意义。有些描写可以把读者带回到那时的北京:盛夏时节的送冰人,送牛奶的,送菜的,卖南点的货担挑……什刹海的样子早已大变了,夏日骄阳下的荷香依旧,岸边的小卖则已非旧观。书里写的荷叶肉、冰碗儿、鲜菱角、鸡头米……现在的年轻人怕只听大人说过。

宗璞以散文见长,她的散文又以淡雅称,这是她的风格。明人王锡爵曾说归有光的文章"无意于感人,而欢愉惨恻之思,溢于言表",要在自然天成,要在"无意于感人"。宗璞的许多篇什都在这上面下功夫。不把话说满,不把形容词用绝,总留点什么给读者去玩味。汪曾祺说过,一部好作品该是由作者和读者一起去完成的。书中有些情景,诸如柳夫人举办独唱音乐会为抗战募捐、学生到前线慰劳抗战士兵、碧初在城里见到的日军暴行、南渡海途中的惊涛险浪,等等,尽管笔法有变,终不失作者不火不愠的本色。这是一个美学问题,夸饰和含蓄都可以是美的。前者可能痛快淋漓,后者可能清新细致。作者显属意于后者。

宗璞幼承家学,对书香有着特殊的偏好。由于她极其熟悉她在其中成长的生活圈子,写起来特别驾轻就熟,也很有味道。本来写东西首先就该写自己最熟悉的。书中颇有些写文事的篇幅,这是本书的一大特色。这里只举一例:孟樾到达云南龟色建立临时学校期间写完了《中国史探》,一天,他把书稿送交印刷作坊老板,之后,老板向他兜售一方好砚台。此处有一段精心的描写:

"……打开厘子,露出一块椭圆形的砚台,一边微有压腰,砚石纹理细腻,上端有一个乳白色圆点,圆点中又有一点淡青,衬着这圆点,镂出几缕流云,云下面雕出个蓄水小池。摸起来只觉光滑如婴儿肌肤,若磨起来,必然温润出墨无疑了。

"'好砚台'!弗之(孟樾)捧着这砚,不由地赞叹。"

老板让他翻过来看看砚背上的铭文:

"弗之翻过砚台,见后面刻着几行小字,字迹秀丽,刻的是:'巧匠如神,斲兹山骨。雨根乎云,唯尤嘘其泽;水取诸月,故蟾舍其魄。方一滴于金壶兮,恍源淖而委沙,乃载试巨渝縻兮,用浮津而辉液。魄余磨之未抵夫穿兮,犹得摩挲以当连城之拱璧。'最后刻着:'蛟门为莲身先生勒铭。'莲身必是砚主了。蛟门是谁?弗之稍一沉吟,想起这是康熙年间进士汪懋洪的别号,其诗词书法俱称于世,无怪字迹这样飘逸潇洒。那么这砚至少已有三百余年了。再看砚匣,边上有四个中楷,'蛟门铭研';几处闲章,一作'三昧',一作'雪缘',一作'商鼎汉樽之品',有小字云:'莲身先生不知何许人也,于光绪三十三年丁未十月得此砚于昆明,温润绝伦,间为妙品,名为烘云托月。'署名邹清,看来这邹某得砚台后,专作此匣保护。

"弗之看了,不觉感慨道:'这样为主人钟爱之物,怎么流落出来!'老板说:'此砚当前主人衣食不周,想脱手,要求个明主,也是宝剑归于勇士之意。''主人什么人?''不必提起。'

"弗之便不再问,说好售价五十元,这是一笔大数目了……"(第260—261页)

读至临不禁赞叹,亏得宗璞笔法,竟是一段明清小说把这桩文人轶事记录下来。此时若有人责怪说:那是什么年月,还容得如许闲情逸致,摆弄这些玩意儿,起码是玩物丧志!那就太煞风景了。殊不知,那种"静"正反衬了那时的"乱",反衬了那个使人憎恨的离乱乖戾之世。这些写法,在中国古文学中不鲜见。当然不可否认,这里也反映出作者对中国古文化的痴迷,只有爱成了习惯的人才会不惜笔墨写出这几段精雕细琢的文字来。刘彦和说:"夫文心者,言为文之用心也。"这大概正是作者"文心"之所在。这"文心"已传"三世",但愿能再传下去。能不能呢?

当然,对于在清华园读过几年书的年过花甲的人来说,明仑大学校园还不免时时唤起对清华园的回忆。"方壶"、"圆甀"使人想到工字厅、圆顶礼堂,还有"水木清华"那潭清水,掩映于疏密相间的树丛之中的新林院……今日清华大学比那时排场得多了,宽敞得多了;但是清华之于我们,仍是那块使人神驰的旧地。转眼间,四十来年过去了。如今看到那些教授楼多已破旧不堪,昔日师生谈诗论文的雅趣已成陈迹,思之不免黯然。

拉杂地写来写去,不见有什么起承转合的章法。忽然想到这里有没有人们批评的溢美之词呢?想了想,觉得没有。这里不过写了些读后印象,都是动笔时一下子跳进脑子里来的。我们都是读书人。读书人一重名节,二好文墨。这两件,这本书里恰恰都有,而且同当时的大时代结合得很自然。写抗日战争的小说不少,写这类知识分子(如今常简称为"高知"!)在救亡中的精神风貌的文学作品似不多见。

俞平伯先生在什么地方说过:"文心之细,细如牛毛;文事之难,难于累卵。"揆诸"文心"、"文事"两端,《南渡记》都该拿个好分数。以后的几卷,定会看到更多的"高知"。似乎也该写写他们的幽默感,这在《南渡记》似嫌少了些。

这是一本有书卷气的小说,难免曲高和寡。不过这种格调的书在目前印数五千已经不错了。只是在北京的各类书店里根本看不到它的影子,不知都到哪里去了。

一九九〇年四月于东总布陋室
原载《读书杂志》1990年第7期

论宗璞的"史诗情结"
——对《南渡记》文体的一点疑义

马 风

宗璞在她的《南渡记·后记》中,写了这么两句话:"这两年的日子是在挣扎中度过的。""挣扎主要是在'野葫芦'与现实之间。"我想,"挣扎"或许可以作为宗璞写作她的第一部长篇小说的创作心态和实践状况的直观写照。作为读者,在整个阅读过程中,我颇为真切地感受到了小说家的"挣扎"。

看得出来,宗璞对这部总题名为《野葫芦引》的多卷本长篇,寄予的期望值极大。她是把这部小说当作"史诗"来作的。其实,这是最容易理解的作家心理。就宗璞的具体状况而论,她的创作资历、创作成就、创作积累、创作修养,尤其是她的创作年龄和生理年龄,都在急切地呼唤和敦促她向"史诗"的峰巅登攀。宗璞已经进入了创作"史诗"的成熟期。她自己分明体悟到了这种强烈涌动的创作需求和炽烈的欲望。《野葫芦引》正是这种创造需求和欲望的必然产物。

黑格尔对于"史诗",有过如下的阐释:"史诗就是一个民族的'传奇故事','书'或'圣经'。每一个伟大的民族都有这样绝对原始的书,来表现全民族的原始精神。"(《美学》第三卷,下册,108页)黑格尔所说的"原始精神"或许可以简俗地理解为历史精神、历史传统。于是,"史诗"首先必然与民族的某个重大的历史事件直接地镶嵌在一起,从而构筑起它的艺术背景。其次,"传奇故事"要求展现在重大历史事件这个艺术背景之中的生活内容,应该是曲折跌宕、惊魂动魄的,亦即富有"戏剧性"的;或者说,也应该是"重大"的。第三,"史诗"中的主要人物应该与"圣经"中的基督耶稣相似或相近,其有崇高的英雄品格和牺牲精神,他的作为和业绩也应该是"重大"的。如果说,上面的归结尚有它的合理性的话,那么,无疑可以用"重大"来概括"史诗"的基本风貌。

我说宗璞是把《南渡记》当作史诗作的,依据正是小说基本风貌昭然崭露出的"重大"迹象。宗璞选择1937年7月7日作为她的小说叙述的起始时间,小说的全部艺术空间都被这个决定着中华民族命运的历史性时刻,以及由此而延续出的悲剧性岁月所迸发出的辉煌的光和暗淡的影,统摄着,笼罩着。尽管小说家回避了对于炮火纷飞的抗战情景的正面切入;然而,上述的时代背景,却并没有被淡化为悬浮在远处的一抹缥缈的烟云。它仍然是个分明的存在,犹如一方石块,实实在在地沉压在人们的生活中,也实实在在地沉压在人们的心灵中。小说的第三章曾写到三个孩子的一场游戏——"玮玮铲土,堆成各种形状:方的是楼,长的是飞机制造厂,圆的是碉堡。峨和小娃帮着搬鹅卵石,小手不断倒换着把石子堆在土丘边,然后受命装日本人。玮玮装中国军队,一阵机关枪把一以当千的日本兵打得落花流水。"最后还写出战报:"香粟集团军总司令澹台玮率将孟灵己孟合己击毙入侵日寇两千人。"孩子的游戏原本是轻松的、欢娱的,如今却渗透进如此浓重的社会意识、功利意识。既然,游戏已经"抗战化"了,游戏之外的严峻的现实,无疑就更是"抗战化"了。我还想提到这样一个细节:抗战爆发的第二天,峨与几个同学听完音乐会返家时——"路旁村庄里一声狗叫使他们沉默下来。一只狗开了头,别的狗都跟上来,此起彼落。好像不只是守夜,还有什么伤心事要大喊一通……'这些狗!它们也闻到战事了。'谁在对狗加以评价。"试看,连狗的吠叫声也"抗战化"了。可以说,"抗战化"是宗璞对于小说中展现的生活场景(包括人物的心理场景)以及所宣泄的她自己的生活体验和情感情绪的最为明朗,也最为本质的观照结果。自然,这是为她的"史诗情结"所决定了的,因为唯有"抗战化"才有可能与我前面说过的"重大"相沟通。

《南渡记》只是《野葫芦引》整部小说的四分之一,但宗璞已经勾画出了众多的人物(人物众多也是构成史诗的一个因素)。在众多人物中,被小说家置放于重要艺术地位的,莫过于吕清非和卫葑这两个人。著名诗人、学者卞之琳老先生在谈到这部小说时,曾说他由此联想到《红楼梦》。这话不无道理。假如说贾母是《红楼梦》中荣宁二府的最高主宰;那么,吕清非则是《南渡记》中由他三个女儿派生成的严家、澹台家、孟家的最高主宰。贾母在家族地位中,虽然是举足轻重的,然而,在小说的艺术地位中,却并不重要。吕清非与贾母不同,他在家族地位和艺术地位中都是举足轻重的。这可见宗璞对吕清非的重视。不过,更能表明宗璞对吕清非的重视的,则是小说家寄托在这个人物身上的审美理想。借用我前面摘录过的黑格尔的话说,宗璞正是借助吕清非"来表现全民族的原始精神"的。当然,这里的"原始精神",也正如我在前面说过的,可以理解为一种历史精神、历史传统。无须多说,在吕清非这个形象上所折射出的这种历史精神、历史传统,是与崇高、悲壮的品格力量熔铸在一起的。吕清非的年龄、资历以及社会地位和影响,无疑决定了他是体现这种历史精神、历史传统的上乘人选。正因为如此,吕清非作为艺术形象投射到阅读者心理中的图影,便模糊了他的"个体"意义,从而凸现出更多的"类"的意义,亦即"民族"意义。于是,吕清非便成了一种隐喻、一种象征。甚至可以说,吕清非就是一个寓言式的符号。当他为了保持高洁的民族气节,为了表明不与日寇、汉奸沉瀣一气的决心,终于以死相争、舍身成仁之后,宗璞中断了小说叙述的连贯性,专门插入一节《棺中人语》,从作为死者的吕清非的灵魂中道出这样的自白:"我常慨叹一生,于国无补,常遗憾宝剑悬壁,徒吼西风。不想一生最后一着,稍杀敌人气焰!躺在这里,不免有些得意……"吕清非未免过于自责和自谦了,其实,他是个"英雄"。生活中需要这样的"英雄","史诗"中也需要这样的"英雄"。作为一个小说家,宗璞也需要这样的"英雄",因为她在作"史诗"。我上面提到的另一个人物卫葑也是个"英雄"。在《南渡记》中,小说家用在卫葑身上的笔墨并不多(但是,可以预料,在以后的三卷中,用在他身上的笔墨肯定会很多)。或者说,宗璞仅仅让卫葑作了一个短促的"亮相",可是,这实在是居高临下的令人仰视的"亮相"。作为一名物理系研究生,他舍弃了大学的实验室;作为一个年轻的丈夫,他舍弃了新婚的妻子。这是因为,作为一名共产党员,他必须毅然地踏上革命征途,投入抗战救亡的洪流中。如同为吕清非写了一节《棺中人语》一样,宗璞也专门为卫葑写了一节《没有寄出的信》。这是卫葑离开北平入解放区之后,在心里"反复咀嚼"的"一封永远发不出的信",自然是寄给新婚妻子的:"我们是夫妻,我们是一体。我们彼此恰是找对了的那一半,一点没有错。但我不能属于你,我没有这个权利。我只能离开了你,让你丢失丈夫,让你孤独,让你哭泣!我必须这样做,因为我们生在这样的时代!"依照约定俗成的标准,对于"英雄"品格的最严峻的考验,莫过于生离死别了。吕清非"英雄"品格的闪光点正灼照在"死别"上,卫葑"英雄"品格的闪光点则灼照在"生离"上。他们两个恰恰形成互补,异常默契地完成了"生离死别"的"英雄"业绩。宗璞对于小说人物创造的这种设计,恐怕是用了一番心思的,从中,我更分明地体察到她的"史诗情结"的执着。

　　文章一开头,我说过,把小说当作"史诗"来作,这是可以理解的作家心理,尤其是像宗璞这样的作家。但是,检验一位作家的成就,是不是只能用"史诗"这把尺子呢?中外文学史为我们提供了否定的结论。《三国演义》自然可以称之为"史诗",如若把《红楼梦》也称之为"史诗",恐怕就失之牵强。然而,曹雪芹的艺术成就显然并不逊色于罗贯中,甚至略胜一筹。支撑着列夫·托尔斯泰在俄国文学史乃至世界文学史上的问鼎地位的,自然与他的"史诗"之作《战争与和平》分不开,然而,能够与并非"史诗"之作的《安娜·卡列尼娜》《复活》分得开吗?类似的例子还可以列举若干。这些文学现象给予人们诸多的启悟,其中,应该包括这样一种悖反的认识:作家可以把小说当作"史诗"来作,也可以不当作"史诗"来作。这似乎是一个狡黠的归结,更似乎是一个无意义的归结。但是,恰恰是在这样的"狡黠"和"无意义"中,可以检测出作家做出最终选择所显示出的机智。

　　宗璞绝不是一位缺乏机智的小说家,这有她的《红豆》《三生石》《鲁鲁》《泥沼中的头颅》等作品为证。不过,我不能不感到几分遗憾地发现,在她的第一部长篇小说《南渡记》中,她的"机智"变得淡弱了,或者说,她的"机智"出现了迷失。宗璞的"史诗情结"过于亢奋了,她不该把《南渡记》当作史诗来作。

我这样说,绝不是出自一个阅读者在尚未进入欣赏过程时,就先期形成的审美心理定式的渴盼,而恰恰是欣赏过程终结之后的一种发现。这种发现不排除主观性成分,但更多的还是来自作品的客观性反映。当我读完了《南渡记》的最后一页,在梳理我的阅读感受时,立刻体察到小说的整体艺术形象由于缺乏和谐感、稳帖感而变得扭曲了,这种扭曲显然来自于小说家对于小说文体形态的高度寄托而出现的紧张和躁动。因此,从这个意义上说,小说艺术形象的扭曲也分明地裸露了小说家艺术心态的扭曲,而后者无疑是前者的诱因。

我之所以感到小说的整体艺术形象缺乏和谐感、稳帖感,至少是在如下三个方面小说显露出的优势——(1)对于凡俗的人生世相的展现和描绘;(2)平实的叙述风度;(3)小说家轻灵、细密的艺术感觉——未能得到淋漓酣畅发挥的后果。对如此优势造成抵触乃至压抑威胁的,正是前面我说过的"史诗"规范中所要求的若干"重大"。宗璞原本企望借助若干"重大"来提升小说的审美价值度,但是由于这是一种并非审慎和成熟的"借助",小说家的企望在很大程度上意外地沦落为失望。

小说的第六章第四节,有几段颇为精彩的文字。南渡到龟回小城的明仑大学教授孟弗之,完成了著作书稿,前往石印作坊商谈出版事宜——

> 小作坊在城的东门边,地势低洼,路边杂草丛生。若不是事先知道,很难想到这里有印刷设备。老板见弗之进来,奉如天神下降,把桌凳擦了又擦,吩咐学徒用水吊子在炭炉上烧开水,沏好茶,又忙着说话:"孟先生在龟回,谁人不知哪个不晓!大学校搬来,是我们的福哟!不然这一辈子,你说是见得着咯?"张罗半天,才容弗之说话。

这段文字,真可谓熔风情、人情、心情、神情于一炉。而在这诸多"情"中沉聚着的人世况味,又格外厚重和浓郁。这样的小说世界的达成,绝不仅仅是小说家语言操作的成果,更重要的是统摄和制约这种操作方式的小说家对于现实世界的审美认识方式。换言之,语言操作不能只理解为艺术技巧的演示,而应是艺术感觉的符号化实践。从我摘引的这几行文字中,可以看出宗璞的艺术感觉活跃在凡俗的人生世相这个领域之内,从而成为她的艺术感觉的敏锐区(后面,我还将要说到这一点)。我这里说的"凡俗",显然是审美意义的"凡俗"。因为,如若从社会意义来鉴别,吕清非的家庭以及由他的三个女儿派生成的家庭(《南渡记》中只写到两个)就其经济地位和社会地位来说,均可划入"上层"之列,写"凡俗"并不贴近。审美意义的"凡俗",其界定范围无疑要宽泛得多。所以,我说的"凡俗的人生世相",究竟是"底层"的抑或是"上层"的并不重要,重要的是这种"人生世相"所展示的应该是逼近生活的原生状态和通常状态的"面貌"。这也正是别林斯基说过的:"在全部赤裸和真实中来再现生活。"(《别林斯基选集》,第一卷,143页)既然是"赤裸"的,而且是"全部赤裸"的,于是,这是一种未被美化和伪化的"面貌"。平实、朴质,以及芜杂、纷乱构成了它的基本特色,而这些则是我说的"凡俗"。法国当代文论家托多罗夫曾经表述过这样的见解:"从上世纪末开始,事件在小说中的重要性减弱了,以前,英雄业绩、爱情、死亡构成文学所偏爱的领地,随着福楼拜、契诃夫和乔伊斯的创作,文学转向无意义,转向日常生活。"(《叙事美学》,重庆出版社,43页)可以说,充塞于《南渡记》的艺术空间的,就有若干"无意义"的"日常生活"。这些,恰恰是小说中最富于美学光彩的部分。除了前面我说到的,再如几个孩子在孟家住宅"方壶"后门外小溪边玩赏萤火虫的情景(第一章第一节);在香粟斜街三号吕清非的深宅大院里,几辈人共度除夕、祭祖、吃年饭的情景(第四章第四节)等等,亦可为例。这也正是卞之琳所称道的"围绕着也就是烘托着众多人物的庭院、陈设、衣饰、打扮、举手投足的工笔画式细致描写"。然而,《南渡记》中的这些"无意义"的"日常生活",却不是托多罗夫所说的"转向"的结果;而且,恰恰相反,我们在小说中看到的更为自觉的趋势,倒是相反的"转向",亦即从"无意义"、从"日常生活"向"英雄业绩"、"死亡"的"转向"。由于凡俗的人生世相与闪烁着理想色彩的英雄主题(前面说过的卫葑的"生离"、吕清非的"死别",是这个主题的基本内核)常常呈露出一种二元分裂状态,于是,宗璞的"转向"必然导致小说的整体艺术形象也呈露出二元分裂状态,亦即缺乏和谐感、稳帖感而出现的扭曲。玩赏萤火虫,是孩子们的游戏;扮成"香粟集团军""击毙日寇",也是孩子们的游戏。但是,在这两种游戏之中,所包含的意蕴却大相径庭。前者更多的是纯真的情愫,后者更多的则是功利的和教化的目的。我们在前者中品味到欢愉,在后者中则不能不感到几分矫揉造作。于是,这种区别划出了一道审美品位的界限。出于同样的阅读心理,如果对吕清非和卫葑这两个人予以道德判断,他们的行为、品格由于是崇高的、悲壮的,于是,可以说是美的。若改换一个角度予以审美判断,他们的行为、品格由于是单一的、平面的,于是,可以说是不美的。毫无疑义,审美判断引发出的结论,更具有不容忽视的本质性和权威性。人物形象之所以陷于二元状态的困窘之中,自然源于"重大"的"事件"的控制。可以说,人物的性格、命运的活动轨迹,一旦拘囿在"重大"的规定情境内,尤其是卷入到关系民族生死存亡的冲突中,小说家出于民族自尊心的集体无意识的支使,对于人物的认知和把握往往只能有一种价值取向了,这几乎是一种必然。在这个

"必然"的催动之下,人物所能显露出的面目常常只有一半,作为"英雄"的这一半。而作为"俗人"的另一半,则被遮盖了,甚至阉割了。而这被遮盖、阉割的另一半,又恰恰是饱含审美潜力和能量的一半。于是,小说家领教了这个"必然"的冷峻。因此,小说创作毕竟是美的创造这个不可更移的规律,又在激励小说家摆脱这个"必然",超越这个"必然"。摆脱和超越的途径当然不只一条。就《南渡记》这部小说而论,我以为摆脱和超越的恰当途径,应该是让人物从"重大"中走出来,使之步履从容地在凡俗的人生世相中徜徉。小说中的赵秀莲、吕贵堂这两个颇为"普通"的形象,完全可以作为卫葑、吕清非的反证。宗璞投入在赵秀莲和吕贵堂这两个人身上的创造专注力和艺术热情,明显低于卫葑和吕清非。然而,有趣的是,赵秀莲和吕贵堂(尤其是赵秀莲)所焕发出的艺术吸引力和艺术魅力却并不明显地低于卫葑和吕清非。我想,这种现象的产生,主要是赵秀莲、吕贵堂这样的"普通"人,更具有"人"的原生状态和通常状态,或者像别林斯基说的,更为"赤裸",于是就更富于真切感和亲切感,因此,更容易博得接受者的全面认同。

为了不至于对我的上述意见发生误解,委实有必要强调几句,我绝不是在张扬小说创作应该回避"重大"和"英雄"。相反,我坚定地以为,在作品中艺术化地呈现出"重大"和"英雄",乃是肩负建设社会全义精神文明使命的小说家的职责。当然,应该有这样的前提作为保证:小说家必须在作品中积蓄起足以引发"重大"和"英雄"的艺术情势(不是时代情势或者社会情势),并且,必须构建起适用于"重大"和"英雄"的艺术氛围(同样,不是时代氛围或者社会氛围)。果真如此,那么,这自然是合目的性的、合规律性的,自然应该予以充分肯定。我前面说过的,小说可以当作"史诗"来作,也可以不当作"史诗"来作。它的标准点正是确定在这种合目的性和合规律性上,而不能以小说家的"史诗情绪"为转移。宗璞的"史诗情结"的亢奋,模糊了她对合目的性、合规律性的认识。下面我将说到的小说的叙述风度与小说的戏剧性布局呈现出的扭曲,也是一个证明。

小说的叙述风度,大体上是由小说的叙述视角、叙述语调、叙述情感以及叙述秩序和叙述节奏共同组成的一种饱含小说家主体意识的叙述范式,或者说叙述特征。无须赘言,小说的叙述风度对于小说的美学质量具有保证意义。所以,小说家无不对小说的叙述风度作惨淡经营。宗璞自然不能例外,而且分明地崭露出颇具个性特征的叙述风度。我想以"平实"二字概括之。"平实"似乎太缺乏褒赞色彩了,其实不然。它恰恰是艺术创造进入高层次审美境地才可能赢得的评语。前面说过的《南渡记》中展现和描绘的凡俗的人生世相,正是凭借着平实的叙述风度才得以实现的审美化,而小说的平实的叙述风度,只有在凡俗的人生世相的依托之下,才能闪射出绰约的姿彩。于是,我们看到了一个恰到好处的文体设计。不过,我还是要把话题转到另外一面。由于宗璞在凡俗的人生世相中,引入了若干"重大",那么,为了呼应这种"引入"(或者说,为了适应这种"重大"),宗璞必然要在小说的结构布局上增添"戏剧性"因素,诸如巧合、突变、悬念等。当然,巧合等技术手段的运用,并非戏剧文学的专利,在其他文学样式中(尤其是小说)也并不罕见。但是,由于"戏剧性"带有过于外露乃至生硬的人为痕迹,它往往是主观编造的结果,并不切合现实中的人生际遇和逻辑关系。甚至可以说,对于逼近生活原生状态和通常状态的艺术追求,"戏剧性"已经成为一股逆反的阻力。于是,在当代小说创作中(也包括当代戏剧创作),"戏剧性"已不像之前倍受青睐,常常招致冷遇。当然,也并非一概如此。宗璞在《南渡记》中就很珍重"戏剧性",并把它作为结构布局的重要参照。比如小说把卫葑的结婚日期与卢沟桥抗战爆发的1937年7月7日,作了一个重叠,无疑这是一种极富"戏剧性"的巧合。唯有这样的巧合,才能把人生的重要时刻与国家、民族的重要时刻交织在一起,从而在人们(主要是置于这两个"重要时刻"之中的中心人物卫葑)对待这两者的态度与行为的差异中,透析出一种崇高的气节和昂扬的精神。但是,我不能不说,恰恰由于这种巧合的雕琢痕迹过于浓重,难免在接受者欣赏心理中掠过一道"假"的暗影。而这个"假"的暗影,对于卫葑等人表现出的崇高气节和昂扬精神的光彩,势必有所减弱。于是,出现了小说家并未料到的背反局面:巧合是为了塑立人物的"英雄"形象,但是,巧合却又是对"英雄"形象的破损。我还想再说说小说中关于孟家小娃患病的情节的布局设计。小娃在北平沦陷之后突然得了急症肠套结,需要做开刀手术。小娃母亲为他找到了最好的主刀医生。正当小娃被推到治疗室做术前准备时,随着一阵脚步声,涌进来一群日本人,原来"一个和小娃差不多大"的日本军人的孩子,也患了和小娃一样的肠套结,而且要求给小娃做手术的医生改为给这个日本孩子做手术。显而易见,小说家一连安排了三重巧合:孩子的年龄,所患病症,做手术的医生。从中,不难领悟小说家的设计意图:把入侵者的凶蛮、肆虐与被侵者的屈辱、悲苦加以比照,于是,宣泄出对于侵略者的切齿激愤以及身为亡国奴的凄惨境遇。不过,透过小说家的这种安排,我们自然也会有一种类似刚才我说过的察觉:这样的巧合未免太富于"戏剧性"了,未免有点"假"。于是,同样,对于侵略者的指控、怒斥,对于同胞的哀怜、同情,势必因为以过强的"戏剧性"亦即"假"作为艺术创造的根基,不能不动摇了它的思想力量和美学品位。这大概也是宗璞所始料不及的。此外,如卫葑毅然离家出走所牵引出的突变和悬念、吕清非老人以死相争所牵引出的突变等,也都被涂染上了较为浓丽的"戏剧性"色彩,于是,存留着比较炫目的斧凿印记。这些无疑与小说的平实的叙述风度失掉了默契而缺乏和谐感和稳帖感。至于小说在有序的结构单位章与章之间楔入的《野葫芦的心》《没有寄出的信》《棺中人语》以及卷首的《序曲》和篇末的《间曲》，自然对于变换和丰富小说的叙述视角、深化小说的叙述层次、调整小说的叙述节奏和秩序、加重小说的叙述情感等诸多方面来说，不失为有益的补偿。换言之，这样一种破坏章节的有序联结而楔入独立的叙述单元的结构方式，可以与小说的平实的叙述风度形成某种反差，于是，在它的映托之下，小说叙述风度的平实特征会愈加鲜明醒目。然而，与这种正面效应相比，由它带来的负面效应或许更大。可以说，这种"楔入"所产生的对有序章节的破坏，无疑也是对小说的平实的叙述风度的破坏。这些被楔入的独立叙述单元（从叙述作为小说的最基本的表达属性这一点来说，小说中诗词之类的抒情性韵文也是一种变相的"叙述"）很近似戏剧中的"旁白"（词曲则为"伴唱"），于是，也可以说，这正是小说结构布局的"戏剧性"的必然衍化。"戏剧性"为小说带来的不和谐感和不稳帖感，在被"楔入"的这些独立单元中，也同步地暴露出来。总之，如果采用描绘性的方式来说，宗璞的叙述风度犹如潺潺流淌的一川碧水，明彻、晶莹、恬静，令人感到熨帖和惬意；"戏剧性"的加入，好比突兀溅起的浪涛和刹那间形成的漩涡，于是，一派和谐、稳帖的格局和意蕴立刻碎裂了。

说到宗璞的叙述风度，自然不能不说到她的艺术感觉。或者说，说着她的叙述风度时，也正在说着她的艺术感觉。这是因为，小说家艺术感觉的方式和结果，决定了小说家叙述风度的形成和确立。小说家的叙述风度完全可以看作小说家艺术感觉的程序化、符号化。在《南渡记》中，小说家叙述风度呈露出的平实性特色，正是宗璞轻灵、细密的艺术感觉的必然显现。我在前面说到这么一句：凡俗的人生世相，是宗璞艺术感觉最活跃的领域。这是因为轻灵、细密的艺术感觉对于"凡俗"能够做出最机敏最贴切的反应，从而成为融洽的配合。相反，对于"重大"者，轻灵、细密的艺术感觉将会表现出捉襟见肘的窘态，表现出与之相适应的无能为力。我列举过的关于小娃得了肠套结住院治疗的种种场景，主要是经由小娃的母亲吕碧初（这也是小说家着力刻画的一个人物）的视角展现的。也可以说，小说家在此传达出的艺术感觉，主要是经由吕碧初的情感体验和情绪状态传达出来的。宗璞作为女性小说家，与吕碧初作为母亲，这种性别的一致自然为更真切更圆满地传达小说家的艺术感觉提供了格外有力的契机。换言之，借助吕碧初，宗璞原本可以优异地完成小说中的这个局部的艺术创造。然而，正如已经说过的，小说家企图在孩子生病这个纯属于自然现象的"凡俗"中，引入侵略者与亡国者尖锐对立这个纯属于社会现象的"重大"，于是，在"重大"自然遮掩和排挤"凡俗"的情势之下，小说家的艺术感觉（吕碧初的情感体验和情绪状态）必然出现了倾斜，即由轻灵、细密向另一端的倾斜。其结果导致小说家正常的艺术感觉发生了畸变,原本饱含着个性化特征的艺术感觉中夹杂进若干非个性化成分。而非个性化成分的增加,无疑是非艺术化成分增加的可怕标志。由于小说家的艺术感觉与小说家的心理气质有着不可切割的内在联系;而人与人的心理气质的先天性差异,决定了小说家之间的艺术感觉的极大差异。作为一个小说家,应该对自己的艺术感觉有一个清醒的认识和把握,从而才能确定和选择适宜于自己艺术感觉的最佳创作领域,切忌不可进入误区。当然,小说家可以根据创作领域的拓展,调整自己的艺术感觉。不过,应该充分估计到这种调整会不会因为业已形成的艺术感觉的惯性,而难以实现;同时,更应该充分估计到,创作领域的拓展是否已经超出了艺术感觉进行调整时可以达到的幅度。因为,十分明显,不论多么杰出的小说家,他的艺术感觉也不可能在任何领域、任何方位都保持灵敏状态,也就是说,都有它的活跃区和迟钝区。我只是宗璞小说的读者,对她的小说以及她本人,都缺乏研究。但是,凭着我阅读《南渡记》的欣赏直感,我以为,"重大"的领域和方位,并不是可以纵情驰骋她的艺术感觉的活跃区。尽管她对自己的艺术感觉进行了积极地调整,以期适应于"重大",但是,创作实践中暴露出的小说整体艺术形象的二元分裂现象,却证明了调整后的审美效应并不是积极的。卞之琳由《南渡记》生发出的对于《红楼梦》的联想,应该看作对《南渡记》文体的一种暗示。宗璞是否可以从这个暗示中松动一下她的"史诗情结"呢?我以为是。

1990 年 3 月 20 日于哈尔滨
原载《文学评论》1990 年第 4 期

《南渡记》的评价与现实主义问题

曾镇南

《南渡记》是宗璞潜心构思、创作了多年的四卷本长篇小说《野葫芦引》的第一部。

在小说问世不久,即得到好评。韦君宜指出,《南渡记》是那种严肃的读者会珍重地保存的"给历史和生活留下影像的作品",它"写了一部分人的历史的一个侧面"。冯至与卞之琳都认为,《南渡记》继承了《红楼梦》的笔法,具有极强的艺术功力。卞之琳说,读这部小说,他感到"难得的欣悦","就题材而论,这部小说填补了写民族解放战争即抗日战争小说之中的一个重要空白;就艺术而论,在新时期小说创作的繁荣当中独具特色,开出了一条小说真正创新的康庄大道的起点"。

这些著名作家的高度评价,当然不能代替每个新的读者和研究者的独立的判断。实际上对《南渡记》的研究和评价刚刚开始,批评家们应该继续努力,提出新的见解,从新的角度进行发掘,以丰富人们对这一作品的思想、生活、艺术内涵的认识,为正在艰苦创作中的作家提供有益的参考意见。本着这个想法,我对马风同志《论宗璞的"史诗情结"——对〈南渡记〉文体的一点疑义》一文的出现,就比较留意。

读了这篇评论,我的心情久久不能平静。文章对《南渡记》做出的基本上否定的评价,当然也是百家争鸣中应该允许存在的一种学术观点,不值得大惊小怪。这些年来,持类似思想方法的批评文章,在我们的文艺评论界,可以说是不胜枚举了,有些立论比这奇特得多,口气比这武断得多,难道需要一一加以辨析、争鸣吗?

但是,《南渡记》的评价问题,却是一个学术连带着感情的问题。面对这样一部散发着血的蒸气,弥漫着反法西斯战争的风云,概括了一代知识分子、一代青少年投身抗日救亡的人生之旅,抒写了中国人民酷爱自由、不能忍受外侮,为国家的独立和解放而拼搏的浩然正气的小说,人们的阅读和评论不可能是纯粹理性的。在马风同志那种让我感到有点高深和玄妙的苛评中,我看到了一种令人惊讶的冷漠和令人不安的是非颠倒。同时,马风同志的评论也涉及现实主义文学创作的一系列重要的理论问题,这也是当前的文学创作和文艺批评所不能回避的。因此,我写了这篇文章,围绕着《南渡记》的评价以及现实主义创作原则的理解等问题,敬陈管见,就正于马风同志。

一

马风同志的文章的一个基本的论点是:《南渡记》在艺术上的种种令人失望的毛病,其根源都在宗璞的创作心理中存在着一种所谓"史诗情结"。他时而用教训的口吻说:"宗璞的'史诗情结'过于亢奋了,她不该把《南渡记》当作史诗来作。"时而用劝告的口气说:"宗璞是否可以从这个暗示中松动一下她的'史诗情结'呢?我以为是。"看样子,这种"史诗情结"像一个徘徊在小说字里行间的幽灵一样,把宗璞引入了艺术的歧途。因此,马风同志批评的长矛,不能不向这个纠缠着作家的创作心态的幽灵扎去。

但是,可惜得很,这很有点像堂·吉诃德向风车作战。因为,所谓"史诗情结",是马风同志生造出来强加给宗璞的莫须有的东西。

马风同志从宗璞在《南渡记·后记》中讲到她创作甘苦时用的"挣扎"一语,结合自己的阅读感受,做出了"我想,'挣扎'或许可以作为宗璞写作她的第一部长篇小说的创作心态和实践状况的直观写照"的推测。在他看来,这种"挣扎"心态正是"史诗情结"的表现。

那么,我们就来看看宗璞在《南渡记·后记》中关于她的"挣扎"的写作心态是怎么说的:

> 这两年的日子是在挣扎中度过的。
>
> 一个只能向病余讨生活的人,又从无倚马之才、如椽之笔,立志写这部长篇小说《野葫芦引》实乃自不量力。只该在挣扎中度日。
>
> 挣扎主要是在"野葫芦"与现实世界之间。写东西需要全神贯注,最好沉浸在野葫芦中,忘记现实世界。这是大实话,却不容易做到。我可以尽量压缩生活内容,却不能不尽上奉高堂、下抚后代之责,也不能不吃饭。又因文思迟顿,长时期处于创作状态,实吃不消,有时一歇许久。这样,总是从"野葫芦"中给拉出来,常感被分割之痛苦,惶惑不安。总觉得对不起那一段历史,对不起书中人物;又因书中人物忽略了现实人物,疏亲慢友,心不在焉,许多事处理不当,不免歉疚。两年间,很少有怡悦自得的时候。

研究一部小说,了解作家创作时的心理状态和生活状态,当然是非常重要的。宗璞的这段讲她的"挣扎"心态的话,对于我们了解《南渡记》,的确是很珍贵的第一手材料。但是,在这段话里,根本没有作家因为想创作"史诗"而苦苦"挣扎"的意思;作家所讲的"挣扎"在"野葫芦"与现实之间,说的无非是作家因为现实的日常生活的负累而无法全神贯注于创作的苦恼心境而已。透过这种苦恼心境,我感到一种条件虽差也要为"野葫芦"这个艺术世界的营构而拼搏的顽强意志。所谓挣扎,就是克服困难、立志为完成《野葫芦引》而奋斗的一种心志和行动。在"挣扎"中,固然有现实拖累太重不得不中断创作的痛苦,更主要的是生怕"对不起那一段历史,对不起书中人物"因而产生的对创作的执着。以抱病之身在被家务分割的时间中挣扎着写作,兢兢业业,若有不足,若有不胜,这就是一个严肃的现实主义作家在呕心沥血的艺术创造中执着奔赴的创作心态的具体表现。

那么,为什么宗璞对《野葫芦引》的创作如此执着,苦苦挣扎,锲而不舍呢?是像马风同志所猜测的那样,作家的"创作年龄和心理年龄""都在急切地呼唤和敦促她向'史诗'的峰巅登攀",因此才使作家"挣扎"着写作的吗?当然不是。这样的猜测,实际上是把作家所没有的以"史诗"自期的自负和功利意识强加给作家了。

从作家的自述来看,我们只能相信,她的"挣扎",她的执着,只不过出于一种不写出来就"对不起那一段历史,对不起书中人物"的歉疚心理,出于作家对历史、对前人的责任感。有这样一种不吐不快,不写出来就寝食不安的执着创作的心态,说明作家所把握、涵蕴的题材,不是可写可不写的东西,而是深切感动了作家,甚至影响了作家的一生命运,在作家心灵中打下了深深烙印的东西。正如阿Q的影像在鲁迅心中已经生活了很久一样,"那一段历史"和《南渡记》书中的人物,在宗璞心中已经孕育了很长的时间。她用心血浸润、滋养它们已经很久了。她心心念念、魂牵梦绕地要表现它们,使它们变成活在纸上的生灵。

所谓"那一段历史",以《南渡记》所展开的生活故事来印证,就是伟大的抗日战争中明仑大学的一群高级知识分子及其眷属从北平南迁昆明的历史;所谓"书中人物",就是那些不愿当亡国奴,舍弃了舒适宁静的校园生活,冒着烽火与风涛到南方去寻找祖国、寻找抗日救亡道路的人们,以及虽然没有南渡,但选择了"就死辞生!一腔浩气吁苍穹"的殉国归宿的吕清非这样的志士仁人。

读过宗璞的短篇名作《鲁鲁》和冯友兰的《三松堂自序》一书的读者,都不难理解宗璞为什么对"那一段历史"和《南渡记》书中人物那样情有独钟。因为,"那一段历史"正是宗璞童年、少年亲身经历的,她自己就是南渡的众多人物中的一个。她写作时的模特就是她的父母亲人以及父执、师友以及童年伙伴,写这些人物在伟大的抗日战争中被震动、被撼醒,走上在战火中成长、成熟的特殊的人生之旅的故事。因此,倘若我们说《南渡记》乃至整部《野葫芦引》是带有浓厚的自叙传色彩的作品,那也是不会有什么大错的。

值得注意的是,宗璞在《南渡记·后记》中还说:"我深深感谢关心这部书,热情相助的父执、亲友,若无他们的宝贵指点,这段历史仍是在孩童的眼光中,不可能清晰起来。"读《南渡记》,我深切地感到书中孩童的眼光与一个对历史有着成熟的见解、对人性有湛深的认识的成人的眼光的交织。细心的读者不难发现,书中孟弗之与吕碧初的二女儿嵋(孟灵己),是一个从小就富有艺术想象力、爱读童话也能为自己编织童话的女孩,她对别人充满同情、宽谅和友爱,立志要研究人世间人和人为什么不一样。她的眼光,实际上构成了小说潜在的叙事角度。嵋的形象上,无疑有着作家自己的身影。嵋对从卢沟桥事变爆发到孟家离开方壶南渡到云南龟回这一段《南渡记》描写的生活故事,时时用她澄澈无邪的童心进行着观照和评判。她既是这一段生活故事的目击者,又是这一段人生历程的参与者。冯至先生曾敏锐地对作者指出:"你写的儿童和妇女,性格多样,生动自然,显示出女作家的特点。相形之下,大学里的教师们比较平淡,有些逊色了。……这本书里涵蓄了你不少童年的回忆。"事实也正是这样,《南渡记》乃至整部《野葫芦引》在创作构思上的发轫,其动力在很大程度上来自于抗日战争中北校南迁的这一段历史以及这一段动荡的人生旅途上颠沛流离的人们留下的雪泥鸿爪(《野葫芦引》曾拟名为《双城鸿雪记》)对童年的作者产生的不灭的影响。在这个意义上,不妨说推动作家创作《野葫芦引》的,并不是马风同志主观推测的什么"史诗情结",而是从宗璞特殊的生活经历中产生的、深深涵蓄在她童心中的亡国之痛和抗日之光,是一个现实主义作家对历史和时代的责任感。

马风同志断定宗璞创作心理中存在"史诗情结"的最有理论色彩的"依据",是他搬出了黑格尔的"史诗"定义:"史诗就是一个民族的'传奇故事'、'书'或'圣经'。每一个伟大的民族都有这样绝对原始的书,来表现全民族的原始精神。"即使我们承认黑格尔的定义是最准确意义上的"史诗"定义,那么,我们从这个定义中看到的,很明显地也只是对反映一个民族肇始、繁衍、凝聚、拼搏的历史那种汇聚了初民社会的回忆和口碑的史诗的描述。这样的史诗在古代希腊罗马以及北欧、法国都产生过(如《伊利亚特》、《奥德修纪》、《尼伯龙根之歌》、《罗兰之歌》等)。黑格尔的"史诗"定义,正是这一文学传统、文学体裁的反映。黑格尔"史诗"定义所描述的"史诗"的基本特征,是"史诗"的原始性。"史诗"内容上的包罗万象的广阔性和英雄传奇色彩以及艺术上古朴稚拙的风貌,都来源于这种原始性。可见,马风离开黑格尔"史诗"定义的特定内涵,把"重大"作为概括"史诗"的基本风貌的一个概念,这是非常牵强附会的。

在文艺评论中被广泛运用的"史诗"概念和黑格尔的"史诗"概念,显然不是一回事。在文艺评论中,"史诗"往往是作为极高的审美评价的用语,运用于长篇小说或长篇叙事诗的评价中。这一概念包含两层意思:一是指作品具有博大精深的历史内涵,对广阔的、重大的社会生活进行了雄浑的历史的概括;二是指作品是充分诗化(即艺术化)了的,具有高度的艺术概括力,尤其在典型环境中的典型性格的创造方面,达到了高度典型化的程度,闪射着富有启示的诗意的光辉。这样的作品的美学品格是极高的。这两层意思统一在"史诗"这一概念里,也就是恩格斯所说的历史的批评和美学的批评的极高标准的统一。

可见,作为对长篇叙事体裁的文学作品的极高的审美评价的"史诗"概念,是不能轻易使用的。"史诗"的艺术境界,也是很难企及的。老作家孙犁就曾一再反对文艺评论中"史诗"概念的滥用。他曾说过:"几十年来,我们常常听到,用'史诗'和'时代的画卷'这样的美词,来赞颂一些长篇小说。作为鼓励,这是可以的。但真正的'史诗'和可以称为画卷的作品,在历史上是并不多见的。中国自有白话小说以来,当此誉而无愧者,也不过《红楼梦》八十回,《水浒传》七十回而已。"孙犁还指出:"出现一部真正的史诗,像创造出一个真正的文学典型一样,并不是那么轻而易举的事,也不是评论家随心所欲的事,而是时代和社会的推动,作家认真努力的结果。"

孙犁这些关于"史诗"的看法,是精辟、剀切的。事实上,一切严肃认真的作家、评论家,都会同意这种看法,力戒并反对"史诗"概念的滥用。宗璞从来没有以创作"史诗"自诩,迄今为止关于《南渡记》的肯定性的评论也没有乱用"史诗"的美词,就是证明。但是,马风同志却无中生有地提出宗璞的"史诗情结"问题,予以当头棒喝。这与其说是为了严格地要求作家,毋宁说是为了宣扬他自己的审美偏见,即所谓对"重大"的借助和追求抑制了宗璞的艺术优势的发挥,以断言《南渡记》艺术上的失败。

那么,马风同志所极力反对并不时流露出含蓄的嘲讽的那个"重大",指的到底是什么呢?

二

为了避免对马风同志的文章产生误解,我想还是尽量引用他自己的原话来进行评析吧。《南渡记》是以卢沟桥事变的爆发为开端的抗日战争为历史背景的。本来,评价这部小说的主题和人物,正是应该从这样一个历史背景出发,看看小说在多大的程度上概括和反映了这个历史时代的真实面貌、真实情绪,看看小说在多大程度上揭示了这个历史时代和人物的命运、性格的关系,从而对小说在创造典型环境中的典型性格的现实主义的艺术追求方面达到的实际成就和不足之处做出科学的分析。但是,马风同志以不无遗憾的口吻批评宗璞对抗战的重大历史事件的渲染太浓重了:"尽管小说家回避了对于炮火纷飞的抗战情景的正面切入;然而,上述的时代背景,却并没有被淡化为悬浮在远处的一抹飘渺的烟云。它仍然是个分明的存在,犹如一方石块,实实在在地沉压在人们的生活中。"马风同志举例指出,在小说的细节描写中,连孩子的游戏和乡路上的狗吠声也被"抗战化"了。于是他指出:"'抗战化'是宗璞对于小说中展现的生活场景(包括人物的心理场景)以及所宣泄的她自己的生活体验和情感情绪的最为明朗,也最为本质的观照结果。自然,这是为她的'史诗情结'所决定了的,因为唯有'抗战化'才有可能与我前面说过的'重大'相沟通。"很明显,被马风同志视为疵病的造成《南渡记》艺术价值的失落的对"重大"的追求,其实就是小说中对"抗战"的时代氛围的浓重的、鲜明的描写。而这种描写,在我看来,却正是《南渡记》在艺术上的优长之处。

　　马风同志批评宗璞把抗战爆发和卫萚婚礼安排在同一天是一种人为的"戏剧性"的巧合,会在读者心目中留下"假"的暗影。他对小说中人们的日常凡俗的生活全部被"七·七"事变后的抗战的时代风云统摄和笼罩表示不满。但是,严峻的历史和现实是无法满足马风同志偏爱纯凡俗生活的艺术描写的雅兴的。卢沟桥上的炮声一响,历史掀开了八年抗战的新的一页。是投降日寇当亡国奴还是同仇敌忾投入抗日救亡的历史洪流,这成了逼临每一个中国人面前的首要选择。对于小说里描写的北平人民来说,由于卢沟桥守军的撤退,北平的沦陷,亡国的惨痛首先笼罩了他们的全部日常生活,这正是童年的宗璞所刻骨铭心地感受到的一种悲惨的、历史性的情绪。这种情绪升华为艺术,就构成了《南渡记》那种无处不在、无时不在的亡国之痛和抗日敌忾。既然卢沟桥的炮声牵动了万家灯火,那么,卫萚的婚礼也罢,柳夫人的独唱音乐会也罢,玮玮们的游戏也罢,小娃的生病、治病也罢,举凡当时北平人民生活的一切细波微澜,全部和抗战的时代大波或远或近地勾连起来,这有什么可蹙额的呢?难道现实生活的逻辑不正是这样支配着人们的命运吗?举个例子说,耽于青春的欢娱的澹台玹以为她要去参加的由美国人举办的六国饭店的舞会和抗战是没有什么关系的,但是连她的朋友美国青年保罗也不同意她在卢沟桥事件爆发的情势下依然去参加舞会,甚至对她说出"我认为,你没有兴趣参加,你的内心才符合外表"这样严肃的、批评性的话来。尔后的事实证明,就连玹子的日本玩偶,也不幸与抗战相关了——玹子不是因为在什刹海边让日本兵用刺刀挑破了衣裳而愤怒地鞭挞那些无辜的日本玩偶吗？懒散而闲适的大学教授凌京尧，以为他对演剧的爱好大概和日本人是没有关系的。但严峻的生活却使他从不知不觉为日本人组织演剧开始滑落到汉奸的泥坑里去了。时代的巨变和个人的命运，和人们的悲欢离合、喜怒哀乐、一饮一啄、一呼一吸都是息息相关的。这就是生活的逻辑，也是建立在生活的逻辑的基础之上的艺术的逻辑。宗璞循此逻辑而展开她的艺术构思，有什么可责难的呢？

马风同志引了一段法国当代文论家托多罗夫的话："从上世纪末开始，事件在小说中的重要性减弱了，以前，英雄业绩、爱情、死亡构成文学所偏爱的领地，随着福楼拜、契诃夫和乔伊斯的创作，文学转向无意义，转向日常生活。"然后，马风同志据此立论："可以说，充塞于《南渡记》的艺术空间的，就有若干'无意义'的'日常生活'。这些，恰恰是小说中最富于美学光彩的部分。"

据我看，托多罗夫的话并不那么可信。外国文学，我读的不是太多，但福楼拜的《包法利夫人》，契诃夫的中短篇小说，乔哀斯的《都柏林人》里的短篇、《尤利西斯》的片断等，却也曾寓目过。这些作品中，却是既有爱情和死亡的故事，也不乏社会意义、人生意义的。如果说，托多罗夫讲到小说转向无意义、转向日常生活的趋势时，还带着一种客观评述的态度；那么，祖述托多罗夫的马风同志，却对"无意义"的"日常生活"表现了明显的主观偏爱，把他所认为的《南渡记》中若干与"重大"（即抗日）无关因而无意义的描写日常生活的细节，称为"小说中最富于美学光彩的部分了"。

不幸得很，如果我们仔细分析一下马风同志称赞的这些细节，就会发现，这些细节在小说中，恰恰也都是与"重大"、与"抗日"有关，因而具有特殊的艺术意义的。

就说几个孩子在孟家住宅"方壶"后门外小溪边玩赏萤火虫的情景吧，马风同志用称赞这一细节来贬抑玮玮玩打日本游戏的细节，说："前者更多的是纯真的情愫，后者更多的则是功利和教化的目的。我们在前者中品味到欢愉，在后者中则不能不感到几分矫揉造作。于是，这种区别划出了一道审美品位的界限。"其实，孩子们玩赏"方壶"流萤的描写，在小说中不仅仅表现了孩子们纯真的情愫、活泼的想象，而且是为了表现卢沟桥事变的爆发对温柔乡中的孟家孩子们的命运的影响。嵋和她的伙伴们幻想第二天欣赏有萤火虫和白荷花当演员的舞蹈会，但第二天事变突发，城门被关，她和小娃就再也不能回到方壶去了。作家充满抒情意味和人生感慨地写道："两个孩子没有想到，需要那么长的时间才能回去。那时他们已经长大，美好的童年永远消逝，只能变为记忆藏在心底，飞翔的萤火虫则成为遥远的梦，不复存在了。"日本的侵略使孩子们失去了方壶流萤，对方壶流萤的怀念寄托着孩子们纯真的爱国心。后来，当孩子们随父母南渡经过香港时,看到商店里有一只造型是弯圆的芦苇叶,叶尖缀着两个亮晶晶的小萤火虫的镯子,又触发了他们对方壶流萤的怀念。在这一段全书唯一的用嵋为第一人称叙事者写成的文字中,嵋在内心感叹着:"萤火虫不好看,可是会发光。溪水上的那一片光,能照亮任何黑暗的记忆!"庄无因说:"如果谁给嵋画像,就画她坐在小溪边,背后一片萤火虫。"后来,他买下了这只镯子送给了嵋。这也许是一个伏笔,预示着庄无因对嵋的朦胧的爱慕的开始。而这种爱慕,也是和他对嵋的故园之思的理解融为一体的。可见,玩赏流萤的细节,并不是单纯的、无意义的日常生活的描写。方壶流萤牵动着有家归不得的孩子们的亡国隐痛,同时也是南渡的孩子们记忆中的一片光,凝聚着孩子们爱国的情思。这是多么隽永的意义!它的美学光彩,难道不正表现在以草虫之微,映照出家国巨变吗?

再说吕宅几辈人共度除夕、祭祖、吃年饭的情景,这也是马风同志认为远离了抗日的重大历史事件,"无意义"的纯日常生活描写。其实,在北平沦陷,澹台勉、孟弗之已先后南渡的情况下,孟家的这个年过得极为压抑、暗淡。吃年饭时吕贵堂说的有人炸了日本领事馆的消息使大家喜上眉梢,但日本兵查户口,看见桌上有鱼,坐下来就吃的丑态却使大家扫兴。而吕清非老人在拜祖宗时打破每年都由他亲自率领的惯例告了假,并且拒绝了儿孙的磕头,他悲愤地说:"我不配受你们的头!我对国家什么也没有做成啊,到老来眼见倭寇登堂入室,有何面目见祖先?有何面目见儿孙啊!"这种种描写,不正说明这个高门巨族的过年旧俗也被重大的抗日浪潮冲击,被沉重的亡国之痛笼罩吗?这一段细节描写的美学光彩,难道不正是表现在时代气氛和色彩的强烈和浓重上吗?

当然,我也不是说小说的每一个情节、细节都要像上述方壶流萤和吕宅过年那样,直接与"重大"的抗战历史事件相关,并显示出深邃的时代意义来。像龟回小镇风土人情的描写,其中也包括马风同志引述的那一段小印刷厂老板热情得有点讨好地接待孟弗之的情景的描写,的确是不直接显示时代巨变,也没有什么象外之意、弦外之音。但这个生活片段,不也是还没有遭到敌人炮火的袭扰,还保有国旗飘扬的中国内地纯朴、宁静、和谐、悠徐的生活情调的表现吗?正是在这种相对宁静的环境中,孟弗之完成了那部寄托着他对中国历史、社会、人生的精深思考的《中国史探》,并顺利付梓。读着描写孟弗之著作付印的这个生活片段,我不禁想起他在离开方壶前"留着书房门不敢开,不知道他的著作罩上亡国奴的气氛会是怎样"的情景,在心里为他选择了毅然南渡的人生方向感到欣悦。可见,这个生活片段,也不是全"无意义",为写风土人情而写风土人情的。只是它的韵味,需要读者更仔细的品味罢了。

我之所以不惮繁难地在这些小说细节的艺术鉴赏上与马风同志争论,原因不仅仅在于他的分析反映了他阅读心理中那种汰涤、排斥"重大"的洁癖,而且反映了他对真正的史诗,也即真正伟大的现实主义的生活画卷的文体的错误看法。我们不要忘记马风同志文章的副标题是"对《南渡记》文体的一点疑义",也不要忘记他的文章最后归结到:"卞之琳由《南渡记》生发出的对于《红楼梦》的联想,应该看作对《南渡记》文体的一种暗示。"马风同志认为,宗璞应该更进一步向《红楼梦》的非史诗的文体靠拢,以"松动"她的"史诗"情结。

这一奇特的结论,当然是从马风同志对《红楼梦》的奇特看法这个前提中推导出来的。马风同志认为:"《三国演义》自然可以称之为'史诗',如若把《红楼梦》也称之为'史诗',恐怕就失之牵强。"当然,马风同志愿意使用他那在我看来有些偏狭的史诗概念——以为凡是直接描写重大历史事件或以重大历史事件为背景而叙写英雄人物的传奇性故事的作品才是史诗——把《红楼梦》排斥在史诗之外,那也是他的自由。争论《红楼梦》是不是史诗,委实是一个毫无意义的话题。但是,马风同志对《红楼梦》文体的看法,关系到他对《南渡记》文体提出的质疑的真正内容,却是不能不加以探讨的。

《南渡记》问世不久,冯至和卞之琳都不约而同地指出这部小说使他们想起了《红楼梦》。卞之琳更为具体地指出:"这不是说这部小说(还只出了四分之一)就可以和曹雪芹那部小说经典媲美了,但总是从这部名著——也就是中国章回小说宝库的第一名——学到了围绕着也就是烘托着众多人物的庭院、陈设、衣饰、打扮、举手投足的工笔画式细致描写。"马风同志有删节地引用卞之琳的话,但他认为肯定这种《红楼梦》式的细节描写是卞之琳对《南渡记》应朝向非史诗体的文体努力的一个暗示。在马风同志看来,《红楼梦》这种细节的工笔画式的精勾细描,显示的正是一种"审美意义上的'凡俗'的人生世相"。而这种"凡俗"的人生世相描写,具有显示"文学转向无意义、转向日常生活"的审美转向的作用,它"展示的应该是逼近生活的原生状态和通常状态的'面貌'。……平实、朴质,以及芜杂、纷乱构成了它的基本特色"。以马风对"凡俗"的人生世相即他所谓高品位的审美意象的说明,不难看出,这种"凡俗"的人生世相一是否定文学作品具有揭示现实生活的意义的功能;二是否定文学创作必须通过艺术概括创造出高于现实的"第二自然",必须创造出典型的人生画面。而这正是一种平庸的自然主义的文学主张。应该指出,马风同志虽然引卞之琳的话作论据,但卞之琳所揭示的《红楼梦》的笔意却是与平庸的自然主义恰成对跖的现实主义创作方法,与马风同志鼓吹的"凡俗"的人生世相的自然主义描写是并不相干的。因为,卞之琳是非常肯定文学作品在揭示现实、提高人的思想境界方面的意义的。他的文章一开头就说:"一部严肃小说,能使具有一定文化水平的普通读者既得到美学享受又在不着痕迹中得到思想境界的提高,因此表示一点肯定的由衷话,我想比诸小说批评家的誉扬,更足以证明这部著作的成功与贡献。"中间又着重地指出:"小说的教育意义过去应有,现在还是应有的,不然空发发牢骚,泄泄自我中心的隐藏在身内的利比陀(Libipto),对别人(最后也对自己)都毫无价值,只会罂粟花(哪儿谈得上'昙花')一现,消失无踪。'商女不知亡国恨',今日男女青年特别应该从这样的有意义的小说里补补被'文化大革命'打断的课。"这都是从思想意义上肯定《南渡记》主题的积极性,肯定为人生的现实主义文学的价值,从而有别于自然主义的、为艺术而艺术的文学倾向。

同时,卞之琳认为宗璞在《南渡记》中学到的《红楼梦》的那种工笔画式的细致描写,是"合乎恩格斯所讲十九世纪西欧现实主义小说的'细节真实性'的善于掌握的"。这一句话在引用时被马风同志避开了。其实恰恰是这句话,说明卞之琳肯定的是作为现实主义创作方法的一个组成部分的"细节真实性"的描写,而不是为细节而细节,为工笔画而工笔画,没有艺术概括,没有典型化,只以"逼近生活的原生状态和通常状态",构成"平实、朴质,以及芜杂、纷乱"为特征的"凡俗"的人生世相为创作旨归的自然主义的创作倾向。《红楼梦》的伟大的笔意,正在于它离出于中国古典小说中也曾发展到烂熟程度的自然主义的创作倾向(以《金瓶梅》为代表),闪烁着高尚的理想光芒,以众多典型环境中的典型人物的创造,达到了对中国后期封建社会的高度的艺术概括并提供了永恒的人生启示。它的"围绕着也就是烘托着众多人物的庭院、陈设、衣饰、打扮、举手投足的工笔画式细致描写",也是为这种高度典型化的艺术概括服务的。这才是《红楼梦》史诗笔意的精华所在。

《南渡记》在师承《红楼梦》的伟大笔意方面,有的地方是达到很高的艺术成就的。请让我也来举一个例子。那是在除夕的下午,孟家的两姐妹因为妹妹峏舔沾着甜花生酱的盖子而发生了一场争吵:

"你这么馋!舔瓶盖子!像什么样子!"偏巧峨看见了,立刻攻击。峏很生气,她并不愿意这么馋。娘都准了,你管什么!她要狠狠地气峨,便说:"你管我呢!还让日本人刺刀架在你头上!"刚说出口立刻后悔,扔下瓶子,跑过去抱着峨的腰。峨愣了一下,倒没有动怒,尖下巴又颤抖起来。

读到这里,我的心也猛然一颤,细细品味,实在为作家高强的现实主义的艺术表现力所折服。原来,峨和峏虽是两姐妹,性格却不一样。姐姐峨比较孤僻,爱挑刺,爱生气,不爱理人。妹妹峏比较随和,她天真而懂事,有深广的爱心,能体谅别人。除夕下午,峨放学回家时,遇到一队日本兵,日本兵戏弄地把刺刀交叉架到她头上跟了她一段路,使这个心高气傲的少女气得脸色煞白,手脚颤抖。这件事她们的母亲吕碧初还不知道。接着就发生了上面引文中姐妹龃龉的场面。在这个细节描写中,妹妹峨因负气脱口而出的气话和她立即意识到自己失言(不该拿日本人欺侮姐姐的事来气姐姐)之后表示歉疚的动作("扔下瓶子,跑过去抱着峨的腰")以及峨的反应("愣了一下,倒没有动怒,尖下巴又颤抖起来"),都描写得准确而富有丰富的内涵。这里不仅写出了两姐妹的微妙关系,写出了妹妹年幼无知而又天真懂事、有爱心和同情心的心理特点,写出了姐姐尖刻易怒但在被妹妹刺伤时突然出离了愤怒的剧烈的内心活动,更重要的是写出了一对未成年的女孩在亡国的时代巨变中变得懂事早熟的令人心酸的情景,在小儿女的龃龉中反映出时代的浓重投影。这正是"举类迩而见义远"的典型化的现实主义细节描写。

类似这样闪耀着真正的"美学光彩"的细节描写,在《南渡记》中是很多的。例如,被马风同志指责为"太富于'戏剧性',未免有点'假'"的小娃生病住院的情节和一系列细节描写,在我看来,是小说中写得最扣人心弦、最有义理情味的片段之一,尤其是对于吕碧初性格的刻画,是重笔浓情,极为成功的文字。

总之,《南渡记》中现实主义细节描写的独特的光彩,就在于作家非常善于揭示这些细节的生活意义,非常重视对特定的历史特征的表现,和谐地把时代氛围和人物日常生活、心理微澜交织在一起,用精湛的白描,让寻常的日常生活描写突然显示出意料之外的不寻常的时代意义。这种现实主义的细节描写,是再现典型环境中的典型性格的现实主义性格描写的重要组成部分。它们不仅在《南渡记》的人物塑造上发挥了巨大的作用,而且使这部小说构成了抗日战争时期中国一部分高级知识分子和一代青少年的真实的心史。

三

马风同志出于对"史诗"概念的偏执的理解而产生的抵排"重大"历史事件的阅读心理,使他对《南渡记》中吕清非与卫萴的形象做出了极端贬抑的评价。马风同志认为:"如果对吕清非和卫萴这两个人物予以道德判断,他们的行为、品格由于是崇高的、悲壮的,可以说是美的。若改换一个角度予以审美判断,他们的行为、品格由于是单一的、平面的,于是,可以说是不美的。毫无疑义,审美判断引发出的结论,更具有不容忽视的本质性和权威性。"

在这里,马风同志似乎仅仅从艺术形象的丰富性和饱满性的角度否定了吕清非和卫萴这两个人物形象的美感。他不是肯定了这两个人物在道德判断上是美的吗?其实,马克思主义的文艺批评主张"美学观点和历史观点"的统一。对艺术形象的道德评价,是不能离开对艺术形象的美感分析的。别林斯基非常深刻地指出:"艺术的,也就是道德的;反乎艺术的,可能不是不道德的,但不可能是道德的。因此,诗情作品的道德性的问题,应该是第二个问题,是从对于第一个问题——作品究竟是不是艺术的?——的回答中引申出来的。"对人物形象的艺术生命力的审美判断在文艺批评中之所以具有第一位的意义,就因为在这种审美判断的根底里,不可避免地蕴伏着对艺术结晶在人物形象上的具体的历史内容和人性内容的道德的、功利的判断。马风同志把对人物形象的道德判断和审美判断分割开来作二元的分析,其实曲折地反映了他不可能完全否定吕清非和卫葑这两个人物的道德感染力量(这种道德感染力正是人物形象艺术生命力的表现),但又要在艺术上完全否定这两个人物形象的美学价值的自相矛盾的窘况。很明显,如果吕清非、卫葑这两个人物在艺术价值上像马风同志所苛评的,仅仅是"寓言式的符号",是公式化、概念化的人物,那么,这样的人物因其苍白和虚假,不可能给读者以审美上的美感,当然也就不可能有道德上的美感。但这样大胆的判断离作品的实际实在太远了,以至于马风同志有些迟疑地躲到纯粹审美判断的"本质性和权威性"的盾牌后面去了。

对于《南渡记》这样一部描写了众多人物的命运发展而且故事才刚刚展开的长篇小说来说,现在就来估量它在所有人物创造上的得失,为时略嫌过早,但吕清非却是书中唯一已经盖棺论定,已经完成了性格发展过程的重要人物(倘若把他放在《野葫芦引》全书中来衡量,他就未必是特别重要的人物了),对他的美学分析和历史分析应该说有条件获得比较全面的认识了。

我注意到,《南渡记》的最早的几位评论者都谈到吕清非这个人物。冯至说:"书中我最受感动的是吕老先生之死。"韦君宜认为:"我觉得这本书里写的给人印象深的是老人吕清非和他的亲戚凌京尧教授。……这个老人的风格是我们近三四十年来的作品里少有的。不是抗日作品中常见的农民抗日英雄,得说有些特点。"卞之琳认为,吕清非的死是"可歌可泣"的,并以他的死和凌京尧的投降对举,说明小说是应该有教育意义的。作为一个抗战胜利后才出生的,需要补上这历史的一课的读者,我感到这些亲身经历过抗日战争的历史,而且对吕清非这一类高门巨族中的老太爷比我们有着更多的亲炙机会的老作家们的判断是很准确的。吕清非的死,对于我来说,不仅仅是感动,而且产生一种精神上的震撼:这是已经被一个时期的现实淡忘了的人物和精神的重新发现。

吕清非曾是前清的举人,在曾经被土匪扣为人质、对下层社会有所接触的夫人沈梦佳的影响下,走上了推翻清朝,为中国的独立和解放而奋斗的革命道路。他冒过险,劫过狱,辛亥革命后一度从政,后来与蒋介石政权不合作,退出政坛,买了张之洞的旧宅,挂上翁同龢的对联,以"守独务同别微见显;辞高居下知易行难"自勖,过起读古籍、念佛经,吟咏弄孙以自娱的高级隐退生活。"七·七"事变发生,老人壮怀激烈,情绪振奋。但北平旋即失守,南京陷落,国难深重,使他感到回天无力的痛苦和耻辱。明仑大学南迁,儿孙先后离去,他以病废之身,困守深宅,仍不能避免日伪政权的纠缠。但他毕竟有丰富的政治经验,当老汉奸江朝宗逼他出任伪职时,他不动声色服安眠药殉国,并派人把讣告送各报馆,挫败了敌人的阴谋,表现出令人钦仰的民族气节。

很明显,吕清非这样的人物,是穿越了历史的风雨、政坛的浮沉,经历了高门巨族独特的生活氛围的熏染、中国古籍年深日久的浸润才形成了他独具的思想性格的。详尽描写这样在信念上、感情上乃至生活习惯上已经进入"化境"的老人走过的历史道路,当然不可能包括在《南渡记》的艺术构思里;因此,作者着重描绘他在"七·七"事变后的时代风云中的吐纳呼吸、喜怒哀乐、举手投足,着重揭示他在灵魂深处对接踵而来的历史巨变的感应,着重描绘他在日常起居中的微妙变化,以便按照生活的逻辑,写出迫使他终于辞生就死、别无选择的生活情势,这恰恰是作者的高明之处,也是现实主义的创作方法所要求的。

吕清非在历史上曾是英雄传奇式的人物,但他出现在我们面前时,已经是一个身老病多,行止依人,性情也有点返老还童的老太爷了。他在家庭中处于被尊敬、被奉养的地位,但他是意识到自己的老态可恼的,不仅杜绝社交,而且不问家政。他的发怒使性,只及于继室(实际是侍妾)赵莲秀和远亲吕贵堂,从未见他施于女儿和外孙们。相反,当他忧国忧民,感叹时局,自恨老朽时,外孙女峨会讥讽他,小娃会觉得他可怜,绛初会"神色不高兴"地用潜台词嫌他"添乱"。他要以平等待莲秀,明媒正娶为继室,儿女们不便拂逆,但莲秀在家庭中实际上仍是妾媵,人人无视她的存在。最后,为了莲秀将来的生活,他还接受了碧初临别前的奉养之资。总之,他在吕宅中的实际地位,并不像马风同志说的,是类似荣宁二府中的贾母那样的"最高主宰",而是相当有自知之明且能自省自抑的谦和明理的老人。作者看准了他这个特点,一方面,深入到他的精神世界的深处,一层层地写出他被时局牵动的时而亢奋、时而衰颓的微妙心理变化,写出他"时危时奋请缨志,骥老犹怀伏枥惭",精神上志在千里、远翥高翔的爱国情怀;另一方面,丝毫毕现地描绘他的日常起居的琐事,一件件写出他那些在困居深宅、手无寸铁的现实处境中聊以自慰的,有时庄严、有时可笑的举动,例如:教小娃用肥皂刻"还我河山"的图章;教玮玮们边练武术边念抗日口号;登阁赏荷吟咏辛词以寄托"无人会"的"登临意";为找不到颜之推的《观我生赋》而发怒;因南京陷落读《哀江南赋》而夜哭;大年夜拒绝儿孙磕头,编出西山游击队会来接自己的梦话以坚定碧初南渡之志;等等,这些生动的细节描写使吕清非的形象活起来了。这个形象使我想起《战争与和平》中的俄罗斯爱国的老贵族老鲍尔康斯基,也使我想起现实生活中的黄侃——这位辛亥革命的斗士,中国国学的大师在国土日蹙的形势下不也发出"神方不救群生厄,独臂荑囊空自劳"之叹,直到咯血盈盆的临终时还念念不忘时局吗?伟大的中国古典文化,是会孕育出这样哭吐精诚的爱国赤子的!

  马风同志为什么会对吕清非的形象做出这样使人很难理解的苛评呢?细读马风同志的文章,我觉得有两个原因:第一,马风同志受了近年来变得时髦起来的庸俗的自然主义文学思潮的影响,醉心于所谓"俗人"的"原生状态和通常状态",以至于完全否定了时代的"重大"因素对人的精神特征的影响,否定了人物形象的思想内涵、时代色彩在决定其美学价值方面的重要意义。马风同志说,吕清非、卫葑的形象"之所以陷于二元状态的困窘之中,自然源于'重大'的'事件'的控制。可以说,人物的性格、命运的活动轨迹,一旦拘囿在'重大'的规定情境内,尤其是卷入到关系着民族生死存亡的冲突中,小说家出于民族自尊心理的集体无意识的支使,对于人物的认知和把握往往只能有一种价值取向了,这几乎是一种必然。在这个'必然'的催动之下,人物所能显露出的面目常常只有一半,作为'英雄'的这一半。而作为'俗人'的另一半,则被遮盖了,甚至阉割了。而这被遮盖、阉割的另一半,又恰恰是饱含审美潜力和能量的一半。……我以为摆脱和超越的恰当途径,应该是让人物从'重大'中走出来,使之步履从容地在凡俗的人生世相中徜徉。"马风同志在这里所反复讥弹的造成宗璞艺术上的失误的所谓"重大",实际上就是"关系着民族生死存亡的冲突"也即抗日战争的时局。在小说中,这是构成人物活动的典型环境的重大因素,其实恰恰是不可或缺的。正是这个"重大"的时局,控制了《南渡记》中诸多人物的命运,这诸多人物也只能在这个"重大"时局所决定的"规定情境"内思索着、歌哭着、行动着,并对自己的人生方向做出严肃的抉择。在这"重大"的历史关头,吕清非做出了有英雄气概的辞生就死的选择,而凌京尧却做出了投降的选择,其他人物也纷纷做出了自己的各有差异的选择,由此显示出了不同的人生价值取向。在这个"重大"的是抗日还是投降的问题上,每个人只能有一种选择,这选择就决定了这个人物的基本命运,成为他的性格基调中不可或缺的因素之一。在这一点上,是不容混淆,不能主观随意地搞什么"性格的复杂化"的。宗璞忠实于她所亲历过的抗日战争的时代的真实,忠实于她高洁的爱国主义的审美理想,塑造了吕清非这个精神世界和"重大"的时代风云息息相通的爱国老人形象,这正是她艺术上的成功之处。前面所做的对吕清非形象的具体艺术分析已经表明,宗璞并没有犯把人物当作时代精神的号筒的错误。在具体的艺术描写中,吕清非灵魂里的光正是透过他作为一个病弱老人的日常生活的种种又庄严又可笑、又可敬又可怜的情状曲曲折折地衍射出来的。也就是说,作家并没有把老人凡俗的生活细节抽象掉,使他变成一个"寓言式的符号";相反,正是凭借这些无不与"重大"的时代投影相通的凡人小事,才有血有肉地写出了吕清非的个性。如果说吕清非的形象显得还不够丰满的话,那主要是表现在对吕清非的历史的叙述和回忆上,因缺乏典型细节的充实,这些倒叙终究给人飘忽之感。卫葑的形象也有同病。不过这个人物在《南渡记》中着笔不多,他的命运和性格还有待于发展,本文也就不拟多加讨论。

要之,如果宗璞听从了马风同志的规劝,真的让人物从"重大"中走出来,那就不会有吕清非这样一个活生生的民族的忠魂徘徊在《南渡记》的字里行间了。受到马风同志激赏的赵莲秀的形象,倒是和"重大"的时代因素关联较少的(但也有关联)。这个形象在显示旧家庭中某一类妇女的命运和生活形态方面,自有其独特的意义。(老太爷死后她的心理变化的描写确是大手笔。)但是,她在书中的思想、艺术地位均不重要。正如作者在分析她和吕清非的关系时说的:"她能了解他的一切生活需要,却从未能分担一点他精神的负荷,也从未懂得那已经离开躯壳的东西。她每天对着他的生命之烛,却只看见那根烛,从未领会那破除黑暗的摇曳的光。"她之所以不能和吕清非有精神上的共鸣,原因就在于她的精神生活未能像吕清非那样深广地与"重大"的时代巨变相通。对于一个没有文化,生活圈子极狭,身处旧家妾媵地位的女性来说,这是不能苛求的。但对于马风同志,我想是很难为他做同样的辩护的。

庸俗的自然主义的文学主张,必然会欣赏那种用卑俗的眼光看待一切人的所谓"复杂性格论"。马风同志指责吕清非形象的描写只有一种"英雄"的"价值取向",而忽略他作为"凡人"的一半(其实并不忽略,已见上文分析)就流露出他在人的性格塑造上的看法的某种混乱。孙犁有一篇精短的文章,对前几年流行甚广,评论界翕然从风的所谓"复杂的性格"论,作了透彻的分析。他指出:"我对典型性格的理解是:既是典型,就是有一定范畴的型。既是有一定范畴的型,就是比较单纯的,固定的,不同于别人的型。""所谓典型,其特征,并不在于复杂或是简单,而是在于真实、丰满、完整、统一。复杂而不统一,不能叫作典型,只能叫作分裂。而性格的分裂,无论现实生活中,或是小说创作上,都是不足取的,应该引以为戒的。""所谓复杂,应该指生活本身、人物的遭逢、人物的感情等而言,不能指性格而言。在这一方面,过多立论,不只违反生活的现实,对创作也是不利的。"这些话言简意赅,切中肯綮,胜过了很多人的唠叨词费,对于我们分析吕清非的形象,也是富有启示的。吕清非的性格正是"有一定范畴的型",即有固定性格基调的人物。这个人物丰满稍逊,但它是真实的、单纯的、完整的、统一的。他的遭逢、他的感情,并不简单贫乏,而是复杂丰富的,也就是说,他是有生活基础的,是用现实主义的细节描写,才使他凸现在典型环境中,活动在由"重大"的抗日战争所造成的"规定情景"中的。宗璞的现实主义功力在吕清非形象的创造上,正表现在她超越了所谓"集体无意识",自觉地掌握了抗日战争时期的时代精神,并把它渗透到现实主义的创作方法中去,机智地绕开了自然主义的泥淖。

第二,马风同志忽视了对现实主义创作方法中"再现典型环境中的典型性格"的法则的学习和了解,以致陷入了离开人物的现实生活基础对人物进行纯审美分析的歧路。马风同志表白说:"我绝不是在张扬小说创作应该回避'重大'和'英雄';相反,我坚定地以为在作品中艺术化地呈现出'重大'和'英雄',乃是肩负建设社会主义精神文明的小说家的职责。当然,应该有这样的前提作为保证:小说家必须在作品中积蓄起足以引发'重大'和'英雄'的艺术情势(不是时代情势或者社会情势),并且,必须构建起适应于'重大'和'英雄'的艺术氛围(同样,不是时代氛围或社会氛围)。"说实在话,在领略了马风同志对《南渡记》特别是对吕清非形象的冰冷的苛评之后,我对马风同志的表白是不无怀疑的。但是,即使我们相信马风同志对小说中"艺术化地呈现出'重大'和'英雄'"的必要性的确有着"坚定"的认识,那么,按照马风同志设计的创作方法,这一切也是注定要落空的。因为,排除掉对"时代情势或者社会情势"、"时代氛围或者社会氛围"的描写,所谓引发适应"重大"和"英雄"的"艺术情势"或"艺术氛围"是不可能单独存在的。二者必属其一:如果马风同志所讲的"艺术情势"或"艺术氛围"是指摆脱了"重大"控制的,避开了"英雄业绩"、"死亡"转向"无意义"因而被马风同志认为"最富有美学光彩"的"凡俗的人生世相"描写,那么,这样单纯的"凡俗的人生世相"的描写本身,由于取消了艺术概括、典型创造这一套现实主义的基本要求,必然滑入自然主义,连创造较完整的艺术形象都很困难,遑论"艺术化地呈现出'重大'和'英雄'"?而如果马风同志所讲的"艺术情势"和"艺术氛围"是指紧紧环绕着人物的具体的生活规定情景,具体的场面、情节和细节以及在这些情景、场面、情节、细节中自然流露或呈现出来的驱使人物按其"这一个"特有的方式行动起来的活生生的生活逻辑,那么,马风同志所说的"艺术情势"或"艺术氛围"就必然是更广阔的"时代情势或社会情势"、"时代氛围或社会氛围"的一部分,就必然与"重大"相通,这样才能为"重大"与"英雄"的艺术化蓄势,而这样的"艺术情势"和"艺术氛围",无疑地正是反映和概括了"时代情势或社会情势"、"时代氛围或社会氛围"的簇拥、映现、造就典型性格的典型环境。总之,不是自然主义就是现实主义,这是没有游移的余地的。冯雪峰曾经指出:"人物的性格,是通过和环境的关系,通过他的斗争,而形成而发展的。现实主义描写人物的所谓性格化的原则,有其两个不可分离的重要方面:一是,人只有在他的斗争中,在他的由矛盾斗争所形成的社会环境中,才形成他的具体的社会关系,才形成他的行动和思想,才形成他的个性;但另一方面,他的任何斗争、行动和思想,以及他和社会的关系,都通过他这个作为具体的人所必然具有的特殊条件和个性而表现出来。这两个重要方面,缺一不可;否则,无论缺那一方面,都不能完成艺术的真实性和典型性。"这是对现实主义要求的再现典型环境中的典型性格的具体阐发,我认为是很精当的。广阔的"时代情势或者社会情势"、"时代氛围或者社会氛围"对具体的环绕着人物的"艺术情景"、"艺术情势"、"艺术氛围"的控制和渗透,这两者在具体的艺术描写中的统一,正是现实主义创作方法的基本要求之一。宗璞的《南渡记》在艺术上的成功,主要正表现在这里。

马风同志最后一个能够为他对《南渡记》的苛评辩解的理由是,他是根据宗璞艺术上的优势和劣势的分析,才做出宗璞不适合写"史诗"的判断的;而对《南渡记》在艺术上失误的批评,正是为了劝告作家扬长避短,"不可进入误区"。他说:"作家可以把小说当作'史诗'来作,也可以不当作'史诗'来作。""'重大'的领域和方位,并不是可以纵情驰骋她的艺术感觉的活跃区。"写作《南渡记》,是宗璞对自己的优势和劣势缺乏清醒认识才出现的作家的"机智"的迷失。马风同志把宗璞的艺术优势归结为三点:"(1)对于凡俗的人生世相的展现和描绘;(2)平实的叙述风度;(3)小说家轻灵、细密的艺术感觉。"而"史诗"规范中所要求的若干"重大",对这些优势"造成抵触乃至压抑威胁"。

对一个作家的艺术优势的看法,当然是见仁见智,可以各抒己见的。孙犁在谈到宗璞的小说《鲁鲁》时,对宗璞的艺术优势也谈了三点可供参考的意见:"一、作者的深厚的文学修养;二、严紧沉潜的创作风度;三、优美的无懈可击的文学语言。"把孙犁的判断和马风同志的判断两相比较,我觉得前者所见者大,而后者所见者小。不仅"小",而且这"小"也是被马风同志曲解了的。

孙犁认为,宗璞因其多年从事外国文学翻译和家学渊源,形成了她"深厚的文学修养"。我认为,这主要表现在她小说中的"鲁迅笔意"(孙犁评《鲁鲁》白描手法时语)和《红楼梦》笔意(冯至、卞之琳评《南渡记》时语),也即深厚的现实主义的艺术功力。宗璞已过中年,饱经人世沧桑世态炎凉,对历史对人生的认识已臻成熟,是悟彻人世三昧的过来人又是祝福幼者的引渡者。她的笔底,世相从冷处看,人情从暖处生。她的湛深的观察力和深广的爱心,使她步入人生的现实主义艺术的堂奥,从自己的亲身经历出发,体察众生,研讨万物,为时代造像,替历史留影,写"一代学人志士"之心史、现儿时伙伴之童心,这才是她创作《野葫芦引》的初衷。为了达到这个艺术目标,她只能在整体上采用现实主义的创作方法,不仅讲究细节的真实,而且致力于再现典型环境中的典型性格。(当然这不排除她在艺术局部汲取浪漫主义、象征主义等手法。)马风同志所肯定的

"凡俗的人生世相的展现和描绘",只是宗璞现实主义功力之一端,而且也不是马风同志解释的那样纯"凡俗"的"无意义"的描写,而是为典型化服务的具有艺术概括意义的日常生活描写。

孙犁所指出的宗璞的"严紧沉潜的创作风度",在《野葫芦引》的创作中,表现为严肃认真的创作态度、宏大严密的艺术构思、沉着有序的叙事安排等,以及"于生活静止、凝重之中,能作流动超逸之想,于尘嚣市声之中,得闻天籁",如为野葫芦写心,为棺中人发语,替卫萴写未发之信,突然插入嵋的第一人称的叙述,都是这一类潜心营运之笔。小说既有伦理家常的亲切平易的描写,也有"野葫芦里迷踪"的扑朔迷离,"平实"仅仅是其创作风度的一个侧面,此外尚有清奇、典雅、绵密、瑰丽、幽婉、悲壮……仅以"平实"概括宗璞的叙事风度,不客气地说,是没有读懂宗璞的作品,把宗璞的艺术风格作了简陋、寒碜的描述。要之,"严紧沉潜的创作风度",是宗璞严谨深广的现实主义创作方法在小说体、气方面的表现。

最后,"优美的无懈可击的文学语言",是宗璞现实主义艺术功力的最终的物质承载物。孙犁认为:"语言是文学的第二要素,它不单是一种形式,而是一种艺术内在力量的表现,是衡量、探索作家气质、品质的最敏感的部位,是表明作品的现实主义及其伦理道德内容的血脉之音。"从文学语言上看宗璞的艺术优势,比从很难捉摸的"艺术感觉"着眼,要切实和准确得多。

总之,宗璞最根本的艺术优势,是她对古今中外伟大的现实主义文学创造性、革新性的继承和发展。这一优势在《南渡记》中得到了很好的发挥。以此观之,宗璞其人,写《南渡记》其书,正是人尽其才、书得其主。这是现实主义的一个胜利。

然而,马风同志却用种种曲说对《南渡记》加以主观武断的贬抑,宣称:"小说家的企望在很大程度上意外地沦落为失望。"这样的评论,其实才是令人失望的。

我不禁想起,三十七年前,冯雪峰曾对主观主义的文艺批评方法作了这样的剖析:"主观主义批评的错误,大都表现在这样的事实上,就是批评者常常不从所批评的具体作品本身出发,也不顾及这作品的题材与主题范围,忘记了作品的艺术形象的真实性是只能拿它所描写的实际生活来比较,而且这种比较也必须在作品所描写的生活的一定具体的范围之内,同时还允许作者从自己看见的侧面来描写,并且允许有他自己特殊的表现方法。批评者也常常忘记了他进行分析和比较的时候,还必须循着作者的观察和思索的路线,才能看出作者认识生活的深浅和艺术概括能力的大小。批评者忘记了从具体作品出发,忘记了这样做,于是从自己的概念出发,从自己认为应该这样那样的公式出发……然后拿作品来套自己先设定的这种公式。这当然是很少能够套得上的……这种非常坏的、完全主观主义的批评,当然是破产的,不能使人心服的。"

这是一段多么切中现今批评界时弊的话啊!三复斯言,我霍然悚然,愿与马风同志共戒之。

1990年9月1日至9月10日
于南戴河—北京地坛北里
原载《文学评论》1991年第1期

史与诗的张力:论宗璞和她的《野葫芦引》

徐 岱

亨利·詹姆斯说得好:"永远没有任何东西可以代替'喜欢'或'不喜欢'一件艺术品这个老办法,即使改进得最好的评论也决不会废除那个原始的、那个具有根本性的检验。"① 但面对一部小说,有时你并不能很快凭一时之印象做出恰如其分的选择。尤其是对那些不显山露水、不以男女私情或权力阴谋为刺激的作品,一定的耐心还是必要的。宗璞(1928—)的小说就属于这一类,读她的作品肯定不会像面对一杯香味浓郁的咖啡那样,立刻为之陶醉;但却能够如同品味一杯清淡甘醇的新茶,慢慢为其内在的真实情感所吸引。正是这份吸引,使我穿越商业社会的喧嚣热闹,走进这位已被追新猎奇的时代所冷落的女作家的世界。众所周知,宗璞原名冯宗璞,著名中国哲学史家、原北京大学教授冯友兰先生的女儿,中国社会科学院外文所的学者。就年龄而言,她应属杨绛之后,与韦君宜、茹志鹃、黄宗英等同辈。1957年以短篇小说《红豆》饮誉小说界后历经当代中国的风风雨雨,1978年重返文坛,以《鲁鲁》、《弦上的梦》、《三生石》和童话《花的话》、《总鳍鱼的故事》等重新引起世人的关注。与众不同的是,就在同辈女作家们大多因年事渐高而偃旗息鼓后,她却以总名为《野葫芦引》(由《南渡记》、《东藏记》、《西征记》和《北归记》组成)的四卷本长篇小说,将自己的小说创作推向了一个新的高峰。

让少女时代的女作家张抗抗读后"怦然为之心动"的《红豆》,讲的是"一个美丽而感伤的故事":出生于进步知识分子家庭的 X 大学的女学生江玫,与她的银行家公子的同学齐虹真情相爱,但两人的家庭背景对各自生活道路的影响,使他们在思想观念上存在着根本性的对立。这种冲突随着1949年北平和平解放的临近而日益尖锐,江玫面临或者与打算赴美国继续物理学研究的齐虹一起出国,或者留在国内参加"新中国"建设。结局自然不出意料:一直积极参加学生运动的江玫与发疯地爱着自己的男友忍痛诀别,八年后"成长为一个好的党的工作者"。宗璞的这篇作品写于1956年12月,如今整整40多年过去了,一切渐渐尘埃落定,当年的故事似乎也该有这么一个新的继续:许多年后,齐虹作

---

① 詹姆斯:《小说的艺术》,上海译文出版社,2001年,第20页。

为著名外籍华人学者访华,为祖国的新生尽自己一份贡献,受到国家领导欢迎,国内各大媒体广作报道。齐虹心里仍存放着自己永远的初恋,深深惦记着江玫的他向有关部门提出见面的愿望,经四处寻找打听,最后得知确切消息:新中国成立后,江玫曾与一位同样学物理的青年学者幸福地建立了家庭并生了个可爱的女儿。但很快便厄运降临:先是在20世纪50年代因家庭出身"有问题",被从X大学中文系总支书记的位置上"撸掉";再又由于不愿在反右运动中服从"党的指示",攻击一位老大学生为"右派",自己被打成右派发配新疆;60年代因治病被允许回京,"文革"中又被"革命小将"们"揪出"来。她见这一切同自己当年的"革命理想"相去甚远,给"党中央"写信表示了深深的忧虑。结果信被退返她的原单位,领导批语为"有反动言论,须严加追查"。于是她被以"反革命罪"逮捕。家庭被勒令与她"划清界限",身体又被查出患乳癌。她因拒绝写"认罪书"而无法接受治疗。她以"绝食"方式提出要同女儿见面,但女儿在党和群众的教育下,看着她这个已被收拾得没有人样的母亲说:"你是反革命,我要同你一刀两断。"这让她深受刺激,每天喃喃自语"我是党的好女儿,我是党的好女儿",最后变得歇斯底里狂噪不安整天高喊"反动口号",于70年代中期在实施喉管切割术后以反革命罪被枪毙。

但此番虚拟叙述毕竟不能改变《红豆》这个故事的幼稚,虽然它真实地反映了一代中国知识分子曾经的向往与追求。对于今天的读者,读这个作品的感受可用张抗抗的此番话来表示:"只有真正了解她这样的知识分子,你才可知什么叫作社会良心;也只有真正读透她的作品,你才可知什么叫作'崇高'。"[①]正如一位女评论家所认为的那样:"在新时期文学中,宗璞是最早以睁着眼睛的梦寻求象征旨意的作家之一。"[②]比如她"复出"后的首作《鲁鲁》,写的是关于一条狗的故事,让人想起苏联作家特瓦尔多夫斯基的名作《白比姆黑耳朵》。这是一条经受了两次丧家之痛的小狗,叙述者告诉读者:"若是鲁鲁会写字,大概会写出它是怎样戴露披霜、登山涉水,怎样被打被拴,而每一次都能逃走,继续它千里迢迢的旅程;怎样重见到小山上的古庙,却寻不到原住在那里的主人。也许它什么也写不出,因为它并不注意外界的凄楚,它只是要去解开内心的一个谜。它去了,又历经辛苦回来,为了不违反主人的安排。当然,它究竟怎样想的,没有人,也没有狗能够懂得。"[③]如同《白比姆黑耳朵》那样,宗璞的这个故事通过小狗鲁鲁的"狗性"写人世沧桑,她以充实的生命体验与人生阅历完成了关于这只狗

[①] 张抗抗:《大江逆行》,贵州人民出版社,1996年,第246页。
[②] 王绯:《睁着眼睛的梦》,作家出版社,1995年,第182页。
[③] 宗璞:《鲁鲁》,《中国当代作家选集丛书:宗璞》,人民文学出版社,1991年,第69页。

的故事,读来感人至深。用老作家孙犁的话说:"把动物虚拟、人格化并不困难,作家的真情与动物的真情交织在一起,则是宗璞作品的独特所在。表面是动物的悲鸣,内含是人性的呼喊。"①这种呼喊在她的小说《三生石》里达到又一个高潮。这部作品以著名小说《三生石》的作者梅菩提在"文革"时期身患乳癌后的一段遭遇为线索,由一个民族普遍患上的"心硬化"和"灵魂硬化",来表现整个社会的癌病变。用小说女主角梅菩提的话说:"用一个人做实验,最多不过这人死了,反正中国人多的是。可是整个国家在生着癌症呵……治癌要及早诊断,我们国家的癌,什么时候能确诊呢?"②

这种精神之病的主要症状是:自觉自愿地六亲不认、丧尽天良,冠冕堂皇地颠倒黑与白,理直气壮地混淆是与非。比如女教师陶慧韵的儿子参加"造反派"到处像疯人般地打人;连他的母亲去看他时,都担心会不会他因自己的"坏分子"身份而向她挥舞皮带。比如女教师崔珍的丈夫在"文革"开始时被揪出来批斗,她为响应国家号召表现自己的革命立场不仅立即离了婚,而且还在原丈夫悬梁自尽后积极参加批斗死人大会,在会上"把与自己做了二十载夫妻的人骂得狗血淋头,好像恨不得他再死一次"。比如梅菩提的父亲梅理庵年老体衰身患重病,但因是"反动学术权威"而得不到医治权,在痛苦中挣扎。女儿实在看不下四处求人,好不容易送入一家医院,却又被告知不得动手术立即出院。而梅菩提自己接受乳癌手术时,那位"立场坚定"的主刀医生拿病人生命如草芥,开了一半就宣布结束。理由是对她这样的人,根本用不着开得很彻底。在这样的人世间,我们的女主人公甚至"好像已经忘记真正的笑容是什么样子的了。在那疯狂的日子里,绝大部分的熟人互相咬噬,互相提防,互相害怕;倒是在陌生人中,还可以感到一点人与人之间的温暖。"因曾为梅菩提的作品所感动,在对她的医疗过程里由同情而生爱情的医生方知也有同感,他想道:"这就是那时的大好革命形势:人,可不是什么崇高的字眼。一个人不过是一种生物。那么就说公民吧,一个公民随便地就失去了自由。……就在这一分钟里,在我们苦难的祖国的土地上,有多少人遭受鞭笞、凌辱、杀头、活埋!这就是我们亲爱的社会主义祖国。"故事最后以梅终于克服了乳癌并与方在困境里走到一起结束,以一个不算阴暗的尾巴暂时结束了关于那段历史的讲述,多少让人有一种整个国家的社会癌症得到控制的联想。当梅菩提在父亲身心俱痛地告别人世后说出:"我很恨。恨这样的'革命'!我再也不想改造了。"③既道出了一代中国知识

---

① 孙犁:《人的呼喊》,《中国当代作家选集丛书:宗璞》,人民文学出版社,1991年,第3页。
② 宗璞:《三生石》,《中国当代作家选集丛书:宗璞》,人民文学出版社,1991年,第161页。
③ 宗璞:《三生石》,《中国当代作家选集丛书:宗璞》,人民文学出版社,1991年,第135页。

分子的共同心声,也将宗璞的小说艺术定格于一种"新历史"的叙事。

在某种意义上,单《鲁鲁》与《三生石》就足以让宗璞在当代中国女性写作史上占有一席之地。但她还有《野葫芦引》。就目前已出版的《南渡记》与《东藏记》来看,宗璞以一种大历史的视野,为百年中国的女性小说写作贡献了一份别开生面的成就。她的近作为小说诗学把握小说与历史的关系提供了一种新的视点:在写出饱满充实的故事、塑造出形象真切的人物的基础上,以生动的小说叙事来保存一份真实的历史记忆,这也未必不是最具开放性的小说文体所特有的一种文化功能;通过"讲历史"的途径来表现人类的生命体验、激发我们的生命意识,这理应属于小说艺术的"可能性空间"。不同于杨绛在《洗澡》中只是借20世纪50年代中国知识分子经历的"三反"运动这一历史事件,审视了一批以人类精英自居的学者的精神侏儒化过程,关注的是人的心灵萎缩现象,宗璞的《野葫芦引》却是以一个大家族的经历,来形象生动地保存一段正在被枯燥的历史文献与健忘的现代国人所遗忘的历史真相。或许由于作者的这种"历史意识",读宗璞作品不能不面临一个老生常谈的话题:小说与历史的关系。萧红说得好,有各式各样的小说家就有各式各样的小说。在文学的世界,小说是最开放的一种文体,它与历史的关系也最为暧昧。在某种意义上也可以说,作为体现主流文化立场的"正史"的补充的那些"道听途说"的"野史",曾经是小说的发生学源头之一,而"故事"则是历史文本留给小说文体的一个"胎记",因为事实上"大多数故事最初大概都是现实生活的精确程度不一的实录"[①]。从这一点来看不能不承认,历史是文学的基础,勾连历史与小说的一个共同点是人的命运。用卡西尔的话说:"在伟大的历史和艺术作品中,我们开始在这种普通人的面具后面看见真实的、有个性的人的面貌。为了发现这种人,我们必须求助于伟大的历史学家或伟大的诗人,求助于像欧里庇得斯或莎士比亚这样的悲剧作家,像塞万提斯、莫里哀或斯特恩这样的喜剧作家,或者像狄更斯或萨克雷、巴尔扎克或福楼拜、果戈理或陀思妥耶夫斯基这样的现代小说家。"[②]

历史不是别的,也就是对人类自己曾经做过的活动的追记,这是"故事"一词的最本原的意思。所以,只要小说还讲故事,只要故事对于小说还有意义,小说就难以同历史彻底分手。尽管小说家的故事是一种虚构,但仍需要借助于实际生活中的种种情形。否则,想象就会为其凭空构建而付出代价,离开了真实生活的基地,想象的风筝难以顺利地升空。但小说实践中对待历史材料实质上只是一种"借用"关系:以历史的逻辑来支撑其叙述的真实感,方便小说家更好

[①] 帕克:《美学原理》,广西师范大学出版社,2001年,第190页。
[②] 卡西尔:《人论》,上海译文出版社,1985年,第262页。

地把握人物的生命轨迹。正是在此意义上,明确地持"小说就是历史"立场的亨利·詹姆斯最终还是做出强调:"一部小说之所以存在,其唯一的理由就是它确实试图表现生活。"①但问题也正在于,任何真实的历史记忆都是我们曾经有过的生活的一种经验回顾,所以小说与历史的关系才总是纠缠不清。许多优秀的历史文本常能被当作小说来读,比如司马迁的《史记》;同样,一些杰出的现实主义小说也常给人以"准历史"的印象。古巴当代作家卡彭铁尔甚至断言:"我从不知道编年史家和小说家有什么立得住脚的区别。"在他看来,"小说家在这个现代科技的世界里迷失了方向,要想使自己的有用才能得以发挥就不得不依靠他的特殊工作:当一个编年史家,潜心地记叙他所能理解的时事。"②作为一种折中,"倾向于把虚构的小说看成是向周围社会做调查的一种工具"的索尔·贝娄提出:"小说家应该是富于想象的历史学家。"③毋庸讳言,关于小说与历史的思考在转了一个圈之后似乎又回到了原点,但透过这种循环我们可以得到这么一点启示:小说的艺术存在于历史之"实"与想象之"虚"之间的张力场。小说家既可以一种"仿历史"的叙述来讲故事,也能够以"讲故事"的方式来反思历史,重要的是如何通过一种艺术的"真实感"来表现一种生命体验。詹姆斯说得好:"予人以真实感是一部小说至高无上的品质。它所产生的效果归功于作者在制造生活的幻觉方面所取得的成功。这个成功之取得,构成了小说家的艺术的开始和终结。"④真实感是读者进入小说世界的桥梁,也是联系虚构的小说与现实的人生的中介。所以归根到底,在小说文本里,"故事讲述人的名声将有赖于他所创造和揭示人物的能力并有赖于他对命运的感觉"⑤。

宗璞写作正体现出这一特点。《南渡记》与《东藏记》两"记",主要围绕明仑大学历史系教授孟樾、吕碧初夫妇与其连襟澹台勉、吕绛初家族及其周边的几位亲属与朋友,叙述他们在20世纪30年代至40年代的"抗日战争"中所经历的种种人生变故;以这段历史背景里几个中国知识人家庭生活,展示那段岁月对中国社会造成的心灵创伤与中华民族所遭受的种族压迫。在这部小说里,我们的文化记忆里已经逐渐淡漠的"亡国奴"体验被再次唤起。故事的主角除吕家三姐妹孟、澹、徐三家和他们的老太爷吕清非,还有孟家的侄子卫葑与凌雪妍夫妇、澹家大女儿澹台玄与她的美国朋友保罗、雪妍父亲凌京尧等人。故事开始于一种宁静祥和的气氛,吕老太爷上午诵经看报,下午陪三个女儿生的一帮

---

① 詹姆斯:《小说的艺术》,上海译文出版社,2001年,第5页。
② 卡彭铁尔:《小说是一种需要》,云南人民出版社,1995年,第39页。
③ 崔道怡等编:《"冰山"理论:对话与潜对话》(上),中国工人出版社,1987年,第144页。
④ 詹姆斯:《小说的艺术》,上海译文出版社,2001年,第15页。
⑤ 帕克:《美学原理》,广西师范大学出版社,2001年,第204页。

小外孙们谈天说地做游戏。孟、澹两家的孩子们在美丽的景色与充实的日子里做着他们最后的童年梦想。但为中国政府与社会一再委屈回避的战争的降临,使这一切不复存在。第一部《南渡记》主要表现亡国之痛。用小说里的话说:"脚踏在中国自己的土地上,头上没有日本统治的压力,那种自由的感觉,是没有当过'亡国奴'的人感觉不到的。"①虽说愿意在记忆里抹去那些耻辱性的记忆是人类的一种普遍天性,但对于我们这个具有悠久"阿Q精神"的民族,在这个方面无疑显得特别突出。唯其如此,与苏联以及犹太民族等在"二战"中遭受纳粹主义伤害十分惨重的国家相比,我们从"文化记忆"上对这段历史的叙事显得实在过于稀少,似乎这么做有损于我们这个泱泱大国与老大民族的面子。毋庸讳言,在我们这个热衷于"面子文化"的民族心理中,存在着一种热衷于忘却的集体无意识。但历史从来不会按照人们的善良愿望发展,用一句虽然落俗却颇有道理的老话:忘却历史就意味着重蹈覆辙。作者宗璞在"后记"里表示,如果写得不好"总觉得对不起那一段历史,对不起书中人物",或许就是出于这么一种文化职责。在这部长篇叙事中,最为动人之处无疑在于对当年日本人在中国土地上那种横行霸道、耀武扬威的具体而形象的描写。

小说里有许多令人难忘的细节。一是北京沦陷后,过惯富裕日子的凌京尧家厨房师傅在市场里买不到鱼虾,回报说全都拿去劳军了。凌为之一叹:"人家打你,你还得慰劳人家。这就是亡国奴的逻辑。"几天后,作为莎士比亚专家的这位凌教授去看戏,只见舞台顶端并列两大横幅,上条是"北平市各界冬赈义演",下条是"欢迎日本皇军莅临本市"。二是伪教育局经过努力让各学校恢复授课,中小学生的教材全部修订,增加了日语课(让人想到都德名著《最后一课》)。新发的教科书上写着"1931年9月18日,日军经中国人民邀请,不辞辛苦远涉重洋而来协助成立满洲国,建设王道乐土"。而澹台玮在上学途中经过一个岗亭,上面一圈告示:"每天清晨中小学生过此岗必须向皇军一鞠躬。"三是吕碧初两次出门均遇见日本兵随便杀人。一次是在马路上,一次却是在中国著名学府明仑大学的校园内:"远远见一伙日本兵拖住一个人,一面大声嚷叫,把那人绑在操场的柱子上,那原来是挂彩旗用的。十几个转眼站好队,一个一个轮着大喊,跳上去打。那人发出撕裂人心的喊叫,使得周围的凄凉景色更添了几分恐怖。"四是孟樾的小儿子小娃的肠套叠手术刚待进行,来了一个日本人要求这位医生先替他的儿子开。理由很堂皇:"我们日本孩子将来责任重大,要帮助你们建立幸福的国家。我们日本孩子,要最好的医生。"幸好这是美国人开的医院,另做了安排。但一天清晨,两个小孩在病房相遇。"那日本孩子忽然走

---

① 宗璞:《南渡记》,人民文学出版社,1988年,第242页。

来,手持玩具枪,对准小娃发射,枪声很响,枪口直冒火花。小娃吓得扔了书,日本孩子冲向床前用汉语大声叫:'亡国奴!亡国奴!'"导致小娃受惊吓后发起高烧。但最强烈的,还是毕生追求与世无争的名士生活,因怯懦的性格而留在了沦陷后的北京的凌京尧所经历的痛苦遭遇。日本人因他既有名望又懂日文,要他出任伪华北文艺联合会主席。他虽不情愿,但因经受不了他们的动刑拷打被逼同意。出狱后便以抽鸦片这种自我摧残的方式,消极地抗拒。面对女儿雪妍的惊讶,母亲解释说:"爸爸有内伤,抽鸦片是符合日本人心意的。"雪妍在父亲一再地"雪雪,你恨我吗"的追问声里离家远去。她最后向家里看了一眼,"希望母亲转过眼光,向她这边望一眼,但母亲迎到门口去了。进来几个日本人,抬着脸看厅中的一切,母亲那从容大方又有几分讨好的态度,使得雪妍掩住脸"。

像这些或许查无实据但绝对真切可信的场景,是那些以数字与历史文献材料为依托的新闻报道和史书记载所不能比拟的。故事里澹台玮对其母亲说的,"从日本人进北平那天起,我就不再是孩子了"这句话,凝聚了几代中国人多少一言难尽的感受。就像卫葑在他的"没有寄出的信"里所说:"1935年秋天和冬天,是我人生中的一个转折点,也是我们这一代许多人的转折点。"每个人的一生里都会有这样一个转折点,区别在于自觉与不自觉。在某种意义上,能意识到自身转折点的人是幸运的。小说中的卫葑与玮玮两个男人便是这样的人,他们的人生比别人似乎更多了一份色彩。但这部作品的成功并不在于一两个人物的塑造,而是"群像"式的。将宗璞的这部长篇放入自陈衡哲以来的百年中国女性叙事中来看,它在表现手法与叙事意识方面的提高是显而易见的。她的艺术素养曾得到老辈作家的肯定。孙犁早就写道:"宗璞的文字明朗而有含蓄,流畅而有余韵,于细腻之中注意调节。每一句的组织无文法的疏略,每一段的组织无浪费或蔓枝。"①小一辈的张抗抗读《南渡记》后的体会是:"那样的淡淡与娓娓中,道出人生沧桑、国事家事的变迁,写出几代知识分子的命运与选择,透出对于历史、文化的理解与叩问……掩卷之后,不由叹服:书中人物底蕴之深厚与丰博,语言且精美而不雕琢,丰博而不炫耀,如行云流水,天然随意,那般风采与神韵,实非我辈所能及。"②王安忆读了《东藏记》后也表示:"它里头的那个语言,它的那个格调,一比就知道我们差多少。"③这些话说得都很中肯。这两"记"或许还不能说已达到返璞归真的境界,但确实就内涵之丰厚、视野之开阔、笔法之成熟而言,标志着现代中国女性写作的新格局与新台阶。小说的语言尤其值得

---

①孙犁:《人的呼喊》,《中国当代作家选集丛书:宗璞》,人民文学出版社,1991年,第13页。
②张抗抗:《大江逆行》,贵州人民出版社,1996年,第244页。
③《王安忆说》,《南方周末·阅读》2001年7月12日,第18版。

称道,是一种质朴而又不失典雅、凝练而又生动的话语。不妨随意举两例:"一有警报,全城的人便向郊外疏散,没有了正常生活的秩序。过了几个月,人们跑警报居然跑出头绪来了,各人有自己的一套应付的方法。若是几天没有警报,人们反会觉得奇怪,有些老人还怀疑是不是警报器坏了,惦记着往城外跑。"①"军警进来时,正有一位客人坐着。这人平素惯说大话,是个狂放不羁的人物。谁知一见这些武夫竟浑身哆嗦起来,站起要走。连说我是客人,偶然来的,偶然来的。因军警未发话,他就贴墙站着,不敢动一动。"直到一帮人都走了,"那客人还在墙上贴着"②。这两段初读起来都并不特别引人注目,其功力便在于这种"不隔":如状所写之景在纸面。细加辨析,也就是"简练"与"准确",但有一种"传神"的效果。前一段里以"惦记"二字写出了一种"冷幽默",后一段以一个"贴"字,让一个外强中干之徒神情毕露。

最能体现这部作品的特点的,是作者叙述观念的成熟。虽说仍然是自述体的叙述,尽管讲的依然是以一个家族为核心的故事,但心中已有一种穿越自我的历史感。比如小说一方面通过一群知识分子的众生相,表现了中国民族精神中的民族气概与人格情操,也写到了中国军人的抗战事迹。但另一方面也并没有以一种狭窄的"爱国主义",遮蔽对中国社会的现实主义认识。《南渡记》里有两处写到军队,一是孟离己(峨)与一群学生去前线驻军慰问。"她们以为可以看见千军万马,漫山遍野的英雄,精良整齐的装备。眼前这一小队兵显得孤零零的,看上去也不怎么雄壮。"最后她和同学吴家馨只好将带去的草帽分别送给了"一个稚气十足圆圆脸的小兵"和"一个表情呆板的中年人"。再是孟樾(弗之)教授在转移到了昆明的明仑大学出席早晨的升旗仪式时,碰见一个军队派来的教官"陈排长",衣冠不整,作风散漫,被教授责备几句便欲动手打人。后来听说教授乃严师长的亲戚,便"换了面孔,满脸赔笑",尽说好话。这两个插曲固然真实地表现了满脑子浪漫观念的学生们的幼稚,也同样真切地反映出一个长期的专制愚昧社会的军队的缺乏战斗力。又比如,小说里的卫葑是一位品貌皆优的学生党员,为了国家的大业他放弃了本来极有前途的个人的事业:研究物理学。为了更直接地投身到抗日战争他来到延安,但他的献身不仅并没得到认可,反而因"汉奸的女婿"的身份而处处受排挤被猜疑。小说最为精彩的地方就在于,作者并没有让"历史大叙述"代替对人物生活的描写,而是将笔深入到了个体的生命体验,写出了在特定历史条件下他们的人生苦乐。卫葑这个人物的描写便是这样。作者写出了他的内心苦恼:"延安的生活他不满意,昆明的生活

---

① 宗璞:《东藏记》,人民文学出版社,2001年,第3页。
② 宗璞:《南渡记》,人民文学出版社,1988年,第242页。

更让他失望。他最大的安慰是身边的娇妻,但这对于一个男子汉来说是不够的。"也写出了他的人生困境:"他信他所不爱的,而爱他所不信的。……既然做不到信自己所爱的,就要努力去爱自己所信的。这就是改造主观世界。这是一条漫长的路,也许终生无法走完。"

作为一部借历史框架展开的虚构小说,宗璞的《野葫芦引》的动人之处,就在于作品中四处可见的这种对人的命运的深深同情与关注。卫萍形象的魅力就在于他的两难处境事实上体现了几代中国优秀的知识人的共同痛苦。除此以外,小说中关于吕雪妍和澹台玄的故事也很动人。雪妍作为一个有正义感的青年,她的精神上的亲人只有卫萍。虽然她同情自己软弱的父亲,但既是不牵连家人也为不委屈自己的情感,她还是登报声明脱离父女关系,怀着对丈夫的一片爱心千里寻夫到延安,再到昆明。动荡岁月耗尽了她的健康与生命力。她是那种传统的以家庭为中心相夫教子的中国女人,但从《南渡记》里坦率地告诉卫萍,自己对"学什么"无所谓,只要"一个大学毕业的头衔",是一个典型的活泼可爱的富家小姐,到《东藏记》历经磨难后,认为"作为女人还有什么更神圣的事!孕育生命,把人送到世界上,真是再伟大不过了,何况这是自己和自己最爱的人的共同延续",雪妍的形象发生了显著而合情合理的变化。这足以解释一开始觉得与自己并不志同道合的卫萍,最终却与其相亲相爱。雪妍最后的死虽属意外事故,但却让她的新一代中国母亲的形象得以定格。玄子同样也是一个极有个性和脾气的大小姐。这位冰肌玉肤、"一眼看去就是美人的人",在战事初始时为了不愿让战争影响自己的生活,在炮弹声中仍不想放弃去美国使馆跳舞;到后来因不愿随便对待婚姻而与相恋多年的美国朋友保罗分手,准备以老姑娘的姿态来抚养卫萍与雪妍的儿子,其间的变化也很明显。这两个女人的坎坷经历让人感叹,她们的形象随着故事向前推进而逐渐显得血肉丰满起来。正是在这种细微处的体贴与理解,表现了作者身为女作家在把握女性形象上的优势。作者的这份功力同样也表现于塑造吕清非老太爷的形象上。这个老人自日本兵进北平城后就让一帮小外孙们学少林拳脚,最后以死来拒绝让伪政权利用自己的名字,虽然略显粗线条了些,但也能让读者见人闻声。

毫无疑问,这是一部有品位的小说。但这品位首先来自于它剔除了浅薄拙劣的宣传格调后的一种挚情诚意。就像《南渡记》第一章末尾里所写到的:"许多事让人糊涂,但祖国这至高无上的词,是明白贴在人心上的。很难形容它究竟包含什么。它不是政府,不是制度,那都是可以更换的。它包括亲人、故乡,包括民族拼搏的历史,美丽丰饶的土地,古老辉煌的文化和沸腾着的现在。它不可更换,不可替代。它令人哽咽,令人觉得流在自己心中的血是滚烫的。"这品位更来自于它内在的一种生命意识,用《东藏记》末尾一章的开头话说:"岁月流逝,自从迁滇的外省人对昆明的蓝天第一次感到惊诧,已经好几年过去了。这些年里许多人生,许多人死,只有那蓝天依旧,蓝得宁静,蓝得光亮,凝视着它就会觉得自己也融进了那无边的蓝中。在这样的天空下,在祖国的大地上,人们和各样的不幸、苦难和灾祸搏斗着,继续生活,继续成长,一代接一代。"如果说这段大历史所需要的大场面还未能从容地展开,其中一些出场人物的生活道路的收与合多少仍有些仓促等,是这部长卷本小说的不足;那么它对那段历史的具体生动的描述,以及几个家庭的生活的真实可信的叙述,无疑为当今中国女性小说创作做出了独特的贡献。我们不应苛求一位年逾古稀的女作家,感谢她让我们正视曾经有过的耻辱与灾难,让我们明白一个常被忽略的道理:做一个现代中国人,并不是一件轻松容易的事。小说里有一些细节也很能给人以回味。如《东藏记》第七章第二节,一位党国宣传部门的要人来明仑大学"讲话",几次三番地强调"领袖脑壳"的重要性问题,要学生们"随时随地要记住,领袖脑壳是最优秀的,有这样的领袖脑壳是中华民族的大幸"。像这样的情形都是了解现代中国社会的人们所熟悉的。对于今天的青年读者,它都具有历史参照的意义。

原载《文艺理论研究》2003 年第 2 期

一部感人肺腑、荡气回肠的精神史诗
——评宗璞长篇小说《西征记》

王春林

长篇小说《西征记》是宗璞一个总题为"野葫芦引"的系列长篇小说中的一部。按照作家的基本构想,这个系列将由《南渡记》、《东藏记》、《西征记》以及《北归记》这样的四部既相联系却又有所区别可以独立成篇的长篇小说组成。说起来,这个系列长篇小说的创作时间已经拖延了很长的一段时间。如果我的记忆无误的话,那么,早在20世纪80年代后期,其中的第一部《南渡记》就已经正式发表出版了。从那个时候到现在,又已经有20多年的时间过去了,但宗璞这个四卷本的系列长篇小说却迟迟未能完成。这样一种如同蜗牛爬行般的创作速度,在当下这样一个总是崇尚高速度、快节奏的时代,简直就是一个带有强烈讽刺意味的创作事件。只不过,这被讽刺的对象却并不是宗璞自己,而只能是这个已经快到慢不下来了的时代。

窃以为,导致宗璞创作速度如此缓慢的原因主要有两个方面。其一,与作家自己的身体状况有关。早在《东藏记》的写作刚刚开始的时候,宗璞的视网膜就已经因劳累过度而脱落了。手术后,左眼仅有0.3的视力,右眼则几乎已经看不见了。如此严重的眼疾,当然就使得宗璞难以再进行正常的阅读和写作。怎么办呢?宗璞是绝不甘心于自己的创作生涯就此终结,就这样划上一个并不圆满的句号的。既然不能写,那就口述,由助手记完一段后再念给她听。等到一节完成后,再放大到一号字体打印出来给她过目。我们完全可以想象得到,如此的一种写作方式会有多大的难度。但年事已高的宗璞先生却硬是以这样一种方式,用了20多年的时间,不仅完成了曾经获得过第六届茅盾文学奖的《东藏记》,而且还在2009年初夏,又在《收获》杂志春夏专号上发表了《西征记》。别的且不说,光是宗璞先生在如此艰难的写作过程中所表现出来的那样一种坚韧毅力,就令人敬佩不已。其二,则很显然是宗璞精益求精的一种艺术态度。我们都知道,即使是在此前身体状况允许的时候,宗璞的写作速度也算不上快。在当代中国文坛,宗璞是少有的以对小说艺术的精益求精而著称于世的作家之一。正因为如此,虽然宗璞从事小说创作的时间已经很长,但她创作出的小说数量却并不够多。尤其是与那些著作等身的作家同行们相比,宗璞的创作数量简直就是少得可怜。好在艺术创作从来就不是单纯地以数量的多寡来进行评判的，数量之外，更重要的衡量标准其实是小说的艺术品质。从艺术品质来看，宗璞当然就是一个值得称道者。她的小说作品数量虽然不多，但其中却很少有艺术粗糙的。宗璞这样一种精益求精的写作特点，在当下这样一个总是在追新逐快的快餐化时代，就显得特别难能可贵了。

然而，在具体展开对于《西征记》的文本分析之前，我们还必须注意到时代文化语境的变迁对于文学作品的价值判断所产生的必然影响这样一个重要问题的存在。之所以强调这个问题的重要性，是因为它明显地牵涉到了对于文学作品所具价值的终极判断。应该注意到，虽然宗璞是早在20世纪50年代中期的所谓"百花文学"时代就已经成名的作家，虽然作为著名哲学家冯友兰先生之女，宗璞具有相当显赫的家学背景，但一个无法否认的事实却是，她的《野葫芦引》第一部《南渡记》在20世纪80年代后期的出版问世，并没有能够引起文学界足够的注意和评价。那么，问题究竟出在什么地方呢？到底是《南渡记》的艺术品质存在问题呢？还是受到了其他因素的干扰影响？问题很显然出在后一个方面，是当时那样一种特定的时代文化语境，从根本上导致了这一结果的必然形成。现在回过头来，重新审视那已经多少显得有些遥远的80年代，我们就应该注意到当时那样一种特别浓烈的现代主义文学氛围的存在。尤其是在80年代后期，这样的一种文学氛围几乎成了中国文坛上唯一的垄断性存在。在当时，中国的大部分作家都在争先恐后地进行着各种各样的现代主义文学实验。一时之间，好像就形成了一种如果谁不积极地进行现代主义的文学实验，那么，谁就有可能被剥夺文学创作权力的危险状况。在当时的这样一种状况之下，如同宗璞《南渡记》这样带有突出古典主义艺术趣味的现实主义长篇小说遭受冷落，也就是十分自然的事情了。因此，《南渡记》在80年代后期中国文坛的被冷落，与《东藏记》在新世纪之初的获奖，其实并不意味着宗璞的小说创作在艺术品质上发生了怎样巨大的变化，从根本上说乃是因为时代的文化语境发生了堪称重大的变迁。这就强烈地提醒着我们，在从事于以当代的文学作品为主要研究对象的文学批评工作的时候，一定要充分地注意到时代的文化语境、文学时尚对于我们自身的文学观念所可能形成的控制与影响。

我们注意到，大约从20世纪90年代后期开始，中国的思想文化界就已经明显地出现了一种以复兴中国本土文化为基本指向的文化保守主义思潮。这种文化保守主义思潮的形成，很显然与中国知识界一种普遍对抗正在席卷整个世界的"文化全球化"浪潮的自觉意识存在着紧密的关系。这样一种文化思潮落实在中国的文学界，自然而然就是一种本土文学传统的被重视，就是一种古典主义艺术趣味的再度复兴。宗璞《东藏记》的获奖，与时代文化语境的这样一种变迁,显然存在着必然的联系。而说到《西征记》的古典趣味,仅从小说收尾处宗璞自撰的那首《间曲》就已经表现得十分明显了。中国的古典小说一般都喜欢在开头或者结尾处来一段他引或自撰的诗、词或曲,或者以此而引领全篇,或者以此而归结全篇。具体到宗璞《西征记》中的这个《间曲》,因为《野葫芦引》本身就是一个系列性的长篇小说,所以,宗璞的《间曲》便具有了一种异常显豁的承上启下的作用。细读此篇,即不难发现,无论是"号啕!好男儿倾热血把家国保",还是"谁来把福留哭,欢留悼?把澹台玮的英灵吊?"都是对于《西征记》的一种概括和总结,而无论是"怎的干戈又起硝烟罩,枉做了一母同胞",还是"苦煎熬,争民主谱出新时调"则都很显然是对于系列小说的第四部《北归记》基本内容的一种提前预叙。其实并不仅仅是宗璞的这部《西征记》,她先期出版问世的《南渡记》与《东藏记》中,这样的一种艺术特点已经有过充分的表现。只不过很可能是由于受到现代主义艺术视野遮蔽的缘故,我们没有能够意识到这一点而已。在我看来,围绕着对于宗璞《野葫芦引》系列长篇小说的审美评价所发生的这样一种前后差异变迁,实际上也就在充分有力地提醒着我们这些文学批评的从业者,当我们试图对某一文学作品做出价值判断的时候,一定要尽可能地摆脱时代文化语境的控制和影响。只有严格地遵循这样一种原则,我们所做出的价值判断才可能具有相对恒久的有效性。

很显然,整部《野葫芦引》的创作,都是建立在宗璞个人的历史记忆之上的。长达八年之久的抗战爆发之后,地处京津一带的北京大学、清华大学、南开大学艰难南迁,然后在昆明组成著名的西南联合大学,并一直坚持到抗战的胜利为止的这一段史实,实际上已经成为中国现代知识分子精神史上十分光辉的一页。然而,令人遗憾的是,这样一段可歌可泣的悲壮历史,却并没有能够在中国作家的笔下得到充分的艺术审视与艺术表现。当然,也并不仅仅只是这一段西南联大的历史,即使是对于意义更为重大的抗战本身,抗战结束六十多年来也没有能够在中国作家那里得到应有的关注和表现。关于这一点,只要与西方、与苏联简单地比较一下,就可以得出一目了然的结论来。无论是在西方,还是在苏联,都曾经产生过许多足称优秀的以"二战"为题材的战争文学作品。与它们相比较,我们描写表现抗战的文学作品不仅数量很有限,而且在基本的艺术品质上也可以说是乏善可陈的。从这样的意义上看来,宗璞《野葫芦引》的出现,自然也就值得大加肯定了。它不仅可以被看作一部表现西南联大(在宗璞的小说中,西南联大被指称为"明仑大学")如何在战火中办学的长篇小说,而且更应该被看作一部透视表现抗战生活的优秀作品。

宗璞先生的父亲冯友兰先生是中国极有影响的哲学家,整个抗战时期一直执教于西南联大。而宗璞先生自己则出生于1928年7月,抗战全面爆发时,她刚满十岁,就随着全家千里迢迢地南迁到了昆明。虽然宗璞此时的年龄尚且十分幼小,但早慧的她却已经记事了。因此,宗璞自己不仅是八年抗战的亲历者,而且由于冯友兰先生是西南联大的资深教员,耳濡目染之际,对于当时西南联大的总体状况,应该说也是相当了然于胸的。正因为宗璞与西南联大之间存在着如此深刻的渊源关系,而且宗璞本人又是已经取得了很大创作成就的作家,所以她自然也就成了书写这段独特民族历史的不二人选。我们之所以强调作家的系列长篇小说《野葫芦引》的创作,乃是建立在她个人的历史记忆之上的根本原因,实际上也正在于此。很显然,较之于那些纯然出于想象虚构的所谓"新历史小说",如同宗璞这样的历史小说创作的可信度,当然就要大许多。虽然宗璞的《野葫芦引》并不是纪实小说,但其中纪实成分的存在却是显而易见的一个事实。其中的许多人物、许多事件,在现实生活中都是有原型存在的。最起码,在其中的若干人物身上,我们可以明显地窥见有冯友兰、朱自清、闻一多等先生的影子存在。

照常理说,既然是在战火纷飞中仍然坚持招生办学的大学,那么,西南联大的意义正在于没有因为战争的爆发而终止了对于现代科学知识与中华精神文化传统的薪火相传。宗璞整个《野葫芦引》最基本的思想主旨,很显然也就体现在这一方面。然而,具体到这一系列小说的第三部《西征记》,其基本的内容却已经被转换成了对于积极参加抗战的勇敢的西南联大学生的表现。既然是仍然在校学习的大学生,那他们又怎么会穿上军装亲自走上前方,直接参加到战争当中去呢?原来,是作为盟军的美军来到远东战场开始对日作战了。美军既然参战,就存在着一个十分突出的语言不通的问题,所以政府就决定征调西南联大精通英语的大学生来承担战时的翻译工作。就这样,西南联大的这些大学生们自然也就有了投笔从戎报效国家的机会。关于这一点,小说中交代得很清楚:"前几天,学校举行了征调大会,也是一次动员大会,秦校长在会上宣布了教育部征调四年级男生入伍的决定。因为盟军提供了大批新式武器和作战人员,他们和中国军队言语不通,急需翻译。这正是大学生的光荣职责,其他年级的学生也可以志愿参加。"按照学校的规定,《西征记》中的主人公澹台玮(即玮)和孟灵己(即嵋)本来都不属于征调之列,但他们却出于一种强烈的民族责任感,出于一种强烈的爱国精神而坚决地报名参军,以忠实地履行作为中华民族一员保疆守国的神圣责任。且看玮真诚的内心独白:"去军队服役,并不是玮突然想到的。这些年不断有人离开学校,去战地服务,或去延安。他越来越觉得救亡的职责是在所有的中国人身上,他也要分担。……他已经是个大人了,他应该在这次战争中投进自己的一分力量,哪怕是血和肉。"就这样,并没有什么高调的思想,只是出于作为一个中国人十分朴素的责任感,身为西南联大(明仑大学)学生的玮与嵋这两位表兄妹同时穿上了军装,参加到了抗战的行列之中。一个被分配到高明全师的美军联络组工作,另一个则在伤兵医院从事了护士职业。而作家宗璞也正是依循着玮和嵋参军之后的战斗轨迹,循序渐进地展开了对于抗战史上十分重要的滇西大反攻的全景式描写。因此,虽然从总体上来看,宗璞的《野葫芦引》的主要描写对象是西南联大(明仑大学),主要的表现内容是西南联大(明仑大学)如何在战争的背景下坚持办学的故事,但如果只是局限于可以独立成篇的这部《西征记》来说,战争却毫无疑问地成了作家最为集中的审视与表现对象。毫不夸张地说,宗璞的这一部《西征记》完全可以被看作一部通过对于滇西大反攻这一重大战役的详尽描写,艺术地表现中国人民伟大不朽的抗战精神的优秀长篇小说,是一部让人读过之后倍觉感人肺腑、荡气回肠的中华民族的精神史诗。

既然是一部带有全景意味的表现中国人民抗战精神的长篇小说,那么,宗璞的艺术着眼点就不能仅仅局限于作为知识分子存在的主人公玮和嵋的身上。这就是说,在把具体的艺术聚焦点集中到玮和嵋身上的同时,作家还应该较为充分地展开对于社会各阶层参与抗战状况的艺术性描写。事实上,宗璞也正是这么做的。除了对于玮与嵋的描写之外,作家的艺术关注视野既投射到了如同严亮祖这样的国民党高级军官身上,也投射到了如同瓷里土司、马福土司这样的地方土司身上,更投射到了如同福留、苦留,如同阿露、老战这样的普通民众身上。甚而至于,如同本杰明这样的美军飞行员,如同吉野这样的日军战俘,也都进入到了宗璞的艺术视野之中。可以说,无论属于什么样的阶层,无论是哪一个民族,无论什么样的性别,也无论是否能够真正地理解抗战的意义和价值,除了极少数的败类,出现于宗璞笔端的这些中国人中的绝大多数,都义无反顾、同仇敌忾地积极投入到了全民抗战的时代热潮之中。如此一幅具有鲜明时代特色的全民抗战图景,没有出现在充满豪气的男儿笔下,而是出现在了一贯以柔弱文静著称的女作家宗璞先生笔下,实在是让人惊叹不已。当然,对于早已深谙小说艺术三昧的宗璞来说,仅仅从表现生活的广度方面展示抗战的全景,还只能算得上是《西征记》的表层价值所在。真正地具备了优秀艺术品质的小说作品,必然地还应该有对于人性深度的宽广理解与深刻挖掘。在这里,必须破除的一种错误观念是,似乎只要一说到对于人性深度的挖掘与表现,就必然意味着有对于人性丑恶一面的揭示与描写。好像人性一旦美好善良起来之后,就必然地变得肤浅、变得缺少深度了。其实,我所特别强调的对于人性的宽广理解,也主要就是针对这一点错误观念而来的。实际的情形是,无论是人性的善也罢还是人性的恶也罢,一方面都可以显示出人性的深度来,另一方面要想写好也都很难。之所以刻意地强调这一点,乃是因为出现在这部堪称中华民族精神史诗的《西征记》中的人物形象,绝大多数都是人性善的充分体现者。从过去的创作情形来看,宗璞一向擅长于对自己笔下的人物形象进行别有意味的人性剖析与表现。这一点,在《西征记》中同样有着相当出色的表现。

读过《西征记》之后,普通民众形象中留给读者印象最为深刻的便是老战这个人物。老战本来是滇西一个小村中的普通村民,"老战有父母、有妻子,老战是汉族,妻子是傣族……他们日出而作日落而息,战争的硝烟还没有飘落到这里"。然而,由于日寇的入侵,老战们的正常生活似乎在一夜之间便发生了巨大的变化。于是,"政府征调民夫修路,为了打日本鬼子,必须修一条路"。说实在话,作为普通民众之一员的老战,并不明白修路与抗战之间存在着怎样的联系,他仅仅"只知派的活是不能不去的",但他却义无反顾地积极参加到了修路的工作之中。事实上,也正是因为有了无数个如同老战这样的普通民众的共同努力,才有了滇缅公路短时间内的修通,才保证了前方将士能够及时地得到大后方的有效供给。但是,出于战事发展的需要,很快又需要老战他们去挖路了。并没有什么知识修养的老战依然积极地响应政府的安排,但这一次的老战却没有那么幸运了,这个普通的乡民为了自己其实并不怎么理解的抗战付出了惨重的代价。正是在为了阻挡日军前进的步伐而炸掉惠通桥的过程中,老战无奈地失去了自己的媳妇和儿子。"忽然间,老战看见自己的媳妇了,她抱着儿子在日本兵前面跑,老战清楚地看见日本兵推倒了她,踩着她往前跑,这时轰然一声巨响,一阵硝烟罩住了江面。惠通桥断了。"这个极具刺激性的场景,自然对老战形成了极大地刺激:"突然爆发出哭声、喊声,撼天震地,撕人心肺。这哭喊声很快向空中飘散了,持续的时间并不长,人们要继续战斗。老战趴在江边一棵树下,昏迷了两天。自己醒了,一步步挨到保山,又一步步挨到永平。无论问什么,他只会说'我是从惠通桥来的'。"很显然,妻儿的惨死对老战形成了极强烈的刺激,在他的精神世界的无意识深处留下了难以抚平的精神创伤。可诅咒的战争究竟可以对人的精神世界构成怎样的巨大戕害,这位老战就是一个极好的例证。且让我们借助于峨的眼光来看一看出现在她面前的老战已经变成了怎样的一副模样:"忽然像从地底下冒出来一样,一个干瘦的、黑黄的人就像一片枯叶站在窗前,很郑重地向她发问。"枯叶是什么样的感觉?一个人变成了一片枯叶又是怎样的一种感觉?读过《西征记》之后,我所感佩于宗璞先生的往往正是其感觉描写的形象到位。即如老战这个人物形象,宗璞只是通过"枯叶"这样一种极形象生动的比喻,便十分传神地把可诅咒的战争留给老战的巨大精神创伤表现了出来。宗璞之善于挖掘表现人性深度的艺术特质,在老战这一人物身上有着极明显的体现。可以说,正因为惠通桥被炸一事对老战形成了强烈的刺激,所以"他失去了全部记忆,只记得那恐怖的一刻,所以不停地说"。幸亏老战遇到了善良的嵋和博学多识的丁医生,正是在他们热情的帮助之下,老战才一点一点地逐渐恢复了对于往事的记忆。但记忆的恢复对于老战而言真的是好事吗?嵋对此是颇有些怀疑的:"也许忘记一切更能有内心的平静,也许恢复记忆更让他痛苦。这道理很深奥,她只能不想。"实际上,要想彻底地回答记忆的恢复对于老战而言究竟是好事还是坏事的问题,有着相当大的难度。我想,即使是创造了老战这一人物形象的宗璞自己,也很难给出一个令所有人都满意的答案来。

老战之外,严亮祖、陈院长、本杰明等几个人物形象,也都给读者留下了殊难忘怀的深刻印象。严亮祖身为国民党军的一名高级将领,曾经在抗战的过程中为国家民族的解放立下了不朽的汗马功劳。然而,作为一代抗日名将的他,在抗战取得胜利之后却身不由己地陷入了另一种难以摆脱的人生困境之中。眼看着国共两党主导的内战不可避免,严亮祖倍感烦恼和痛苦。一方面,他不愿意打共产党,但在另一方面,他也更不愿意背叛国民党,不愿意把自己的枪口对准国民党。但现实的情况却是,国府已经下令,命他率部开往山西一带,参加针对共产党的军事行动。面对如此一种难以做出选择的两难处境,严亮祖于万般无奈之际只能自杀以身谢国,他留下的遗言是"中国人不打中国人"。将军本应血洒疆场,但严亮祖却因为不愿意参加内战而被迫献出了自己的生命。虽然他的死实际上并没有能阻止内战的发生,但一代名将高尚的精神风范留给读者的深刻印象却是难以磨灭的。

如果说严亮祖的慷慨赴死带有强烈的悲壮意味的话,那么,在面对人性之善恶共存的陈院长时,我们的感受可能就要复杂得多。一方面,陈院长对于抗战工作确实做出了不小的贡献,除了一力主持战时伤兵医院的全面工作之外,他的另外一个令人尊敬之处,就是倾尽全力地抚养了好几位战争中的孤儿。但在另一个方面,这令人敬重的陈院长却又是一个为人所不齿的贪污犯。在物资特别紧缺的战争时期,他居然和自己手下的小陈勾结在一起,干起了贪污倒卖军用物资的可耻勾当。虽然导致陈院长出此下策的一个客观原因是他必须想方设法让自己收养的那些可怜的孤儿都能够填饱肚子,但他的这种贪污行为却仍然是我们所无法原谅的。善恶两种因素相互缠绕着,在陈院长身上,所充分凸显出的正是宗璞对于复杂人性的深入体察。那么,陈院长又是怎样一步步走上犯罪道路的呢?小说中有过这样的描写:"那是怎么开始的?可能是看见别人私拿药品而不能说就开始了。……在保山小医院时,他看见医院的主任拿了几盒注射用水,给来找的亲戚。他和一个同事说起,同事说什么值钱的东西!就当没看见好了。"虽然此时的陈院长并没有开始有贪污的举动,但同事们的言行其实已经对他产生作用了,他正直的心灵世界正是从这个时候开始发生微妙的人性倾斜的。当然,小陈在其中的推动作用也是十分重要的。当陈院长跟小陈说,不知道怎样才可以给孩子们(一定要注意,是那些收养来的孤儿)打一次牙祭的时候,"小陈说不难不难,只要拿一盒金鸡纳霜,卖个黑市价,就足够打半个月的牙祭"。就这样,更多的是出于维持或者改善一下自己收养的那些孤儿们的生活状态的动机,陈院长终于一步步地蜕化成了一个为人所不齿的贪污犯。很显然,如同陈院长这样的一种人性悲剧,从一定的意义上说,也是拜战争的环境所赐的结果。

身为美国飞行员的本杰明,尽管在小说中占有的篇幅很小,却依然给读者留下了难忘的印象。本杰明是一个驾驶运输机的业余飞行员,不幸被日机击中,受伤后跳伞逃生,被嵋和阿露发现后救了回来。本杰明和阿露尽管是萍水相逢的异国青年男女,但他们之间那样一种可谓是一见钟情的美好感情却让我们倍加感动。在第一眼看到本杰明的时候,阿露就发出过"他真漂亮"的感慨,而颇为巧合的是,本杰明在第一眼看清楚阿露的时候,所发出的居然也是"多么美!"的由衷感叹。宗璞所特别设计出的本杰明与阿露初次见面时的状况,很显然可以让我们联想到《红楼梦》中贾宝玉和林黛玉第一次见面时的情形来。紧接着,小说中出现的便是如下一种对于本杰明和阿露的描写:"嵋为他们做翻译,但他们的话好像并不是通过翻译传给对方。""嵋听着这些,传着这些。本和阿露一点也不觉得语言的隔阂,也不觉得他们之间有一个翻译。"本杰明与阿露之间本来语言不通,存在着交流的障碍和困难,但作家却一直在强调他们之间的沟通好像没有任何问题似的。这样的一种描写方式,所充分凸显出的其实正是本杰明与阿露之间的心心相印。应该说,这样一种没有丝毫功利色彩的感情,似乎只有在战争这样一种特殊的条件下才可能发生。要知道,这个时候的本杰明已经是一个身负重伤生命危在旦夕的重伤员,他这样一种非常举动中所透露表现出的,其实正是他个人一种突出的生命意识与生命热情。然而,不管是本杰明与阿露之间那恍若天晴般的美好感情也罢,还是本杰明自身强烈的生命意识和生命热情也罢,这一切最后都伴随着本杰明最后的死亡而烟消云散了。那不无残忍地毁灭了这一切的,正是这可诅咒的战争。在这里,作家宗璞对于总是破坏毁灭着美好人性的战争的批判与否定立场,也就得到了相当充分的体现。

当然,在整部《西征记》中,宗璞用力最多,读后给读者留下印象最深的两位人物形象,还是同时作为小说艺术聚焦点存在的主人公玮和嵋。作为三年级学生的玮本来可以留在学校继续读书,而且,在他的老师萧子蔚的心目中,玮还是一个十分难得的可造之才:"如果你是在征调之列,我绝没有阻拦的道理,可是你并不在征调之列。生物化学是新学科,需要人开拓,要知道得到一个好学生是多么不容易。我相信你会完成我来不及完成的工作。——我也很矛盾。"萧先生一方面很明白玮要上前线去的行为正当性,但另一方面却又为玮这样一种专业学科的可造之才无法继续深造而深感痛苦。然而,玮要上前线去的阻力却并不只是来自萧先生,更有来自于内心中深爱着他的殷大士的拦阻。为了把玮从部队中拉回去,殷大士曾经专门利用特权赶到了玮所在的部队。但所有的这一切却都没有能够阻挡住玮投笔从戎、报效祖国的脚步,用他自己的话说,自己的服役行为其实并没有什么大不了的,只不过是尽一个公民的"本分"而已。必须注意到的就是,在这里,宗璞丝毫没有人为地拔高主人公的思想境界。但是,作家愈是强调玮的从军行为不过是在尽自己的"本分",玮的行为就愈是显得分外感人。尤其值得注意的是,玮在通讯学校的学习结束之后,本来是被分配安排在了昆明附近的炮兵学校。如果真是到了炮兵学校的话,那么,玮当然就会安全得多。但正所谓天有不测风云,偏偏就是在这个时候,眼看着部队就要开拔,另外一位被分配到保山某通讯学校的学员阿谭却因突发高烧而住院。值此紧要关头,玮便自告奋勇地取代了阿谭,来到了更加接近前线的、生命危险系数更大的保山通讯学校。一个非常明显的事实就是,假如玮留在了昆明附近的炮兵学校,那么他牺牲的可能性就是微乎其微了。在某种意义上说,正是因为他毅然决然地顶替阿谭来到了保山通讯学校,所以最后才为了报效伟大可爱的祖国而献出了自己年轻宝贵的生命。

小说中关于玮为了接通前线的通讯电缆而身负重伤的那段描写,是十分朴素感人的。"玮没有一点犹豫,一个箭步窜了出去,冲过了街,跳过矮墙,来到树下。""'啊!'玮叫了一声,右手用力一推,把电缆抛在地下,那是他全身的力气,左手无力地拉着树杈。一个兵跑过去,接住他。玮受伤了。"虽然并没有什么豪言壮语,但一个有血有肉的坚强英雄战士的高大形象却已经矗立在了我们的面前。玮之所以在面对死亡威胁的时候,能够做到视死如归,从根本上说,是因为他已经亲身经受了战争中血与火的考验,已经亲眼看见了那么多战友的英勇牺牲。必须承认,小说中关于玮住院之后生命渐渐消失的那一部分描写是相当感人的。当我在读这些文字的时候,无法控制的泪水哗哗地滚落而下。说实在话,宗璞在此处不仅没有以煽情的文字极尽渲染之能事,反而采取了特别克制的一种叙事方式。那么,为什么还会使我在阅读时泪流不止呢?说到底,还是因为作家对于玮这一人物形象的刻画塑造很成功的缘故。正是因为作家对玮的形象塑造特别成功,玮已经拥有了一种格外鲜活的生命力,正是因为我自己在阅读的过程中已经对玮留下了很好的印象,所以,当我读到玮英勇牺牲的这段故事情节的时候,才会被作家宗璞的描写文字所深深地感动。当然,从长篇小说的体式上说,此处宗璞在叙事过程中特别插入的多少带有一些意识流意味的抒情色彩相当浓郁的"梦之涟漪"章节,也是十分成功的。从某种意义上说,正是借助于这样的章节设计,玮身上那样一种高贵的精神方才得到了很好的提炼升华。

嵋可以说是《西征记》中与玮相映生辉的另一个人物形象。如同自己的表哥玮一样,嵋本来也并不在这次的征调之列,而且她的这一举动还遭到了男友庄无因的坚决反对。在庄无因看来,作为学生的他们在教室好好读书同样是自己的"本分"。虽然庄无因的反对不无道理,但在江昉先生所讲授的《国殇》以及玮毅然投军行为的感召之下,嵋还是和自己的好朋友李之薇一起,穿上军装,成了伤兵医院的一名志愿者护士。按照小说中对嵋的描写来推断,她的年龄及成长历程其实极类似于现实生活中的作家宗璞自己。宗璞十岁时因抗战爆发随家南迁至昆明,到八年抗战结束的时候,她已经是十八岁的少女了。西征的时间比抗战的胜利早一年,这个时候的宗璞应该是十七岁,正好与小说中嵋的具体情形相仿佛。同时我们自然也早就注意到了,作为系列长篇小说《野葫芦引》中最重要的人物形象之一的嵋的父亲,明仑大学的教授孟弗之的人物原型,其实也正是冯友兰先生。这样看来,嵋则很显然是小说中一个带有明显自传性色彩的人物形象。如果我们的确可以把嵋与现实生活中的宗璞联系起来的话,那么,自然也就能够在某种意义上把宗璞的"野葫芦引"看作一部成长小说了。

如果从成长小说的角度来看,则嵋在从军之后所先后目睹经历的战争中一切生与死的景象、一切人生的苦难,无论是医院里丁医生的严谨敬业、陈院长的善恶交织,还是她在意外掉队之后先后邂逅阿露和本杰明的奇特遭际,无论是那位无名女兵无意间留下来的遗信,还是随同彭田立队长他们对于马福土司的说服工作,都可以被看作嵋在成长过程中必然要领受的人生启蒙教育。当然,这其中,对她的心灵世界产生了巨大震撼作用的,还是表哥玮极其悲壮的牺牲过程。请看叙述者的叙述:"我们的玮他死了!嵋心里有一个巨大的声音在喊。这声音像战鼓,咚咚地敲着,从四面八方传过来。"这样意想不到的死亡对嵋形成了极大的刺激:"她不能回忆过去,也不想将来。她很少说话,觉得自己好像凝固了。有时候之薇问她什么话,她也不回答。之薇便说:'孟灵己,你傻了么?!'""我不傻,嵋在心里回答,我只是不明白,不明白战争,不明白生和死,生和死交织成一张密网,把人罩得透不过气来。没有人能逃脱这张网。"嵋本来是一个只不过十几岁大的懵懂少年,如果没有战争的发生,她应该正在安静的书桌边读书呢。然而,战争的发生,却硬是活生生地逼着她去面对无数场生与死,尤其是还得面对自己亲人的生与死。正是这生与死的不断面对,迫使着本来不是哲学家的嵋也开始思考生与死的形而上问题了。很显然,经历了这一切之后的嵋,也就不再是参加战争之前的那个懵懂少年了。此后的她在看待思考一切问题的时候,因有了对死亡曾经的面对与直视,自然也就着上了别样的一种成熟色彩。当然,嵋的思考既是小说中人物的思考,也更是作家宗璞自己对于战争问题的一种深入思考。在某种意义上,正是凭借着这样的一种思考,宗璞的这部以战争为主要描写对象的长篇小说,方才显示出了一种人道主义的悲悯情怀,而且具有了别样的一种思想深度。

最后应该谈到的便是所谓"史诗性"的问题。我之所以把宗璞的这部《西征记》称作"精神史诗",实际上也就是在强调这部长篇小说是一部具备了"史诗性"的优秀作品。那么,究竟何谓"史诗性"呢?或者说,"史诗性"的作品应该包括怎样的一些内涵呢?对于这个问题,王又平先生曾经有过精辟的论述。在王又平看来,所谓的"史诗性","可以说是中国当代文学批评中的最高级别的形容词,称道一部作品是史诗,也就是将这部作品置于最优秀的作品的行列。因此'史诗风范'在相当长的时期内作为一种文学理想一直为作家所企慕、所向往,形成了作家的'史诗情结'。当一部作品具有宏大的规模、丰富的历史内涵、深刻的思想、完整的英雄形象、庄重崇高的风格等特点时,便可能被誉为'史诗性'"①。在当下的这个时代,史诗虽然已经不可能再如同"十七年"期间那样成为衡量评价文学作品的"最高级别的形容词",但严格地说起来,真正具有史诗艺术风范的作品其实还是相当罕见的。将王又平所总结的"史诗性"作品几个方面的特征对照于宗璞的《西征记》,则无论是宏大的规模、丰富的历史内涵,还是深刻的思想、完整的英雄形象,抑或是庄重崇高的艺术风格,这样的几个方面在《西征记》中的体现应该说都还是非常突出的。在这样的意义上,断言宗璞的《西征记》是当下时代难得一见的一部具有"史诗性"品格的优秀长篇小说,自然也就是能够成立的。

2009年5月25日下午4时30分
完稿于山西大学书斋
原载《扬子江评论》2010年第1期

---

① 王又平:《新时期文学转型中的小说创作潮流》,华中师范大学出版社,2001年,第380页。

荒诞境遇中的人学话语与主体建构
——以宗璞小说《我是谁?》、《蜗居》为考察对象

晋海学

"文革"结束之后,宗璞接连创作出现代派小说《我是谁?》和《蜗居》这两篇小说,以作者对"文革"记忆的艺术表现为中心,表述了知识者荒诞的生存境遇并对自我进行了反思。20世纪中国现代文学在"人"的视野下感受到了在"铁屋子"中生存的荒诞之后,开启了寻找"真的人"的征程。但"文革"中的知识者在感受到生存荒诞的同时,却没能延续这一征程,更没有像20世纪初期的知识者那样期望达成"个性张"的理想境地,他们在逃避和空想中失去了寻找"真的人"的勇气,也最终失去了自我。知识者应该如何面对荒诞现实?这成了《我是谁?》和《蜗居》共有的核心问题。如果进一步追问,在荒诞现实面前的主体究竟如何才能生成?宗璞以"青年"为代表提出了新的思路,那就是以鲁迅在"五四"时期为确立主体而进行"挣扎"、"反抗"的"搏斗"过程。

一、龌龊的环境与荒诞的体验

《我是谁?》和《蜗居》两篇小说共同表现了一个龌龊的生存环境。从知识者在"文革"期间的现实遭遇来看,这两篇文本具有互文性。知识者在"大野迷茫,浓黑如墨"的环境下,或遭受迫害,或被他人冷漠,或选择盲从。宗璞对这种违反理性与人的愿望的痛苦不幸生活做了象征性的说明。

知识者所面对的第一种境况是遭受迫害。作为中国当代的知识分子,《我是谁?》中的韦弥、孟文起不仅没有做"人民"的资格,反而成了"人民"的对立面——伴随被赋予的"特务"、"黑帮的红狗"、"杀人不见血的笔杆反革命"等身份,他们经常在"打倒一切牛鬼蛇神"等革命口号下被批斗,遭受肉体与精神的双重伤戮。作者这样写道:

> 昨天,韦弥和孟文起同在校一级游斗大会上惨遭批斗。在轰轰烈烈的革命口号声中,他们这一群批斗对象都被剃成了阴阳头。呵!那耻辱的标记!这一群秃着半个脑袋的人,被驱赶着,鞭打着,在学校的四个游斗点,

任人侮辱毒打。详情又何必细说！散会后，还要他们到学校东门外去清理、焚烧垃圾。他们默默地、机器般地干着活。

他们知道，很快要隔离审查，便会失去甚至是死的自由。一切都是这样残酷，残酷到了不可想象的奇特地步。只有死现在还在自己的掌握之中。①

《蜗居》中"壮汉"对"小东西们"的抓捕更将知识者的这一境遇描绘得惟妙惟肖：

探照灯在人群中扫来扫去，追赶着人群。

一个壮汉猛然大喝一声，盯住一个正在大厅深处跑去的人，随即用手拉着一根看不见的绳索，那人在地上滑了过来。

筐满了，小东西们在筐里挣扎着，探照灯减弱了。②

在这一环境中，一部分人的生活因为拥有了话语权变得狂热，就像文中拿着"探照灯"的"壮汉"，另一部分人的生活则由此变得惊恐、混乱，就像文中被装在筐子里面的"小东西们"，他们随时面临被人宰割的境遇。如果说一个人的自由就是"死"，那么，当"死"的自由也可能被剥夺时，其生存状况已经变得非常糟糕。于是，人与人之间不再有相互帮助、不再有相互关怀，这种情况逐渐变得自然，成了人们生存的常态。这便构成了知识者的第二种生存境遇——人与人之间的隔膜状况，每个人都仿佛生活在与他者无任何关系的私人空间里。"他们每人都像戴了一个假面具，除了翕张的嘴唇，别处的肌肉不会动一动，我进去了，也如同我不存在，没有一个人抬动一下眼皮。"③

这种情况在《我是谁？》中表现得更加突出。当韦弥遭到批判之后，谁也不敢再和她多说一句话。"在革命的口号下变得狂热的人群还没有回来，但仍不时有人走过。一个人看见路旁躺倒的一团，不由得上前去俯身问道：'怎么了？'一面关心地扶起她的头。他吃惊地叫了：'韦弥！'便连忙把她轻轻放回原处，好像她既是个定时炸弹，又是件珍贵器皿。"④

然而在作者看来，还有一种比"隔膜"更严峻的生存状态——人的"愚昧"和"盲从"，这可以看作知识者所面对的第三种境遇。《我是谁？》中这样写道：

又有人走过来了，也去观察路边的人形。"哦，韦弥。"他那年轻的脸上

---

① 宗璞：《我是谁？》，《长春》1979年第12期。
② 宗璞：《蜗居》，《钟声》1981年第1期。
③ 宗璞：《蜗居》，《钟声》1981年第1期。
④ 宗璞：《我是谁？》，《长春》1979年第12期。

显示出厌恶的颜色。"黑帮的红人!特务!"随即转身走了。又有人走过来。"又是谁跳楼了?"这对他似乎是件开心事。他用脚踢了踢韦弥,看见她头上只有一半头发,便不再去辨认。"别装蒜!你这牛鬼蛇神!自绝于党,自绝于人民!你的狗命值几个大子儿!"又重重地踢了她一下,扬长而去。

迎面跑来一个五六岁的小女孩,红彤彤的脸儿有些熟识。顺着她跑来的路一定有个缝隙。韦弥朝孩子迎过去。女孩愣住了,转身逃走了,一面回头喊着:"打倒韦弥!打倒孟文起!"①

无论是那个"脸上显示出厌恶的颜色"的年轻人,还是"又重重地踢了"韦弥一下的那个人,抑或是喊出"打倒韦弥"的"小女孩",他们之中究竟谁了解韦弥?为了祖国的繁荣与强大,韦弥和孟文起"情愿跳进革命的熔炉",化作"斩金切玉的宝剑",期望在科学道路上为祖国披荆斩棘、献出全部的青春和精力,他们之中究竟谁又能感受到祖国在韦弥内心的神圣?然而,在"浓黑如墨"的现实面前,愚弱国民性——这是鲁迅曾经在20世纪初所痛心疾首批判的东西再次显现出来了。

但龌龊的生存环境并不必然导致知识者的荒诞体验。加缪曾说:"荒诞是在人类的需求与世界的非理性的沉默这两者的对抗中产生的。"②柳鸣九认为荒诞"产生的原因往往是人怀着希望、理性而与冷漠、无理性的客观现实遭遇所致:要么遭遇到了物质世界的冥顽与格格不入,要么是遭遇到了人类社会的无人性与不合理"③。作为继承了"五四"人文精神的现代知识分子,韦弥曾把自己比作"飞翔在雁群中"的一只大雁,把它和一只"浸透了知识的毒汁"的"毒虫"相比,可谓天壤之别,其中的荒诞因素自然而出。

在宗璞小说的历史序列中,这样的知识分子并不是少数。除了韦弥之外,《红豆》中的江玫、《弦上的梦》中的梁峰、《三生石》中的梅菩提都是这方面的代表。她们毕竟是传承了"五四"人文精神的现代知识分子,这注定她们不可能像那个小女孩一样生活。然而,此在主体"迷失"的存在与过去寻找生命意义之间的错位,使韦弥体验到了那些曾经赋予她寻找意义的"曾认真地考虑到脱胎换骨的痛苦"、"情愿跳进革命的熔炉"的力量的崩溃瓦解。进而言之,荒诞与此在主体的主观体验紧密相关,而并非完全是客观世界的产物。当作者将过去和当

---

① 宗璞:《我是谁?》,《长春》1979年第12期。
② 加缪:《西西弗的神话》,杜小真译,陕西师范大学出版社,2003年,第32页。
③ 柳鸣九:《见证生活勇气的传世作品》,见加缪《西西弗的神话》,杜小真译,陕西师范大学出版社,2003年,第39页。

下放在一个时空中加以比较与思考时,也就意味着她已不再将客观世界当作主要的考察对象,而是将反省的视角从客观转向了知识分子的主体自身。

二、消极的应对与积极的反抗

荒诞生存既然不可避免,那么,如何面对荒诞就成了知识者首要的生存问题。宗璞在此将知识者的选择态度概括为三种。一是主动避让,既然人们始终摆脱不了荒诞的阴影,那么最简单的办法就是主动逃避,《蜗居》中"带蜗壳的人"可谓典型:

> 带蜗壳的人找到一个他认为安全的香烛,便躲在烛后,缩进壳中。没有壳的人动作灵活些,有的逃得不见踪影;有的一面走一面向自己身上吐唾沫,大概想造起一个硬壳。①

世界上当然没有身背蜗壳的人,它是作者对那些蜷缩在"蜗壳"之中,把"蜗壳"当成自己的家的人的艺术表现。生理上的自杀也可以归为这一种类型,生存已然荒诞,生活本身已经毫无意义可言,那么摆脱荒诞最有效的态度可能就是自杀。因此,《我是谁?》中这样写道:

> 孟文起和韦弥都愣住了。他们在发愣的状态下回到家中,韦弥低声说道:"只有死!只有死!"孟文起那迟钝的眼睛忽然闪亮了一下,他在死亡里看见了希望。②

加缪曾说:"自杀只不过是承认生活着并不'值得'。""就是认识到日常行为是无意义的,遭受痛苦也是无用的。"③他紧接着追问道:"但是这种存在的诅咒,这人们深陷其中的失望是否就是因为生活没有意义而产生的呢?生活的荒谬性是否就迫使人们或通过希望,或通过自杀来逃避它呢?"④如前文所述,"文革"时期的荒诞毋庸置疑,但知识者并没有被"先在地"抛入荒诞之中,相反,荒诞并不已然存在,它和我们自身紧密相关。换言之,韦弥等人在感受到了生存荒谬的同时,已经将自我从荒谬中选择出来,把自我生命的荒诞看作现实的结果。

---

① 宗璞:《蜗居》,《钟声》1981 年第 1 期。
② 宗璞:《我是谁?》,《长春》1979 年第 12 期。
③ 加缪:《西西弗的神话》,杜小真译,陕西师范大学出版社,2003 年,第 32 页。
④ 加缪:《西西弗的神话》,杜小真译,陕西师范大学出版社,2003 年,第 32 页。

这使她们与在自己的生命遭际中追究荒诞起源的历史机遇擦肩而过,更重要的是,这有可能使她们认识到,正因为自我与荒诞的无关,而产生不与荒诞现实同流合污的想法,这恰恰是导致主体无法直面荒诞的最主要原因。

知识者对待荒诞的第二种态度是幻想将来,《蜗居》中的"我"是代表。他坚信世界上会有希望的家园,并把这种希望化成自己现实寻找的行动。作者这样写道:

> 我记不起是否曾有过一个家,一个可以自由自在,说话无须谨慎小心的家。在记忆中,我似乎从来便是在这黑暗中寻找,寻找我那不知是否存在的家。
>
> 我的家,如果过去不曾存在的话,是否在前面的路上,会有一个小窝,容我栖息,给我温暖呢?①

但寻找希望的历程是艰苦的,并非每个人都能坚持下来。一旦面临危急情况,这种寻找就可能"突变"为保全自我的"逃跑"行为。最终,在持枪之人的追杀下,"我"显得极度慌乱和怯弱,"我落荒而逃,跌跌撞撞,哪管脚下的荆棘乱石、眼前的深沟断涧。我一跤一跤地摔倒,再爬起来奔逃。我这平凡的头颅能作为一盏灯么?我不相信。逃啊,跑呵,我以冲锋的精神逃命。"②

作者使用夸张的语言描画了"我"逃走时的狼狈。即使"我"曾有美好理想,但不可否认,在黑暗面前的求生本能,让"我"无法将"寻找"坚持下去。这恐怕正是"我"不能成为真的"人"的根本原因。所以,对"我"而言,只能寄希望于将来:"我真希望看见不在割下的头颅里点燃的灯火,而是每个活着的头颅自由自在地散发着智慧的光辉。"众所周知,这种不面对荒诞的希望同样是虚妄的,它不过是此在主体的另一种逃避形式罢了。

知识者对待荒诞的第三种态度是抗争,以《蜗居》中"青年"的态度为代表。他敢于打碎蜗壳,点燃自己的头颅照亮这个世界,以行动反驳"我"的虚幻希望。勇敢的青年最终化作一队举着灯火的队伍。他们代表了那些在自己身上看到了"非人"的要素,不愿再成为戴假面具的木偶,并努力寻找"真的人"的人。

"青年"将"人"的理想内化为追求"人"的实践已经表明了一部分知识分子的觉醒,他们直面荒诞,使"人"的理想不再仅仅停留在空想。20世纪"70年代末到80年代初的文学清楚地展示了从血泊中站立起来的知识分子对自身独立性的追求。虽然这种追求不可能是普遍的行为,因为长时间的禁锢已经使许多

---

① 宗璞:《蜗居》,《钟声》1981年第1期。
② 宗璞:《蜗居》,《钟声》1981年第1期。

人习惯了驯服,甚至精神已经僵死,即使枷锁已经打开,也难以重新伸直自己的脊骨,更不敢发出自己的声音。但是,毕竟还有经过长期改造而没有泯灭自我的人。一旦历史出现转机,他们便站立起来,试图挣脱各种绳索实现自身的解放,试图重新获得独立的话语权。"①

"青年"坚持奋斗、努力抗争的人生态度,构成了对荒诞世界最大的挑战。但随之也连带出了另一个问题——荒诞世界中的主体如何建构?

三、"人"的内涵与"人"的形成

在谈主体的建构之前,还必须谈谈与此相关的"人"的内涵。《我是谁?》中曾经多次出现过"大雁"意象,它是作为"人"的象征而出现的,但其中的内涵却又有"被包括"与"包括"的区分。"人"究竟在何种意义上被理解和被使用?它能否在统一的意义上被使用?如果不能在统一的意义上理解,又该作何解释?

一方面,"人"的内涵被包含在国家、集体之中,韦弥、孟文起等知识者是在国家的意义上理解"人",把国家的富强与"人"的实现一致起来;另一方面,"人"的内涵虽然与国家紧密相连,但却是在坚持"人"的独立的基础上包含了国家。在此不妨引入鲁迅作为参照,"五四"时期的鲁迅对"人"的理解是在对封建专制认识的基础上完成的,他把尼采笔下的超人当作真正"人"的代表,称他是"具有强烈的意志",而近于神的"高慢意志的"个人。鲁迅眼中的"人"是与封建的奴隶性相区别,是具有独立意志的自主的近代精神的人,是与同时代的政治、经济、文化相互融合在一起的积极进取的"自我",即意味着要打破旧的秩序和既成的封建教义,而从自己内部催生出新的制度、秩序和科学的"人"。

《我是谁?》结尾时的"大雁"是在鲁迅意义上的"人"的象征。透过韦弥的悲剧命运,宗璞已然从韦弥无条件认同于国家却被国家抛弃这一悲剧的认知与体验中,感受到了命运的荒诞,这反过来也促使她再也无法将荒诞的产生与知识分子自身区分开。正如黄平所说:"无论这些制度与话语对于知识分子的非知识分子化是多么关键,正是包括知识分子自己在内的人们的行动本身,创造并完善了它们。"②所以,宗璞不仅不可能再将"人"的实现融进国家的实践中去,而

---

① 李新宇:《沉重的回归之旅——1980年代中国文学的知识分子话语之一》,《齐鲁学刊》2005年第3期。
② 黄平:《现代中国知识分子:社会变迁的参与者与体现者》,见陶东风编《知识分子与社会转型》,河南大学出版社,2004年,第304页。

且强调"人"只能依靠自己的自由与独立,才能与国家、民族发生关联。"只有'人'回到了自己的土地,才会有真正的春天。""文革"结束后,知识分子砸碎了精神枷锁,面临重整国家的重任,而"人"的实现与否是其中最重要的标准。但承担国家的责任不是要求"人"首先服从意识形态政治事先制定好的国家意志,而是要求知识分子在"人"的标准之上为建设国家而担负起责任。换句话说,小说结尾处的"大雁"首先是单数意义上的存在,然后才组成了"人"字形的雁群。在这个意义上,这篇小说融会了"五四"时期鲁迅人学思想的精髓,具有了强烈的政治性。

理解了"人"的内涵之后,中国的知识分子该如何建构自己的主体?换言之,懂得了"人"的重要性之后,中国用什么材料组建中国的"人"? 巴金先生在回忆中曾说:

> 一个愿意改造自己的"知识分子"整天提心吊胆,没有主见,听从别人指点,一步一步穿过泥泞的道路,走向一盏远方红灯,走一步,摔一步,滚了一身泥,好不容易爬起来,筋疲力尽,继续向前,又觉得自己还是原地起步。不管我如何虔诚地修行,始终摆脱不了头上的"紧箍咒"。十年中间我就这样地走着,爬着,走着,爬着……①

可见,中国当代知识分子的主体性并未真正建立,对韦弥、孟文起而言,其主体实质上建立在一种理想之上,一旦理想落空,主体势必会堕入荒诞之中而无法自拔;对《蜗居》的"我"而言,他的主体则寄希望于将来,这使他容易形成忍耐的心理而最终成为"带蜗壳的人"。可以说,这两种主体中的任何一种都没有真正的主体性。因此,加缪说:"当我希望的时候,当我为我特有的事实,为存在或创造的方式担忧的时候,当我最终把我的生活安排就绪并且由此证明我认识到我的生活是有某种意义的时候,我就为自己竖起了束缚自己的栅栏。"②竹内好说过:"历史并非虚空的历史形式。如果没有无数为了自我确立而进行的殊死搏斗的瞬间,不仅会失掉自我,而且也将失掉历史。"③其中,"为了自我确立而进行的殊死搏斗"一句尤为关键,没有经历过"殊死搏斗"的主体,是没有主体性的主体。

《蜗居》中的"青年"自从提出"每一个人,都应该像人一样,活在人的世界"以后,就再也没有回头。这个并非静止之物的希望不仅使他避免了为达到一种

---

① 巴金:《随想录》,人民文学出版社,1986年,第157页。
② 加缪:《西西弗的神话》,杜小真译,陕西师范大学出版社,2003年,第32页。
③ 竹内好:《何谓近代》,见孙歌主编《近代的超克》,三联书店,2005年,第183页。

目标要求而反被目标所束缚的困境,而且使他最终落实在既不寄希望于未来,也不寄希望于逃避的反抗实践上。值得注意的是,"青年"的反抗是通过否定自我的方式来完成的。小说中写道,"青年"为了反抗荒诞的世界挺身而出,"死,也心甘"。当小说中的"我""多么渴望能有一盏灯火,哪怕是在最遥远的地方有一丝光亮"的时候,"青年"却用自己的头颅当作灯火。他用向死而在的态度反抗荒诞是在拒绝让自己成为"带蜗壳的人",依靠这一拒绝过程,他创造了自我的主体性。

但在另一个方向上,"青年"并不渴望成为布鲁诺等人。众所周知,布鲁诺是历史上坚持真理的先驱者形象,但在此之前他却一直被排除在当时的历史之外,依靠那些用自己的头颅书写了自己的历史的"后来者",他才被确立为"先驱者"。具体来说,"青年"在布鲁诺等人身上看到了"人"的精神,并由此看出"带蜗壳的人"生存的龃龉与难堪,但"青年"最终却与他们分离,"先哲们"只是充当了媒介的作用,只是构成了"青年"寻找"像人一样的"真的"人"的历史契机。在"青年"的不断反抗中,布鲁诺已不再是中世纪异端分子形象的代表,而是用"自己的头颅"组成的历史脉络中的一员,这时候,布鲁诺等人成了真的"人"历史系列中的先驱,并被写进了真的"人"的历史当中。

可以看出,透过对"青年"的塑造,宗璞建构主体的方向性已经非常明确。一个具有了"人"的意义的主体绝非是一个自足的主体,相对于"可以缩在里面,躲风避雨"的"带蜗壳的人",他随时都面临解体的可能。由于真的"人"并非是一个凝固的、静止的目标,所以,它构成了"青年"不停地"向前走"的最原始动力。这其实不仅意味着任何现成之物都因为自身的"静止"、"凝固"等特性而无法最终成为主体的目标,也意味着主体建构只能是一个不断地、自觉地否定自我的过程。在这一过程中,反抗着的此在主体拒绝成为"带蜗壳的人",但同时也因为真的"人"的目标的存在,他也拒绝成为像"布鲁诺"等人一样的他者。换句话说,主体以否定自我的方式反抗荒诞,同时又不以追随布鲁诺等人的形态来重建自我,从而构成双重意义上的反抗。它最终使自我在荒谬的世界中获得真正的自由,也使布鲁诺等人进入了真的"人"的历史中。

总之,宗璞的这两篇小说以"内观手法"表现出了荒诞的真实。但更为关键的是,宗璞与西方现代派小说发生了共鸣,就像《三生石》中的主人公梅菩提所说:"那时怎么会去批判那病态的作家呢?他把人在走投无路时的绝望境界描写得淋漓尽致。一定要到自己走投无路时,才会原谅他吗?"[①]其实,西方文学从文艺复兴以来一直延续着"人"学传统,即使是以反抗理性为标志的现代派文学

---

① 宗璞:《三生石》,《十月》1980 年第 3 期。

也并没有脱离这个传统,它在非理性的层面上延续着"人"学的传统,其实在骨子里面仍然是非常理性的。西方现代派小说中对"人"的理解和追求不仅构成了宗璞创作《我是谁?》和《蜗居》的第一动力,而且也构成了她反省知识分子和建构主体的最初源泉。无论是《我是谁?》中"大雁"关于"人"的象征,还是《蜗居》中"青年"的双重反抗,都使读者在感受到荒诞世界的同时,触及并领悟到作者对知识分子反省的深度。

原载《中州学刊》2011年第 3 期

《野葫芦引》如何还原历史?

潘向黎

一

高度的责任感和正确的历史观。正如宗璞自己承认的那样,她身上始终有一种挥之不去的责任感。"也许人家觉得我太一本正经了。还是要有责任感!"①

《野葫芦引》历史观的正确在于,它厘清并且明明白白地写出了一些当时确凿无疑的基本史实。这些事实之重要,在于那是我们理解那段历史的基础。比如:当时的中央政府是"抗日的领导核心"②,而民众的爱国感情所投射的对象,不但有山川、家园、领土、文化、祖宗、民族等祖国的概念,也包括政府、军队和"青天白日满地红"国旗所代表的国家。中央政府、国民军和"青天白日满地红"旗,至少在那段时间里,它每每是作为人民寄望、热爱、拥戴的对象——在民族生死存亡的关头尤其如此。

作为那个时代的过来人,同时是一位老资格的革命者,韦君宜做出了这样的证词:"让人注意的有三处提到他们如何珍重青天白日满地红旗。一处是日本占领北平,这一家怀着悲愤崇敬的感情焚烧青天白日满地红旗。第二处是他们南渡过上海,遥望四行八百壮士孤军的青天白日满地红旗,全体肃立。第三处是大学迁校之后,在操场上第一次升旗。三处都是庄严的爱国之情。这几处描写,若在'文化大革命'之前(更不必谈'文化大革命'之中),大概就不会有,不许有。但是,这描写其实是真实的。那时候,一般的市民、教师、知识分子、小学生都爱国,谁也不愿国家亡给日本帝国主义。而国家的象征就是青天白日满地红旗,是在南京的政府。人们当时还不知道红军和镰刀斧头旗,这是事实。……大多数人那时并不知道红军有多大力量,更不知道毛泽东。我觉得让

---

①宗璞、卫建民:《风庐茶话》,《作家》1996年第2期。
②宗璞:《南渡记》,人民文学出版社,2001年,第231页。

今天的青年包括中年,从小说里知道一点历史也好,不能以为凡历史都是八路军写成的。"①

在这个历史背景上,小说的情节徐徐展开,人物在历史的枝蔓上生长出来,因此这个背景的意义非同小可。它如果是虚假的,小说就从根上失败了;它是真实的,才谈得上对小说其他方面成败的考量。《野葫芦引》不是选择哪一个政党或者哪一种主义的立场,更不受一时一地的价值观和思想潮流挟裹,而是清醒而坚定地站在人民、民族、祖国的立场,站在和平、文化、文明的立场。判断是非均以这些为准则,有利于人民、民族、祖国的,推动或有助于和平、文化发展、文明进步的,就是正确的、善的、高尚的、美的,反之,就是错误的、恶的、卑下的、丑的。

二

对美国人、美国军队的支援,有比重适当、有血有肉的描写,艺术重现了这些长期被遗忘和歪曲的史实。长期以来,由于社会主义和资本主义两大阵营、"美帝国主义亡我之心不死"的冷战思维,我们对抗战中美国给予的支援几乎是忘恩负义的。不远万里来到中国的国际友人似乎只有白求恩一人,文艺作品中偶有美国人的身影也都政治上暧昧、形象上模糊,连著名的"飞虎队"也似乎只是和"蒋介石、宋美龄之流"在觥筹交错中维系着来路不明、气味不正的交情,而并不是来帮助中国抗日的。

驼峰航线等史实对于大多数中国人都绝非耳熟能详。而小说家宗璞显然了解这些,她正面写了美国人对中国抗战的重要支持,而且在她节制的篇幅内慷慨地给了足够的笔墨:她写了中美军人的紧密合作、朝夕相处,写了他们的同又不同,写了他们的生死与共,写了驼峰航线,写了美国对中方的军事、物资援助来得何等及时……

出场的美国人给人留下较深印象的包括上尉谢夫、飞行员本杰明·潘恩等,两人都牺牲在了中国滇西的土地上。玳子的男友、外交官保罗也是性格开朗、单纯、重感情、有正义感的美国青年。中国军人会在行军和战斗的缝隙里不断想念家乡和亲人,美国军人也会在睡梦里大喊"我回家了"!女战士峨和傣家少女阿露对受伤美国飞行员的照顾和疼惜,既将他视作来帮助苦难中的中国的可敬的友人,又将他视作自己可爱可亲的亲人,他的死去让峨在脱险之后一路

---

① 韦君宜:《〈南渡记〉漫谈》,《文艺报》1988年10月29日。

哭泣。而《西征记》的男主角澹台玮则是在和美国军人谢夫执行同一个任务时相继牺牲的。他们的胜败连在一起,他们的生死也连在了一起,因此,当澹台玮的母亲和姐姐来到前线,伤心欲绝地凭吊了他之后,也没有忘记凭吊他的可敬的战友谢夫。"她们向这异国人恭敬地鞠躬,祝愿他安息!"将这一切这样感性地传递给国人,显然出于具有现代意识的中国知识分子的责任和良知。

三

对西南联大的历史和价值的深切体认,留住一段历史记忆。作为抗战期间的一所著名大学,西南联大在当时的中国备受瞩目、深获美誉,对文艺界、教育界、自然科学界、思想界都产生了重大影响,影响深远,直到今日。

但是西南联大的历史绝非一直得到重视和研究的,而是经历过湮没和"重新出土"的。其时间分段按照20世纪90年代初开始进行西南联大研究的谢泳的概括,大致是这样的:到20世纪90年代中期,整个学术界,对西南联大和中国现代知识分子的传统还没有发生强烈的兴趣;到20世纪90年代末,西南联大慢慢得到重视,影响开始普及;"到了2000年以后,关于西南联大的传统,基本上成为中国知识分子的常识,大家认同西南联大保存了中国自由知识分子的基本传统……"①

但宗璞写作《野葫芦引》的第一部,开始的时间是1985年,完成于1987年;写"明仑大学"在昆明"荒丘绛帐传弦歌"的第二卷《东藏记》作于1993—2000年,可见宗璞对西南联大的兴趣比学术界要早很多。

这首先出于她和西南联大之间颇深的渊源。冯友兰是西南联大文学院哲学心理学系教授、西南联大文学院院长,是专业权威和参与学校管理的"得力的人"。当时冯家全家都随之去了云南,住了八年——正如冯友兰后来有诗句曰"曾赏山茶八度花"。当时宗璞还小,没能成为联大的学生,而是作为联大附小、附中的学生,受到极好的启蒙教育和人文情怀的熏陶。云南的热带风光、植物、风俗、吃食和当时的诸多趣事,都给她留下了无法忘怀的深刻印象。她对西南联大不是"想起",而是从未忘怀,而且这种念念不忘是出于感情,因此自然而然,与学术界的出于理性的重视不同。

西南联大和联大知识分子群,对宗璞来说,不是传奇,不是传说,也不仅是回忆,"作者的整个人生是与这个特殊的世界融为一体的,曾对它寄予的热爱、

---

① 谢泳:《西南联大与中国现代知识分子》,福建教育出版社,2009年,第141—142页。

眷恋和希望,在长逾半个世纪的岁月蹉跎之中,始终没有泯灭,反而在进入高龄之后日益强烈、深厚和执着……"①

将西南联大精神作为小说的精神背景来作一个气势上堪与匹配的正面书写,就使得《野葫芦引》与众多或者跟风配合或者猎奇暴露或者琐碎市井的当代长篇小说相较,立意和趣味高下立见,具备了某种精神气质上的"先天"优势。

四

对知识分子人生道路选择的深刻探求,包括对"救亡与启蒙"的间接反思。作为长期以知识分子为主要描写对象的作家,宗璞一直在思考知识分子的命运,表现和反思他们人生道路的选择。在同样以知识分子为主角,且对一生写作带有总结意味的《野葫芦引》中,这方面的内容随着人生阅历、思想深度的提升,有了超越以前的深刻的结晶。

小说中明仑大学的知识分子(包括教授、讲师和大学生)分三类:一类是奔赴国难投笔从戎的,他们响应政府号召,上前线、当兵、当翻译;第二类是抗日同时也反对国民党的,他们参加中共的地下组织或者奔赴延安,抱有改天换地的热望;第三类则是不顾一切专心研究学问,继续献身专业的,大有天生我才,必有大用,一息尚存,精进不息之感。作者对他们都持有不同程度的赞美、欣赏和同情——这些描写和作者的态度也恰和西南联大当时的情况相吻合,因为当时联大中虽有各种思想观点,也有左中右的倾向,但是历来公认他们中没有思想意义上的顽固派和反学术、反民主的反动派——在这种前提下,探讨他们不同的人生道路及其得失就更加明晰和发人深省了。

第一类的代表人物是澹台玮、峨、冷若安。第二类的代表人物是卫葑和李宇明。第三类的代表人物是孟樾、庄卣辰、庄无因。

哪一种选择更正确——对自己更能实现自我价值,日后回顾起来更加无悔,对国家、民族更有意义?

首先,作者对专心研究学问的知识分子是持肯定态度的,认为他们也是爱国的、有担当的。作者还通过澹台玮之口说出"科学成就是超乎战争的",通过孟樾之口说出"如果我们的文化不断绝,我们就不会灭亡。从这个意义上讲,读书也是救国。抗战需要许多实际工作,如果不想再读书,认真地做救亡的工作,

---

① 肖鹰:《野葫芦中一瓢美丽的汁液》,《宗璞文学创作评论集》,人民文学出版社,2003 年,第 251 页。

那也是很重要的。我觉得去延安也是可以的,建国的道路是可以探讨的"①,明确将"读书"和"救亡"置于同等地位。这让我想起当时在战争时期大学怎么办的问题上,胡适的主张:不办战时临时培训学校,而仍将大学办成大学,大学该教什么就教什么,包括一些暂时无用的知识。这是非常有远见的——因为启蒙是中国振兴的希望,只有实现了启蒙才能民智国强,才能摆脱被侵略、被欺侮的命运,建立起民主、美好的新秩序。因此,宗璞在描写这类坚持启蒙者时,笔触平静中充满美感,流露出毫不迟疑的好感和深刻的理解。其次,对参加救亡者理所当然地持热情讴歌的态度。否定了当时出现的"给国民党做炮灰",(让学生从军是)"校长和先生们是向上面邀功"的论调,明确国家是大家的,通过温和的孟樾之口说出"共赴国难这个大前提是不能改的"。至于如何"共赴国难"?道路不止一条——"去战地服务,或去延安"②。

> "她实际上是用这一部书,参加了现实思想界中关于近、现代中国思想史中救亡与启蒙的关系的论战。——当然,也许这殊非她的本意。"③

不仅如此,她还写了不同选择的思想交锋,努力贴近复杂的历史真相:

> 江昉说:"人心远不如以前那样齐了,'壮士军前半生死,美人帐下犹歌舞',现在也许还不到这么严重,可是前景堪忧。"……说着站起,踱了几步,转身道:"听说延安那边政治清明,军队里官兵平等,他们是有理想的。"弗之道:"整个历史像是快到头了,需要新的制度——不过那边也有很大问题,就是不尊重知识,那会是很大祸害。"④

这样重大的问题,哪怕仅仅是设问,也已经启人深思、指向深刻了。

五

刻画的一些细节,不但营造了真实的历史气氛,而且令长期处于遮蔽状态中的读者感到新鲜、惊奇甚至震撼。比如:抗战之前的太平年月,北平的教授家庭的生活是优裕的,他们住在有花园的、雅致宽敞的院落里,有车夫、佣人,还有

---

① 宗璞:《东藏记》,人民文学出版社,2001年,第161页。
② 宗璞:《西征记》,人民文学出版社,2009年,第6页。
③ 曾镇南:《论〈南渡记〉》,《宗璞文学创作评论集》,人民文学出版社,2003年,第192页。
④ 宗璞:《东藏记》,人民文学出版社,2009年,第198页。

厨师兼花匠,在社会上举足轻重的教授坐着汽车出现,教授夫人端庄典雅、大家出身,小姐公子如娇花美玉。全家人养尊处优:夏天的早晨,最先来到他们家的是送冰人,送来冰箱里用的冰块,然后是送牛奶的,然后是一家叫作如意馆菜店的伙计来送新鲜蔬菜,经常在他们门前出现的还有专卖点心的"广东挑"。卢沟桥事变那天,他们全家出席亲友婚礼时,教授夫人穿的是颜色华美的缎旗袍,戴了一副祖传的极品翡翠饰物。而她遇见的另一位教授夫人,则是一件花样富贵,配了同色衬裙的纱旗袍,饰物是金丝镶的上品红玛瑙——后文写到,他们都有相熟的绸缎庄,可能也有相熟的银楼或者首饰店。总之,那是一种精神高贵、物质优渥、社会地位很高的知识分子阶层的生活,后来不但此情此景不再而且恍如隔了几个世纪那么遥远。

而教授夫人碧初的娘家,即吕清非老人的家,更是气派——

> 什刹海旁边香栗斜街三号是一座可以称得上是宅第的房屋。和二号四号并排三座大门,都是深门洞,高房脊,檐上有狮、虎、麒麟等兽,气象威严。这原是清末重臣张之洞的产业。三号是正院,门前有个大影壁。影壁四周用青瓦砌成富贵花纹,即蝙蝠和龟的图样。当中粉壁,原仿什刹海的景,画了大幅荷花。十几年前吕老太爷买下这房子时,把那花里胡哨的东西涂去,只留一墙雪白。大门旁两尊不大的石狮子,挪到后花园去了。现在大门上有一副神气的红漆对联"守独务同别微见显;辞高居下知易就难",是翁同龢的字。商务印书馆有印就的各种对联出售,这是弗之去挑的。
>
> 房子共有四进,平时没人住的后院还有地窖子,而这并非储存东西或者以备紧急时躲藏的,"这是冬天为赏雪取暖烧地炕的地方。整个宅院只有这座小楼有此设备,赏雪要是觉得冷,就太煞风景了。"他们冬天赏雪,夏天赏荷花——因为这个院子的后门外就是什刹海,因此当吕清非让人扶着缓步登上后楼凭窗而立,"见什刹海如在院中,半湖荷花开得正盛,笑对莲秀说:'想不到咱们让大炮撵着来赏荷花了。'"

许多人很难相信这样的细节的真实。连韦君宜的读此书时三十九岁当了副教授的女儿都难以置信,向母亲提出问题:"那时候,大学教授能这么有钱吗?"韦君宜作为"那时候"的过来人就提供了这样的回答:"我说:'有的。'接着就像给小孩讲古一样,给她讲那时一个教授家里用厨子是必需的,另外用两三个男工或女佣也平常。至于教授夫人娘家,既然是以前的同盟会员又当过国会议员,住着里外四进的大宅门,更不稀罕。……我简直得领她去看看这类的住宅,哪儿是卧室,哪儿该是书斋,哪儿该是起居室,哪儿该是客厅……北平真美!

你们没见过。"①

陈乐民和资中筠也指出:"这本小说(《南渡记》)还有些民俗学的意义。有些描写可以把读者带回那时的北京:盛夏时节的送冰人,送牛奶的,送菜的,卖南点的货担挑……什刹海的样子早已大变了,夏日骄阳下的荷香依旧,岸边的小卖则已非旧观。书里写的荷叶肉、冰碗儿、鲜菱角、鸡头米……现在的年轻人怕只听大人说过。"②

当时社会情况和风气如此,"北平真美",美在那些民俗上,也美在当时这些人身上,美在这些醇厚的人情和古风犹存的"规矩""法度"上。宗璞让我们见到了仅存在于历史中的生活场景和风土人情,这大大增添了作品细节的美感,并使小说在"小处"血脉畅通,足以支撑大的情节的推进。当然,让当今读者开这个眼界,其价值既是文学的,也是超越文学的。

"那个时候,人的心很崇敬知识,很敬重有知识的人……不像现在,什么都无所谓。"③宗璞显然是有意要留下这些和现实有巨大落差的历史印记的。但作者的语气没有一点炫耀或者猎奇,而是将这些有丰富历史和现实内涵的情节如话家常般平和道来,让人觉得事情本来如此,天经地义,理所当然,没有必要大惊小怪地做任何说明和渲染。但是往往她越平淡,读者越惊奇;她越寻常,读者越震撼;她越显得"原本如此",读者越惊讶于"竟然如此"。

就是在这样的地方,真实复活了,许多伪的、扭曲的、谬误的"历史"土崩瓦解。而且那些真实一旦探出头来,就会引起进一步探究的巨大兴趣。这种效果类似一种呼唤,通过艺术手段发出的呼唤。

看似平常却奇崛。《野葫芦引》不但艺术还原了一部分历史,而且唤起了读者对那段大历史的兴趣,这样的作用,就是一种启蒙或再启蒙。

原载《南方文坛》2012 年第 6 期

---

① 韦君宜:《〈南渡记〉漫谈》,《文艺报》1988 年 10 月 29 日。
② 陈乐民、资中筠:《细哉文心》,《宗璞文学创作评论集》,人民文学出版社,2003 年,第 182 页。
③ 宗璞、卫建民:《风庐茶话》,《作家》1996 年第 2 期。

《红豆》:革命与爱情叙事的另类书写

曹书文

宗璞的《红豆》作为"百花文学"反映革命历史的经典,其重要的审美价值不只是其对时代主流话语的回应和美丽忧伤的叙事情调,而更多地体现为其对革命与爱情叙事的另类书写。女大学生江玫与家人的和谐、温馨有别于现代知识分子对家的决绝反叛,知识女性告别孤独的个体走向革命集体不是源自男性革命者的阶级启蒙,而是同性姐妹的思想影响。在革命与爱情之间,叙述者不仅没有流露出对革命的情感倾斜,反倒对爱情表现出较多的偏爱。江玫在革命与爱情之间的最后抉择,既是男女双方人生观对立冲突的结果,也是其独立的性别立场使然。显性的革命历史叙事与隐性的美丽爱情书写之间的艺术张力,既是其作为文学经典的重要因素,也是其不为时代主流话语接受而遭到批评的主要原因。

一

现代知识分子与家的矛盾源自中国家国同构的社会格局。在中国传统家族本位的社会中,家是国的基础,国是家的延伸与扩大,为国尽忠与为家尽孝二者异形同构,家成为传统知识分子道德情感、价值理想的重要依托。而到了现代社会,家则变成了知识分子反叛的对象。在从传统集体本位向现代个体本位转型的过程中,首先面临的问题是建立独立的现代民族国家,把人从家族中解放出来,将原本属于家的儿女变为国的儿女。其次才是从国家的人转向个体的人,最后由男女的个性解放走向女性的自身解放,将人从各种隶属关系中回归为具体的独立个体。正是出自上述原因,现代作家笔下才出现了一批反抗家族专制,争取个体人格独立、婚姻自主的青年男女。家所特有的温馨、幸福、安全的职能被消解,她不再是人的最古老、最持久的情感激动的源泉与人的体魄和个性形成的场所,而是"吃人的专制王国"、"沉睡的铁屋子"、扼杀青春幸福的"樊笼",于是,"家"的负面意义得以彰显,家与现代青年知识分子构成一种矛盾和对立,自然,背叛传统旧家庭走向革命大家庭成为20世纪中国进步知识分子的必然选择。

现在作家笔下"家"的消极意义在"十七年"时期文学中并未发生实质性变化。不管是革命历史叙事或是乡村变革书写,家都是革命青年超越的对象。《青春之歌》中的林道静、《红旗谱》中的张嘉庆、《创业史》中的梁生宝,他们都对革命大家庭充满向往之情,在投身于集体事业的过程中,都难以回避自己的血缘之家,因此,革命与家的冲突成为"十七年"时期小说创作的基本叙事模式。但在《红豆》这篇小说中,家的那种封建、落后、保守的内涵相对弱化,其情感抚慰与生存保障意义相对突出。江玫出生于小康之家,"父亲做过大学教授,后来做了几年官。"父亲偶然间的离世改变了她们母女的命运,但仍能维持基本的温饱。社会的变动并未动摇她们赖以生存的物质基础,"她的生活像是山岩间平静的小溪流,一年到头潺缓地流着,从来也没有波浪"。既然外在的世界与她生活的家缺少密切的关系,因此,江玫从小学到大学与社会没有发生过多的联系。"江玫白天上课弹琴,晚上坐图书馆看参考书,礼拜六就回家,母亲从摆着夹竹桃的台阶上走下来迎接她,生活就像那粉红色的夹竹桃一样与世隔绝。"但是20世纪40年代末社会的动荡不安与物价飞涨对她的家造成一种强烈的冲击,母亲贫血症的逐渐加剧对平静的小康之家来说无疑是雪上加霜。"江玫正是通过自己的'家不成家'认识到当时社会的病态并渴望创造一种新的社会秩序。就是说,对一种温馨的家庭生活的渴望是她走向革命的潜在动力与目的而不是反过来将家庭制度视作罪恶的根源。"①家与人的关系不再是一种尖锐对立,而是一种唇齿相依以及个人走向新的人生之路的基础,文学中久违的家族亲情充斥于小说的字里行间。

家与人的这种情感互动是以家对人的性格、行为、思想的影响为前提的。不同家庭出身造就不同的精神性格,而不同的性格决定了个人不同的行为抉择。小康之家的江玫受到父母的影响,生活的无忧无虑限制了她对现实问题的敏感,由此形成了她置身事外的超脱和与世隔绝的清高;系统文化教育的熏陶使其萌生出鲜明的是非观念与对社会黑暗的不满,人道主义的同情心与对不合理制度的反抗;小资产阶级女性的身份决定了她对理想爱情的渴望与对浪漫感情的憧憬;对底层社会的陌生、对小康生活的满足影响了其对现存制度不合理反抗的激情;知识女性追求浪漫诗意的情怀使其难以摆脱过去的感情眷恋。从小说中也可以看到,江玫尽管憎恶有权有钱的人,但对激进的革命仍保持着一定的距离。她之所以后来一步步走向革命,一方面是革命者萧素的影响,通过她接受了革命思想的启蒙;另一方面,她同意加入革命集体,也与其家庭的日渐

---

① 孙先科:《说话人及其话语》,上海文艺出版社,2009年,第54页。

衰落与革命形势的日益高涨不无关系。她走向革命之路与出身于社会底层的知识分子是截然不同的,带有更大的被动性。如果说江玫的清高超脱、正直善良、人道同情与她的家庭出身存在着密切的关系,并在家庭遭到政治、经济冲击下艰难地走向革命道路,那么,出身于银行家的齐虹,则是在其家庭环境的熏陶下,对物理与音乐有着执着的迷恋,对文学有着独到的理解,厌弃现实的喧嚣、混乱,对世外桃源的自然世界充满向往。他一方面对美丽纯洁的江玫情有独钟,另一方面又反对江玫走向革命。他对江玫的感情不足以使其放弃家庭给其提供的留学机遇,正如江玫为了家庭、母亲不愿离开自己的祖国一样,齐虹也选择了家庭给他设计的人生之路。

二

在"十七年"时期的文学创作中,革命与爱情作为一种叙事模式存在于革命历史与乡村变革的叙事中。男主人公在投身于神圣的革命事业之中,常常获得美丽女性的爱恋,是否革命、政治上是否进步成为爱情选择的一个重要标准。知识女性在选择爱情的同时也接受了革命的意识形态,虔诚地改造自己的小资产阶级思想立场,实现革命与爱情的有机融合。《红豆》在革命与爱情叙事上有别于时代主潮而体现出另类书写的特质,一方面,女主人公参加革命接受的是同宿舍女性萧素的思想启蒙而非男性的帮助,在革命与爱情之间不仅没有对革命过度倾斜,反而对爱情流露出较多的偏爱;另一方面,她在革命与爱情之间的最后抉择,既有双方人生观对立冲突的因素,也源自于其独立的性别立场。

《红豆》叙述的是女大学生江玫在革命与爱情之间的艰难抉择。由于受到同宿舍萧素革命思想的影响,江玫由不情愿参加革命到主动参加示威游行,直到走上激进的革命之路,追求一种新的生活。与此同时,作为物理系大学生、银行家少爷的齐虹闯入了她的感情生活,尽管江玫的革命意志最终战胜了浪漫的爱情,但作者对革命与爱情关系的叙述却有别于时代的主流话语,成为革命与爱情叙事的另类书写。江玫之所以爱上银行家少爷齐虹,两人从一见钟情发展到缠绵悱恻的爱情,首先是双方共同的精神追求与思想性格让他们自然走到一起。不管是来自小康之家的江玫或是银行家少爷的齐虹都游离于时代主潮之外,在他们身上都存在着清高与孤傲的个性,都注重自我完善,追求自由和独立。其次他们对音乐和文学的共同爱好使其容易产生强烈的情感共鸣。略带艺术家气质的齐虹在女大学生江玫眼中仿佛是白马王子,而他弹琴时的神采飞扬更让江玫萌生爱恋之情。在大学二年级之前,江玫不参加任何外界活动,而老是做梦似的齐虹更是孤立于现实社会，沉浸于自我的世界之中。"世界对于他，仿佛并不存在。"他将自己的情感寄托于艺术世界，喜欢文学和音乐，"冰冷的琴键在他的弹奏下发出了那样柔软热情的声音。神采飞扬，目光清澈，仿佛现实这时才在他眼前打开似的。"在爱情中陶醉的江玫希望他们"最好去住在一个没有人的岛上，四面是茫茫的大海"，只有情人是自己的唯一。在校园的小路上，"她和齐虹无止境地谈着贝多芬和肖邦，谈着苏东坡和李商隐，谈着济慈和勃朗宁。"在江玫眼里，齐虹对文学有着精辟的见解，"他真该是最懂得人生最热爱人生的。"可以说对自由、艺术的爱好和对世俗人生的超越形成他们相爱的基础，构成江玫难以忘怀的深层原因，同时也成为知识分子对现代思想立场的坚守。

正是由于江玫与齐虹之间有着非同寻常的感情基础，彼此深爱着对方，因此，即使是江玫接受了萧素革命思想的影响，逐步关注现实政治问题，热心集体，参加游行，但在革命与爱情的关系上，叙述者无意中淡化革命重视爱情。尽管在江玫的心目中，爱情与革命都是生命中不可或缺的部分，但较之革命事业，她更钟情于爱情。在与情人齐虹的交往中，她自己认识到他们之间在有些地方"是永远也不会一致的"。当革命者萧素告诉她齐虹如何自私，对齐虹的爱情表示怀疑时，江玫对萧素立即加以反击："你怎么能这样说他！我爱他！我告诉你我爱他。"她不允许哪怕是自己的朋友说情人的一点坏话。受萧素革命热情的鼓励，江玫参加了反美扶日大游行，但在民主广场，她觉得"思想很不集中"，"她惦记着那黄昏笼罩了的初夏的校园，惦记着自己住的西楼，说得更确切些，她是惦记着那在西楼窗下徘徊的那个年轻人"。激烈澎湃的游行与演讲难以抵御爱情的诱惑。齐虹因找不到江玫而大闹西楼，萧素知道后借机劝说江玫不要因此毁了自己，希望她忘记齐虹，她回答说："我死了，就自然会忘掉。""江玫还从没有想到要忘掉齐虹，她也永不会知道该如何把他赶出去。"可见齐虹在她心目中占有着多么重要的位置。由于社会的剧烈动荡，齐虹不得已离开大陆到美国留学，双方都意识到无可回避的分别。一个是执意要把对方带走比翼双飞，一个是希望对方能留下同结连理。因短时间见不到对方而难过，江玫在图书馆一页书也看不进，无精打采，担心再也见不到齐虹，而齐虹因等待江玫"满脸的焦急使他看上去苍老了许多"。明明是革命战胜了爱情，但整个小说更多篇幅渲染的却是爱情的魅力，革命与爱情之间的厚此薄彼已是不争之论。

在当代革命历史叙事中，知识女性参加革命常常是接受男性的思想启蒙，女性因爱恋男性受其影响而走向革命之路。尽管同为革命者，但男主人公在精神气质、思想觉悟上往往超越于女性之上，因此，男性与女性之间多呈现为启蒙与被启蒙、领导与被领导的关系格局。而在《红豆》中，知识女性不是接受男性革命者的启蒙逐步走向革命者的怀抱,而是女性之间的姐妹情谊促使其走向革命之路。大学生江玫由同情、向往革命到后来走向革命集体不是源自异性的阶级启蒙,而是同宿舍的女大学生——萧素(对革命事业的无私奉献、勇敢无畏与青春激情)促使其完成了从个体到集体的转变。有别于20世纪50年代爱情叙事中女性的被动从属角色,小说突出了女主人公江玫独立的性别主体。江玫走向革命、与她的恋人分手,起主导作用的既有人生道路的不同,更有其作为知识女性的性别立场。江玫与齐虹从一见钟情到跌入爱河,再到革命与爱情之间的冲突造成两人精神和情感的痛苦乃至最后不得已的分手,固然有人生观的因素,但也不乏性别立场的冲突。齐虹作为一个懂得物理和音乐的大学生,资产阶级家庭出身与其所接受的文化教育,形成其与生俱来的优越感和超越世俗的清高与孤独,同时他又是一个典型的大男子主义者。"从一开始,齐虹对江玫的感情就是自私而带有强烈的占有欲的。如果他说'你是我的'是一种表达爱情的浪漫方式,那么他始终干预江玫参加公众活动就肯定和性别平等相违背。在小说的结尾部分,当江玫坚持留在中国时,齐虹是如此狂怒,以至于他希望把她杀死,好让他把她装在棺材里带到美国去。江玫拒绝成为男友的附庸和性对象,她最终的选择,更多的是来自她自己坚定的女性主义立场,而不是抽象的马克思主义信仰。这个结果证明,宗璞的写作继承了五四的个人主义和女性解放话语。"[1]出于女性的性别立场,江玫尽管与齐虹是恋人关系,齐虹作为银行家少爷对江玫情有独钟,但在因物价上涨、江玫的母亲生病家庭遭遇困难时,江玫宁肯接受同屋萧素的帮助也不利用恋人关系寻求支持,表现出独特的个人立场与性别主体意识。因此,从一定意义上讲,她与齐虹的冲突既有意识形态价值观的冲突,更有男女两性之间的性别对立。在留在国内参加革命迎接新中国成立或是到美国留学之间两人各不相让,他们坚持各自立场的选择表明在两性的性别格局、独立人格上对自由平等的坚守。

三

《红豆》作为当代革命与爱情叙事的经典,女主人公从显性结构上看是革命战胜了爱情,但从隐性结构上看,则是细致入微爱情书写的艺术魅力成为作品吸引读者的重要原因,从而造成作家主观创作意图与客观审美效果的矛盾、主人公理性与情感的冲突、时代文化语境与个体创作风格的背离,同时也是其不

---

[1] 刘剑梅:《革命与情爱》,上海三联书店,2009年,第235页。

为主流意识形态话语所接受而遭到批评的重要因素。

在 20 世纪 50 年代一体化文化语境中，宗璞作为体制内作家，主观上有意将自己的创作尽可能契合特定时代的文学规范，但特殊的情感经历、文化修养、审美趣味与创作冲动常常违背自己的创作初衷，形成主观创作意图与客观审美效果的矛盾。宗璞坦言自己在创作《红豆》时，"确实是想写一个小资产阶级的知识分子怎样在斗争中成长，而且她所经历的不只是思想的变化，还有尖锐的感情上的斗争。是有意要描写江玫的感情的深厚，觉得愈是这样从难以自拔的境地中拔出来，也就愈能说明拯救她的党的力量之伟大"①。显然，作者意在突出小资产阶级知识分子接受革命改变自己世界观的艰难成长历程，以吻合 1949 年后知识分子改造思想与工农相结合的主流话语。然而，良好的主观创作意图因缺少生活经验、情感体验的支撑而未能如愿，结果遭到文坛的批评。姚文元在自己的批判文章中说，《红豆》"也在客观上显示出基于个人主义的爱情在革命高潮中必将决裂。在爱情生活中，这是一个悲剧。照理说，这样的题材是应当通过对过去的批判促使人们追求更美好的未来的。然而不，在读完之后，留给我们的主要方面不是江玫的坚强，而是江玫的软弱。不是成长为革命者的幸福，仿佛个人生活这部分空虚是永远没有东西填补得了。作者通过江玫的口说'我不后悔'，然而通篇给我们的印象确是后悔，是江玫永生伴随着她的悔恨，同齐虹断绝关系后无法弥补的痛苦，作者自己的感情和江玫的完全融化了"②。看似多是偏激的批评之辞，其实暴露出的却是作家创作动机与读者接受之间的反差。针对当时读者对《红豆》的批判，宗璞作了自我批评，说自己在思想立场上"并没有站得比江玫、齐虹高，尽管在理智上是想去批判的，但在感情上，还是欣赏那些东西——风花雪月、旧诗词，有时这种欣赏是下意识的，在作品中自然得以流露出来"③。或许作家的批评是迫于政治的压力，但无意中也说明了创作所存在的一个事实。

作家主客观之间的分离在创作中表现为主人公理性与情感之间的矛盾。江玫在告别齐虹走向革命的过程中，并非是彻底地与之决裂，而是充满着藕断丝连的痛苦。她的政治立场与齐虹的人生观始终没有发生直接的冲突，他们都是有意回避政治，而只选择爱情。在相爱的过程中，他们都觉得人生观的差异，难以达到一致，"可是她并没有去多想这个，她只喜欢和他在一起，遏制不住地愿意和他在一起"。在充满生机、花团锦簇的颐和园，江玫与齐虹置身于春意浓

---

① 陈新：《"红豆"的问题在哪里——一个座谈会记录摘要》，《人民文学》1958 年第 9 期。
② 姚文元：《论文学上的修正主义思潮》，新文艺出版社，1958 年，第 230 页。
③ 陈新：《"红豆"问题在哪里——一个座谈会记录摘要》，《人民文学》1958 年第 9 期。

浓的自然美景之中,心灵的春天与生理的春天、幸福的感受与精神的愉悦相互契合,这种幸福自由的愉快体验竟然使江玫萌生了远离人间永远这样的想法:"最好去在一个没有人的岛上,四面是茫茫的大海,只有你是唯一的人。"幸福时刻的感受至少说明了在江玫的内心深处对喧闹的尘世的逃避。尽管她在萧素的影响下,对革命充满向往和同情,亲自参加红五月的诗歌朗诵会与六月的反美扶日大游行,也知道齐虹对这些都不感兴趣,启蒙她走上革命的萧素反对她与齐虹的交往,但她依然按照自己情感的逻辑,依然沉溺于爱情的伊甸园。她知道齐虹的灵魂深处是自私残暴和野蛮,她知道革命的集体对她的热情呼唤,但她没有把革命与爱情看作水火不容,"他们的爱情正像鸦片烟一样,使人不幸,又断绝不了"。革命的高涨声势使其兴奋不已,爱情的魅力让其不可自拔。直到最后分手之时,江玫也并非是因为齐虹的人生观使然,而是到美国留学的齐虹与无法离开祖国的江玫都不想妥协。试想,如果他们任何一方妥协,悲剧的结局就可能发生改变。

  在齐虹离开祖国之后,江玫的情感深处仍然保持着一片神圣的感情空间。革命并没有使其全部放弃情感上的个体选择,她内心仍然表现出对自己昔日爱情的诗意眷恋。江玫与情人分手多年后仍然独身一人,表明她尚未在感情立场上实现与工农的结合,或者说她仍未走出过去爱情的阴影,即在她的情感世界中流露出明显的怀旧情结。江玫与齐虹之间的爱情遭遇到战争文化氛围的冲击,在革命与爱情必须做出非此即彼的选择时,江玫最终选择了革命,齐虹选择了出国留学,而他们所拥有的爱情成为共同的回忆。尽管他们都固执地坚持自我,都受着两难选择的困惑,但都没有将自己的选择强加给对方,都尊重对方的思想情感立场。江玫对齐虹说的最后一句话是"我不后悔",但不管是江玫六年之后重新走进大学宿舍的深情回忆,或是看到象征着他们爱情的红豆的感伤眷恋,抑或是对政治立场上与人民、革命保持距离的齐虹的态度,都不难感受到革命者江玫在内心深处对恋人的深情,对未能与初恋情人终成眷属的遗憾。或许在理性上她早已告别过去,实现了自己世界观的彻底改造,但她并没有在爱情选择上彻底革命化,她在革命的过程中并没有像林道静那样遭遇到志同道合的朋友。一方面或许是在她的情感世界尚未有理想异性的介入;另一方面又何尝不是由于她根本没有与旧日的感情决裂,齐虹的影子久久没有离去使其自觉不自觉地对自己的爱情世界采取拒绝的态度。要不,何以理解她"手握着的红豆已经被泪水滴湿了"的细节。正是由于江玫在选择革命的同时没有放弃那种非革命化的爱情,也由于对作为小资产阶级感情的欣赏和惋惜,对不合时宜的爱情"越轨"的笔致,导致小说发表后受到批判的现实。

  在20世纪50至70年代的一体化文化语境中,对小资产阶级知识分子思想的改造依靠的是意识形态的说服和规训。而说服和规训依赖于语言的明确性,如此才能借助语言达到对人的思想与情感施加影响之目的,因此,这一时期的小说大都主题明确,叙述上追求明朗单纯,拒绝暧昧的、感觉的叙述和描写。整个时代对语言风格的要求也渗透进爱情故事的书写。《红豆》的语言与当时整个时代单纯、朴素、明朗的语言风格产生一种游离。首先,小说以"红豆"为题使整个作品带有细腻而悲思的情愫,散发出诗意的气韵。其次,作品用诗画般的语言尽情地描写江玫与齐虹的爱情,"他们散步,散步,看到迎春花染黄了柔软的嫩枝,看到亭亭的荷叶铺满了池塘,他们曾迷失在荷花清远的微香里,也曾迷失在桂花浓酽的甜香里,然后又是雪花飞舞的冬天。哦!那雪花,那阴暗的下雪天!"大自然的生机活力与青年人的爱情的萌生辉映成趣。走出校门六年之后江玫重返母校,在自己原来住过的学生宿舍,看到当年隐藏爱情象征的红豆的十字架时,江玫忍不住"伸手想去摸那十字架,却又怕触到令人疼痛的伤口似的,伸出手又缩回去,怔了一回"。当她发现盒子里的红豆色泽依然匀净和鲜亮时,她的"被冷风吹得绯红的脸刷地一下变得惨白",因过于激动而双手发颤,"泪水遮住了眼睛"。江玫对昔日爱情的细腻真挚的心理感受借助富有特征的细节被描绘得惟妙惟肖。"江玫始终不能解释清楚的,是她能说明为什么不喜欢齐虹内心的那种'冷酷',但却说不清楚为何为他的爱所陶醉,这种'说不清,理还乱'的爱情感觉,才真正构成了江玫内心的惆怅。这一'说不清'的感觉"①与小说回首往事的叙述方式,共同营造了惆怅、感伤、凄婉的语言风格。这种风格显然与朴素、透明、单纯的时代风格形成一种反差,成为当时革命与爱情叙事另类书写的重要组成。

原载《文艺争鸣》2012 年第 12 期

---

① 蔡翔:《革命/叙述》,北京大学出版社,2010 年,第 15 页。

超越后的困惑
——论宗璞童话创作

潘 延

当王蒙大声呼吁作家学者化的时候,我们的儿童文学创作队伍则是以幼儿园阿姨和中小学教师作为自己的生力军,他们的作品洋溢着新鲜活泼的生活气息。然而,鲜明强烈的情感被教育者神圣的使命所左右,无法升华进入更高的艺术层次,把握了敏锐的现实素材却又透出思想底蕴的不足而流于表象的铺陈,这些令人遗憾的现象在儿童文学界比比皆是。正是在这样的背景下,宗璞的童话创作显得那样与众不同。宗璞家学渊源很深,自幼深受中国古典文学的熏陶,后又专攻欧美文学,中外文学兼容并蓄的文化素养在中国当代儿童文学作家中首屈一指。她新时期童话作品的数量不多,但每一篇都是精美的艺术品。宗璞又是一位很有个性风格的作家,她在童话文体的创作上做了有益的尝试与探索。那么,她是如何尝试的?她创造了怎样一种独特的童话文体?这种文体没有得到相应的承认与接受,又是因为什么?

一

一个作家创造出属于自己的文体,就使他的作品具备了一种新的叙述结构,这源于他在浩瀚广袤的宇宙人生中凝成了一方属于自己的情感天地,并对此有了某种特别的把握,它既是智性的认识,又是情感的创造。而宗璞在20世纪60年代初开始写童话时,显然离这个境界还差得太远。她原是写小说的,因处女作《红豆》而下乡接受思想改造。宗璞自然是不能再写小资情调缠缠绵绵的恋爱小说了,她得换换笔法。我很相信当时的宗璞跟她笔下的女主人公相差不远,总是跟书打交道,免不了几分书呆气,但很真诚,很进步,要歌颂新农村,歌颂春光明媚欣欣向荣的新生活,于是她尽心尽力地描绘童话世界了,那可真是个"童话世界",没有比童话这一体裁更适合当时的宗璞了。

《湖底山村》写春儿在梦境里游览乡村,展示翻天覆地的生活变化;《花的话》写众花们各自标榜自己的美丽出众,但红领巾最终却选择了默默工作不求炫耀的二月兰作为献给老师的礼物；《露珠儿和蔷薇花》写骄傲的蔷薇看不起露珠，最后因失去水分而过早枯萎……已经够了吧，无论从题旨、情节构思到结构表达，我们已经领略了太多的似曾相识之感。我这样说并没有贬斥之意，作者那时"常想的是童话对小读者的教育作用，以及如何用童话反映社会主义建设"①。那个年代的文化环境具有强大的同化和约束功能，最富个性色彩、丰富复杂的情感意识也能净化为单一与整齐，那样真诚和渴求进步的年轻的宗璞又怎能脱离那个文化环境呢？而当一个作家面对世界却还没找到一片能激起他强烈的，仅属于个人审美感受的情感天地的时候，他的内心就无法唤起追求形式意味创造的冲动。既然他是按照世俗的审美要求（甚至是政治的、功利的标准）去从事创作，那么他自然而然地会袭用那些现有的理解情感的角度和方式以及表达的技巧，这就是为什么宗璞20世纪60年代初的童话作品里出现了那么多不无熟悉的"老面孔"。

但即便这样，把这批作品中作者精心编制、富于教育意义的情节排除之后，我们还是能捕捉到在她清丽优美的文字中无意流淌出来的那份诗意。《湖底山村》里一个细节令我怦然心动，春儿在湖底游览时看到一朵特鲜、特艳的花，那花的微笑是那么熟悉，春儿猛然想起修湖时有个阿姨住她家，每天黄昏总有个叔叔来找她，站在大树底下说一阵子话。有一天两人异想天开，不知从哪里找来一粒花籽埋在这大树下。叔叔笑着说："就让它来纪念咱们这一段生活吧。"这份暖暖的、舒缓而恬静的爱意才是属于宗璞的。它是那般不经意地流淌出来，宗璞似乎并没意识和珍爱这属于她本色的东西，她还在尽心尽力却不免有些力不从心地去描绘那热火朝天改造山河的水利运动。

二

搁笔15年之后，当宗璞重新提笔，她的童话呈现出与前期作品全然不同的风貌。前期那单纯、明朗欢快的基调消退了，宗璞仍是一位抒情女作家，但她不再是歌手，在那优美和空灵的文字背后时时透出一份冷峻与凝重。如果我们对照着她的小说创作来看，20世纪70年代末到80年代初，在她心中汹涌着，使她有冲动拿起笔的，都是控诉的主题。《弦上的梦》、《我是谁？》、《蜗居》、《三生石》，控诉那不堪回首的岁月，反思人性被扭曲、人格遭践踏的愚昧与黑暗，她的童话也是在这种心境之下完成的。但是，宗璞无论如何也不会声泪俱下慷慨陈词，她是那么喜爱庄子的文章，"夫大块噫气，其名为风"，静听北风怒号，吟咏庄

---

① 宗璞：《也是成年人的知己》，《风庐童话》，湖南少年儿童出版社，1984年。

子文章,随那飘飘欲仙之势,让思绪上天入地,极尽逍遥,于是有了集子《风庐童话》①。这时候她不再想着要反映社会主义建设,要对孩子产生教育作用,她只愿让心中那喷涌而出的情感冲动得到最淋漓尽致的表达。没有了种种外在的束缚,宗璞的童话之笔总算挥洒自如了。

  创作心态的变化,首先就带来叙述视角的变化。先前那热切的呼唤为平静的叙述所替代,她从容地叙述一个不那么像故事的故事,让读者慢慢去琢磨和品味其中的深意。这种视角的变化不仅仅是个技巧的问题,而且是作者对自己创作过程的重新把握。她不愿把观念性的东西敷衍出故事传达给你,而执意要从生活中提炼出真正属于自己的情感天地来与你沟通,寻求理解。既然她已失却了传达者的自信,那么她就只能与读者一起去感悟那些触动她心灵、引起她创作冲动的灵性。那必然是一片混沌的感受,当她努力把这感受描写出来、表达出来,变成文字的时候,她也就创造了自己的文体。1978年宗璞写了《吊竹兰与蜡笔盒》,其中吊竹兰与蜡笔盒之间有一段关于生命本色的对话,耐人寻味。你可把这作品看作对人性回归的反思与自我的张扬,但它未尝不体现出宗璞在创作上的执着追求——"我并不拒绝改变。但那必须是从我自己的生命里发出来的——尽管那很痛苦,很痛苦","因为我有生命,而生命并不只是活着"②。

  儿童文学界一直强调"用儿童的眼睛去看,用儿童的耳朵去听,以儿童的心灵去感受"。1960年陈伯吹先生针对儿童文学创作中的成人化倾向提出这批评意见,无疑是正确的,但它后来被提高到绝对化程度从而成为创作的宗旨,则就未必正确了。我的理解是,所谓用儿童眼睛去看、去听、去感受,那应该体现在作品中具体的细节上,即具有儿童独有的,为成人惊叹不已的情趣表现,那可以达到极高的审美享受,这在优秀的中外童话名作中并不鲜见。但就整个创作心态而言,成人的作家既不可能,也没必要让自己完全去模拟儿童的精神生活。作家对自己情感世界的把握和他的艺术创造力都应该在他的作品中得到最充沛的体现。宗璞之幸运,就在于她既不再有意识地让自己的作品成为孩子们的训导师,也不强求自己牙牙学语地去模拟儿童的心态,她在有意味的形式中让自己酣畅的情感沉淀为艺术。我们不是经常憾叹我们的儿童文学作品时空狭窄、意蕴单薄,缺乏高品位的、永恒的审美价值吗?殊不知这正是由于作家的艺术表现视角、情绪把握能力和意识涵盖面受到不应有的限制的后患。当宗璞能超脱这些束缚,她就有可能突破童话创作的一贯模式,创作出美学内涵超越儿童世界之上,具有艺术穿透力的作品。

---

①宗璞:《风庐童话·后记》,湖南少年儿童出版社,1984年。
②宗璞:《吊竹兰与蜡笔盒》,湖南少年儿童出版社,1984年。

宗璞的创作似乎向我们证明了这一点,从语象层和意味层两大层面来看她的作品,宗璞没有竭尽全力去构筑形象系列。读宗璞的童话,我们很少会记得惊险曲折的故事或性格鲜明的人物,留在你心里的只是那么一种情绪、一种韵味,萦绕不息,宗璞正是在作品的意味层上呕心沥血。皮皮鲁和鲁西西那让人忍俊不禁的荒诞故事从郑渊洁笔下冒出来,一个接一个如吹出五彩缤纷的肥皂泡那么轻松自如,可是宗璞却不行。"《总鳍鱼的故事》中矛尾鱼的悲哀和我在一起至少有十年以上,《蔷薇童子》的主题出没在脑海也已有四五年。"①她必须从生活中捕捉到冲击心灵的亮点,回味咀嚼之深,如蜜蜂酿蜜一般。而"写完一篇,连人也似乎干枯了几分——还不能保证那产品是丰腴的"②。话不免谦虚,但宗璞确是在追求像《海的女儿》那样意蕴隽永的艺术境界,要做到"幼年时也可见其瑰丽,却只能在人生的阶段上登到一定的高度,才能打开那蕴藏奥秘的门"③。

《紫薇童子》这题目就富有童话色彩。不知为何,宗璞给她的主人公取了"黎奇子"这个怪怪的名字,但当你念叨几遍之后,你真会觉得非得有这个叫"黎奇子"的人,一个身患残疾、没有亲人,却有一个悦耳动听的名字的人。因了他怪癖中的善良、孤傲中的灵秀才能遇见紫薇童子,而急功近利的凡夫俗子显然得不到生命精灵的垂青的。紫薇童子的灵光就在我们身边闪闪烁烁,如果我们也有一颗黎奇子的心,我们的生活也会变得温暖、变得充满爱意。遗憾的是我们都是与老古和骆奶奶为伍的,当黎奇子从树苗堆里拣出那焦黑的枝条时,我们也会怜惜地想:"这残废人拣了颗残废秧子。"于是,我们总也走不进那精灵世界了。

《总鳍鱼的故事》把生物进化的遥遥历史凝成一个童话片断。两个青梅竹马的伙伴,选择不同的生存道路。真掌要向陆地挺进,在变革中求生存;矛尾鱼依恋能够苟延残喘的水坑,"他们两个对望着,在亿万年的历史中,几秒钟是太短暂了,太微不足道了,可这是多么重要的几秒钟啊!"④于是有了水族展览馆里矛尾鱼后代那无法言说的悲哀,而这弥漫而起、浸透心灵的悲哀又岂止仅仅属于这条年轻的鱼呢?

宗璞刻意挖掘意味层的涵盖力量,为了达到"言有尽而意无穷"的境界,她做了别出心裁的尝试,以对民间传说和民间童话的再创作为例,可以比较宗璞的《贝叶》与葛翠琳的《野葡萄》。《野葡萄》写一个盲女孩历尽艰险摘到野葡萄,不为荣禄所诱,回归乡里让盲眼的乡亲都重见光明。《贝叶》写小女子贝叶为免

---

① 宗璞:《风庐童话·后记》,湖南少年儿童出版社,1984年。
② 宗璞:《风庐童话·后记》,湖南少年儿童出版社,1984年。
③ 宗璞:《也是成年人的知己》,《风庐童话》,湖南少年儿童出版社,1984年。
④ 宗璞:《总鳍鱼的故事》,《风庐童话》,湖南少年儿童出版社,1984年。

除老龙对村庄的洪水灾难,自愿献身做贡品,最后杀死老龙而自焚。它们都具有浓郁的民间传奇色彩,且原素材的情节框架与主题旨归极为相似,同样是叙述一个富有自我牺牲精神的女孩普救众生的故事。但两位同为抒情风格的女作家笔下的情感基调却迥然不同,葛翠琳是这样开始的:"你喜欢葡萄吗?你听过野葡萄的故事吗?"好似大幕徐徐拉开,在柔和的丝竹乐声中,一个乡村女孩轻盈飘来,她的名字叫"白鹅女"——一个明媚,充满乡野气息的名字。宗璞却是在一声婴儿的啼哭中把主人公猛然推到我们面前:母亲唤着"宝贝",恰窗外一片树叶飘然而下,于是有了她的名字——贝叶。"全村人谁也不知道贝叶是贝多罗树的叶子,应该在上面写佛经。"这看似漫不经心的补白预示了这女婴将踏上一段神圣的生命历程,也奠定了整个作品凝重、肃穆的情感基调。

"白鹅女"、"贝叶",这两个名字的不同决定了命运的不同。瞎眼的白鹅女又穷又苦,但她始终生活在充满温暖乡情的氛围里。当她出发去寻找野葡萄时,有小白鹅驮着她溯河而上,自然界的小生灵都是她亲密的伙伴。贝叶出征却是一幅悲壮的画面:荒凉的沙滩,面对咆哮的大海,一个娇弱的身影举着细细的木棒,在她身后,远远的是一片错落下跪的人群。当白鹅女遇到危难时,有神仙老人助她神力,在高山险壑面前如风吹白云轻盈而过;贝叶却是孤军奋战,飘散的长发在漆黑的海面上燃起熊熊火焰,手执利剑在惊涛骇浪中与老龙拼杀不息。当宗璞写到贝叶"一甩满头火焰,一剑斩下龙头",阴柔中突发侠骨豪情。白鹅女回归故乡让所有盲眼乡亲重见光明,她自己也获得了快乐和幸福;而贝叶激战之后回到梦寐以求的家乡,却被惊恐的人们看作妖怪最终自焚。"一切是这样平静,好像这里从没有过异常的事。只在路旁,有一堆新烧的灰烬,在朝阳下闪闪发亮。"宗璞就这样结束了《贝叶》。葛翠琳基本上沿袭了民间素材的人物构型和叙事结构,如情节上的"三重复叠"(白鹅女三次受考验,三次施善事),人物设置的"善恶型"(善良的白鹅女最终获得幸福,凶残的后娘受惩罚)。葛翠琳做的工作是将粗糙的民间素材进行加工,使之成为细腻和精美的文字作品,但没脱离民间童话的基本风貌,这正是我国现代童话创作的传统,直至新时期"热闹派"童话出现之前,我们的童话创作基本上都沿袭在这条路上。宗璞则不同,旷日持久的酝酿与思虑处在模糊状态,突然,民间童话的亮点激发了它,使之豁然开朗。作者不在意要把原来的故事说得更完美动听,她孜孜以求的是在粗陋的框架中熔铸一个现代人的理性与思辨,使之升华进入一个全新的艺术境界。宗璞把心力倾注在"贝叶"这一形象的塑造上,与民间童话素来绝缘的悲壮美感恰恰正是贝叶形象贯穿始终的精神震撼力之所在,贝叶身上洋溢着人格力量的光辉,它摈弃了童话形象做载道与训谕的道具功能,也一扫那甜得发腻的故作"天真气"。理解"贝叶",与其把她看作一个性格人物,不如看作一个象征符号,作者由此拓宽了作品的审美空间,容纳更沉更浓的艺术含义。

至此,可以对宗璞的童话作一个文体上的描述了。宗璞总是以轻柔的散文笔调从容不迫地叙述一个淡淡的故事,这故事中往往有孩子的身影,但这孩子身上所体现的并不是未涉人世前的童心的天真,而是借儿童表现出一种洞察世事之后的超脱与飘逸,一种微笑着直面严峻人生的风采与气度。童话的生命——幻想——在这里并不体现在出其不意,令人惊叹不已的情节构造上,却像一阵微风,将那个淡淡的故事从它生活的地基上轻轻托起,在行云流水的叙述中弥漫开作者那份铭心的人生体验。宗璞自己说得很明白:"童话就是反映人生的一首歌。那曲调应是优美的,那歌词应是充满哲理的。"①

三

至此也就可以回答我开头的疑问了,像宗璞这样文化素养较高的作家,她的不少童话作品具有一定艺术价值,何以没得到儿童文学界相应的接受与欢迎?童话的生命在于幻想,而翻开那些优秀的经典名作,其幻想无不体现在那荒诞离奇的情节构架上,如安徒生《皇帝的新装》、科洛狄《木偶奇遇记》、林格伦《长袜子皮皮》、俟格纳《豆蔻镇的居民和强盗》;而情节的发展又紧紧依附于作品中童心世界的烂漫与稚拙,那是一种儿童独有的,成人难以进入但成人比之儿童自身更能领悟其美感与智慧的境界。即使像安徒生《海的女儿》这样重意蕴层的作品,也有一个曲折动人的故事。然而,宗璞似乎缺乏一种说故事的能力,她几乎所有的作品都是淡化情节的,唯有1956年写的《寻月记》例外。两个孩子寻月的过程写得啰唆而拖沓,可以说是个不成功的作品。这种编造故事能力的贫乏使宗璞的作品对孩子们来说失去了最为直接的吸引力,而她那份熟谙人世后的透悟对孩子来说不免有些过分的空灵与深奥。也许灵性高的少年会很喜欢她的作品,但对一般层次的大部分小读者来说,真需要"在人生阶梯上登到一定高度,才能打开那蕴藏奥秘之门"了。也许宗璞早已明白这点,于是她的一篇童话创作谈题目就叫《也是成年人的知己》。

似乎已没有必要再为宗璞童话作价值性的判断和结论了。我已描述了宗璞与她的童话创作,解答了自己的疑问,我便释然了。

原载《浙江社会科学》1989年第4期

---

① 宗璞:《也是成年人的知己》,《风庐童话》,湖南少年儿童出版社,1984年。

新时期宗璞散文的艺术特色

范昌灼

宗璞,这位著名哲学教授冯友兰先生之女,1951年毕业于清华大学外国语文学系,先后在中国文联、《文艺报》社、《世界文学》杂志社从事文艺和编辑工作,继而调往中国社会科学院外国文学研究所,直至1988年退休。

她在进行编辑和研究工作之余,不停地追求文学创作,善写小说,例如"文革"以后的《我是谁?》、《泥沼里的头颅》,就具有怪诞不经、引人深思的特色。不过,有较大影响的还是散文。她早在20世纪60年代初就以《湖西漫笔》享誉于世,作品还被选入中学教材。新时期以来,散文写得更多了,出版的集子《丁香结》获全国优秀散文(集)奖;还有《废墟的召唤》、《哭小弟》、《霞落燕园》等作品,为广大读者所喜爱,堪称这一时期散文园地里的佳品。

一

散文中充满了传统的人生价值、哲学观念和审美意识。

宗璞因处在深厚的中国传统文化的渊源之中,加上她本人从事外国文学研究和翻译工作,有着丰厚的中西文学知识,因此她的文化教养、思想意识就有力地影响着散文创作。其独特的人生价值、哲学观念和审美意识,都具有明显的进取性和传统性,形成独有的思想艺术特色。

那篇《废墟的召唤》是她的重头之作,写圆明园遗址在冬日残阳下的情景和自己身临其境而陷入痛苦沉思的情状。字里行间弥漫着逝去的历史苍茫感,充溢着对历史反思、对民族灾难的沉重思考,融汇着立志振兴这个民族的热流。具体地说,作家是将历史的回顾与现实的思考融于所写的特定事物、景象中,表达一种对改革、振兴的渴望,传达了特定时代的呼声。

宗璞在《废墟的召唤》中描写景物的手法,不是一般人在记游访古作品中常用的"移步换形"之类,而是在比较恒定的空间,既具体细致又层次分明地表现出所写对象的变幻。在这种表达中,亦能映衬出作者内心情感的变化和波动。这也是她特有的审美意识和创作素养的一个体现。

还需要提及的是她的那篇《哭小弟》。它情真意切地抒写了对早去的弟弟的深长哀思和眷念之情。全文发之肺腑,言之由衷,情浓理真,读来动人心弦。由于是至亲永诀,悲痛骤至,宗璞在写作中自然而强烈地痛诉着自己的哀情,艺术上追求内在的表现力。她以平平实实但内情充涌的笔调,通过生活中至亲至情的具体事物,如叙家珍似抒写出来,字里行间鼓动着无限的内蕴力量。

这种力量,有如 20 世纪 30 年代冰心因母亲逝世所写的《南归》,是那样绵密、真挚,哀婉动人。这样的运笔,亦如当年朱自清写的《给亡妇》,是那样纯真和坦诚。所有这些都体现了传统的文化意识和散文艺术给她创作带来的影响和作用。

二

语言文字的运用从容和缓、婉曲细腻,柔中有骨,饱含舒卷灵秀之势。

宗璞散文中的这一特色,是近十余年中国女性散文作家所少有的。这一点,同样与她古典文学、外国文学修养的深厚分不开,也与她的人格、气质分不开。她曾经说过:"行云流水喻其散,松风月朗喻其文;散文贵在自然与人类在无矫饰,一也。"(给《散文世界》的题词)这诗化了的话,正是她散文风格的写照,是她注重为文为人须相一致的见解。她的不少散文,其行文既如"行云流水"之舒卷,又似"松风月朗"之灵秀,毫无做作矫饰;相反,有的是简约、流畅、真诚、自然,不浮不躁,读来颇能给人以气足味永的感觉,因此,自然也就成了一种艺术享受。

《霞落燕园》是宗璞分量较重的一篇新作,其表述更体现了从容和缓、婉曲细腻、柔中有骨的特色。它写北京大学燕南园十六栋房屋,在岁月的流逝中,历经沧桑变化,从 1964 年汤一介先生逝世,到 1986 年 3 月 6 日朱光潜先生长辞于世,同年 5 月王力先生仙逝,二十余年间,一共十二人离开了人间。对于北大这些卓有成就的老学者、老专家、老教授们的先后终世,宗璞在作品中都进行了一一列数,充满痛惜和怀念之情。

那两篇如"短笛"似的作品《恨书》和《卖书》,也写得令人回味再三。前一篇写因为老父至少积了七十年的书,品类多种多样,数量成千上万,置于房间四壁,竟如小图书馆一样。尤其是房内"地盘"不够用,"书柜"又很陈旧,因此造成了"三难":难收拾、难整理、难寻找。由于这样,进而"恨"起了那些"可宝可爱"的书。全文将深沉、复杂而优游的心态,展示得极其细腻。三年以后,终于起了"卖书"的念头,借以让出房屋、"扩大空间"。后一篇就写了卖书的心绪、感想和卖书中的周折,特别是"卖"还是"不卖"的矛盾心理,写得情趣横生,读来令人思索。这种日常生活中,乃至不少家里都存在的事情和现象,在宗璞笔下,总写得有滋有味、意趣浓郁,既富于启迪性,也颇有艺术性。这些作品也都具有浓厚的民族文化心态和审美意识。

三

  托物借景,写进取之心;文笔细腻、练达,具有较强的艺术魅力。
  宗璞写人生世态是细腻、娴熟的文笔,写名山胜水、奇风异景、野芳佳卉也是如此,能以泰然轻松的笔墨抒写出来。世界闻名的北美洲尼亚加拉大瀑布,那从天而降、铺云散雾的气势,她也写得不紧不慢、不躁不急。巨瀑的跌落、升腾、宏阔、浑厚、柔美等,都一一融着观赏者"我"的情感,曲折有致地描绘和抒写出来,展现了一幅巨大的、具有立体感的、活力无比的"奔落的雪原"图,是一曲水天联结的生命之歌。
  另外,宗璞在近十余年来的散文中,有一组咏花的短章,值得特别提出。
  首先是《紫藤萝瀑布》,由于作家观察精细,抓住"尖端状态"的部位,并采用细描、比喻、拟人等手法,将这种紫色的花描绘得栩栩如生。在这篇作品中,作家运用了两个比喻:瀑布和船舱,形象而新鲜,不仅将花写活了,而且给人以甜美感。这同样是作家心灵的反映。不管是总写还是分写,都叫一架紫藤萝花流动了起来、飞腾了起来。然而,这篇作品成功的价值的根本所在,更是在于写花实写人,花意人情两相融。作家面对瀑流般的紫藤萝花,感觉到的是精神的宁静和人生的喜悦,是生命的长河无所止境的感悟,是人在生命的长河中应该成为一只只张满风帆的船舱。因此,全文其实就是一道思维意绪的瀑流,其中涌动着振奋的激情,闪射着希冀的浪花,然而又破除了"物——人——理"的行文模式,具有独特的艺术创造性。
  以花为题材的另外两篇作品《丁香结》、《报秋》,似乎蕴含着同上篇相近的思维情愫,可谓姊妹篇。不过,由于时间的推移,这两篇还流露出更为幽远、曲折的心绪。
  类似这种借物抒怀、体物言志的散文佳篇,在新时期宗璞的笔下,已达到了娴熟轻便、随意而写的境界。这方面《萤火》一文较为突出。它写自己从幼时到成人,都对萤火有所喜爱,进而对它作了多方面的认识,最后抒怀道:"总要尽力地发光,尤其在困境中;草丛中飘浮的、灵动的、活泼的萤火,常在我心头闪亮。"这些都反映了她明朗而又含蓄、流畅而有余韵的行文风格,细腻中注意调节。

总之,新时期宗璞的散文创作可以用老作家孙犁的评价简括为三个方面的因素和特点:"一、作者的深厚的文学素养;二、严谨沉潜的创作态度;三、优美的无懈可击的文学语言。"(《宗璞散文·代序》)如果比较多地品读她的散文,无形中就会产生一个印象:已有了定型的构思行文路数和方式。这是作家的心理定式和情感定势所致,是她创作成熟的一个体现。同时,也就叫人感到存在不足——文末点题、卒章显志、变幻较少,不够多样化。因此,读者还期待宗璞今后的散文富有新的探索与突破。

原载《当代文坛》1993年第1期

论宗璞的散文

陈素琰

一

"一个沐浴在西方艺术之中,而又曾为中国文化所'化'过的人更是有福的。"宗璞在一篇文章中这样说过。其实她自己就是这样有福之人。命运对她优厚有加。可以说,她一生都浸润在这个得天独厚的文化渊源之中。

宗璞原名冯钟璞,出生于1928年,祖籍河南南阳。父亲冯友兰是当今一代哲学宗师。宗璞说她父亲"文学也有天赋,能写旧诗"。她的文学启蒙得自父亲。南阳冯氏,世代书香。据冯友兰先生说,他的姑姑就是一位女诗人,写有《梅花窗诗稿》。宗璞的姑姑冯沅君,五四时期与谢冰心、黄庐隐、凌叔华等齐名,是中国新文学史上女性作家的先驱,后来成为古典文学专家。可以说,冯家是一脉文心世代绵传。宗璞自小在母亲的督促下,背了不少唐诗。抗战期间在昆明,住处与北大文科研究所很近,在那里浏览了很多书籍。她曾就读于西南联大附中,然后入清华大学外文系。1953年毕业后,大部分时间在《世界文学》编辑部工作。离开编辑部后,从事英国文学的专门研究。

一方面是中国传统文化的深厚渊源,一方面是外国文化长期的耳濡目染,二者集于一身。这就是宗璞有别于他人的极其深厚的文化背景。我们几乎随处可见这种背景给她文学创作带来的潜在的深刻影响。她作品中那种东方传统哲学文化与西方人文精神汇合而显示出的独特的精神内涵,以及作品人物所具有的高雅格调、深厚修养和美好人性的追求,都是这种文化积蕴沉淀的结果。另外,在艺术表现方面,在传统美学基础上对西方艺术的多方吸取,形成了她所独有的气氛、意趣和韵味,也是他人难以比拟的。

宗璞在她的同代人中就是这样一位在深刻文化背景中成长出来的作家。这种长期准备造出了宗璞文学生涯的顺境,因此,20世纪50年代,她的第一篇小说《红豆》与读者见面时,她就以特有的知识女性的才情和儒雅的气质而赢得人们的倾心。后来她的散文《西湖漫笔》一发表,也如同小说《红豆》一样引人注目,成了她散文的成名作。这使她第一次在散文界获得了承认。自此以后,宗璞的散文创作,始终与小说并行于当世。而且与她长期居住的古老京城西郊文化区,与那里具有高层文化素养的知识分子不离不弃的几十年,更为紧密地结合在一起。她以其丰富学识,以她与知识者甘苦命运的相知,以她诚与雅的艺术追求,成长为一位出色的知识型作家,尤其是一位文人型的女作家。近几年来,她的散文创作更趋繁丰,散文艺术日臻成熟,可说是今日要知宗璞,就不可不知宗璞的散文。

二

宗璞的散文创作可以说起始于游记。《西湖漫笔》写于20世纪50、60年代之交,同时期还有《墨城红月》等,写景也颇优美。杭州西湖是江南风景丽佳之地,自古至今多有名篇吟咏。当时初露头角的宗璞,却能在名家名篇之后,匠心独运,别具一格地写出了崭新的文字。

《西湖漫笔》起始不写西湖,而写她足迹所至的其他地方。她说她过去没有说过西湖的好话,她只是漫不经心地把话题荡开去。她认为欣赏山水犹如欣赏达·芬奇《永远的微笑》这幅画一样,开始未觉怎样,直到把玩几次之后,忽然发现那"无以名状"的美,甚至"只觉得眼泪直往外流"。这里她强调了美学欣赏的"恍然有所悟",即真正要有自己的独到感受。以上这些"题外话",实际上是为她写有"独到感受"的西湖做了烘托,字里行间透出她对西湖美色不敢造次的庄重感。其中写得最美的也是文章的主要部分,就是六月烟雨中西湖的"绿"。这也是区别于众多写西湖美景的文字。写"绿"实非易事,绿是抽象的色彩的概念。想当年朱自清写"梅雨潭的绿",可能也感棘手,结果他用了一连串的比喻,把绿比喻为"少妇的裙幅"、"温润的碧玉",你可视可触,感觉委婉浓烈,是竭尽全力使那种抽象具有了实际的质感。宗璞如今面对的是同样的问题。但她写西湖的"绿"用的却非比喻而是直接的描写:

> 雨中去访灵隐,一下车,只觉得绿意扑眼而来。道旁古木参天,苍翠欲滴,似乎飘着的雨丝儿也都是绿的。飞来峰上层层叠叠的树木,有的绿得发黑,深极了,浓极了;有的绿得发蓝,浅极了,亮极了;峰下蜿蜒的小径,布满青苔,直绿到石头缝里。在冷泉亭上小坐,真觉得遍体生凉,心旷神怡。

这里没有一连串的取譬,却同样把我们带进一个铺天盖地的绿色世界中。同样可视可感可触,且层次丰富,气氛浓郁。又譬如写:"黄龙洞绿得幽,屏风山绿得野,九曲十八涧绿得闲"。文字极为简约,却传神尽意。这里可见,宗璞写"绿",是靠着她准确的把握和精美的传达。严格选择用字,并使这些字富有表现力。她把文字建立在心灵对自然的细微观照上,所以能体贴入微,情致委婉。

《西湖漫笔》虽说是较早的文字,但已显示出她写景文字的基本风格:重视客观对象的精微体察,描摹真切,情感内敛,语言简约隽永,尽量使你在客观的对象中,自然而然地产生审美的愉悦。如果把她与徐志摩的散文比较一下,就更显示这种风格的差异。徐志摩是受西方浪漫派影响的一位诗人。他写散文似乎不重视客观对象的"参观",而重视主观情感的投入和渲染。他不像宗璞那样从叙述文字背后去体悟那情趣和韵致,他是直接的主观抒发,用词造句铺陈典丽,色彩华艳。在"浓得化不开"的舟农雪鸟式的风味中,徐志摩完成他自己的风格。与之相比,宗璞则是客观冷静得多,文字也是素朴以求深蕴。例如她写美国尼亚加拉大瀑布的《奔落的雪原》,也是这种风格。尼亚加拉大瀑布是世界一大奇观。面对如此雄阔壮丽千姿百态的大瀑布,她不是任情感如瀑布般奔泻,而是极其节制内敛。她态度从容,按照参观的次序,从不同落足点记述自己所见所闻,曲折有致地从不同角度展示瀑布的不同声色姿态。写它的奔腾,写它的跌落,写它的雄阔,写它的柔情,细微缜密,多姿多彩。她如实描绘,没有过分夸大形容,但文字生动准确。作者确是把瀑布写活了,写出了它的内在精神,是一首大自然的生命之曲,你可以从中吸取你人生的需要。这是在客观描述中,让你自己去领略的,作者避免直接的强加。

前面我们说过,宗璞的散文与传统靠近,在山水游记方面尤为突出。中国有悠久的山水游记的传统。一种是自古以来不少文人、官宦,在仕途遭阻,人生不得意的时候往往寄情山水,从陶渊明、苏轼、柳宗元直至晚明袁宏道、张岱等,形成了中国寄情山水的深厚传统。另一种则是自郦道元的《水经注》直至明《徐霞客游记》这一路,他们则是自然地理风貌,风俗民情的实录记述。但只因其文字简洁优美,句型排比错落,显示了很高的文学价值,成了中国游记的一种典范,影响深远。

宗璞的山水游记,很受后一种风格影响,即受客观对象规范的传统笔法的影响。如《三峡散记》,计日按程,道所亲历,主观抒情文字极少。尤其后来的《热海游记》,文字老到,与《徐霞客游记》庶几近之。全文在记述自然地理风貌本色,语句简练,风格峻逸——

> 自腾冲西南行约十余公里,山势渐险,巉岩峭壁,几接青天。
> ……
> 再往上走,赫然有一台在。台上有石栏遮护。"这就是大滚锅。"主人

指点说。走上去,脚底都是热的。台上水气蒸腾,迷茫间见一大池,池面约有十余平米,池水翻滚,真如在旺火上滚开的大锅。站定了细看,见水色清白,一股股水流从池底翻上来,涌起数尺高,发出扑扑的声音,热风扑面,令人悚然。

宗璞另一些写景文字与游记接近的,如《紫藤萝瀑布》、《丁香结》、《好一朵木槿花》、《报秋》等,则显示了另一种文体风味。这些文章依然不重华采装饰,全文常常仅数百字,其特点是意蕴深厚,内涵丰富,眼前景心中意化而出之。在写景物的同时,笔端深藏感情,往往是清丽的语言呈现精美的意象。通过暗示意味的意境,引起读者的联想与回味。

《紫藤萝瀑布》其实只写了两个意象,一是宏观总体的,就是盛开的紫藤萝一串一串一朵一朵聚集成的瀑布:"只见一片辉煌的淡紫色,像一条瀑布,从空中垂下,不见其发端,也不见其终极,只是深深浅浅的紫,仿佛在流动,在欢笑,在不停地生长。"另一个则是微观个体的:"每一朵盛开的花像是一个张满了的小小的帆,帆下带着尖底的舱,船舱鼓鼓的,又像一个忍俊不禁的笑容,就要绽开似的。"

紫藤萝开得恣肆风流,辉煌灿烂,但又端庄雅淑,耐得寂寞。不管是宏观的飞动闪光的瀑布,或是一艘张帆航行的船,都在读者心中造成充满生命的张力。她还写过一朵开在一片荒草没膝的园中的木槿花:"缀在不高的绿枝上……薄如蝉翼的娇嫩的紫花在一片绿波中歪着头,带头调皮,却丝毫不知道自己显得很奇特。"作者为这朵木槿怦然心动。还有另一年的一朵,是透过瓦砾堆的重压而伸展出来的绿条上的木槿花。无疑,她写的是花朵在挤压下的生命的坚忍,由此展开了人生意味的深远命题。

宗璞笔下经常出现的花,大凡是丁香、二月蓝、玉簪、藤萝、木槿等,都表现了作者对这些平凡花草的特殊感受。它们不富贵、不骄奢、不夺人耳目,但却有一份清白、高雅、坦诚、温馨,一种坚实的甚至抗争的生命力。花美在精神,精神是要人用心去感受的。宗璞是从这些微小的生命中提炼出那充盈其间的强大与伟力的。这使人联想起宗璞的气质和修养以及她的道德人生观念。她有儒家重实践的精神,崇尚现实,直面人生的欢欣与痛苦。她做人作文重精神不重外表,她美学观念也是:"美文不在辞藻,如美人不在衣饰,而在天真烂漫舒卷自然之中,匠心存矣。"(《丁香结》代后记)这些即景抒情文章辉映着她本人的本性醇厚,心如璞玉。

三

随着时代的前行,人生阅历的丰富深邃,宗璞散文创作出现了新的景观。一批发自心灵深处的不能自已的文章,把她的散文创作推向了新的高度。人过中年,人间的沧桑浮沉闻见亲历的逐渐多了起来。那些发生今日昨日、身前身后的让人悚然心动的变故,给作者的情感世界以巨大震撼。特别是当这些变故发生在自己的亲人挚友之中的时候,那文字流动的哀痛之深沉,却远远超出了所谓的文学创作的意义了。可以看出,宗璞那一篇又一篇记载着离去的人们音容的文章,不是一般意义的散文创作,写这样的文字,是一种欲罢不能的情感痛苦的焚烧。这些文字不是以技巧的娴熟、形容的生动、词汇的精美为目标,它的精魂是不加雕饰的人间至情的倾诉,对着读者,更是对着自身。

宗璞的这些散文,写的多是死别。死亡是一种虚空,人的死去留给生者的是永恒的悲痛。不可追寻,不可再期,是永远的黑暗中的沉落。宗璞写这类散文也以质朴无华的至情传达为其特点。她能够把浓烈的诀别的至情用不可雕琢的近于直白的文笔表达出来,理智而节制。这类伤逝追怀的文字表明她的散文已告别一般人容易有的青春时代的渲染和华采,而有了更多的人生感悟的沉郁。

出现最早的是《柳信》,它还带有传统抒情散文的一些痕迹。其中有怀念母亲的文字,但最动人的情节却是通过家里一只大猫狮子的死亡来烘托的:"这两个月,它天天坐在母亲房门外等,也没有等得见母亲回来,我没有问埋在哪里,无非在一派清冷荒凉之中罢了。我却格外清楚地知道,再没有母亲来安慰我了,再没有母亲许诺我要的一切了。"

《哭小弟》写于《柳信》后两年,是一篇感人至深的悼文:"小弟去了。小弟去的地方是千古哲人揣摩不透的地方,是各种宗教企图描绘的地方。也是每个人都会去,而且不能回来的地方。"但现在却轮到了小弟,他刚刚五十岁。小弟是作者最钟爱的弟弟,也是老父亲最器重的儿子。冯友兰先生在挽联中称赞这位儿子"能娴科技,能娴艺文,全才罕遇"。这位 20 世纪 50 年代毕业于清华大学航空系的飞机强度总工程师,毕业之后三十余年在外奔波,积劳成疾。宗璞在间断叙述了小弟身前身后之后,写了如下的话:

> 那一段焦急的悲痛的日子,我不忍写,也不能写。每一念及,便泪下如绠,纸上一片模糊,这一天本在意料之中,可是我怎能相信这是事实呢?他

躺在那里,但他已经不是他了,已经不是我那正当盛年的弟弟,他再不会回答我们的呼唤,再不会劝阻我们的哭泣。

至哀无文,宗璞这些话没有任何修饰,也不用任何形容,却非常感人。

宗璞为父亲冯友兰写过多篇散文。《对〈梁漱溟问答录〉中一段记述的订正》,行文简洁严谨,雍容大方,而又不乏机趣。它是宗璞人生和文艺俱臻成熟的佳作。

《一九八二年九月十日》、《九十华诞会》等文记述了哲学前辈冯友兰先生晚年行状,有很高的文学和史料价值。《心的嘱托》、《三松堂断忆》则记述这位大师去世前后的经历,是关于冯友兰先生告别人间前后,写得最平易又最蕴有深情的文章。《心的嘱托》写:"近年来,随着父亲身体日渐衰弱,我日益明白永远分离的日子在迫近,也知道必须接受这不可避免的现实。虽然明白,却免不了紧张恐惧。"《三松堂琐忆》最后写:"这么多年,每天清晨最先听到的,是从父亲卧房传来的咳嗽,每晚睡前必到他床前说几句话。我怎样能从多年的习惯中走得出来!"话都平易,然而却沉重得令人难以承受。

《三松堂琐忆》中还记叙了冯先生平生诸多有意义的往事:青年时的一次豪饮,与杨振声、邓以蛰两先生等四个人一晚喝去十二斤花雕;抗战期间过镇南关因耽于思考而手臂为城墙折断;20世纪60年代,每于傍晚由作者陪父母包租大船荡舟昆明湖中,船在彩霞间飘动,绮然神仙中人等等,都以质朴的语言,平白的记叙,真实而传神地从平常生活侧面,把这位为世人所景仰的而生平并不平凡的学者的个性品格做了传神的描绘。

宗璞随父居燕园数十年,关于这座名园她写过许多文章。这些文章不同程度地描写和表现了这个校园的人文鼎盛的风情。《霞落燕园》与这类文字不同,它从另一个角度——这是社会人生最让人伤怀的角度——写北京大学燕南园十六栋房主先后的辞世。它以记叙多于抒情的笔调,写人生离散的浓重悲哀。它蕴有深深的伤感,但却举重若轻地在文字传达上予以淡化,让人从文字以外四处弥漫的不可弥补的失落中,感到沉重的哀伤。这是散文的大家风范。

她从容地挨家叙述这数十年间发生的死别。最早离去的是汤用彤先生,写汤先生的去世用的是这样的叙述:"记得曾见一介兄从后角门进来,臂上挂着一根手杖,我当时想,汤先生再也用不着它了。"物在人亡,对于死者无一句直接哀悼的话,却以极平淡来写极沉痛。紧接着写三位自杀的老先生:"一张大字报杀害了物理系饶毓泰先生,他在五十一号住处投环身亡。数年后翦伯赞先生夫妇同时自尽,在六十四号。"宗璞没有正面去交代他们因何走此绝路的。她用的也是极冷静的笔墨和语气写人间的残酷、时势的暴虐、死亡的无情,但却找不到一句激烈的言辞。她只是在蕡先生夫妇双双自杀时做了非常温和的评述:"夫妇能同心走此绝路,一生到最后还有一同赴死的知己,人世间仿佛还有一点温馨。"要是人间的温馨只能从这样惨烈的死亡得到证实,这也许是长长的历史上无边黑暗的年代,而作者在这里硬是不用一句正面的抨击。她懂得避俗,懂得含而不露、引而不发,懂得让读者自己去体味。

接着的叙述都是一个又一个的死亡。一篇短文,四千字多一点,写了十多位著名的学者巨星的无一例外的死亡。要是没有娴熟的技巧和表现力,没有精到的构思和安排,写起来难免沉闷平滞,但是宗璞却把这些写得疏朗有致,平淡中见曲折。而且各位先生晚年或临终前的表现也多有插叙,如王力先生要求夫妇合葬及墓碑上的赠内诗;朱光潜先生病中烦恼突然拒绝出席香港大学授勋典礼;冯定先生告诉小偷"下回请你从门里进来"等等细节,往往三言两语便把人的一生写活了。大智若愚,大巧若拙,宗璞这篇散文达到了炉火纯青的境界。

不是巧妙的比喻和意象,也不用华美的形容和装饰,宗璞散文仍然让人感受到无处不在的优美和深沉。那么,这一切是怎么形成的呢?散文的可感性和深刻影响力,固然是由这一文体本身所具有的条件造成的艺术魅力,其中包括艺术的切磋和技巧的运用。但这显然不是散文的神髓。宗璞散文所赋予的特有的人生体验,由环境、学识、修养的长期熏陶所形成的文化氛围和审美格调,以及这一切的自然的和真实的展示,由此可以揭示宗璞散文形成独特魅力的奥秘。

宗璞散文最能打动人的地方源于她的不事雕琢的真情。以《三幅画》为例,它的开头完全看不到常见的那种扑面而来的矫情和形容的泛滥,而是非常自然平白的叙说:"戊辰龙年前夕,往荣宝斋去取裱的字画。在手提包里翻了一遍,不见取物字据。其实原字据已莫名其妙地不知去向,代替的是张挂失条。而这挂失条也不见了。业务员见我懊恼的样子,说,拿去吧,找着以后寄回来就行了。"这开头,说不凡也可以,说平常也可以,但却是真实质朴造出的艺术效果。说是"造"也许委曲了作者,她也许压根儿就未"造",而是非常亲切的过程的叙述。作者所要取的是汪曾祺的字画,她说,她原先不知道汪曾祺擅长丹青,只知他不只是写戏并能演戏;不只写小说、散文,还善诗。当她得到第一幅、第二幅画后,如获至宝。在心满意足、不再心存幻想时,"不料秋末冬初时,汪兄忽又寄来第三幅画。这是一幅水仙花。长长的挺秀的叶子,顶上几瓣素白的花,叶用蓝而不用绿,花就纸色不另涂白,只觉一股清灵之气,自纸上透出。一行小字:'为纪念陈澂莱而作,寄与宗璞。'"这水仙的清白秀雅,这一行小字,点燃这清清淡淡的一篇散文,也点燃了画家的心、散文家的心。它"造"出了真正的浓烈。

那爱水仙的人已经屈死多年,留下的那当日那离去也是永别的"别忘了换水"的嘱咐,以及从窗中见她摆手的最后一面。陈澂莱是作者的挚友。作为生死之交,宗璞在写她时笔下并没有讳言她的缺点,例如她的脆弱,以及那无与伦比的心底的那一点固执,等等。那些年头死很容易,她最后选择北方冬日原野上一轮冷月照着的其寒彻骨的井水。宗璞在她死去十多年后写了《水仙辞》悼念她,如今汪曾祺又有赠画,这在宗璞心中引发了感动。《三幅画》应该看作《水仙辞》的真正续篇,是两位文友为纪念共同的含冤而去的死者的不曾忘却的思念而作的。从《水仙辞》到《三幅画》,可以悟到宗璞在这些文字中,充溢了无所不在的真魂:对亘古绵延的人性和人情的寻觅及其自然的表现。

宗璞的长处是能够用冲淡表现浓郁,而且能够把这份炽烈掩藏起来,而传达的却是更为持久的炽烈。读她的这些散文如面对一杯清茶,淡淡的绿色中,飘散着浓醉的清苦。近作《星期三的晚餐》很集中地体现了这一特色。文章从病中住院亲友饭食,老友立雕夫妇"承包"了星期三的晚餐写起:"因为星期三不能探视,就需要花言巧语才能进到病房。每次立雕都很有兴致地形容他的胜利。后来我的身体渐好,便到楼下去'接饭'。见他提着饭盒沿着通道走来,总要微惊,原来我们都是老人了。"这个"微惊"便是形容的节制。如果我们从朱自清的散文中看到的是略带感伤的"背影",而此刻,宗璞的"原来我们都是老人了"的"正面观察",却连那种感伤也被掩藏了起来。

但是我们却从她的叙述中感到了真正的人情温暖以及时光流逝的感怀。开头和结尾她都用"活着真好"来传达这种人间友爱的眷恋。"我若不病愈,是无天理","怎舍得离开这个世界呢",这些看似淡远的话却有战胜感伤、超越感伤的情感的沉淀。宗璞的散文通过长期的艺术实践,的确到达了一个纯净和沉郁相结合的练达。

四

通过以上的分析,我们或许已感受到一位知识女性的气质与笔韵。在她的上述作品中,这种特殊品质还只是一种在体式中的渗透和溶解。近几年来,她则写了不少直接以知识、历史、文化为对象的文化性散文。这是宗璞散文创作的突破,也是她对于散文领域拓展所作的贡献。对于这位我们业已熟知的作家来说,则是其作家文人心态的全面和完整的体现。

20世纪80年代以来,中国文学在消费文化等各种随着商品经济而来的潮流冲击下,面临着前所未有的困惑,也表现出繁采多样的景观。散文创作也打破了20世纪50、60年代那种模式化影响。这个时期的有些作家(应该说多为知识型作家)如肖乾、汪曾祺、王蒙、林斤澜等,不仅从人生的过往经历和知识贮备,也从身边世事和环境中发掘了长期积蓄的文化底蕴,写出了一批充满理趣也充满情趣的散文、小品和随笔。

这类充满文化气氛的作品(传统为笔记散文)在中国源流悠远而盛于明清。其内容或记逸人行状,或记奇闻逸事,举凡天文地理、民情风俗、科技医药、宦海浮沉、街谈巷议,均可入文。五四时期周作人、林语堂、梁实秋诸人,在晚明袁宏道、张岱、归有光等散文风韵基础上又融入西欧主要是英国随笔的谐趣。一时间这类散文小品盛行于世,成为五四散文中成就最高、实力最强的品类。它的主要特点就是重性灵,富理趣,不论是晚明、五四或是 20 世纪 80 年代,这类作品多是在个性意识比较张扬、心情比较疏淡的背景下产生。

此类文章摆脱了载道明理、匡时济世的重负,由着性情写一点轻松洒脱的文字。手法和语言是白描,但要写得有趣耐读,别有一番疏放清雅。所以写这类文字并不容易。首先需要旷达处世的姿态,宽松自由的心境,才能从内里透出闲逸和淡远的情怀韵味。再就需要丰富的学识修养。古代的文人士大夫姑且不论,五四以后的周作人、林语堂等写小品的名家,他们都是文化根基雄厚并且学贯中西的一辈人。他们主张上至天文地理,下至草木虫鱼无所不读。这类文章,表面平淡冲和但却深沉有味,感情绝不轻浅,只是笔法上求清淡,所以要求有深厚老到的语言文字功力。

宗璞具有优厚的文化学识条件,这在前面已有所述。随着岁月的增长、阅历的丰富,她越来越进入旷达疏淡的人生阶段。张抗抗在《宗璞小记》对宗璞的这种成熟人生做过很好的诠释:"少见她高谈阔论好为人师,亦无莫测高深的名人气派……她不为身边的那名利之争所动所累,她几十年静静地安之于燕园。"从宗璞的创作总体看,近来这类文化性散文和读书随笔产量大增。这类作品与传统小品文最为接近。《风庐茶事》、《酒和方便面》等,内容涉及茶和酒,这与五四散文如周作人等人的散文相近,字里行间充满着雅韵逸致。这里的喝茶、饮酒也许是一种形式,一种文化人才能找到的那份感觉。

> 云南有一种雪山茶,白色的秀长的细叶透着草香,产自半山白雪半山杜鹃的玉龙雪山,离开昆明后,再也没有见过,成为梦中一品了。有一阵很喜欢碧螺春,毛茸茸的小叶,看着便特别,茶色碧莹莹的。喝起来有点像《小五义》中那位壮士对茶的形容:"香喷喷的,甜甜的,苦因因的。"

这是《风庐茶事》中一段,与周作人的《喝茶》相比:"喝茶当于瓦屋纸窗之下,清泉绿茶用素雅的陶瓷茶具,同二三人共饮,得半日之闲,可抵十年尘梦",也许不及后者的名士风十足,但我们不难找到它们之间相维系的那份生于同一深厚文化体的"感觉"。

发表于1992年的《从粥疗谈起》也是一篇名文。先从自己多病,得到一本《粥疗法》的旧书谈起。然后从喝粥引出陆游一首食粥诗。从这首诗中引出张耒《宛丘集》中一篇《粥记》。而这位张耒又是"苏学士之徒",又考证出苏东坡原来也嗜粥。他说:"夜饥甚,吴子野劝食白粥,云能推陈出新,利隔益胃。粥既快美,粥后一觉,妙不可言。"最后又引出陆游另一首内容与苏学士差不多的诗:"粥香可爱贫方觉,睡味无穷老始知……"宗璞的旁征博引,使我们如入花阵,乐不知返。阅读此文,由于丰富的知识与清淡的人生感兴,而产生丰盈的愉悦感。那种在清茶淡饭中寻求固有本味,一种甘于淡泊人生的气度也给人以启发。全文娓娓道来,平易如诉家常。但文理结构却精致而匀称,行文走笔中表现了游刃有余的闲雅情趣。譬如她在写自己多病得夫弟赠送《粥疗法》一书之后,极其自如地写出这么几句话:"不过此书的命运和我家多数小册子一样,在乃兄管理下,不久就不见踪影,又是'只在此山中,云深不知处'了。"只要读过宗璞《恨书》、《卖书》两文,聆听这番议论,禁不住有那心领神会的一笑。因为"乃兄"是他们家"图书馆长",据说"负书行路也在百里之上"了。可恨书籍成山,常常急用之时找不到就成了他的责任。这里本与"粥疗"无关,只是信手写来,轻灵洒脱,使文章顿生情趣。

这里提到的《恨书》、《卖书》二文,分别写于1985年和1989年,是写家中藏书之多带来的烦恼。邓拓谓"闭户遍读家藏书"是人生一乐。邓拓写的是书生独有的一桩乐事,可宗璞写的却是书生之忧、书生之累。宗璞这类散文虽说是文化意蕴丰富,却又离不开日常生活的烦扰牵绊、普通人世的苦乐悲欢。她在儒雅情趣之中,并不自矜清高,而是自然流露出一种与平民生活相通的民间本色。

这类散文大都平实自然,从自己生活经历,从身边闻见的世事人情中拈拾而出。宗璞在北京大学校园内生活了几十年,那里的一树一石、一桥一水,已与她融在一起难以分开,那花晨月夕、四时风光也早已进入她的散文世界。燕园内不论是年耆学者或莘莘学子,她都默默倾注了感情。近年来,她又连续发表了《燕园石寻》、《燕园树寻》、《燕园碑寻》、《燕园墓寻》、《燕园桥寻》系列文章,使原本就美丽和特具魅力的这座名园,更显出历史、文化的渊源和社会人文荟萃的品格。

这里且举《燕园碑寻》一文为例加以印证。"碑寻"一共写了燕园六处碑石,不仅记载碑刻的内容,而且考证它们的来历,如燕南园进口处和一、六院之间赫然矗立两对龟驮石碑。一处是清代皇帝为纪念花儿匠而立的名录碑,一对是为四川巡抚杭爱立的并有康熙亲笔题写碑文的碑。其他还有乾隆御碑和明末清初画家蓝瑛梅花碑等。尤其是1989年新立的一座西南联合大学纪念碑,更有不平凡的意义。由冯友兰先生撰写,闻一多先生篆额,罗庸先生书丹,集一代几位名家之美,实属难得。尤其碑文内容不论就思想和文采而言均美轮美奂。宗璞文中辑录碑文内容时融进了自己的感情和议论,更显出她认知深刻,襟怀博大,也使散文的历史文化内蕴更富光辉。

也许我们没有必要再重复说明宗璞的深厚文化背景以及她的学者(外国文学研究)与作家的双重实践,使她在写《行走的人——关于〈关于罗丹——日记择抄〉》、《无尽意趣在"石头"——为王蒙〈红楼梦启示录〉写》这样的序文或随笔时,往往在学者的知性中,又渗透着作家独特的体验和非同一般的艺术洞见。

同时也由于她的学者型,使她在国外访问期间所写的文字,不是一般的风光揽胜,而是充满了知识与文学思考的有关作家的访问游记。这是宗璞散文中一个特殊角度和体式。宗璞把它命名为"文学散文"。这些文字有风光记述,有参观访问,更重要的是宗璞通过这些访问展开的对这些作家作品精到而独特的议论。譬如《写故事人的故事——访勃朗特姐妹的故居》、《他的心在荒原——关于托马斯·哈代》这些文字便很典型。

作者带我们去参观勃朗特姐妹的故居,一个小坡顶上的牧师宅第:

从利兹驱车往哈渥斯,沿途起初还是一般英国乡间景色,满眼透着嫩黄的嫩。渐渐地,越走越觉得不一般,只见丘陵起伏,绿色渐深,终于变成一种黯淡的陈旧的绿色。那是一种低矮的植物,爬在地上好像难于伸直,几乎覆盖了整个旷野。举目远望,视线常被一座座丘陵隔断。越过丘陵,又是长满绿色榛莽的旷野。天空很低,让灰色的云坠着,似乎很重。早春的冷风不时洒下冻雨。这是典型的英国天气!

这些文字不仅使我们领略了典型的英国乡间风景,尤其是那浓重的气氛背景,使我们更能体会《呼啸山庄》、《德伯家的苔丝》等作品里那种震撼心灵的悲剧性。另外,宗璞就在这样的描写中,穿插了自己对作家作品相知相识的议论:

哈代笔下的命运有偶然因素,那似乎是无法抗拒、冥冥中注定的,但人物的主要挫折很明显地来自社会。……苔丝这美丽纯洁的姑娘迫于生活和环境,一步步做着本不愿意做而又不得不做的事,一次次错过自己的爱情,最后被迫杀人。这样的悲剧不只是控诉不合理的社会,在哈代笔下,还表现了复杂的性格,因为你崇尚纯真,所以堕入泥潭。

这些议论,无疑是学术的,但又是艺术的。因为它出自一位学者型的作家之手。正是由于这样一位学者兼作家的特殊身份,使宗璞能在名家蜂起的多彩文坛,闪射出她的独特光彩。

原载《徐州师范学院学报(哲学社会科学版)》1994年第3期

存在的勇气:杨绛与宗璞的散文精神

李咏吟

  散文的自由形式是对生命的复杂形式的一种捕捉和感悟,源远流长的中国散文一直是作家生命表达的重要形式。那从心底深处流出的酣歌是作家真情实感的放纵,没有虚构,没有矫饰。那些零散篇章的汇合,往往可以透视作家的心路历程和精神向度。当我系统地阅读和理解杨绛和宗璞的散文时,我惊奇于她们对知识分子人格的弘扬。她们试图把知识分子存在的勇气与人格的自律统一起来,因为一个勇于探索和思考的心灵总是乐观地对待生活中的悲喜剧,不惜一切地维护一种高洁的自由人格,时刻不忘引渡人们超越那愚昧和专制的苦难。沉重而又悲怆,乐观而又勇敢,杨绛和宗璞以女性的视角和女性的心灵写出的沉思的诗篇,显示出独特的文化精神和散文精神。

一、悲喜剧经验

  杨绛和宗璞的散文浸透着浓郁的悲喜剧因素。因为她们把普通人心灵深处呻吟的诸如"活着真难"、"活着太累"的情感,用真挚而又悲怆的文字诉说出来了。她们对人的存在处境所做的朴素表述,包孕着深度的人生体验和文化体验。这种体验的情感化,调动我们重新评价生活,反思人的生命行为。是啊,生活是一支悲壮的乐曲,弹奏这支乐曲需要信心、勇气和力量!生活是一枚橄榄果,只有细细咀嚼才能品尝出滋味。杨绛与宗璞是以散文的方式咀嚼人生这枚橄榄果,是以散文的方式表达她们的精神哲学的。杨绛与宗璞总是从积极意义上去肯定人生。她们出身于高级知识分子家庭,享受过生活的欢腾与自由,这种自由的生活教会了她们生活的勇气:向上而不是沉沦。知识分子独立自由的人格理想教会了她们正直而无私地生活,正是这种坚定的信念,支撑着她们的生活。无论是顺境,还是逆境,总不愿失去存在的勇气和独立人格的追求。所以,杨绛与宗璞的散文总是试图以喜剧精神压倒悲剧精神。然而,由于她们特殊的时代经历,所以总包孕着一种理性的苦涩。杨绛与宗璞很早就开始了散文的写作,但是,她们散文的真正成熟是在中年之后。在体验过人世的悲欢离合与世态炎凉后,提笔所写的散文理所当然具备了复杂的生活容量。当她们的笔触以家庭为背景展开时,我们看到,她们对亲人和生命的理解与阐释是那么深情和热忱,她们把亲人的喜怒哀乐写出来,给予人们深刻的人生启悟。一个真字和情字贯穿始终,因为亲人之间拆除了"假面",他们之间缺乏观照的距离,而唯其如此,知之愈深,爱之愈真,抒写也就愈动人。不仅如此,杨绛和宗璞从理性的视角对亲人的观照,可以视为这种散文方式的典范。

我们先分析杨绛对亲人的感激与理解、感性和理性交融的散文。杨绛对青少年时代的家庭回忆与情感记忆,既是对亲人不断的追思,又是对人生悲喜剧的沉重感叹。无法想象的生活,无法避免的悲剧,无法挽回的自由,无法改变的历史,如同一团乱麻绞在杨绛的情感记忆中。生命是多么奇妙而又复杂啊!在杨绛所写的散文中,关于亲人的忆念是以父亲、姑妈和姊妹以及丈夫这几个视点展开的,不同的视点决定了杨绛的不同情感态度。她对父母,充满理解与尊敬;对姑妈,在误解后寄托深厚的同情;对姊妹和丈夫,则充满欣赏与肯定。"人情练达即文章",杨绛的这些散文,我们不能简单地理解为作家的生活传记,其中还有更为深邃的东西。从《将饮茶》、《干校六记》与《乌云和金边》中,我们可以深深地理解到杨绛散文所具有的一种幽默智慧、生存智慧和男性智慧。知识和年龄、思想和勇气培养了杨绛的达观与多谋善断,也较早地把她从妇女的重轭下解放出来。这促使她有了自由时间和自由工作,从而具备了自由人格。杨绛在分析自己的个性时,非常感激她父亲所给予的开明教育,所以,她对父亲唯有理解和尊敬,却没有责备和遗憾。她用寥寥几句话,便勾勒出了父母的情感生活片影:"他们谈的话真多:过去的,当前的,有关自己的,有关亲戚朋友的,可笑的,可恨的,可气的……两人一生中长河一般的对话,听起来好像阅读拉布吕耶尔的《人性与世态》。"(《将饮茶》)他父亲的幽默自由个性贯穿到她的散文个性之中,处处显得妙趣横生。父亲顽童时期、青年时期和中年时期的幽默的"狡狯"点缀在多变的叙述中,导致散文流动而又生气勃勃。本来,散文一般不必引经据典,但切近人物传记的散文,杨绛不惜打破常规,为了增加其真实性,她引经据典,但引而不繁,点到为止,根本不影响散文的冲淡气氛。她的散文似乎慢慢叙来,又似乎是走马灯式的快节奏。因为语调平和,构成的信息量很大;因为语句简短,可以在不同年龄的读者那里获得相应的调节。这也是散文的快慢节奏的相对论。杨绛深通此理,她写自己的父亲,不仅叙父亲的言行,又旁敲侧击,引证自己丈夫和朋友的对话,增添了一层神秘。在她的散文中,她的父亲并未正面出场,实质上是杨绛与自己的心灵对话,与自己的朋友对话,从而又凸现父亲的精神肖像。她在叙述行程中,不时地穿插一些与父亲的对话片断,从而凸现一种典型的儿女眼中的父亲形象。一个对父母充满爱和尊敬的作家,自然不愿写父母的怪癖和隐私,事实上也不可能知道这些事,因为父母对子女是绝对封闭的。所以这个隐私世界被遮掩,任何父母都不会把隐私世界有意展示在孩子面前,甚至永远是一个秘密。杨绛对父亲的散文叙述中,也尽量回避对父亲的隐私性的描写,迥异于卡夫卡给父亲的信。正因为如此,杨绛特别突出父亲的人格:"我父亲又喜欢自称'穷人'。我从父母的谈话里听来,总觉得穷人是对当时社会的一种反抗性自谑,仿佛是说:'我是穷人,可是不羡慕你们富人。'"至少,回忆她的父亲母亲,杨绛是欢乐的,一往情深的:"我们不论有多少劳瘁辛苦,一回家都会从说笑中消散。"这就是一种家庭的魅力,也是一种散文的独特意境。散文不必虚构,而是通过真实表达作家对生命的真正理解。杨绛的叙述散文达到了一种散文的真实。她写父亲,不是给他写传,不是客观科学地评价他,不是对他进行一种歌颂,而是写出情感记忆中的父亲、儿女不会忘记的父亲和真正理解了的父亲。即使把微不足道的小事夸大,也都是在情理之中的事。这就是杨绛散文的智慧,这就是杨绛的生命观念。

她的姑妈则是一个很有争议的人物。鲁迅在几篇杂文中抨击了杨荫榆,认为她阴鸷而冷酷。但是,在杨绛充满理解的散文叙述中,却寄托了对姑妈的深厚同情。误解与同情的复杂心情在杨绛的散文中得到了出色的表达。她把杨荫榆的悲剧放到了一个更为复杂的历史文化环境中进行表达,具有一种陌生化的震撼力。杨绛的生花妙笔是奇特的,她的叙事基点是:"我不喜欢姑妈,姑妈也不喜欢我。"这种叙事基点易于与读者的视野重合,但这种不喜欢又植根于一种"误解"中,而在"理解"之后,便对姑妈的悲剧产生同情。她在叙事中,铺开了姑妈的另一面遭遇:婚姻的不幸,留学的艰难,女性的牺牲,保守的悲剧。她渐渐宕开笔,写姑妈的婚姻屈辱和矢志求学,突出一种叛逆精神。由叛逆而保守,根源于杨荫榆的深刻的封建意识。她对晚辈的爱都是变形的,更何况她对青年学生的压制。这样,杨荫榆就不仅是一种人格的悲剧,而且是一种文化的悲剧,是一种文化造就了"姑妈"的悲剧个性和变态的心理。显然,这种理解真正揭示了中国文化的悲剧意蕴和妇女的屈辱命运。于是杨绛的理解就不再从反面入手,而是从正面入手,为姑妈重新画像。由写杨荫榆连带写她所有的姑妈,在对比中,写出姑妈青年时代的美丽。写一个人带出"一家人","一家人"眼中的姑妈,我眼中的"一家人",杨绛的笔显得开阔而又充裕。"三姑母是一个独身女人,生活中又要充当男人的角色,而身份又是女人,这样奇怪的矛盾,特别是她那喜欢责人,又容易上当,容易被人利用的性格,还是出于一种女性的弱。孩子们也不喜欢她,她是一个被遗弃的人。"(《回忆我的姑妈》)在亲人中不被理解和被歧视咒骂,杨荫榆的悲剧是沉重的。唯有杨绛,出于一个女人和亲人的双重理解,才会把杨荫榆的悲剧写得这般震撼人心。我们只要不被杨绛的幽默外表所迷惑,她那深度的悲凉体验也就可想而知了。杨绛写亲人的散文带有一种特有的轻松活泼、特有的幽默,其中也不乏自得的苦涩。她的文字初读要笑,细读就会哭。我们如果只从她的散文中读出"笑",那是没有登堂入室的表现。我们只有从"笑"中读出"哭",才楔入了杨绛的心灵深处。她的文笔,喜欢用短句子,像讲故事似的又穿插一些轻松的评论和独白。她回忆父亲的散文叙述,不是一本正经的,而是穿插趣闻逸事、生活琐状、对话情态,把父亲写活。这其中凝聚着一个家庭的生活智慧与和乐风范。杨绛最善于利用方言构成的智慧和方言所蕴藏的特殊文化内涵以及方言的喜剧效果达成散文的魅力。我想,杨绛回忆亲人的时候,心中一定充满着甜蜜的激情,充满着喜乐的光辉。

宗璞与杨绛的性格气质不同,因此,宗璞对亲人的怀念散文具有独特的韵致。任何一个作家的散文创作总是愿意从亲人身畔穿过。宗璞对亲人的怀念散文没有杨绛的古老感,但或许是因为宗璞受到过于浓厚的哲学熏陶吧,所以宗璞关于亲人的散文相对显得比较拘谨。她关于父亲、母亲、弟弟的散文叙述缺乏杨绛的开阔、丰厚和变化,但是,宗璞的散文个性却并未因此而消失。宗璞怀念亲人的散文不是以家庭为中心展开的,她喜欢不枝蔓、不拖沓,紧凑而又单纯的写法。写一个人就专写一个人,简洁而又明晰。她所传达的氛围和环境相对说来显得单纯明快一些。宗璞的个性里,严肃认真的成分是很重的,所以她就难得有杨绛的幽默和乐观情调。她长久地受哲学家庭的影响和熏陶,所以散文自然就富有沉思性。她的《哭小弟》理性色彩浓重,把小弟之死与知识分子的命运联系起来,成为宗璞这篇散文的核心主题:"我哭小弟。我要哭那些没有见诸报章的过早离去的我的同辈人。我哭我们这迟开而早谢的一代人。"从中可以看到宗璞散文的悲剧意识是外露的、庄严的。《恨书》中写出知识分子特有的悲剧情结:"但我毕竟神经正常,不能真把书全请出门,只好仍时时恨恨,凑合着过日子。"这不只是恨书,而是悲叹百无一用的书生命运。她曾借父亲之口写出她母亲、祖母和自己三代人的命运(《冯友兰与三位女性》),无疑,这是对亲人的深情怀念,从这种理性的叙述中,她透露出,一个人的成功需要多少人的牺牲和关怀。从她对弟弟和母亲的叙述中,可以看到,宗璞的散文充满强烈的理性精神,这种精神甚至与日常生活的情感记忆材料不相调和。宗璞急于表达内心的信念和对真理的理解,所以她的怀人记事散文并不丰厚细腻,但她的情感总是由个人扩展到人类。她的长处是杨绛的短处,而杨绛的长处又是宗璞的短处,正是在这复杂的比较观照中,我们发现了她们的独特品格。通过杨绛的散文,我们认识了一段历史,一段文化,一个人的生命悲喜剧。通过宗璞的散文,我们认识到知识分子的奇特命运和社会理想。杨绛幽默、乐观,充满文学智慧,富有同情心;宗璞清丽、凝重、庄严,关心知识分子的命运,充满哲学智慧。一个是文学智慧,一个是哲学智慧,都是人生智慧的不同闪光,也是她们家庭文化的投影。无论如何,这些散文表述中,十分突出地融合了她们的生活信念、价值取向,体现了她们对自我价值观念的肯定和对亲人的情感信任。这种乐观自负的情调之中,正是知识分子生存的勇气所在,因为她们相信真理,相信真、善、美,相信正义,而且相信真理必将战胜谬误,美必将战胜丑,正义必将战胜邪恶。正因为有这种坚定的信念,她们才乐于勇敢地生活着。

二、儒家性情

杨绛与宗璞的散文中特有的文化精神增添了散文艺术的深刻意蕴。这种精神意蕴与她们沉思遐想的文化品格相关。她们肯定文化创造与精神探索的独立价值,展示出悲剧性与喜剧性不只是贯穿在个人的历史命运之中,而且贯穿在民族的文化历史命运之中。这种精神突出地体现在钱钟书和冯友兰的文化探索与哲学探索上。杨绛与宗璞以特殊身份,通过散文的方式,传达了其中的深层内涵。可以说,杨绛叙述丈夫的散文与宗璞记叙和怀念父亲的散文以不可替代的文学视角,不自觉地写成了独特的钱钟书论和冯友兰论,雕塑了钱钟书和冯友兰的文化肖像。杨绛笔下的钱钟书,是以散文透视钱钟书文学创作和研究的价值文献;宗璞笔下的冯友兰,是以散文去描述哲学家日常生活智慧的价值文献。可以说,她们以自己的生命体验和生命记忆分别写出了钱钟书和冯友兰的心灵世界,亦歌亦哭地表现出儒家人格和儒家性情乃是中国知识分子的生命之本和精神之魂。

杨绛对丈夫的散文记叙运用了独特的视角。一是学术视角,二是情感视角,三是历史视角。当杨绛从学术视角切入对钱钟书的叙述时,她不可避免地要从《围城》入手。她并不对《围城》的主旨进行学术阐释,而是真实地再现钱钟书的创作情境和材料来源。这种真实叙述具有多方面的价值。因为这里不仅表达了他们的创作生活,而且表达了他们的爱情生活。这种琴瑟谐和的情调本身也就成为一种追求和向往:"每天晚上,他把写成的稿子给我看,急切地瞧我怎样反应。我笑,他也笑;我大笑,他也大笑;有时我放下稿子,和他相对大笑。"这种笑的层次,这种笑的境界,这种笑的内涵,只有他们两心的笃爱相知,其中也间接透露了他们所共同追求的幽默效果。而杨绛一方面又让读者相信钱钟书的虚构和想象:"创作的故事往往从多方面超越了作者本人的经验。要从经验的故事追求作者的经验是颠倒的。"这无疑是以一种独特的方式写出虚构论。钱钟书的《围城》发热发光之后,钱钟书的《谈艺录》、《管锥编》成为"神话"之后,他的朋友、学生、青年学者形成了各种各样的关于钱钟书"神话"的阐释。在这一切声音之上,杨绛的发言是独特的真实的。她以散文的叙述最真实地展示了钱钟书的生活,她以夫人的身份和朋友的立场,披露真实的心灵世界,她真实地叙述了《围城》创作时的家庭生活和时代状况以及人物取材和构思经历。这是最真实的作家心灵的展示。杨绛的幽默风采,在以情感视角观照钱钟书时也有充分的展示。她写道:"钱家人爱说他吃了痴姆妈的奶,有'痴气'。我们无锡人所谓痴,包括很多含义:疯、傻、憨、稚气、孩子气、淘气等等。"杨绛旁敲侧击,突出钱钟书智慧性的弱点,活脱脱地写出了钱钟书的独立不羁性情。这种"痴气"和他人眼中的钱钟书的"傲气"相辅相成,造就出奇异的学者性格,决定了奇异的学术成果。夫妻的伉俪情深中无事不谈,钱钟书的童年趣事,显然是在多方面的闲聊中浮出并深记的。长久停留在杨绛记忆深处的往事连同中年过后的练达,自然显得风雅多趣。杨绛在对钱钟书的情感记忆中,是非常重视钱钟书之"才"的:"那时商务印书馆出版的钱穆的一本书,上有钟书父亲的序文。据钟书告诉我,那是他代写的,一字没有改动。"这是写钱钟书的奇才怪才。"我常见钟书写客套信从不起草,提笔就写。八行笺上,几次抬头,写来恰好八行,一行不多,一行不少。钟书说,那是他父亲训练出来的,他额角上挨了不少'爆栗子'呢!"这是一个达观的老太婆在给来访的朋友介绍钱钟书的鬼才,其中充满存在的怡然自得。从杨绛的叙述过程中我们可以看到:这对夫妻作家的幽默是相互创造的。"我们俩日常相处,他常爱说些痴话,说些傻话,然后再加上创造,加上联想,加上夸张,我从中体味到《围城》笔法。"可见,无论是得意,还是失意,他们都不忘肯定自己的过去,肯定自己的才能,肯定自己生活的勇气。但真正能体现他们生存勇气的,还是从历史视角中观照钱钟书。杨绛和钱钟书在"文化大革命"的动荡岁月,承受了残酷的精神折磨。当杨绛叙述到女婿被迫自杀时,自己被斗时,钱钟书被剃成"阴阳头"时,他们都不忘用幽默达观的态度来排解,两人相互依靠,坚定信念而不失去"存在的勇气"(《干校六记》)。这是中国知识分子的一曲壮歌,这是中国知识分子的人格理想放射出的人格光辉。杨绛以生命感受和几十年的深厚理解,写出了特殊而又平凡的钱钟书,写出了知识分子的创造智慧和生存勇气。钱钟书在苦难的岁月里仍痴情于中国古典文学和中外文化比较,这种信念正是来源于知识分子存在的勇气。杨绛以最真实生动的笔触展示了高级知识分子之间的相互理解和相互关心,正好说明,真正的知识分子,真正具有自由人格的知识分子是不会出卖灵魂和信仰的。无论他们身处何种逆境,他们都会勇敢地创造和奉献。杨绛的散文能达到这种思想深度,既是出于深度体验的自觉,又是出于理性的呼唤。

宗璞比杨绛年轻,但她对中国现代社会的急剧变革一直忧心如焚。她从父亲身上看到了知识分子的特殊使命,儒家人格从精神深处指导着他们的生命行动。宗璞的父亲素描并不完整,她对父亲无限敬爱,她之所以没有长篇大论地写关于父亲的散文,是因为冯友兰先生其实也是一个大散文家。冯友兰的一生都沉浸在以诗性散文表达他的生命哲学观念的创造中。《三松堂自序》和《三松堂集》可以视为冯友兰最优美的散文结集。那些出色的散文是诗与哲学的融合,是诗与思的统一。宗璞长期照料父亲的生活并从事业余写作,也许她的文学天赋优于哲学天赋,所以她不可能或者没有精力去深究父亲的透彻学理。但是,父亲的人格观念,父亲的审美理想,父亲与朋友的交往,父亲的未尽心愿,父亲的著述过程和创作态度,以及父亲的不老诗心,宗璞是最熟悉不过了。遗憾的是我们还没有看到宗璞关于父亲的散文回忆长篇。但就仅见的散文篇什中,这对父女的感情是相当融洽而且平和亲切的。宗璞的严肃责任感导致她对父亲超乎寻常的报恩或关心。一个哲学家突然成了旋转的陀螺,不能自由选择方向时,是何等痛苦。"老实说,三十年来,从我的青年时代开始耳闻目睹,全是对父亲的批判。父亲自己总是检讨。家庭对于我,像是一座大山压在头顶,怎么也逃不掉。"(《生日》)当听到人们对父亲的重新肯定和科学评价,宗璞感到自由与欢悦。宗璞的散文总是由一点生发开去,由特殊意义上升到普遍意义上去。如给父亲祝寿,她在结尾写道:"为天下父母,喝一口酒。"她把个人的情怀和人类的情怀沟通在一起。正是从父亲的身上,宗璞看到了知识分子存在的勇气。她在散文中写道:"从父亲身上我看到了一点,即内心的稳定和丰富。这也可能是长寿的原因之一。他在具体问题前可能踌躇摇摆,但他有一贯向前追求答案的精神,甚至不怕否定自己。历史的长河波涛汹涌,在时代证明他的看法和事实相谬时,他也能一次再一次重新起步。"冯友兰先生是从提倡儒家人格和生命哲学开始,到否定它直至再次肯定它而结束,这是一个知识分子的探索道路,没有失去勇气的生存之路。宗璞着力突出父亲撰写《中国哲学史》的执着精神和不懈勇气。她还专门谈到父亲的预言:"中国哲学将会在二十一世纪大放异彩。"宗璞十分重视知识分子的自由人格,当梁漱溟先生谈到他父亲的人格缺陷时,宗璞非常严肃地对待这件事。她承认父亲对毛泽东有过崇拜,但并未对江青献媚。应该说,冯友兰是具有这种觉悟良知的。宗璞在短篇回忆散文里,叙述了这件事的前因后果,显示了中国知识分子对人格的格外重视。一个知识分子要求做人的尊严,这种尊严神圣不可亵玩,它充分体现在宗璞的散文叙述中。

宗璞的散文中充满很强的理性成分,所以,感性的读者往往对她敬而远之,而理性的读者则从她的散文中能窥见一种精神深度。宗璞是冷峻的,诚恳的,严肃的。从杨绛的钱钟书论和宗璞的冯友兰论中,我们可以看到,她们在大致相同的文化环境和时代里,却有两种截然不同的文化心态。杨绛乐观、幽默、长歌当哭;宗璞沉思、认真、拥抱理性。如果说杨绛的散文充满一种喜剧精神,以喜剧去怀念生活,评论悲剧时代,歌颂知识分子的自由人格,那么,宗璞的散文则充满一种悲剧精神,沉重地表现生活,恸哭着缅怀。宗璞在特定的时代和特定文化中,很难乐观地笑起来,她悲思着。杨绛在动荡的岁月,则蔑视丑角,敢于开怀大笑,面对荒诞,她敢于机智地逃避,为了亲人,她敢于做出牺牲。她们以不同的文化心理展示了中国知识分子女性的生命体验。由她们的钱钟书论和冯友兰论扩展开去,我们应该相信,中国知识分子永远不应失去自信力,人格完善不仅是一种古典的命题,现在是将来仍然是一个具有永恒价值的标尺。儒家性情是中国知识分子的安身立命之本,一切自由和欢乐最终总是"孔颜乐处"。

三、反抗怯懦

我发现,对亲人的怀念、记叙和理解在散文创作中只不过是杨绛和宗璞的外在生活的一种表现,她们创作的重要内容更是对内在精神生活的一种传达。不是对他人存在的阐释,而是表达并肯定自我存在的勇气。这种深度的创造传达,是杨绛和宗璞的散文之魂。杨绛和宗璞都是读外国文学的,而且都曾先后在清华大学外文系深造过。这就构成了她们的某种相似性。杨绛对外国文学的理解,有《春泥集》和《关于小说》,宗璞也有类似的著译。杨绛对英国散文和塞万提斯的小说尤有心得,宗璞则对卡夫卡和德国小说深有研究。她们由外国文学的研究走向对自我的反省,不断激发起创作的欲望和对生活理解的欲望。她们在小说和散文之间耕耘,我们甚至可以把杨绛的《洗澡》和宗璞的《三生石》这两部小说当作散文来读,这是她们用血泪写成的篇章。杨绛和宗璞对知识分子精神生活的反省再一次把人的"存在的勇气"这一问题提出来。活下去,要坚定地活下去,要敢于怀疑地活下去,这是杨绛和宗璞散文所表达的共同信念。因为世界有真有善有美,等待我们去发现和创造。

在平和的环境里,每一个人都会有存在的勇气。但是,在厄运和磨难的岁月里,存在的勇气就会面临严峻的考验。杨绛选择了那段不能忘怀的岁月,写成了《干校六记》和《丙午丁未年纪事》。不堪回首的岁月,杨绛觉得实在新奇。那种中国几千年酷刑的各种变相形态,竟然在一个时期完全复活,人与人之间的关系变得那么复杂迷茫,但杨绛仍是忙里偷闲,悲中找乐,她所主要取法的散文风格仍是中国的明清散文小品。沈复的《浮生六记》的外在形式直接启发了杨绛的《干校六记》,但其中的精神格调已截然不同。丙午、丁未年的知识分子突然被置于一种屈辱的境地,专政的力量以武力的形式来剥夺知识分子的人格尊严。杨绛以看似轻闲实则凝重的笔调叙述那恐怖的情景:"那个用杨柳枝鞭我的姑娘拿着一把锋利的剃发推子,把两名陪斗的老太太和我都剃去半边头发,剃成'阴阳头'。"但是,杨绛我行我素,有着生存的勇气:"打我骂我欺侮我都不足以辱我,何况我所遭受的实在微不足道。至于天天吃窝窝头、咸菜的生活又何足以折磨我呢?"这出自一个女性之口,是何等的磊落勇敢(《乌云和金边》)。

我以为《乌云和金边》可以视为知识分子的正气歌,那是对荒诞时代的沉重批判。《干校六记》不仅贯穿这一主题,而且还可以视作杨绛的爱情颂歌和劳动颂歌。《下放记别》中写到两夫妻分离之后,妻子对丈夫的思念和关怀,母女相别之后,母亲对女儿的无限牵挂。《凿井记劳》写知识分子在劳动中暂求欢乐和青年对老人的关怀,还写到与当地农民的特殊关系。《学圃记闲》写两夫妻的生活关怀,杨绛深夜探夫归连队尤为感人。《小趋记情》写人狗之情和劳动的艰辛。《误传记妄》写他们不动摇的爱国心和对回北京的期待。杨绛写"文化大革命"题材的散文,与其他作家不同,她不写标语口号,而是把自己看作一个普通农民,写出心灵的体验和感受,传达心灵的过程。她写"彼此间的离情假如看得见,就绝不是彩色的,也不能一刀就断",语浅情深。杨绛尽量用喜剧语言冲淡那段残酷的岁月记忆,减弱沉重的精神压抑:"我看着她踽踽独归的背影,心上凄楚,忙闭上眼睛。闭上了眼睛,越发能看到她那破乱的家里,独自收拾整理,忙又睁开眼。车窗外已不见了她的背影。我又合上眼,让眼泪流进鼻子,流入肚里。"因为是非同寻常的离别,不知何日是归期。杨绛还以朴素的语言叙述了河南农民的苦难,她在叙述一群小孩子之后,这样写道:"我见过他们的馍是红棕色的,面糊也是红棕色的;'不知可好吃'的面糊是何滋味。我日常吃的老白菜和苦萝卜虽然没有什么好吃的滋味,'可好吃呢'的滋味却是我们应该体验到的。"这里有着对农民深切苦难的关怀。当杨绛走在乡村小路上,不是对周围的风景审美,而是迫不及待地记住路旁的标志。因为在当时一切都是严峻的,她不可能对景物审美,而是为了生存,为了不至于在夜晚迷路或摔倒。一个文学家,在此景此情之下,只能以农民的眼光来对待自然了。这是杨绛所达到的真实。杨绛在雪夜的荒原上的感受是纯粹的乡村真实。她以一个求生者的眼光去看自然,的确是震撼人心的。杨绛译有英国散文,可她的散文一点也看不出异国情调,而是纯粹的中国情调,这是非常不容易的。这对历经磨难的夫妇在乡村荒原上仍不忘相互关心,尤其杨绛总是以勇敢者的角色保护丈夫。应该说,这才是真正的中国知识分子的爱情颂歌,也显示了杨绛非凡的女性品格。

杨绛是外向的，勇敢的，杨绛的散文含着苦笑，透着泪滴，她尽力用喜剧的色彩冲淡悲剧。杨绛的人格形象在她的散文叙述中浮现出来，这是一位充满柔肠义胆的女性知识分子。

宗璞没有杨绛的这种干校生活体验，她没有离开北大校园，她生活在动荡的校园气氛之中。她较早地运用散文笔法写小说，无论是写情还是写景，文字苦涩、细腻而又美丽。《三生石》是她对校园生活深刻体验的记录。那对年青知识分子的命运是知识分子的一个缩影，他们对爱情的执着和苦恋显示出他们生活的勇气。真、善、美永远不可能被摧毁，在动荡时代，人们仍然守卫在心里。杨绛的散文是她的生命畅想曲，宗璞的散文则可以视为她的精神自叙传。宗璞喜欢把理性的探索，融汇到对大自然的发现之中，对自然景物的抒情之中；宗璞没有杨绛的干校，却有她的燕园和北京大学。她的《我是谁?》、《蜗居》、《心祭》都可以当作散文来读。宗璞第一次喊出"我是谁?"这是非常了不起的。如果没有西方现代派的文学体验，这种悲旷的声音是不会发自一个女性之口的。宗璞是多么希望每个人都能找回失去的自我，在她的小说中，她表示"她"喜欢苏轼，喜欢卡夫卡。可见，宗璞异常关心人的命运。她相信："然而只要到了真正的春天，人总还会回到自己的土地。或者说，只有人回到了自己的土地，才会有真正的春天。"(《宗璞代表作》)宗璞写过"西湖"，惊叹西湖的绿，也曾写过澳大利亚和北美瀑布，还写过《秋韵》，特别是燕园寻石，写得很美。宗璞是严肃的，宗璞的心是渴望自由的，她的眼睛是渴望美的。她渴望与大自然融为一体，这是一个对生活抱着庄严态度的学者的"心"。宗璞是内倾的，深刻的；杨绛是外倾的，热烈的。她们对"文化大革命"所做的深刻反思，是她们散文艺术的最高价值所在。她们关心人的命运，寻找人的位置。宗璞在精神深处所做的孤独自白，具有卡夫卡式的沉思力量。我们寻找丢失的人性，寻找自由人格和人性的尊严。杨绛散文所具有的练达和智慧的美，那种苦难而充满爱的生活，正是生活理想的表征。杨绛与宗璞个性不同，风格不同，情调不同，然而她们以不同的方式所奏出的生命赞歌，具有强大的感召力。知识分子过去没有，现在没有，将来也不会失去"存在的勇气"，这大概是杨绛和宗璞散文的深度融合吧！只要有真、有美、有善，我们就不应失去"存在的勇气"。只有不断地反抗怯懦，才会成为勇敢的斗士，这大概是杨绛和宗璞散文的精神导向吧！

1993年2月1日三稿于杭大
原载《当代作家评论》1993年第6期

禅意与化境
——宗璞散文艺术论

石 杰

在新时期散文园地中,宗璞无论如何算不得高产作家。不是高产作家却经营出一片诱人的艺术天地,这样的作品便不容忽视。有论者喻宗璞散文为"静夜箫声",为"皎皎月色中的小提琴独奏"①。这比喻是否恰当姑且不论,笔者所以要拈出"禅意与化境"作为论题,也不过是想借此到宗璞的散文艺术世界中去徜徉一番,以获得一种精神的陶冶和美的愉悦。禅意不是禅,却又与禅紧密相连,它是由禅而升华了的一种具有普遍意义的审美文化心态。禅意注重心的陶冶,以宁和恬淡的心境,对外界作一番美的观照,形诸笔下,便往往使艺术达于一种自然精妙的境地,即化境。宗璞的散文,便具有此特点。

宗璞散文的化境,第一即在于淡。她的散文,无论写景、状物、记人、叙事,皆娓娓道来,文笔清淡,平和自然,毫不矫揉造作。《水仙辞》一篇,写人亦是写花,写花亦是写人。水仙的淡淡的清冷的香气,素白清朗的花瓣,幽娴脱俗的姿态,管花人的认真固执、脆弱清白、淡泊平常,如在目前。开头这样写道:"仲上课回来,带回两头水仙。可不是,一年在不知不觉间,只剩下了一个多月了,已到了养水仙的时候。"正是家常话一般的平淡;而结尾的"澂莱姓陈,原籍福建,正是盛产水仙的地方",又是不写之写,平淡中含几许沉静,几多沉重,可与归有光《项脊轩志》的结尾媲美。由于带着一种平淡的心境来观照自然,所以,她欣赏的往往是景物的自然真态,而反对过分的人工修饰。在《星期三的晚餐》中宗璞这样写道:

> 先赏石林的千姿百态,为那鬼斧神工惊叹不止。再访瀑布大叠水、小叠水。给我印象最深的是尾泽附近的长湖。湖边的石奇巧秀丽,树木品种很多,一片绿影在水中,反照出来,有一种淡淡的幽光。水面非常安详闲在,妩媚极了。我以后再没有见到这样纯真妩媚的湖。1980年回昆明,再去石林,见处处人为的痕迹,鬼斧神工的感觉淡得多了。没有人提到长湖,我也并不想再去,怕见到那本是不食人间烟火的天真烂漫,也沾惹上市

---

① 宗璞:《燕园拾痕》,中原农民出版社,1994年,第225页。

井之气。

　　作者的心境淡然,作品的意境淡然,一切只需遵循事物的本来面目,无须人为地加工制造。宗璞的散文观,也正体现出这样一种纯任自然的精神。她在《未解的结》中这样说:"散文之妙,一曰散,二曰文。散者如行云流水,信手拈来,行其所当行,止其所为止……美文不在辞藻,如美人不在衣饰,而在天真烂漫舒卷自然之中,匠心存矣。"这种散文创作观大概正通禅家所谓的"平常心"。禅家主张"平常心是道",举凡行住坐卧,皆在禅中。以这种平常心态为文,遂有平淡之境。"几十年风雨,数千里颠沛,宗璞作品所呈现出的,已没有年轻人的急毛火躁,而充满过来人的雍容大度;宗璞作品所表现出的,也不是年轻人所惯有的那种热烈、鲜明的情感,而是平静、和缓的感悟,一个独立思考的文化人的感悟……即使作者来到壮观沸腾的'热海'旁边——这是一个令文人墨客生出赞叹抒发豪情的极好场所,宗璞的笔法仍然平淡,神态亦然平和,大悲大喜被大彻大悟至少是小彻小悟所取代。"①

　　淡可以通往清寂,也可以通往圆融。宗璞的散文则属后者。一般认为,与禅相关的艺术,其意境往往趋于虚寒幽邃,闻一多先生在谈及贾岛的诗受佛禅影响时曾这样说:"我们该记得贾岛曾一度是僧无本。我们若承认一个人前辈子的蒲团生涯,不能因一旦还俗,便与他后半辈子无关,则现在的贾岛,形貌虽是个儒生,骨子里恐怕还是一个释子在,所有一切属于人生背面的、消极的、与常情背道而驰的趣味,都可以溯源到早年在禅房的教育背景……他爱静、爱瘦、爱冷,也爱这些情调的象征——鹤、石、冰雪,黄昏和秋景是传统诗人的时间和季候,但他爱深夜过于黄昏,爱冬过于秋。他甚至爱贫、病、丑和恐怖。"②其实禅和禅意也可形成艺术表现上的圆融通达。华严宗所谓"巨镜百寻,所照必偏;明珠一寸,鉴包六合"③。所谓"无自而然,自然之源。无造而化,造化之端。廓然悫然,其形团栾"④等教义,就强调事物的圆满、无碍和自足。同样,在艺术上也存在着一个"圆"的表现形态。宗璞散文意象丰富,举凡山石树木、花鸟虫鱼、湖光塔影、小桥流水,皆收入笔下,汇成了一个丰繁的意象世界。意象与意象间既协调一体,圆融无碍,又各居其位,圆满自足。她也爱石、雪、夜、冬,也写幽冷之境,比如在《湖光塔影》中写道:

　　　　山坡上树木茂密,水边石草杂置。月光从树中照进幽塘,水中反射出

---

① 宗璞:《燕园拾痕》,中原农民出版社,1994年,第225页。
② 闻一多:《闻一多全集》(第3册),生活·读书·新知三联书店,1982年,第37—43页。
③ 皇侃:《论语义疏·叙》。
④ 张志和:《空洞歌》。

冷冷的光，真觉得此时应有一只白鹤从水上掠过，好为那"寒塘渡鹤影，冷月葬诗魂"的诗句做出图解。

然而这样的幽冷之境毕竟极为少见。即便在这样的意境中，作者也还保留着一份诗意、一份心底的宁和，而没有产生情感的分裂和颓丧。就在同一篇作品中，她笔下的夜境便充满了如诗如画、和谐无碍的圆融美：

> 月夜在湖上别有一番情调。湖西岸有一座筑有钟亭的小山，山侧有树木、草地和一条小路。月光在这儿，多少有些局促。循小路转过山脚，眼前忽然一亮，只见月色照得一片通明，水面似乎比白天宽阔了许多，水波载着月光不知流向何方。但那些北岸树丛中的灯火，很快显示了湖岸的线条，透露了未名湖的秀雅风致。行近岸边，长长的柳丝摇曳着月色湖光。水的银柱下是挺拔的塔影，天的银柱下是挺拔的塔身。湖中心的小岛蓊蓊郁郁，显得既缥缈又实在。这地面上留住的月光和湖面上的不同。湖面上的闪烁如跃，如同乐曲中轻盈的拨弦；地面上的迷茫空灵，却似水墨画中不十分均匀的笔触。

在这里，湖、山、树木、草地、小路、灯光、月色、柳丝、小岛、塔影皆相即相异，相摄相入。虚与实、隐与显、动与静互相交织，协调统一，宇宙间万事万物皆成了一圆融无碍的整体。月光周流遍彻，"鉴包六合"的是与月光同样圆融无碍的圆满自足的心。淡而不冷，淡而不寂，如此才形成了宗璞散文的圆融通达的艺术风格。

禅意的审美文化心态还使宗璞散文表现出艺术上的真。真，也是传统艺术中的一个重要的审美范畴。近代学者王国维于《人间词话》中说过这样的一段话："境非独谓景物也，喜怒哀乐亦人心中之一境界，故能写真景物，真感情者，谓之有境界。否则谓之无境界。"强调的是真。但真景物并非指其科学意义上的真，也不是指对客观物象逼真的摹写，而是指客观物象的内在神韵在艺术表现上的真。宗璞笔下的景物便有此特点，如《燕园石寻》中的一段：

> 不止水边有石，山下也是石，从鱼岛往西，在绿荫中可见隆起的小山，上下都是大石。十几株大树的底座，也用大石围起。路边随时可见气象不一，成为景致的石头，几块石矗立桥边，便成了具有天然意趣的短栏。杂缀着野花的披拂的草中，随意躺卧着大石，那惬意样儿，似乎"嵇康晏眠"也不及它。

石本是无生命之物，但读罢这段关于石的文字，给人的感觉好像石是一个富有生命力的整体。宗璞正是抓住了作为自然之物的石的内在神理，使客观物象的真实变成了艺术上的真实。宋代文学家苏轼论及绘画时曾这样说:"山石竹木,水波烟云,虽无常形而有常理。常形之失,人皆知之。常理之不当,虽晓画者有不知……常形之失,止于所失,而不能病其全。若常理之不当,则举废之矣。"①所谓的物之"常理",是指物的自然的生命构造,以及由此而来的物的自然情态,即气韵、天工、造化。宗璞笔下物的描写,正是抓住了这种出于自然的生命构造和自然的情态。宗璞散文中最具艺术魅力的就是这类景物描写。她写花,写树,写石,写碑,写墓,写桥,既不离物象,又不拘泥于物象,而是善于抓住物象的神韵。因而,形状各异的石便成了卫士、狼犬、相依相傍的伴侣、有着皱纹和黑斑的老人;姿质不一的树则或沉默寡言,或焕彩蒸霞,或低回婉转,或如火如荼……至于花、水、湖、草,更是气韵生动,穷极其态。

  需要提及的是,宗璞并不是一开始就着眼于景物的象外去寻找其情致、神韵的,而是倾其全部情感、神思于自然景物,她甚至不曾想到形与神的问题。正是在这种专注心性、全心投入的状态中,才能得到物的神理。这就又涉及作者的真性情问题。所谓真性情,即无遮掩、去藏饰、任自然之意,李贽视其为"童心"。他说:"夫童心者,绝假纯真,最初一念之本心也。若失却童心,便失真心,失却真心,便失却真人。"②袁枚于《随园诗话》中又同样强调:"诗者,各人之性情耳","有性情,便有格律,格律不在性情外。"诗词如是,散文亦然。试想到过燕园的人何止百千,而真正能得燕园之神韵,能于燕园之一草一木中见出自然之情致意趣者能有几人?景物是同样的景物,不同者只在于各人的心,在于性情。沉重的人生、琐碎的日子往往销蚀了文人的真情真性,使她们在为文时或情感钝漠,或矫揉造作,或虚与掩饰,而宗璞却是以真性情为人为文的。读宗璞的散文,我们总能感受到生活的美好,感受到生命的活力,感受到宇宙间盎然的生机和浓厚的意趣。正是凭借这种真性情,才有了对物的美的观照,才有了对自然的全身心的投入。在《好一朵木槿花》中有这样一段描述:当作者与木槿花不期而遇时,全身心都被震撼了。她始而觉得悲壮,继而生发希望,最后,那明亮的紫霞、冉冉升起的花儿将她整个笼罩了,她完全融入了那美的境界之中,身与物化。这情形很容易让我们联想到日本著名禅学大师铃木大拙对女诗人千代的一首俳句的产生所做的介绍:六月的一个早晨,千代去井边打水,发现放在井边的水桶被盛开的牵牛花缠绕了。女诗人为花的美丽所打动,却只能说出:"啊,牵牛花,把小桶缠住了,去要水。"③千代为牵牛花的美丽所打动与宗璞为木槿花

---

① 苏轼:《净因院画记》。
② 李贽:《焚书》卷三《余述》。
③ 铃木大拙:《禅风禅骨》,中国青年出版社,1989年,第257页、第87页。

所沉醉何其相似。此时的木槿花已不再是一纯粹的客观物象,而是熔铸了创作主体深沉悲壮的情感和对未来充满希望的意象,它引发的乃是生命最深处的震撼和冲动。

宗璞的散文,还有一类是追叙故人往事的。她忆父母、哭小弟、怀友人,笔端无不充溢着真情实感。尼采曰:"一切文学,余爱以血书者。"①宗璞的几篇悼亡之文,就是以血书者。

宗璞散文的真性情还时常见于对动物的描写中。在《猫冢》中,人与猫相处得无比和谐、默契。猫的生死悲欢深深地牵动着人的心,猫的生命与人的生命难以分离。这种情感在《柳信》中表现得尤为深切:我家的小花猫死了,那是我第一次看到什么是死。我和小弟抬了盒子,做了祭文,将其葬于一棵柳树下面,心中无限悲伤。如此虔诚地祭祀一个动物的亡灵,用理性来分析大概是没有任何意义的,然而,这种虔诚下面涌流的却是人类最深沉的生命情感和最深刻的生命体验。在这种情感和体验之中,物的生命与人的生命原是没有什么差别的,它源自人对生命的热爱。正因此,枯枝上的一点新绿才冲淡了心头对猫的死亡的哀伤。从时间上推断,这件事大概发生在作者的少年时期。我想,此后的几十年,宗璞或许正是凭借着这种从小便根植于心的真情,这种对生命和人生的执着的爱,才能在逆境、疾病和死亡面前,心头永远荡漾着春的明媚和生机。宗璞是主张以真性情为文的。她在《三幅画》中这样说:"从前常有性情中人的说法,现在久不见这词了。我常说的'没有真性情,写不出好文章'的大白话,也久不说了。性情中人不一定写文章,写出好文章的,必有真性情。"她喜欢古人苏东坡的文字,是因其能"感自己之所感,言自己之所言";她欣赏今人汪曾祺,也是因为汪的"戏与诗,文与画,都隐着一段真性情"。

公元前6世纪,当释迦牟尼抛却人间的荣华富贵、生老病死,于毕钵罗树下潜心修行时,原始佛教确实因之带上了寂灭的色彩。而到了禅宗时代,一切则发生了变化。禅只是要人开放生命,忠于情感,按照人自我的本来面目去真诚地生活。由此,才有了"郁郁黄花,尽是法身,青青翠竹,无非般若",才有了对草木说话,见石头点头。"禅是大海,禅是空气,禅是山,是雷和闪电,禅也是春花,夏雨,冬雪,禅更是人……禅的中心事实是'生活'。"②寄情于一草一木,全身心地拥抱生活,当宗璞这样认真地自由地为人为文时,当宗璞这样按照人自己的本来面目生活时,她是不是正处于一种禅的境界之中呢?

宗璞散文还表现出一种悟性,一种心的智慧。宗璞是极为看重生存的自由

---

① 王国维:《人间词话》,四川人民出版社,1981年。
② 铃木大拙:《禅者的思索》,中国青年出版社,1989年,第17页。

的,她把认真地自由地生活当作自我的本来面目,当作真实的自我的回归。她在《燕园拾痕》自序中这样说:"找回你自己!认真地、自由地做一个人,也认真地、自由地做一个女人。"而当她把这种认真地自由地做人落实为内心反求的时候,这里便蕴含了禅的心的智慧。铃木大拙曾经这样说过:"所谓'自由',实在说来,乃是只有在向内之道而非向外的路子之中始可找到的术语。但我们的心中似乎已经有了一些紊乱,因此,我们发现我们自己疯狂地追求永远无法在向外的路上得到的东西。是以,此种疯狂的追求产生了不安之感,因为,我们已经不再能够进入'如如的法尔自然'之境了。"①这种情形,大概正是现代人的精神世界的写照吧。宗璞的心中是没有这种不安和紊乱的,内心反求而产生的自由感使她显得平和而稳定。《秋韵》是一篇含义隽永的短文:"我"到香山寻秋,失望而归,却在清晨散步时,于临湖轩下小湖旁看到了红黄相间的秋色。作者不仅在自然界寻到了秋色,还在人间寻到了秋韵,那是借一首小诗写出的:

不要推却友爱/不要延迟欢乐,现在不悟/便永迷惑/在这里/一切都有了着落

秋,原来就是心的智慧,就是成熟,就是对人生的彻悟。紧紧抓住现在,如实地接受生活,便拥有了过去和将来,便是一切。这种悟,与禅的"无心"何其相似!铃木大拙谈到禅的"无心"时便这样说过:"这里,没有虚幻的空想,没有令人头痛的抽象观念……它只是如实地接受着日常的经验事实,并且从这些事实中得到一种无心的状态。"②如果说有区别,那就是宗璞的悟中更多了几分对生活的积极和主动。

在另一篇散文《报秋》中,作者借宋人朱敦儒的《西江月·日日深杯酒满》,再次表现了对生活的悟。文中写道:

若照他译的英文再译回来(按:指其兄译《西江月》),最后一句是认命的意思。这意思有,但似不够完全,我把"领取而今现在"一句反复吟哦,觉得这是一种悠然自得的境界。其实不必深杯酒满,不必小圃花开,只在心中领取,便得逍遥。

这里的逍遥是对前面的焦虑的消释。秋是收获的季节,人生到了秋季,若两手空空,就会产生不安和焦虑的情绪。然而作者既没有由此而产生积极争取的激情,也不持消极认命的态度,而是选择了"心中领取"——"领取秋,领取冬,

① 萧甫斯坦等:《禅与文化》,北方文艺出版社,1988年,第74页。
② 铃木大拙:《禅风禅骨》,中国青年出版社,1989年,第257页、第87页。

领取四季,领取生活"。这里没有消极积极之分,争取和认命也都显得过于狭隘。外在的成败毕竟是有限的,心的领取才能给人以无限的自由。这不是儒家的入世,也不是道家的出世,而是更近于禅的自心开悟。宗璞是看重精神的陶冶的,她从父亲身上看到的最重要的一点就是"内心的稳定和丰富",而这也正是传统文化影响下的中国文人的共同的精神追求。她在《九十华诞会》中这样说:"中国传统文明的另一重要精神,无论是曾点的'浴乎沂,风乎舞雩,咏而归'的愿望,或是庄子游于无何有之乡的想象,或是'我来问道无余说,云在青天水在瓶'的禅宗境界,都表现了无所求于外界的内心的稳定和丰富。"她的散文淡泊平和、圆融通达、绝假纯真,其实就是她稳定而丰富的心境的反映。"三界所有,唯是一心","十二有支,皆依一心",心境决定着物境的产生,决定着物境的变化,"一丘一壑,自须其人胸次有之。笔间哪可得?"①正是这种稳定而丰富的内心,才使她在自然和现实生活中时时处处感受着真、善、美的存在,就连那冬日的只剩了槎枒枝条的树木,也寻出看不尽的意趣。

宗璞出身于书香门第,而且是以发掘、弘扬中国传统文化为己任并为此做出了卓著贡献的书香门第,这使她从小于耳濡目染中深受中国传统文化的影响。父亲冯友兰身上兼具的儒家文化的自强不息和道家文化的豁达洒脱的精神深深感染着她,良好的文化环境和浓厚的文化氛围浸润着她的身心。她做过有关佛教的工作,从事过译介和创作,平生又最喜游山逛水。这些不仅影响到她的人生观和世界观,而且铸成并升华了她的艺术品格和艺术心灵。"人文的教养愈深,艺术心灵的表现也愈厚。"②至极致处,二者则进入高度的合一状态,人全心沉浸于艺术心灵的表现之中,晴空月下,便只有如水的箫声。

原载《齐鲁学刊》1997 年第 2 期

---

① 徐复观:《中国艺术精神》,春风文艺出版社,1987 年,第 333 页。
② 徐复观:《中国艺术精神》,春风文艺出版社,1987 年,第 362 页。

《宗璞散文选》序

陈素琰

宗璞先生的散文又要遴选结集出版了,这对如许年来笔耕不辍、不事张扬、娴孝素雅的宗璞先生来说,虽说算不得是什么盛事,但至少也是一件令人欣喜的美事了。十三年前,宗璞先生的散文集在百花文艺出版社出版,我有幸受邀为之作序,就当时的感受而言,其欣喜踊跃之状,至今想来,仍不能忘怀。原因主要在于,我之与宗璞先生,在北大这块共同的园地多年相识相交,对她的为人为文,相倾已久,能为她那些经精心伺候、缘情而发的文字说几句话,是再乐意不过的事了。十三年弹指挥间,匆匆而过,而今重读宗璞先生的文章,特别是其新近之作,心底涌起一股别样的情愫与感慨:冯唐易老,岁月难驻,无情的时光虽然可以减退生命的容颜,但丝毫磨损不了老益弥坚的文心。宗璞还是那个宗璞!

多年来,宗璞先生以其独有的知识女性的才情和儒雅的气质而赢得人们的倾心。"一个沐浴在西方艺术之中,而又曾为中国文化所'化'过的人更是有福的。"宗璞曾在一篇文章中这样说过。宗璞自己就是这样有福之人。一方面是中国传统文化的深厚渊源,一方面是外国文化长期的耳濡目染。阅读她的散文,我们几乎随处可见这种背景给她文学创作带来的潜在的深刻的影响。她的每篇文章,或立意谋篇,或风格意蕴,都力求有一些新意。她对散文和各种品类体式,也多有涉及,如游记、抒情写景、人物叙事、域外访问、文化随笔等。

宗璞的写景文字,重视客观对象的精微体察,描摹真切,情感内敛,语言简约隽永,尽量使你在客观的对象中,自然而然地产生审美的愉悦。例如她写美国尼亚加拉大瀑布的《奔落的雪原》。尼亚加拉大瀑布是世界风景一大奇观。面对如此雄阔壮丽千姿百态的大瀑布,她不是任情感如瀑布般奔泻,而是极其节制内敛。她态度从容,按照参观的次序,从不同落足点论述自己所见所闻,曲折有致地从不同角度展示瀑布的不同声色姿态。写它的奔腾,写它的跌落,写它的雄阔,写它的柔情,细微缜密,多姿多彩。她如实描绘,没有过分夸大形容,但文字生动准确。作者确是把瀑布写活了,写出了它的内在精神,是一首大自然的生命之曲。这一写作风格,尤其是山水游记,深受徐霞客游记的影响。

宗璞做人作文重精神不重外表,她的美学观念也是:"美文不在辞藻,如美人不在衣饰,而在天真烂漫舒卷自然之中,匠心存矣。"她的笔下经常出现一些花,大多是丁香、二月兰、玉簪、藤萝、木槿等。它们不富贵、不骄奢、不夺人耳目,但却有一份清白、高雅、坦诚、温馨,一种坚实的甚至抗争的生命力。她是从这些微小的生命中提炼出来那充盈其间的强大与伟力的。这使人联想起宗璞的气质和修养以及她的道德人生观念。她有儒家重实践的精神,崇尚现实,直面人生的欢欣与痛苦。这些即景抒情文章辉映着她本人的天性醇厚,心如璞玉。

随着时代的前行,人生阅历的丰富深邃,一批发自心灵深处的不能自已的文章,把宗璞的散文创作推向了新的高度。那些发生在今日昨日、身前身后的让人惊然心动的变故,给作者的情感世界以巨大震撼。特别是当这些变故发生在自己的亲人挚友之中的时候,那文字间流动的哀痛之深沉,便远远超出了所谓的文学创作的意义了。那一篇又一篇记载着离去的人们音容的文章,不是一般意义的散文创作,写这样的文字,是一种情感的欲罢不能的受苦的焚烧。这些文字不是以技巧的娴熟、形容的生动、词汇的精美为目标,它的精魂是不加雕饰的人间至情的倾诉。她在表达那无尽的悲哀时,不使情感泛滥,表现理智而有节制,如《柳信》、《哭小弟》等。她的这类伤逝追怀的文字表明她的散文已告别一般人容易有的青春时代的渲染和华彩,而有了更多的人生感悟的沉郁。

宗璞为父亲冯友兰写过多篇散文,它们是宗璞人生和文艺俱臻成熟的佳作,如《九十华诞会》、《心的嘱托》、《三松堂岁暮二三事》等。其中《三松堂断忆》中记叙了冯先生生平诸多有意义的往事:青年时的一次豪饮,与杨振声、邓以蛰两先生等四个人一晚喝去十二斤花雕;抗战期间过镇南关因耽于思考而手臂为城墙折断;二十世纪六十年代,每于傍晚由作者陪父母包租大船荡舟昆明湖中,船在彩霞间飘动,绮然神仙中人等等,都以质朴的语言、平白的记叙,真实而传神地从平常生活侧面,把这位为世人所景仰的生平并不平凡的学者的个性品格做了传神的描绘。又如《在冯先生诞辰一百一十周年座谈会上的讲话》,就冯先生的教育思想、教育理念做了总结,有很高的文学和史料价值。

宗璞随父居燕园数十年,关于这座名园她写过许多文章。这些文章不同程度地描写和表现了这个校园的人文鼎盛的风情。《霞落燕园》与这类文字不同,它从另一个角度——这是社会人生最让人伤怀的角度——写北京大学燕南园十六栋房主先后的辞世。要是没有娴熟的技巧和表现力,没有精到的构思和安排,写起来难免沉闷平滞,但是宗璞却把这些写得疏朗有致,平淡中见曲折。而且各位先生晚年或临终前的表现也多有插叙,如王力先生要求夫妇合葬及墓碑上的赠内诗,朱光潜先生病中烦恼突然拒绝出席香港大学授勋典礼,冯定先生告诉小偷"下回请你从门里进来"等等细节,往往三言两语便把人的一生写活了。大智若愚,大巧若拙,宗璞这篇散文所达到的是文艺创作的炉火纯青的境界。这是散文的大家风范。

宗璞的长处是能够用冲淡表现浓郁,把炽烈掩藏起来,而传达的却是更为持久的炽烈。读她的这些散文如面对一杯清茶,淡淡的绿色中,飘散着浓酽的清苦。经过长期的艺术实践,宗璞散文的确到达了一个纯净和沉郁相结合的练达境界。

宗璞还写了不少直接以知识、历史、文化为对象的文化性散文。这是宗璞在散文创作中的突破,也是作家对于散文领域拓展所做的贡献。对于这位我们业已熟知的作家来说,则是她的作家文人心态的全面和完整的体现。

从宗璞的创作总体看,这类文化性散文和读书随笔数量不少。《风庐茶事》《酒和方便面》等,内容涉及茶和酒,这与五四散文如周作人等人的散文相近,字里行间充满着雅韵逸致。这里的喝茶、饮酒也许是一种形式,一种文化人才能找到的那份感觉。

> 云南有一种雪山茶,白色的秀长的细叶透着草香,产自半山白雪半山杜鹃的玉龙雪山。离开昆明后,再也没有见过,成为梦中一品了。有一阵很喜欢碧螺春,毛茸茸的小叶,看着便特别,茶色碧莹莹的,喝起来有点像《小五义》中那位壮士对茶的形容:"香喷喷的,甜丝丝的,苦因因的。"

这是出自宗璞之手的《风庐茶事》中一段,与周作人的《喝茶》"喝茶当于瓦屋纸窗之下,清泉绿茶用素雅的陶瓷茶具,同二三人共饮,得半日之闲,可抵十年尘梦"相比,也许不及后者的名士风十足,但我们不难找到它们间相维系的那份生于同一深厚文化母体的"感觉"。

《从粥疗谈起》也是名篇。先从自己多病,得到一本旧书《粥疗法》谈起。然后从喝粥引出陆游一首食粥诗。从这首诗中引出张耒《宛丘集》中一篇《粥记》。而这位张耒又是"苏学士之徒",又考证出苏东坡原来也嗜粥。他说:"夜饥甚,吴子野劝食白粥,云能推陈出新,利膈益胃。粥既快美,粥后一觉,妙不可言。"最后又引出陆游另一首内容与苏学士差不多的诗:"粥香可爱贫方觉,睡味无穷老始知……"宗璞的旁征博引,使我们如入花阵,乐不知返。阅读此文,由于丰富的知识与清淡的人生感兴,而产生丰盈的愉悦感。那种在清茶淡饭中寻求固在本味,一种甘于淡泊人生的气度也给人以启发。全文娓娓道来,平易如诉家常。但文理结构却精致而匀称,行文走笔中表现出游刃有余的闲雅情趣。譬如她在写自己多病得夫弟赠送《粥疗法》一书之后,极其自如地出现这么几句话:"不过此书的命运和我家多数小册子一样,在乃兄管理下,不久就不见踪影,又是'只在此山中,云深不知处'了。"信手写来,轻灵洒脱,使文章顿生情趣。

也许我们有必要再重复说明宗璞的深厚文化背景,以及她的学者与作家的双重实践。她的序文或随笔,往往在学者的知性中,又渗透着作家独特的体验而形成的非同一般的艺术洞见。譬如《看不见的光——弥尔顿故居及其他》、《耳读偶记——读朱自清日记》、《耳读苏东坡传》等,这些文章除叙述、描写外,还穿插了宗璞自己对作家作品相知相识的议论。这些议论,无疑是学术的,但又是艺术的。因为它出自一位学者型的作家之手。正是由于这样一身而兼学者作家的特殊身份,使宗璞能在名家蜂起的多彩文坛,闪射出她的独特光彩。

二〇〇六年十二月
原载《当代作家评论》2007年第6期

作品年表

宗璞作品年表

说明:本索引力争收录宗璞1943年至今的所有著作,包括小说、散文、新旧体诗歌、童话、创作谈、文学评论、学位论文、译作、序跋、题词等多种体裁,力求反映宗璞创作生涯的基本概貌。所有著作基本按照其发表、出版的时间顺序编排,但创作时间与发表、出版时间相差较远者,为体现作家的创作历史面貌,则按照创作时间编排,并在该条注明发表、出版时间。本索引参考了江玫硕士学位论文《"十字路口"的抉择——宗璞知识分子题材作品研究》(福建师范大学,2006年)中的《宗璞著译年表(1943—2002)》,特此致谢。

1943年,15岁

散文(佚题),描写滇池海埂,发表于昆明某刊物,署名"简平",是为处女作。

1947年,19岁

《我从没有这样接近过你》(新诗),天津《大公报》1947年6月20日,署名"冯璞"。

《A.K.C.》(小说),天津《大公报》1948年8月13日、20日,署名"绿繁",是发表的第一篇小说。

1948年,20岁

《一个年轻的三轮车夫》(新诗),天津《大公报》1948年10月24日,署名"冯璞"。

《疯》(新诗),天津《大公报》1948年10月31日,署名"冯璞"。

1951年,23岁

《诉》(短篇小说),《光明日报》1951年1月28日,署名"清华大学学生冯钟璞"。

《论哈代》(论文),为宗璞清华大学毕业论文,现存于清华大学图书馆特藏室,后收入《野葫芦须——宗璞散文全编》,北京出版社2003年版。

1956年,28岁

《伟大俄罗斯作家——陀斯妥耶夫斯基》(评论),《工人日报》1956年5月26日,署名"宗璞"(此后凡署名"宗璞"者不再一一说明)。

《华山五问》（新诗），创作时间为1956年秋，发表于《怀来文艺》1979年第3期（9月出版）。

1957年，29岁

《红豆》（短篇小说），《人民文学》1957年第7期。小说代表作之一，发表之初受到广泛关注，后来受到批判。

《寻月记》（中篇童话），中国少年儿童出版社1957年版，署名"冯钟璞"。

1958年，30岁

《石头人的话》（新诗），《北京日报》1958年2月18日，署名"任小哲"。

《钢炉烧尽冬天雪，催促时光早到春！——亚非及中国作家炼钢小记》（报告文学），《人民文学》1958年第12期。

1959年，31岁

《山溪——小五台林区即景》（散文），《新观察》1959年第16期。

1960年，32岁

《飞翔吧，小溪流的歌！》（评论），写于5月16日，载《文艺报》（具体日期待查）。

《缪塞诗选》（译作，与陈澂莱合译17首，署名"冯钟璞"，另三首译者为沈宝基、闻家驷），人民文学出版社1960年版。

《桃园女儿嫁窝谷》（短篇小说），《北京文艺》1960年第11期。

1961年，33岁

《无处不在》（散文），《人民日报》1961年3月5日。

《湖底山村》（童话），《人民日报》1961年6月25日。

《西湖漫笔》（散文），《光明日报》1961年8月12日。

1962年，34岁

《针上纪事》（散文），《北京日报》1962年4月7日。

《两场"大战"》（短篇小说），《北京文艺》1962年第6期。

《不沉的湖》（短篇小说），《人民文学》1962年第7期。

《墨城红月》（散文），《光明日报》1962年9月20日。

1963 年,35 岁

《一年四季》(散文),《北京日报》1963 年 1 月 8 日。

《后门》(短篇小说),《新港》1963 年 2 月号,编辑改题为《林回翠和她的母亲》。

《鹿泉》(童话),《山花》1963 年第 2 期。

《暮暮朝朝》(散文),《光明日报》1963 年 10 月 1 日。

《知音》(短篇小说),《人民日报》1963 年 11 月 26 日。

《路》(散文),《光明日报》1963 年 12 月 21 日。

《花的话》(童话),创作于 1963 年,发表于《人民文学》1978 年第 6 期。

《露珠儿和蔷薇花》(童话),创作于 1963 年,发表于《儿童时代》1979 年第 11 期(7 月 16 日出版)。

1964 年,36 岁

《这一炉熊熊大火》(新诗),《北京日报》1964 年 5 月 3 日。

1971 年,43 岁

《怀仲四首》(旧体诗),创作于 1971 年 8 月下旬,收《宗璞文集》第四卷,华艺出版社 1996 年版。

1972 年,44 岁

《江城子·定州寻夫》(词),创作于 1972 年,收《宗璞文集》第四卷,华艺出版社 1996 年版。

《咏古二首》(旧体诗),其一《读离骚》,其二《读汉书》,创作于 1972 年,收《宗璞文集》第四卷,华艺出版社 1996 年版。

《读怀素自叙帖二首》(旧体诗),创作于 1972 年,收《宗璞文集》第四卷,华艺出版社 1996 年版。

1978 年,50 岁

《合碑》(新诗),收《心碑》(《世界文学》编辑部编),1978 年 1 月版。

《弦上的梦》(短篇小说),《人民文学》1978 年第 12 期。

1979 年,51 岁

《拉帕其尼的女儿》(译作),霍桑小说,《世界文学》1979 第 1 期。

《吊竹兰和蜡笔盒》(童话),《北京文学》1979 年第 2 期。

《热土》(散文),《十月》1979年第4期。

《早晨的洪流——毛泽东与中国革命》(译作),(英)韩素音著,宗璞译1至8章,北京出版社1979年7月版。

《湖光塔影》(散文),《旅游》1979年10月(创刊号)。

《我是谁?》(短篇小说),《长春》1979年第12期。

1980年,52岁

《废墟的召唤》(散文),《人民文学》1980年第1期。

《揭开〈飘〉的纱幕》(评论),《光明日报》1980年4月23日,署名"丰加云",收《〈飘〉是怎样一本书》,浙江人民出版社1980年版。

《三生石》(中篇小说),《十月》1980年第3期(5月出版)。

《书魂》(童话),《人民文学》1980年第6期。

《萤火》(散文),《散文》1980年6月号。

《广收博采,推陈出新》(评论),《文艺报》1980年第9期。

《柳信》(散文),《福建文艺》1980年第9期。

《米家山水》(短篇小说),《收获》1980年第5期(9月25日出版)。

《全息照相》(短篇小说),《北方文学》1980年9月号。

《爬山》(散文),《光明日报》1980年10月5日。

《钢琴诗人——肖邦》(评论),《文汇增刊》1980年第7期(11月10日出版)。

《合祭》(短篇小说),《新港》1980年第11期。

《鲁鲁》(短篇小说),《十月》1980年第6期(11月出版)。

1981年,53岁

《蜗居》(短篇小说),《钟山》1981年第1期(2月15日出版)。

《归来的短诗》(新诗七首),《滇池》1981年第2期。

《团聚》(短篇小说),《人民文学》1981年第2期。

《〈宗璞小说散文选〉后记》(创作谈),收《宗璞小说散文选》,北京出版社1981年版。

《贝叶》(童话),《当代》1981年第4期(7月出版)。

《澳大利亚的红心》(散文),《人民文学》1981年8月8日。

《不要忘记》(散文),《十月》1981年第5期(9月出版)。

《熊掌》(短篇小说),《文汇月报》1981年10月号。

《也是成年人的知己》(创作谈),《飞天》1981年第10期。

《〈红豆〉忆谈》(创作谈),收《中国女作家小说选》,江苏人民出版社1981

年版。

《我的澳大利亚文学日》(散文),《世界文学》1981年第6期(12月25日出版)。

《鸣沙山记》(散文),创作于1981年12月31日,收《丹》(万叶散文丛书第二辑),百花文艺出版社1984年版。

1982年,54岁

《绿衣人》(散文),《人民日报》1982年1月7日。

《水仙辞》(散文),《文艺(双月刊)》1982年第1期。

《石鞋》(童话),《北京文学》1982年第3期。

《冰的画》(童话),《少年文艺》1982年第4期。

《给克强、振刚同志的信》(创作谈),《钟山》1982年第3期。

《核桃树的悲剧》(短篇小说),《钟山》1982年第3期。

《信》(译作),怀特短篇小说,《世界文学》1982年第3期(6月25日出版),署名"冯钟璞"。

《紫藤萝瀑布》(散文),《福建文学》1982年第7期。

《哭小弟》(散文),《人民日报》1982年12月27日。

1983年,55岁

《回家(外三首)》(新诗),《人民日报》1983年7月14日。

《羊齿洞记》(散文),《十月》1983年第4期(7月出版)。

《谁是我?》(短篇小说),《北京文学》1983年第9期。

《花园茶会》、《第一次舞会》(译作),收《曼斯菲尔德短篇小说选》,上海译文出版社1983年版,署名"冯钟璞"。

《潘彼得的启示》(散文),《天津文学》1983年10月号。

《紫薇童子》(童话),《人民文学》1983年第10期。

《关于琴谱的悬赏》(童话),《儿童时代》1983年第12期。

1984年,56岁

《试论曼斯斐尔德的小说艺术》(评论),《国外文学》1984年第2期,署名"冯钟璞"。

《奔落的雪原——北美观瀑记》(散文),《散文》1984年第4期。

《总鳍鱼的故事》(童话),《少年文艺》1984年第4期。

《小说和我》(创作谈),《文学评论》1984年第3期(5月25日出版)。

《没有名字的墓碑——关于济慈》(散文),《北京文学》1984年6月号。

《有生命的文学——读〈外国文学——当代澳大利亚文学专号〉》（评论），《人民日报》1984年6月25日。

《写故事人的故事——访勃朗特姊妹故居》（散文），《文汇月刊》1984年第7期。

《他的心在荒原——关于托马斯·哈代》（散文），《人民文学》1984年第8期。

《邮筒里的火灾》（童话），《童话》1984年第8期。

《〈风庐童话〉后记》（创作谈），收《风庐童话》，湖南少年儿童出版社1984年版。

《红菱梦迹》（童话），《作家》1984年第9期。

《说节制——介绍〈曼斯菲尔德短篇小说选〉》（创作谈），《读书杂志》1984年第10期。

《在黄水仙的故乡》（散文），《上海文学》1984年第10期。

《看不见的光——弥尔顿故居及其他》（散文），《花城》1984年第6期。

《浅谈雅俗共赏——在人民文学出版社烟台笔会上的发言》（创作谈），《当代》1984年第6期。

《病人和病魔的对话》（新诗），《丑小鸭》1984年第11期。

《安波依十日》（散文），《三月风》1984年第1期（创刊号，1984年11月28日出版）。

《〈熊掌〉小序》（创作谈），收《熊掌》（百花青年小文库），百花文艺出版社1984年版。

1985年,57岁

《无影松》（童话），《东方少年》1985年第1期。

《等待（外三首）》（新诗），《女作家》1985年第1期（创刊号，1985年3月出版）。

《黄鹤楼四绝句》（旧体诗），《光明日报》1985年5月12日。

《一九八五年到重庆》（旧体诗），创作于1985年5月，收《宗璞文集》第四卷，华艺出版社1996年版。

《星之泪》（童话），《儿童时代》1985年第5期。

《打开常春藤下的百叶窗——伊丽莎白·波温研究》（评论），《世界文学》1985年第3期，署名"冯钟璞"。

《星期日下午》、《鬼恋人》（译作），伊·波温小说，《世界文学》1985年第3期，署名"冯钟璞"。

《三峡散记》（散文），《光明日报》1985年6月30日。

《冷暖自知》(创作谈),《文艺报》1985年8月17日。

《长江游短诗三首》(新诗),《诗刊》1985年第8期。

《青琐窗下》(短篇小说),《人民文学》1985年第8期。

《有感于鲜花重放》(创作谈),创作于1985年9月12日,收散文集《丁香结》,百花文艺出版社1987年版。

《关于〈西湖漫笔〉之漫笔》(创作谈),创作于1985年9月25日,收散文集《丁香结》,百花文艺出版社1987年版。

《泥沼中的头颅》(短篇小说),《小说导报》1985年第10期。

《一九八二年九月十日》(散文),创作于1985年岁暮,收散文集《丁香结》,百花文艺出版社1987年版。

《野豌豆英》(新诗),收《节目朗诵诗》,湖北人民出版社1985年版。

1986年,58岁

《冬至》(《送黎遄》外一篇)(散文),《光明日报》1986年2月9日。

《送黎遄》(散文),《光明日报》1986年2月9日。

《未解的结——〈丁香结〉后记》(序跋),《人民日报》1986年2月27日,1987年4月14日加写最后一段,收散文集《丁香结》,百花文艺出版社1987年版。

《丁香结》(散文),《散文》1986年第3期。

《恨书》(散文),《青海湖》1986年第3期。

《秋韵》(散文),《北京文学》1986年第2期。

《我为什么写作》(创作谈),《文艺报》1986年4月12日。

《霞落燕园》(散文),《中国作家》1986年第4期。

"我爱人类的歌,也爱自然的歌。我知道没有歌声的地方就有了寂寞。"(题词),《中国作家》1986年第4期。

《彩虹曲社》(散文),《天津文学》1986年第8期、《女作家》1986年第3期。

《岭头山人家》(散文),《散文世界》1986年第10期。

《九十华诞会》(散文),《东方纪事》1986年第1辑。

1987年,59岁

《南渡记》(长篇小说),《野葫芦引》第一卷,创作于1985年4月5日—1987年12月26日,《海内外文学》1988年第2期发表,单行本由人民文学出版社1988年9月出版。

《三访鳌滩》(散文),《人民日报(海外版)》1987年8月31日。

《忆旧添新》(散文),《文艺报》1987年11月下旬。

《〈南渡记〉后记》(序跋),创作于1987年12月26日,收1988年版《南渡记》。

《悼世良二首》(旧体诗),创作于1987年,收《宗璞文集》第四卷,华艺出版社1996年版。

1988年,60岁

《辞行》(散文),《青年散文家》1988年第3期。

《我爱燕园》(散文),收《精神的魅力》,北京大学出版社1988年版。

《酒和方便面》(散文),收《解忧集》(吴祖光编),中外文化出版公司1988年版。

《三幅画》(散文),《钟山》1988年第5期(9月15日出版)。

《找回你自己——〈燕园拾痕〉代自序》(序跋),《中国妇女》1988年第5期,收《燕园拾痕》,中原农民出版社1994年版。

《小东城角的井》(散文),《女声》1988年第11期。

1989年,61岁

"因为属龙,想为戊辰龙年写一句话:愿天下属龙和不属龙的人都能掌握自己的命运,而不为龙所主宰。"(献辞),《人民日报(海外版)》1989年2月17日。

《"我到西湖,感到了绿"》(致彭世强),《语文学习》1989年第1期。

《行走的人——关于〈关于罗丹——日记择抄〉》(散文),《人民日报》1989年1月26日。

《卖书》(散文),《散文》1989年第1期。

《童话三题》(童话),《上海文学》1989年第1期。

《对〈梁漱溟问答录〉中一段记述的订正》(散文),《光明日报》1989年3月21日(原题《记冯友兰与梁漱溟的一次会晤》)。

《一九六六年夏秋之交的某一天》(散文),创作于1989年4月,收《宗璞散文选集》,百花文艺出版社1993年版。

《燕园石寻》(散文),《人民文学》1989年第5期。

《吴宗惠〈中南海之恋〉序》(序跋),收吴宗惠《中南海之恋》,文化艺术出版社1989年版。

《我们的第一所房屋》(玛克辛·洪·金丝顿散文)、《双声变奏》(罗桑塔·怀特曼诗歌)、《一切罩单都应是白色》(艾丽斯·福尔顿诗歌)(译作并序),《文汇报》1989年6月1日。

《小传》(散文),收《当代中国作家百人传》,求实出版社1989年版。

《似与不似之间》(创作谈),收《当代中国作家百人传》,求实出版社1989年版。

《"热海"游记》(散文),《散文月刊》1989年第12期。
《好一朵木槿花》(散文),《东方纪事》1989年第2辑。

1990年,62岁

《风庐茶事》(散文),《光明日报》1990年2月22日。
《独创性作家的魅力》(评论),《外国文学评论》1990年第1期(2月出版)。
《燕园碑寻》(散文),《文汇报》1990年3月8日。
《答〈中学生阅读〉编辑部问》(创作谈),《中学生阅读》1990年第3期。
"精其选,解其言,知其意,明其理。"(题词),《中学生阅读》1990年第3期。
《无尽意趣在"石头"——为王蒙〈红楼梦启示录〉写》(评论),《读书杂志》1990年第4期。
《燕园树寻》(散文),《文汇月刊》1990年第6期。
《读书断想》(散文),《中国妇女》1990年第8期。
《从〈西湖漫笔〉说开去》(创作谈),《语文学习》1990年第9期。
《报秋》(散文),《散文》1990年第10期。
《燕园墓寻》(散文),《随笔》1990年第6期(11月15日出版)。

1991年,63岁

《心的嘱托》(散文),《文汇报》1991年1月2日。
《致金梅书》(创作谈),《文学自由谈》1991年第1期。
《〈宗璞〉后记》(序跋),收《宗璞》,人民文学出版社1991年版。
《序钱晓云〈飘忽的云〉》(序跋),《解放日报》1991年8月8日。
《三松堂断忆》(散文),收香港《明报月刊》1991年第12期、《读书杂志》1991年第12期。

1992年,64岁

《几句话》(创作谈),收《中国当代儿童文学作家小传》,湖南少年儿童出版社1992年版。
《燕园桥寻》(散文),台湾《联合报》副刊1992年4月10日。
《悼张跃》(散文),《文汇报》1992年5月10日。
《从"粥疗"说起》(散文),《收获》1992年第3期。
《星期三的晚餐》(散文),台湾《联合报》副刊1992年7月15日。
"读万卷书,行万里路。"(题词),《太原日报·双塔副刊》1992年10月5日。
《一墙之隔》(短篇小说),《钟山》1992年第6期。
《〈先燕云散文集〉跋》(序跋),《文学界》1992年第12期。

《致法国读者——为法译小说〈心祭〉而作》(序跋),收法译小说集《心祭》,中国文学出版社1992年版。

1993年,65岁

《三松堂岁暮二三事》(散文),台湾《联合报》副刊1993年1月16日。

《猫冢》(散文),《美文》1993年第1期。

《送春》(散文),《散文天地》1993年第1期。

《朱颜长好》(短篇小说),创作于1990年2月—1993年2月22日,美国《世界日报·小说世界》1993年8月13、14日,《收获》1993年第5期。

《孟庄小记》(散文),香港《大公报》第38期(1993年3月17日)。

《〈世界文学〉和我》(散文),《世界文学》1993年第3期。

《偶感》(散文),《人民日报》1993年8月18日,编者改题为《教育·文化·人口素质》。

《答卷》(新诗),收《红豆》,海峡文艺出版社1993年版。

《自传》(散文),收《红豆》,海峡文艺出版社1993年版。

《勿念我》(短篇小说),《联合报·文学》1993年9月4、5、6日,《天涯》1993年第9期。

《〈丛竹间燕园的家书〉读后》(散文),《文汇报》1993年9月5日。

《长相思》(短篇小说),香港《大公报·文学》1993年9月22、29日,《作品》1993年第11期。

《花朝节的纪念》(散文),《中华散文》创刊号(1993年9月出版)。

《今日三松堂》(散文),《东方文化》创刊号(1993年10月出版)。

《道具》(散文),创作于1988年7月17日,1993年11月26日增后记,《散文天地》1994年第2期。

《客有可人》(散文),《光明日报》1993年12月4日。

《松侣》(散文),《中国残疾人》1993年第12期。

1994年,66岁

《风庐乐忆》(散文),《爱乐》创刊号(1994年1月出版)。

《1993年岁末五日记》(散文),《光明日报》1994年1月31日。

《依碧山庄小诗六首》(新诗),《深圳作家报》1994年2月8日。

《药杯里的莫扎特》(散文),《音乐爱好者》1994年第1期(2月15日出版)。

《文学自传》(散文),收《燕园拾痕》,中原农民出版社1994年版。

《书当快意》(散文),《书摘》1994年第6期。

《真情·洞见·美言——〈女性散文选萃〉序》(序跋),《文汇报》1994年7月

14 日。

《梦回蒙自》(散文),《华人文化世界》1994 年第 3 期(7 月 25 日出版)。

《〈铁箫人语〉题记》(序跋),收《铁箫人语》,春风文艺出版社 1994 年版。

《胡子的喜剧》(短篇小说),《十月》1994 年第 5 期。

《"甲鱼"的正剧》(短篇小说),《作品》1994 年第 9 期。

《养马岛日出》(散文),《胶东文学》1994 年第 9 期。

《说虚构》(创作谈),《读书杂志》1994 年第 10 期,编者改题为《虚构,实在很难》。

1995 年,67 岁

《一点希望》(散文),《北京日报》副刊《流杯亭》"新年片语"栏 1995 年 1 月 19 日。

《乙亥年正月初二日偶书》(散文),《光明日报》"文化人怎么看春节晚会"栏 1995 年 2 月 8 日。

《促织,促织!》(散文),《散文(海外版)》1995 年第 1 期。

《三千里地九霄云》(散文),《中国作家》1995 年第 1 期。

《祈祷和平》(散文),《人民日报(海外版)》1995 年 7 月 10 日。

《〈幽梦影〉情结》(散文),《新剧本》1995 年第 4 期。

《〈风庐故事〉自序》(序跋),收《风庐故事》,中国对外翻译出版公司 1995 年版。

《向历史述说》(散文),收《冯友兰先生百年诞辰纪念文集》,清华大学出版社 1995 年版。

1996 年,68 岁

《〈宗璞文集〉后记》(序跋),收《宗璞文集》,华艺出版社 1996 年版。

《二月兰问答》(新诗),收《宗璞文集》第四卷,华艺出版社 1996 年版。

《京西小巷槐树街》(散文),收《宗璞文集》,华艺出版社 1996 年版。

《致丁果先生信》(散文),《明报月刊》。

《久病延年》(散文),《文汇报》1996 年 3 月 11 日。

《"辞典"的困惑》(散文),《群言》1996 年第 3 期。

《风庐茶话》(访谈),《作家》1996 年第 2 期,署名"宗璞、卫建民"。

《比尔建亚》(散文),《南方日报》1996 年 4 月 21 日。

《夹竹桃知己》(散文),《随笔》1996 年第 5 期。

《一封旧信》(散文),《文汇读书周报》1996 年 7 月 27 日。

《人老燕园》(散文),《文汇报》1996 年 12 月 10 日。

1997年,69岁

《刚毅木讷近仁——记张岱年先生》(散文),1996年11月中旬初稿,1997年6月下旬-8月改成,《随笔》1997年第6期。

1998年,70岁

《小议十二生肖》(散文),《新民晚报》1998年1月17日。

《三松堂依旧》(散文),《北京大学学报(哲学社会科学版)》1998年第2期。

《〈宗璞儿童文学作品精选〉自序》(序跋),收《宗璞儿童文学作品精选》,河北少年儿童出版社1998年版。

《下放追记》(散文),收《宗璞影记》,河北教育出版社1998年版。

《过去的瞬间——〈宗璞影记〉自序》(序跋),《文汇报》1998年12月4日。

《悼念陈岱孙先生》(散文),收《陈岱孙纪念文集》,福建人民出版社1998年版。

《岁暮感怀——〈未解的结〉代序》(序跋),写于1998年12月30日,收《未解的结》,辽宁人民出版社2000年版。

1999年,71岁

《致人民出版社信》(书信),创作于1999年1月4日,收《野葫芦须——宗璞散文全编(1951—2001)》,北京出版社2003年版。

《谁是主人翁》(散文),《北京日报》1999年1月14日。

《痛读〈思痛录〉》(评论),《文汇读书周报》1999年1月16日。

《烟斗上小人儿的话》(散文),收《回忆纪念闻一多》,武汉出版社1999年版。

《仙踪何处》(散文),《群言》1999年第5期。

《那青草覆盖的地方》(散文),创作于1999年4月中旬,同年6月初改定,收《永远的清华园》,北京出版社2000年版。

《雕刻盲的话》(散文),收熊秉明《中国当代艺术选集(6)》,中国美术馆1999年版。

《在曹禺墓前》(散文),《中华读书报》1999年6月23日。

《从近视眼到远视眼》(散文),《人民文学》1999年第10期。

《乐书》(散文),《人民日报(海外版)》1999年9月13日。

《〈永远的清华园〉序二》(散文),收《永远的清华园》,北京出版社2000年版。

2000年,72岁

《乘着歌声的翅膀——〈记得当年年纪小歌曲集〉序》(序跋),《新民晚报》2000年2月5日。

《东藏记》(长篇小说),《野葫芦引》第二卷,写于1993年秋—2000年7月24日,人民文学出版社2004年版。

《〈东藏记〉后记》(序跋),创作于2000年7月24日,收《东藏记》,人民文学出版社2004年版。

《蜡炬成灰泪始干》(散文),《人民日报(海外版)》2000年8月29日。

《告别阅读》(散文),《中华散文》2000年第9期。

《答〈收获〉王继军问》(创作谈),创作于2000年11月13日,收《宗璞文学创作评论集》,人民文学出版社2003年版。

2001年,73岁

《衔一粒沙再衔一粒沙》(创作谈),《文艺报》2001年11月6日。

《拾沙花朝小辑》(散文),《书稿》2001年第12期。

《〈风庐短篇小说集〉自序》(序跋),收《风庐短篇小说集》,上海社会科学院出版社2001年版。

《那样云缭绕的地方——记清华大学图书馆》(散文),收《不尽书缘》,清华大学出版社2001年版。

《我与人民文学出版社》(散文),收《我与人民文学出版社》,人民文学出版社2001年版。

2003年,75岁

《〈野葫芦须——宗璞散文全编(1951—2001)〉后记》(序跋),收《野葫芦须——宗璞散文全编(1951—2001)》,北京出版社2003年版。

《新世纪感言》(散文),收《野葫芦须——宗璞散文全编(1951—2001)》,北京出版社2003年版。

《迟到的话》(散文),《粤海风》2003年第4期。

2004年,76岁

《二十四番花信》(散文),《散文百家》2004年第4期(2月13日出版)。

2005年,77岁

《智慧的光辉——忆我的父亲冯友兰》(散文),《人民日报》2005年11月

6 日。

2006 年,78 岁
《吴为山的雕塑》(评论),《民族艺术》2006 年第 2 期。
《进于道的吴为山雕塑艺术》(评论),2006 年 5 月 27 日。
《小沙弥陶陶》(童话),《上海文学》2006 年第 8 期。

2007 年,79 岁
《漫记西南联大和冯友兰先生》(散文),《中华读书报》2007 年 9 月 5 日。

2008 年,80 岁
《托钵曲》(散曲),《歌曲》2008 年第 2 期,署名"宗璞词,王健吟诵"。
《惚恍小说(四篇)》(短篇小说),《中国作家》2008 年第 8 期。
《西征记》(长篇小说),创作于 2001 年春至 2008 年 12 月 31 日,人民文学出版社 2009 年版。

2010 年,82 岁
《采访史湘云》(散文),《新民晚报》2010 年 6 月 7 日。
《痴心肠要在葫芦里装宇宙》(访谈),《上海文学》2010 年第 8 期,署名"宗璞、夏榆"。
《燕园谈红——漫谈〈红楼梦〉》(访谈),《社会科学论坛》2010 年第 17 期(9 月 10 日出版),署名"宗璞、侯宇燕"。

2011 年,83 岁
《琥珀手串》(短篇小说),《上海文学》2011 年第 4 期。
《一个真实的冯友兰》(访谈),《天津政协》2011 年第 12 期,署名"宗璞、刘畅"。

2012 年,84 岁
《进于道的雕塑艺术》(评论),《文艺报》2012 年 3 月 5 日。

研究资料索引

宗璞研究资料索引

学位论文

郑新:《以一己之躯感受历史之重——论宗璞小说创作中的道德意识》,华中师范大学硕士学位论文,2002年。

陈新瑶:《宗璞创作与中国传统文化》,华中师范大学硕士学位论文,2005年。

谭红梅:《宗璞小说知识分子抗争主题研究》,延边大学硕士学位论文,2005年。

江玫:《"十字路口"的抉择——宗璞知识分子题材作品研究》,福建师范大学硕士学位论文,2006年。

齐凤芹:《论多维文化视野中的宗璞创作》,郑州大学硕士学位论文,2006年。

王珏:《抒情的变奏:论20世纪中国抒情童话的艺术发展——以叶圣陶、严文井、宗璞、冰波童话为例》,浙江师范大学硕士学位论文,2007年。

曹宇荃:《传统与现代的会通——宗璞小说片论》,扬州大学硕士学位论文,2008年。

王爱侠:《迷失与追寻——宗璞小说论》,山东大学硕士学位论文,2008年。

吴晓云:《宗璞小说与当代知识分子题材创作》,重庆师范大学硕士学位论文,2008年。

周惠卿:《为爱寻找一片天空——论宗璞笔下的知识女性世界》,河北师范大学硕士学位论文,2008年。

潘红英:《论宗璞小说中的伦理世界》,山东师范大学硕士学位论文,2009年。

薛慧姝:《论宗璞作品中知识分子性格的传统内涵》,吉林大学硕士学位论文,2009年。

孙仲英:《主流话语下潜在的女性话语——宗璞小说〈红豆〉〈三生石〉解读》,四川外语学院硕士学位论文,2010年。

岳蔚敏:《家国情怀与书生意气——论〈野葫芦引〉中知识分子的形象》,河南大学硕士学位论文,2010年。

陈进武:《宗璞与外国文学》,湖南师范大学硕士学位论文,2011年。

李梅妍:《论宗璞小说创作中的身体书写》,西南大学硕士学位论文,2011年。

邢婷婷:《对知识分子命运的叩问和反思——论宗璞的知识分子题材小说》,山东师范大学硕士学位论文,2011年。

张哲:《艰难的选择——论宗璞小说中知识分子的价值取向》,山东大学硕士学位论文,2011年。

赵晓霞:《宗璞童话文体探析》,苏州大学硕士学位论文,2011年。

李夏:《宗璞创作与道家文化》,河北大学硕士学位论文,2012年。

王俪萍:《论宗璞小说中的身份意识》,江西师范大学硕士学位论文,2012年。

瞿春花:《论宗璞小说的个人化叙事》,浙江大学硕士学位论文,2012年。

周雪:《借鉴、背离与突破——论宗璞小说(1978—1985)与西方现代主义文学的关系》,四川师范大学硕士学位论文,2012年。

杜娟:《宗璞创作论》,河南师范大学硕士学位论文,2013年。

李肖璇:《宗璞创作与中国传统文化》,安徽大学硕士学位论文,2013年。

王宜君:《"野葫芦引"的西南联大镜像》,华中师范大学硕士学位论文,2013年。

王一然:《重读卡夫卡——兼论宗璞、余华对其接受和发展》,上海交通大学硕士学位论文,2013年。

解晓敏:《西南联大叙事中的知识分子形象——以宗璞〈野葫芦引〉长篇系列为中心》,上海师范大学硕士学位论文,2013年。

王丽:《宗璞"燕园系列"散文研究》,河北师范大学硕士学位论文,2014年。

王艳:《论中国传统文化影响下的宗璞小说创作》,曲阜师范大学硕士学位论文,2014年。

赵杰:《杨绛、宗璞散文比较论》,山东师范大学硕士学位论文,2014年。

杨艳:《小说中的西南联大——以〈未央歌〉和〈野葫芦引〉为例》,云南大学硕士学位论文,2015年。

期刊论文

刘淮:《新颖精巧的五色织锦——读宗璞的〈三生石〉》,《北京师院学报(社会科学版)》1981年第2期。

赵宪章:《梦幻·现实·艺术——〈蜗居〉艺术构思的特点》,《钟山》1981年第4期。

冯友兰:《〈宗璞小说散文选〉佚序》,《读书杂志》1982年第1期。

李子云:《净化人的心灵——读〈宗璞小说散文选〉》,《读书》1982年第1期。

方克强、费振刚:《迈在探索和创新的路上——宗璞短篇近作漫评》,《钟山》1982年第3期。

李又宁、方仁念:《从宗璞看中国当代年轻的女作家》,《文艺理论研究》1983年第3期。

晓林、家昌:《论宗璞的小说》,《扬州大学学报(社会科学版)》1984年第2期。

陈素琰:《论宗璞》,《文学评论》1984年第3期。

施叔青:《又古典又现代——与大陆女作家宗璞对话》,《人民文学》1988年第10期。

黄秋耘:《"报国心遏云行"——读〈南渡记〉的随想》,《当代作家评论》1989年第1期。

潘延:《超越后的困惑——论宗璞童话创作》,《浙江社会科学》1989年第4期。

卞之琳:《读宗璞〈野葫芦引〉第一卷〈南渡记〉》,《当代作家评论》1989年第5期。

孔书玉:《嵋的"启悟"主题》,《文艺研究》1989年第5期。

张德祥:《不能淡忘的历史存在——读长篇小说〈南渡记〉》,《文论月刊》1990年第2期。

陈乐民、资中筠:《细哉文心——读宗璞〈南渡记〉》,《读书杂志》1990年第7期。

马风:《论宗璞的"史诗情结"——对〈南渡记〉文体的一点疑义》,《文学评论》1990年第4期。

曾镇南:《论〈南渡记〉》,《文论月刊》1990年第12期。

曾镇南:《〈南渡记〉的评价与现实主义问题》,《文学评论》1991年第1期。

佘力容:《意匠如神变化生　笔端有力任纵横——谈宗璞〈西湖漫笔〉》,《兵团教育学院学报》1991年第2期。

徐家昌:《形神兼备　意蕴含婉——读宗璞〈紫藤萝瀑布〉》,《名作欣赏》1992年第5期。

范昌灼:《新时期宗璞散文的艺术特色》,《当代文坛》1993年第1期。

李咏吟:《存在的勇气:杨绛与宗璞的散文精神》,《当代作家评论》1993年第

6期。

温潘亚:《心灵深处的诗音——重论宗璞的小说〈红豆〉的艺术追求》,《盐城师专学报(哲学社会科学版)》1994年第2期。

陈素琰:《论宗璞的散文》,《徐州师范大学学报(哲学社会科学版)》1994年第3期。

唐晓丹:《宗璞小说论》,《当代作家评论》1994年第4期。

冯亦代:《〈宗璞散文选集〉》,《书城杂志》1994年第8期。

马风:《美的叙述的光彩与生命力——重读〈鲁鲁〉和〈心祭〉》,《小说评论》1994年第6期。

叶稚珊:《兰气息 玉精神》,《书与人》1995年第5期。

孙郁:《读解宗璞》,《中国图书评论》1995年第8期。

曹正文:《燕南园的故事——记宗璞》,《博览群书》1995年第12期。

梁燕丽:《〈红豆〉的叙事方式——兼谈当代文学50—70年代的叙事问题》,《黎明职业大学学报》1997年第Z1期。

侯宇燕:《这方园地中的冯家山水——论宗璞的小说艺术》,《文学评论》1997年第2期。

石杰:《禅意与化境——宗璞散文艺术论》,《齐鲁学刊》1997年第2期。

路筠:《个性意识和文化品味——宗璞散文浅论》,《柳州师专学报》1997年第2期。

方步翰:《联想成篇 层层渲染——宗璞〈西湖漫笔〉赏析》,《修辞学习》1997年第4期。

谢玉珊:《真情 洞见 美言——宗璞散文印象》,《天中学刊》1998年第3期。

杨绛:《答宗璞——〈不得不说的话〉》,《文学自由谈》1998年第5期。

王蒙:《兰气息 玉精神》,《时代文学》1998年第6期。

《宗璞:文思通达新锐》,《当代作家评论》1998年第6期。

徐城北:《宗璞有一本〈铁箫人语〉》,《博览群书》1998年第12期。

蔡慧清:《宗璞小说的音乐与女性意识》,《湘潭师范学院学报(社会科学版)》1999年第1期。

金鑫:《浪漫的格调与现代的手法——冯沅君、宗璞小说风格之比较》,《鞍山师范学院学报》1999年第4期。

刘忠阳:《韩愈〈祭十二郎文〉遗憾情感分析——兼与宗璞〈哭小弟〉比较》,《株洲师范高等专科学校学报》1999年第4期。

金鑫:《自我的抒写与诗意的酿造——从冯沅君、宗璞小说看女性文学散文化的倾向》,《沈阳师范学院学报(社会科学版)》1999年第5期。

金仕霞:《红豆总相思——重读宗璞的〈红豆〉》,《西昌师范高等专科学校学报》2000年第1期。

金鑫:《爱与自由的感性呈现——论冯沅君、宗璞小说中的人道主义精神》,《辽宁广播电视大学学报》2000年第1期。

万兴华:《从冯沅君与冯宗璞小说的审美世界看五四以来我国女性文学的精神转换》,《南昌教育学院学报》2000年第2期。

金鑫:《在场的缺席者——冯沅君、宗璞小说的男性形象塑造》,《辽宁大学学报(哲学社会科学版)》2000年第3期。

李斌:《宗璞创作的魅力》,《文艺理论研究》2000年第3期。

董小玉:《新时期现代主义小说的滥觞——论王蒙、茹志鹃、宗璞、谌容对现代主义小说技法的尝试》,《呼兰师专学报》2001年第1期。

贺国光:《淡妆浓抹总相宜——谈宗璞创作的绘画美》,《甘肃教育学院学报(社会科学版)》2002年第1期。

雷达:《宗璞〈东藏记〉》,《当代作家评论》2002年第1期。

王蒙:《读宗璞的两本书》,《当代作家评论》2002年第1期。

韩大强:《论宗璞散文的哲学意蕴》,《信阳师范学院学报(哲学社会科学版)》2002年第2期。

张婧磊:《政治意识与人性的悖论、融合——解读〈红豆〉》,《东疆学刊》2002年第2期。

刘心武:《野葫芦的梦——对〈南渡记〉〈东藏记〉的一种解读》,《粤海风》2002年第5期。

余杰:《漫画钱钟书——我看〈东藏记〉的暗藏机锋》,《粤海风》2002年第5期。

朱芳华:《鉴赏美文 感悟宗璞》,《首都师范大学学报(社会科学版)》2002年第S2期。

白春超:《诚与雅的执着追求——宗璞创作论》,《新乡师范高等专科学校学报》2003年第1期。

霍秀全:《真情雅韵满风庐—— 读宗璞〈风庐散文选〉》,《广播电视大学学报(哲学社会科学版)》2003年第2期。

徐岱:《史与诗的张力:论宗璞和她的〈野葫芦引〉》,《文艺理论研究》2003年第2期。

徐明:《绘真像 抒真情 发为至文——杨绛与宗璞的散文创作比较》,《大同职业技术学院学报》2003年第2期。

贺桂梅:《历史沧桑和作家本色——宗璞访谈》,《小说评论》2003年第5期。

何西来:《宗璞优雅风格论》,《文学评论》2004年第1期。

吴苏阳:《〈红豆〉与〈青春之歌〉对爱情的双重理解》,《盐城师范学院学报(人文社会科学版)》2004年第1期。

柴平:《论〈东藏记〉的误区》,《当代文坛》2004年第3期。

王永兵:《飘泊与坚守——论宗璞〈南渡记〉、〈东藏记〉中的知识分子形象》,《理论学刊》2004年第3期。

金鑫:《在自由与规范之间——从冯沅君到宗璞》,《社会科学辑刊》2004年第4期。

郑新:《宗璞小说创作风格简论》,《南阳师范学院学报(社会科学版)》2004年第4期。

姜山秀:《论宗璞短篇小说创作的身份意识与叙述姿态》,《德州学院学报(哲学社会科学版)》2004年第5期。

郑新:《以德为文——试析宗璞小说的内在支撑因素》,《江西社会科学》2004年第9期。

王彩萍:《士的精神的现代传承——论宗璞的小说》,《苏州大学学报(哲学社会科学版)》2005年第1期。

陈新瑶:《宗璞:一个真诚而执着的创作者》,《十堰职业技术学院学报》2005年第4期。

黄亚清、吴秀明:《宗璞的佛教文化情结》,《西南民族大学学报(人文社会科学版)》2005年第4期。

郑新:《命运沉浮中的觉醒——对宗璞小说中知识分子身份的探析》,《名作欣赏》2005年第21期。

张松青:《论宗璞散文的艺术特色》,《商丘职业技术学院学报》2005年第4期。

张松青:《论宗璞小说的艺术特色》,《新乡教育学院学报》2005年第6期。

资中筠:《高山流水半世谊——宗璞与我》,《钟山》2005年第6期。

陈新瑶:《论冯友兰对作家宗璞的创作影响》,《武汉船舶职业技术学院学报》2006年第1期。

陈新瑶:《论宗璞笔下"花"的意象》,《理论界》2006年第2期。

王小平:《涵泳大雅——论宗璞短篇小说的叙事艺术》,《当代作家评论》2006年第2期。

程良友:《后现代主义折射下的宗璞小说》,《重庆工学院学报》2006年第3期。

孙先科:《话语"夹缝"中造就的叙事——论宗璞"十七年"的小说创作》,《理论与创作》2006 年第 4 期。

郑新:《宗璞散文散论》,《南阳师范学院学报(社会科学版)》2006 年第 11 期。

刘燕萍:《论宗璞散文的生命意识》,《平顶山学院学报》2006 年第 6 期。

王进庄:《"十字路口"情结的执拗和超越——论从〈红豆〉到〈东藏记〉话语系统的融合形态》,《当代文坛》2006 年第 6 期。

谢玉珊:《淡雅隽永 本色从容——杨绛宗璞散文创作之比较》,《社科纵横》2006 年第 6 期。

黄萍:《论宗璞小说的多元化元素》,《广西教育学院学报》2007 年第 1 期。

郑新:《灵秀之笔写历史——析宗璞〈野葫芦引〉的叙述话语》,《辽宁师范大学学报(社会科学版)》2007 年第 1 期。

陈红旗:《宗璞小说中的女性生存困境》,《名作欣赏》2007 年第 4 期。

赵晓芳:《爱,是不能忘记的——试析宗璞〈红豆〉的叙述"裂缝"》,《名作欣赏》2007 年第 4 期。

吴晓云:《皈依与疏离:个人话语与集体话语的冲突——谈宗璞 1950 年代的小说创作》,《重庆师范大学学报(哲学社会科学版)》2007 年第 3 期。

张洪杰:《小议宗璞〈我是谁〉中的知识分子韦弥》,《绥化学院学报》2007 年第 3 期。

吴延生:《简论宗璞散文的细节描写技巧》,《名作欣赏》2007 年第 18 期。

袁平:《描写战争硝烟的婉约文本——评宗璞的〈东藏记〉》,《时代文学(理论学术版)》2007 年第 7 期。

王彩萍:《中国知识分子的精神写真——宗璞小说〈红豆〉〈三生石〉连读》,《名作欣赏》2007 年第 22 期。

陈素琰:《〈宗璞散文选〉序》,《当代作家评论》2007 年第 6 期。

赵慧平:《说宗璞小说的"本色"创作》,《当代作家评论》2007 年第 6 期。

李悦:《泛政治化语境中的爱情悲歌——宗璞〈红豆〉之再解读》,《湖北广播电视大学学报》2008 年第 1 期。

朱红杰:《试述"十七年文学"中宗璞小说的女性意识》,《重庆职业技术学院学报》2008 年第 1 期。

陈新瑶:《爱的使者 美的精灵——谈宗璞对现代女性的理想建构》,《现代语文(文学研究版)》2008 年第 12 期。

陈新瑶:《"人"的呼喊与欢唱——析宗璞文学创作的价值追求》,《黄石理工学院学报(人文社会科学版)》2008 年第 2 期。

罗长青:《〈红豆〉——被革命/爱情双重主题遮蔽的知识分子艺术诉求》,《湖北师范学院学报(哲学社会科学版)》2008年第2期。

牛犁:《论〈红豆〉中"红豆"的象征意象》,《湘潭师范学院学报(社会科学版)》2008年第2期。

汪婷:《红豆不堪看,满眼相思泪——试析宗璞〈红豆〉主观与客观的背离》,《安徽文学(下半月)》2008年第12期。

吴婷婷:《现代与传统之间——解读宗璞〈野葫芦引〉中的文化选择》,《名作欣赏》2008年第22期。

张丽:《论宗璞〈红豆〉的修辞叙事》,《西南交通大学学报(社会科学版)》2008年第4期。

陈新瑶:《宗璞创作的诗意化特色》,《黄石理工学院学报(人文社会科学版)》2008年第5期。

田文军、杨姿芳:《冯友兰与抗战文化——以〈南渡记〉为中心》,《长春工业大学学报(社会科学版)》2008年第5期。

王世锋:《一脉文心的文学"乌托邦"写作——论宗璞小说中理想精神的坚守》,《中文自学指导》2008年第5期。

李利霞、李琪:《"百花时代"情爱小说绽放出的超时音符——以〈红豆〉、〈在悬崖上〉、〈美丽〉为例》,《宝鸡文理学院学报(社会科学版)》2008年第6期。

潘红英:《宗璞小说中的伦理文化策略》,《芜湖职业技术学院学报》2009年第1期。

胡群星、肖应勇:《〈我是谁〉:人性遭到扭曲后的质问》,《文学教育(上半月)》2009年第2期。

李建军:《内部伦理与外部规约的冲突——以〈红豆〉为例》,《小说评论》2009年第2期。

郭瑞芳:《宗璞〈我是谁?〉的人性深度》,《文学教育(上半月)》2009年第8期。

潘海军:《"流亡"意识与诗性之美——简谈宗璞小说〈南渡记〉的审美风格》,《现代交际》2009年第4期。

李翠芳:《激情时代的宽厚深广——宗璞写作的时代意义》,《文艺评论》2009年第2期。

吴延生:《宗璞散文"纯朴雅致"的语言特色显在成因分析》,《名作欣赏》2009年第10期。

王力可:《显在的皈依与潜在的反抗——谈宗璞〈红豆〉的创作》,《科教文汇(上旬刊)》2009年第12期。

付艳霞:《兵戈沸处同国忧——评宗璞的〈西征记〉》,《文艺理论与批评》2009年第3期。

陈新瑶:《难解的情结:宗璞与儒学思想》,《淮北职业技术学院学报》2009年第4期。

王爱侠:《回首向来萧瑟处——谈宗璞创作中对知识分子问题的反思》,《扬子江评论》2009年第4期。

程良友:《梦幻象征雾化现实——宗璞短篇〈蜗居〉的构思艺术》,《四川教育学院学报》2009年第9期。

刘雄仕:《去与留的抉择——关于宗璞的〈红豆〉与谌容的〈人到中年〉》,《名作欣赏》2009年第27期。

木亚沙尔·阿不来提:《红豆最相思——以当代视角析读〈红豆〉》,《文教资料》2009年第35期。

王春林:《一部感人肺腑、荡气回肠的精神史诗——评宗璞长篇小说〈西征记〉》,《扬子江评论》2010年第1期。

赵晓霞:《文体的困惑——〈鲁鲁〉应归入哪家?》,《大众文艺》2010年第4期。

张雅东:《宗璞散文的艺术魅力与特质》,《理论观察》2010年第2期。

陈小康:《共同的审美,人性的真善——〈变形记〉和〈蜗居〉从变形手法到变形意义的比较》,《大家》2010年第8期。

祁宏超:《"荒漠"中的人性之花——〈百合花〉、〈红豆〉的人性美》,《温州职业技术学院学报》2010年第3期。

郑新:《时代夹缝中的人性张力——浅析〈红豆〉的爱情话语》,《扬子江评论》2010年第4期。

宗璞、夏榆:《痴心肠要在葫芦里装宇宙》,《上海文学》2010年第8期。

常楠:《爱在夹缝中滋长——宗璞〈红豆〉人物心理解读》,《安徽文学(下半月)》2010年第11期。

吴晓云:《论宗璞"文革"前的知识分子题材小说创作》,《名作欣赏》2010年第11期。

毕光明:《难以突破的禁区——〈红豆〉的爱情书写及其阐释的再考察》,《名作欣赏》2010年第12期。

段永建:《入乎其内 出乎其外——谈〈红豆〉的审美意蕴》,《名作欣赏》2010年第27期。

郑新:《论宗璞小说中的生活叙事》,《中州学刊》2010年第3期。

宋如珊:《论宗璞小说〈红豆〉的人物塑造》,《江汉论坛》2010年第4期。

孙先科:《美学的分身术与隐蔽的身份对位——宗璞小说〈弦上的梦〉再解读》,《汉语言文学研究》2011年第1期。

赵树勤、陈进武:《从"不会忘记"说起——宗璞与陀思妥耶夫斯基小说创作比较》,《湖南城市学院学报》2011年第3期。

陈新瑶:《解读神秘:论宗璞对神秘主义的现代书写》,《名作欣赏》2011年第5期。

赵树勤、陈进武:《从"荒原"到"野葫芦"——宗璞与托马斯·哈代小说创作比较》,《理论与创作》2011年第2期。

赵晓霞:《浅谈宗璞童话儿童形象的得与失》,《大舞台》2011年第2期。

赵晓霞:《浅谈宗璞童话打破大团圆结局的意义》,《大众文艺》2011年第3期。

彭博:《宗璞作品中的"花"之表达》,《北方文学(下半月)》2011年第7期。

赵晓霞:《浅谈宗璞童话语言的诗意美》,《学周刊》2011年第5期。

晋海学:《荒诞境遇中的人学话语与主体建构——以宗璞小说〈我是谁〉、〈蜗居〉为考察对象》,《中州学刊》2011年第3期。

陈娴:《宗璞"两记"对知识阶层的精神素描及误区》,《淮阴工学院学报》2011年第4期。

方汉文:《钱锺书不应成为〈东藏记〉之尤甲仁》,《中国图书评论》2011年第7期。

张志忠、李坤、张细珍:《长篇小说〈西征记〉笔谈》,《中国现代文学研究丛刊》2011年第7期。

廖四平、黎敏:《〈东藏记〉综论——茅盾文学奖获奖作品丛论之三》,《长江师范学院学报》2011年第5期。

冯颖艳:《试论宗璞小说创作中女性意识的主体性特征》,《江苏教育学院学报(社会科学)》2011年第6期。

张志忠:《士林心史 儿女风姿——宗璞小说创作论》,《文学评论》2011年第6期。

谢建文:《革命语境下爱情主题的别样叙事——〈红豆〉解读》,《安徽文学(下半月)》2011年第12期。

康玮玮:《散点叙事、多角度呈现以及丰富留白》,《文艺争鸣》2012年第1期。

李杰俊:《结构与战争》,《文艺争鸣》2012年第1期。

徐兆淮:《问候·祝福·回忆——编余琐忆:宗璞印象记》,《扬子江评论》2012年第1期。

杨晶:《〈西征记〉笔谈——弥在硝烟战火中的无疆大爱》,《文艺争鸣》2012年第1期。

张志忠:《〈西征记〉笔谈》,《文艺争鸣》2012年第1期。

林盼盼:《宗璞小说中"变形"母题的中西文化探源》,《兰州教育学院学报》2012年第1期。

陈新瑶:《宗璞小说的叙事伦理》,《名作欣赏》2012年第8期。

李璐:《读宗璞的〈南渡记〉和〈东藏记〉》,《文学教育(中)》2012年第7期。

李冉:《隐秘的女性意识——浅析〈红豆〉中的江玫形象》,《剑南文学(经典教苑)》2012年第7期。

王宜君:《〈野葫芦引〉系列小说中的云南印象》,《文学教育(下)》2012年第7期。

吴辰、李海珉:《生命追问与人性烛照——〈我是谁?〉、〈谁是我?〉、〈她是谁?〉三部作品的比较研究》,《安徽文学(下半月)》2012年第7期。

陈进武:《撷取"平安的花朵"——宗璞与凯·曼斯菲尔德小说创作比较》,《文化与传播》2012年第4期。

洪永春:《〈红豆〉:革命时代的纯真爱情》,《文学教育(上)》2012年第10期。

冯颖艳:《论林徽因、宗璞小说中女性意识的同一性》,《安徽文学(下半月)》2012年第12期。

吴辰、宋军:《知识分子的话语:宗璞小说研究综述》,《海南广播电视大学学报》2012年第3期。

孙先科:《从"玻璃瓶"到"野葫芦"——宗璞的第一篇小说和她爱情书写的诗学特征》,《文学评论》2012年第4期。

姚潇:《装着一肚子故事的葫芦——宗璞与〈野葫芦引〉》,《南昌教育学院学报》2012年第10期。

洪永春:《〈红豆〉:革命时代的纯真爱情》,《文学教育(上)》2012年第10期。

潘向黎:《〈野葫芦引〉如何还原历史?》,《南方文坛》2012年第6期。

曹书文:《〈红豆〉:革命与爱情叙事的另类书写》,《文艺争鸣》2012年第12期。

周文英、杨梦媛:《爱情的铭文——对宗璞〈红豆〉中齐虹形象的双面解读》,《昭通师范高等专科学校学报》2012年第6期。

臧晴:《新时期初期女性写作"向内转"的失败——从〈三生石〉到〈北极光〉》,《文学评论丛刊》2013年第1期。

沈慧:《知识分子意识的别样呈现——论宗璞建国十七年时期的小说创作》,《云南农业大学学报(社会科学版)》2013年第1期。

胡晓:《爱情的梦境或革命的伪装?——试析宗璞〈红豆〉的潜在叙事结构与思想内涵》,《安徽文学(下半月)》2013年第3期。

汤洁:《革命中的艰难爱情——丁玲〈韦护〉和宗璞〈红豆〉之对比》,《现代语文(学术综合版)》2013年第10期。

叶云佳:《"红豆"最相思——浅谈宗璞小说〈红豆〉的叙事策略》,《新西部(理论版)》2013年第11期。

王艳:《浅论宗璞小说创作的局限性》,《现代语文(学术综合版)》2013年第12期。

毕文君:《文学小传统下的个体记忆与小说诗学——论宗璞〈野葫芦引〉》,《石家庄学院学报》2013年第5期。

王艳:《论宗璞〈野葫芦引〉系列小说的人文关怀》,《清远职业技术学院学报》2013年第4期。

杨惠、方维保:《〈东藏记〉贬损了商人吗?——关于〈论《东藏记》的误区〉的误区》,《海南师范大学学报(社会科学版)》2013年第4期。

侯宇燕:《论宗璞的中短篇小说创作》,《中国现代文学研究丛刊》2013年第10期。

孙琳:《青春小说的时代性变迁——〈红豆〉与〈致青春〉异同分析》,《芙蓉》2014年第1期。

徐冬、黄晶:《从精神分析视角解读宗璞小说〈我是谁〉》,《和田师范专科学校学报》2014年第2期。

卢芳:《论宗璞〈红豆〉的知识分子题材》,《理论界》2014年第4期。

徐诗颖:《繁华落尽见真淳——品读宗璞〈红豆〉》,《名作欣赏》2014年第18期。

陈洁:《以文代墨作丹青——宗璞小说的"散文画"叙事》,《宜春学院学报》2014年第5期。

李雍、徐放鸣:《海峡两岸女性自传性小说中的"中国形象"之比较——以〈巨流河〉与〈东藏记〉为例》,《世界华文文学论坛》2014年第3期。

李剑虹:《论宗璞散文的哲学意蕴》,《语文建设》2014年第30期。

姜芬:《宗璞笔下的日本形象分析——以〈南渡记〉、〈东藏记〉、〈西征记〉为中心》,《漯河职业技术学院学报》2014年第6期。

晋海学:《在不同的探索之间——以新时期之初王蒙与宗璞的小说创作为观照对象》,《河南社会科学》2015年第1期。

冯颖艳:《论林徽因、宗璞小说中女性意识的差异性》,《安徽文学(下半月)》2015年第2期。

罗梨蕾:《一曲"美"与"爱"的悲歌——从当代视角重析宗璞的〈红豆〉》,《大众文艺》2015年第2期。

齐思原:《红豆的隐喻与文艺工作者的异化——略谈宗璞〈红豆〉》,《名作欣赏》2015年第2期。

喻超:《童话创作与空间建构——浅谈宗璞童话〈总鳍鱼的故事〉》,《吉林省教育学院学报(中旬)》2015年第7期。

王继蓉:《宗璞〈东藏记〉中的主要人物形象分析》,《文学教育(下)》2015年第11期。

唐千惠:《从男性附宠到自觉人:宗璞作品中女性形象的演变》,《大众文艺》2015年第13期。

李鑫:《红豆不堪看,满眼相思泪——〈红豆〉中革命和爱情的女性》,《名作欣赏》2015年第33期。

程红丽:《〈野葫芦引〉中知识分子形象的家国情怀》,《阴山学刊(社会科学版)》2016年第1期。

李松洺:《细啜襟灵爽,微吟齿颊香》,《文艺争鸣》2016年第3期。

报纸文章

高洪波:《"假北平人"宗璞》,《文艺报》1988年2月6日。

韦君宜:《〈南渡记〉漫谈》,《文艺报》1988年10月29日。

冯至:《〈南渡记〉读后》,《文艺报》1989年5月6日。

吴方:《〈南渡记〉的情怀》,《人民日报》1989年5月30日。

金克木:《"南渡衣冠思王导"》,《文艺报》1989年7月1日。

张抗抗:《为谁风露立中宵》,《文汇报》1990年11月19日。

周政保:《淡泊宁静之美——宗璞的散文追求》,《文汇报》1996年7月24日。

赵则训:《第九朵莲花》,《中华读书报》1997年5月21日。

王洪:《"我和读者之间有一个灵魂的桥"》,《中华读书报》1998年9月30日。

玉壶冰:《文章贵有真性情——读宗璞〈未解的话〉》,《西安日报》2000年8月20日。

马长征:《平淡处见珍贵——读宗璞〈东藏记〉》,《文学报》2000年12月14日。

廖增湖:《〈东藏记〉:战争,与超越战争》,《北京日报》2001年2月4日。

杨柳:《〈南渡记〉〈东藏记〉宗璞的心血之作》,《文艺报》2001年6月19日。
杨柳:《南迁昆明的知识分子情状》,《中华读书报》2001年7月11日。
行云:《宗璞:十年磨一剑》,《北京日报》2001年9月2日。
肖鹰:《野葫芦中一瓢美丽的汁液》,《中国图书商报》2001年9月6日。
江湖:《好一个俊雅的"野葫芦"》,《文艺报》2001年10月16日。
曹文轩:《在无风景时代邂逅风景》,《北京日报》2001年10月21日。
吴秉杰:《当历史进入日常生活中》,《北京日报》2001年10月21日。
孙郁:《感性化的奇特历史——读宗璞〈南渡记〉〈东藏记〉》,《中国教育报》2001年11月1日。
陈建功:《永不沦陷的精神家园——读宗璞长篇小说〈南渡记〉〈东藏记〉》,《文艺报》2001年11月6日。
姚曼华:《喜读〈东藏记〉》,《云南日报》2001年11月20日。
杨柳:《痴心肠要在葫芦里装宇宙——作家宗璞的写作人生》,《中国教育报》2001年11月22日。
雷达:《〈东藏记〉的文化韵味》,《光明日报》2001年11月29日。
陈乐民:《宗璞的〈野葫芦引〉》,《文汇报》2002年1月6日。
张抗抗:《柔性的战争——读宗璞〈东藏记〉》,《检察日报》2002年3月14日。
杨柳:《"痴心肠要在葫芦里装宇宙"》,《人民日报海外版》2002年7月2日。
尔文:《宗璞:锦心绣口写气节》,《文艺报》2004年12月4日。
赵金钟:《燕园访宗璞》,《人民日报》2005年2月22日。
丁丽洁:《她为"典雅"竖立标尺——宗璞长篇小说〈南渡记〉、〈东藏记〉上海研讨会侧记》,《文学报》2005年5月19日。
楼乘震:《宗璞:我像蚂蚁在搬沙》,《深圳商报》2005年5月24日。
李中华、李运海、李天密:《宗璞:家乡的明天会更美好》,《河南日报》2007年10月30日。
胡军:《宗璞文学创作六十年座谈会在京举行》,《文艺报》2007年11月6日。
曹雪萍:《宗璞〈西征记〉完成三分之一》,《中国新闻出版报》2007年11月7日。
舒晋瑜:《作品散发着汉语和思想的魅力——学界祝贺宗璞80寿辰,评述其60年创作路》,《中华读书报》2007年11月7日。
张抗抗:《宗璞先生的韧性写作》,《中华读书报》2007年11月14日。
汤锐:《哲理与童心之间的幻想小径》,《中国图书商报》2007年11月27日。

文洁若:《宗璞和她的代表作〈野葫芦引〉》,《中华读书报》2010年2月3日。
李扬:《宗璞 希望写的历史向真实靠近》,《文汇报》2011年8月9日。
王素蓉:《心静如水的宗璞》,《中国社会科学报》2012年9月21日。
侯宇燕:《相见争如不见——宗璞笔下的清华之恋》,《华夏时报》2013年6月29日。
侯宇燕:《宗璞笔下揭秘陈绵陈澂莱父女,还原民国时期名门子弟》,《北京晚报》2015年9月17日。

其他论文

孙犁:《人的呐喊》,《宗璞散文小说选》,北京出版社,1981年。
程蔷:《她心头火光熠熠,笔下清风习习——评宗璞的小说创作》,《文学评论丛刊》(第20辑),中国社会科学出版社,1984年。
涂光群:《宗璞的〈弦上的梦〉》,《中国三代作家纪实》,中国文联出版社,1995年。
孙郁:《史笔亦多情》,《求疵与废话》,北岳文艺出版社,2002年。
何西来:《不泯的童心》,《宗璞文学创作评论集》,人民文学出版社,2003年。
侯宇燕:《萤火、木香花、三生石——宗璞先生侧影》,《宗璞文学创作评论集》,人民文学出版社,2003年。
蔡仲德:《我和宗璞》,《宗璞文学创作评论集》,人民文学出版社,2003年。
[日]楠原俊代:《宗璞考论——以"我是谁""我为什么写作"为中心》,《宗璞文学创作评论集》,人民文学出版社,2003年。
叶廷芳:《二十年磨一剑——宗璞〈野葫芦引〉的艺术品位》,《宗璞文学创作评论集》,人民文学出版社,2003年。

著作

王绯:《睁着眼睛的梦》,作家出版社,1995年。
木斋:《与中国作家对话》,京华出版社,1999年。
先燕云:《三千里地九霄云——宗璞与云南》,云南教育出版社,2000年。
赵金钟:《霞散成绮:冯友兰家族文化史》,长江文艺出版社,2000年。
陈顺馨:《夹缝中的生存》,山东教育出版社,2002年。
戴锦华:《涉渡之舟:新时期中国女性写作与女性文化》,陕西人民教育出版社,2002年。

  常莉:《宗璞:铁箫声里玉精神》,大象出版社,2007年。

  人民文学出版社编:《宗璞文学创作评论集》,人民文学出版社,2003年。

  王彩萍:《新时期作家与儒家文化精神》,中国社会科学出版社,2013年。

  赵金钟:《倚树听流泉:唐河冯氏家族文化评传》,郑州大学出版社,2013年。

编 后 记

在这个后记中,我想尝试回答这样几个问题:1. 宗璞能不能被认定为"中原作家群"中的作家?2. 这个研究资料汇编与2003年人民文学出版社编的《宗璞文学创作评论集》有何区别?3. 我是如何梳理宗璞的研究资料的?

说实在话,第一个问题比较棘手。我们只知道宗璞是冯友兰的女儿,而冯友兰是河南省南阳市唐河县祁仪镇人。大多数时候,我们河南人说宗璞是河南作家,所依据的大概也就是这个逻辑。但是,宗璞出生于北京,一生中几乎没有回过河南老家,她的作品中也没有写到过河南。这样一个作家我们从什么意义上说她是河南作家呢?依据还只能从冯友兰身上去找。其一,按照我们中国人的传统习惯,介绍自己是哪里人时,经常会说自己的原籍甚至祖籍,以彰显自己的渊源有自,比如韩愈生于河南省孟州市,但自称"郡望昌黎",因为他祖籍河北省昌黎县。以这样的逻辑,说宗璞是河南人也就没有什么说不通的了。其二,了解宗璞的人都知道,宗璞受父亲冯友兰影响很大,她身上不仅流淌着冯友兰的血脉,也一样继承着冯友兰的文脉。如果从这个角度说宗璞身上浸蕴着河南人的精神传统,怕也不算是空穴来风。在这样两个意义上,作为河南人,我还是愿意认定宗璞是河南作家。

第二个问题回答起来就有信心了很多。作为第一本宗璞研究资料的汇编,《宗璞文学创作评论集》(以下简称"《评论集》")在为学术研究提供方便、积累史料方面功不可没。但是,一来因为时间的原因,2003年以后的研究成果这本资料不可能收录;再一个原因可能与编选者自己的考虑也有关系,《评论集》收录短文较多,系统论述宗璞及其创作的"大文章"显得少了一些。作为补充,我们这本汇编除了一些较为重要的短评之外,更注重收录系统论述宗璞及其创作的"大文章"。这并不是说文章越长越好,但是,要想把一个作家某一个方面的文学成就系统而详尽地呈现出来,没有一定的篇幅是不大现实的。所以,与前辈学者比较起来,我们这本汇编还是有其自身价值的。《评论集》中有一些文章在我们看来也值得收录,但是,由于我们没有找到原刊或最初的出处,所以还是决定让它们保留在《评论集》中,以彰显《评论集》不可替代的价值。

第三个问题是要回答一下我是如何梳理宗璞的研究资料的。总体上本汇编遵从整套丛书的编辑框架,分为"自述·访谈·印象记"(10篇)、"研究论文选辑"(29篇)、"作品年表"(1则)、"研究资料索引"(1则)、"编后记"(1篇)等五部分。自述部分选取了4篇文章,主要涉及宗璞对文学传统和外来影响的理解,对文学独创性的追求以及在文学虚构中感受到的难度。3篇访谈是3位国内外学者就宗璞文学创作中的一些问题与作家之间的书信往来和当面交流。印象记包括记者采访后的整体追述,也有编辑宗璞作品的出版人的回忆性文章。所选29篇研究论文从整体上呈现了学术界对宗璞文学创作的研究历史。这29篇文章又分为这样几个部分:排在最前面的5篇基本上是对宗璞文学创作的整体性研究,接下来的8篇则主要是对宗璞小说创作的整体论述,下面的10篇是对宗璞单篇小说作品的分析,包括她的《红豆》、《鲁鲁》、《我是谁?》、《蜗居》、《南渡记》、《西征记》等。宗璞的童话创作也是一个值得研究的课题,但是这方面的成果不多,有价值的更少,我们从中选择了1篇《超越后的困惑》作为这方面研究成果的代表。最后5篇文章是关于宗璞散文创作的。从这个体例可以看出,我基本上坚持的是先整体后局部的编排方式,每一部分的论文又按照发表时间的先后顺序进行排列。我希望通过这种编排能够从整体上、时间上呈现出学术界在宗璞研究方面的成果和面貌。

本汇编是信阳师范学院"南湖学者支持计划"青年项目的阶段性成果。感谢信阳师范学院"当代河南文学与中原文化建设"协同创新中心、"南湖学者支持计划"青年项目在学术论文发表、研究著作出版方面的大力支持。

徐洪军
2016年12月12日